Dieter Schickling

Abschied von Walhall

Dieter Schickling

Abschied von Walhall

Richard Wagners
erotische Gesellschaft

Deutsche Verlags-Anstalt

CIP-Kurztitelaufnahme der Deutschen Bibliothek

SCHICKLING, DIETER:
Abschied von Walhall: Richard Wagners
erot. Gesellschaft / Dieter Schickling. –
Stuttgart: Deutsche Verlags-Anstalt, 1983.
ISBN 3–421–06143–2

Typografische Gestaltung: Brigitte Müller
Gesamtherstellung: Friedrich Pustet, Regensburg
Printed in Germany

Inhalt

Vorwort

Richard Wagners Werk soll nach der Bibel die umfangreichste Interpretationsliteratur hervorgerufen haben. Mag der Rekord auch ungesichert sein (Goethe? Shakespeare?) – jedenfalls muß es jeden neuen Schreiber eines Wagner-Buchs schrecken, diese Literatur um einen weiteren Titel zu vermehren.

Mein Schreck trat erst ein, als ich mich schon tief in die Sache hineinbegeben hatte. Ist nicht wirklich schon längst alles gesagt? Bedarf es immer noch eines neuen Gesichtspunkts? Nein: es ist nicht, und ja: es bedarf. Wer sich wie ich Wagner nach langer Distanz, ja Abneigung nähert, gewappnet mit den politischen Vorbehalten der Nachkriegsgeneration, aufgewachsen mit anderer Musik (Mozart und Bach und dann Mahler) und mit anderer Literatur (Brecht zum Beispiel und Kafka und dann Grass und Walser) – wer also solche ganz anderen Voraussetzungen hat, der steht plötzlich einigermaßen fassungslos vor diesem Werk, irritiert von den Problemen, die da vor mehr als hundert Jahren thematisiert sind und die er als die eigenen begreift, als die der eigenen Zeit. Wagner als historisches Phänomen mag zum Gegenstand von Dissertationen werden (bisher ist er es übrigens auffällig selten geworden) – dieses Buch geht davon aus, daß er *uns* betrifft, er und sein Werk.

Weil Wagner aber wiederum vieles betrifft, zielt der Gedankengang des Buchs nicht auf eine bestimmt formulierbare These. Wagner wird vielmehr interpretiert aus einem besonderen, wenn auch für zentral gehaltenen Gesichtspunkt, den der Titel bezeichnet. Es ergibt sich daraus deshalb natürlich auch keine neue Biographie, sondern eher ein »Leitfaden« zum Verständnis des Werks, des literarischen wie des musikalischen, – und des Menschen Wagner. Dabei ist die Absicht nicht Verteidigung, sondern kritische Aufschlüsselung einer nach wie vor problematischen Gestalt der neueren deutschen Kultur- und Gei-

stesgeschichte. Der häufigen Widersprüchlichkeit dieser Gestalt versuche ich insofern gerecht zu werden, als ich mich mit ihren Themen und
deren Windungen in immer neuen thematischen Ansätzen beschäftige.
Nicht eine gerade Linie also war zu ziehen, sondern – um im Bild zu
bleiben – eine Vielzahl von Kreisen, die denselben Mittelpunkt haben.

Wagners Werk wird in diesem Buch vor allem durch den »Ring
des Nibelungen« repräsentiert – mit Seitenblicken auf die übrigen
Stücke –, weil der monumentale Vierteiler textlich und musikalisch
seinen Kosmos ziemlich komplett formuliert. Die meisten Interpretationen von Handlungen, von Personen und von Vorgängen in der Musik
beziehen sich auf den »Ring«, wobei keine genaue Bekanntschaft mit
dem Stück vorausgesetzt wird, eine grobe Kenntnis für den Leser aber
zumindest hilfreich wäre. Denn die Geschichte (und ihre umfangreiche
Vorgeschichte) ist so kompliziert, daß sie nicht immer wieder im Detail
dargestellt werden kann.

Wer sich mit Wagner ausführlich beschäftigt, hat zu berücksichti-
gen, was Vertraute und Forschende in jahrzehntelanger Arbeit über ihn
ans Licht brachten. Insofern verdanke ich denen viel, die sein Leben
und sein Werk genauer beschrieben und untersucht haben. Irgendwann bei gründlicherer Beschäftigung kommt der Punkt, wo man nicht
mehr genau sagen kann, woher Anregungen für den einen oder
anderen Gedanken stammen. Im Text, in den Anmerkungen und im
Literaturverzeichnis habe ich mich bemüht, alle Quellen zu bezeichnen. Ich weiß, daß das nicht vollständig sein kann. Zu vieles ist
unbewußt eingesickert, und darüber läßt sich mit Titeln und Seitenzahlen keine Rechenschaft geben. Ich habe deshalb auch auf umfangreiche-
re Quer-Verweise verzichtet und – soweit nicht ausdrücklich zitiert
wird – mich auf die notwendigsten Literaturangaben beschränkt.

Verzichtet habe ich auch auf Notenbeispiele. Dem Laien werden sie
wenig sagen – weshalb der Text, wo er Musik beschreibt, ohnehin so
anzulegen war, daß das Gemeinte auch ohne den präsenten Klang und
ohne das abstrakte Notenbild zu begreifen ist; und der Fachmann kann
die Stellen leicht in den Partituren nachschlagen. Dagegen habe ich es
für wichtig gehalten, einige Bilder als »sinnliche« Reize einzufügen,
weil solche durch einen Text nur unvollkommen vermittelt werden
können und weil Sinnlichkeit ein Hauptgegenstand dieses Buchs ist.

Schließlich muß ich drei Quellen besonderer Art besonders hervor-
heben, gerade weil sie im folgenden selten genannt werden (und eine
überhaupt nicht wieder).

Klaus Theweleits unter dem Titel »Männerphantasien« veröffentlichte Untersuchung über deutsche Freikorps-Literatur und die daraus
entwickelten Einsichten haben mir fühlbar gemacht, daß man sich

einem Thema wie dem dieses Buchs nur nähern kann, indem man seine eigenen Erfahrungen einbringt. Ihm verdanke ich einen großen Teil des kritischen Instrumentariums, das ich auf Wagner angewendet habe.

Patrice Chéreaus Bayreuther »Ring«-Inszenierung der Jahre 1976 bis 1980 (ich habe sie in ihrem letzten Jahr gesehen) hat einen Schleier weggerissen, der mir Wagners aktuelle Bedeutung trotz manchen Interesses bis dahin verbarg. Vor dieser Aufführung habe ich nicht gewußt, daß man von einem Bühnenstück heute noch so tief getroffen werden kann: weil es so richtig ist. Die Figuren-Abbildungen am Ende jedes Kapitels stammen aus Chéreaus Inszenierung (Bühnenbild: Richard Peduzzi, Kostüm: Jacques Schmidt). Sie mögen als Geste der Dankbarkeit verstanden werden.

Zuletzt und vor allem Franziska, mit der ich verheiratet bin. In nächtelangen Gesprächen mit ihr ist der Gedanke dieses Buchs entstanden. Wir wollten es einmal gemeinsam schreiben, aber sie hatte Gründe, das nicht zu tun. Das hängt auch mit dem Gegenstand zusammen und mit seinen vielfältigen Facetten. Jedenfalls hat sie mir geholfen, Theweleit und Chéreau und Wagner und mich besser zu verstehen. Ohne sie gäbe es dieses Buch nicht. Es ist ihr deshalb gewidmet.

RICHARD WAGNER 1877
*Auf dem Höhepunkt des Ruhms: der Meister
im Jahr nach der Einweihung des eigenen
Festspielhauses und nach der Uraufführung des
vollständigen »Rings«. Die Photographie
entstand während eines Dirigier-Gastspiels
in London.*

Nachtmahre: 16. November 1877

Mein Freund, das grad' ist Dichters Werk,
daß er sein Träumen deut' und merk'.
Glaubt mir, des Menschen wahrster Wahn
wird ihm im Traume aufgetan:
all Dichtkunst und Poeterei
ist nichts als Wahrtraum-Deuterei.

Die Meistersinger von Nürnberg,
3. Aufzug, 2. Szene

Bayreuther Novembernächte sind kalt und feucht. Auch heute. Vom Hofgarten ziehen Nebelschwaden gegen das angrenzende Haus Wahnfried.

Seit Stunden findet Wagner keinen Schlaf: Geldsorgen, Körperqualen, Liebesnöte, Kompositionsprobleme. Gestern erst hat er wieder an Judith Gautier geschrieben, vor über einem Jahr während der ersten Festspiele hat er sie schwärmerisch geliebt, und er liebt sie noch immer. Beinahe jede Woche schreibt er ihr jetzt. Sehnsüchtige Liebesschwüre verknüpfen sich sonderbar mit Bestellungen Pariser Stoffe und Parfums. Aber Judith ist weit weg: »Warten wir aufs Telephon!« – und seine Frau Cosima schläft nebenan.

Heute ist auch ein Brief seines Agenten Batz angekommen, der die Aufführungsrechte verwertet; aber er fordert viel für seine Dienste, viel mehr als Wagner ihm zugestehen will. Seit Jahren geht dieser Streit nun schon. Schlimm genug gerade jetzt, da das anspruchsvolle und teure Festspiel-Unternehmen wieder einmal vor dem Konkurs steht. Der Ärger schlägt ihm auf Magen und Darm. Jedesmal Verdauungsstörungen, die Brustkrämpfe und Herzbeschwerden hervorrufen.

Und die Komposition stockt. Nach zwei Monaten Arbeit ist er noch immer so ziemlich am Anfang des ersten »Parsifal«-Akts, bei der langen Erzählung des Gurnemanz. Der Text redet von der Notwendigkeit heiliger Reinheit:

>»Die seinem Dienst ihr zugesindet
>auf Pfaden, die kein Sünder findet,
>ihr wißt, daß nur dem Reinen
>vergönnt ist, sich zu einen
>den Brüdern, die zu höchsten Rettungswerken
>des Grales Wunderkräfte stärken«.

Er hat Schwierigkeiten mit der Stimmführung: Probleme eines Kanons, für den er gerade zwei Arbeitstage gebraucht hat. Aber das war nur scheinbar ein technisches Problem: es ist schwer, die Balance zu finden zwischen dem schlichten Gang des Textes und der Raffinesse der Musik, die einfach wirken soll, »rein«, und die gerade deshalb so kompliziert ist.

Man spürt den November-Nebel im Schlafzimmer von Haus Wahnfried. Kein Klima für einen alten kranken Mann, dessen Leben noch ein bißchen mehr als fünf Jahre dauern wird. Diese Zeit wird Tage des Glücks haben, voller Ruhm und Anerkennung, aber auch immer wieder diese qualvoll durchwachten Nächte.

Heute kann er endlich schlafen, ein paar Stunden gegen Morgen. Er

träumt. Am nächsten Tag schreibt Cosima den Traum auf: »Er sei im
Wagen mit mir gewesen, immer mehr Leute seien hinzugekommen,
endlich seien wir allein gewesen, da seien immer mehr gehörnte Tiere
auf uns zugekommen; eines sei so seltsam gewesen, ein riesiges
Geweih und dabei ein Gestrüpp zum Körper, ich bloß in Angst, R. aber
beobachtend – plötzlich ein großes Haus, wo ein Fest, R., darin fêtiert,
soll Galopp tanzen mit Hansen's Mutter eine Treppe hinunter, er
meint, Walzer könne er besser – plötzlich großer Durst, er ruft: Georg
Georg – Bier; niemand versteht den Ruf – da kommt ein Krokodil,
artiges Tier, auf ihn zu und [ruft] mit einer quäkigen Blech-Stimme:
›Du hast meinen *Kox* mir gestohlen‹, worauf Erwachen. – –« »In der
komischsten Weise«, notiert Cosima, habe Richard »den unsinnigen
Traum« erzählt.

Unsinnig? Alles andere als das. Tatsächlich steckt er voller Bilder,
die Wagners Situation in dieser Nacht aufs Genaueste bezeichnen, und
nicht nur in dieser Nacht: seine intime, aber auch isolierte Verbindung
mit Cosima (»im Wagen«); die Bedrohung dieser Gemeinsamkeit von
außen (»immer mehr Leute«); die Ängste, die das gewaltsam erzwungene Idyll (»endlich . . . allein«) färben: »immer mehr gehörnte Tiere«,
und eines trägt gar »ein riesiges Geweih« – das ist eine ganz unverhüllte
Anspielung auf den Betrug Richards und Cosimas an ihren einstmals
angetrauten Ehepartnern. Zwar ist die eine, Minna, inzwischen längst
gestorben, der andere, Hans von Bülow, rechtmäßig geschieden; aber
als »Opfer« sind sie offenbar ständig präsent. Das »Gestrüpp zum
Körper« mag die sexuelle Sphäre verdeutlichen, in der diese Vielfach-
Beziehungen sich bewegen. Mit Hans von Bülows Mutter, einer in
diesem Zusammenhang gesellschaftlich besonders peinlichen Ver-
wandten, soll Richard tanzen, was ihm »Durst« verursacht, ohne daß
irgendein Außenstehender diese Not begreifen kann. Schließlich das
Krokodil, Inbegriff bedrohlicher Animalität: »artiges Tier« wird es
geradezu beschwörend genannt im schroffen Gegensatz zu den trauma-
tischen Vorstellungen, die es eigentlich bezeichnet: »Du hast meinen
Kox mir gestohlen«. Was mag das heißen? Cosima hat nicht einmal den
Versuch unternommen, den sonderbaren Ausdruck zu erklären, der
vulgär schillert zwischen Geld, Rauschgift und englisch-sprachigem
Sexualorgan.

Cosimas Tagebücher überliefern derlei sexuell besetzte Angstträu-
me in Fülle. »Feigheits-Träume« hat Wagner sie gelegentlich genannt,
und sie beschreiben finanzielle, gesellschaftliche und erotische Ängste
gleichermaßen. Da tauchen »große Vögel« auf, »denen die Augen in
den Höhlen fehlten«; da träumt er, Cosima habe ihn zunächst mit
ihrem Vater verlassen, kehrte dann zwar »sehr ernst und still« zurück,

doch »R. traurig« fand »in den Betten aber lauter Gießkannen und Blechzeug!«

Nachts, wenn es kalt und unheimlich ist in der tagsüber so feudalen Bayreuther Villa, nachts holen ihn die Ängste ein, die Gewissensbisse seines Lebens, die Schuldgefühle des Mannes vor den Frauen, die sein Werk erst möglich und sein Leben angenehm gemacht haben.

Angenehm? Anfang 1874 – es ist schon einmal eine Zeit der absehbaren Festspiel-Pleite, und er arbeitet an der Partitur des zweiten Akts der »Götterdämmerung«, an jenen Passagen also über Verrat, Betrug, Raub und Mord – Anfang 1874 also schreibt Cosima in ihr Tagebuch: »R. hatte eine üble Nacht, wilde Träume, unter andrem, daß Frau Wesendonck ihm ein jüngst geborenes Kind zeigte, bei ihr höre das nicht auf, bemerkend; dann, mit der größten Naivität, gab sie dem Kind, welches einen seltsamen Kopf-Putz hatte und frühreif war, daß R. vermeinte, es habe weißes Haar, die Brust – ›so naiv geht das hier her‹, sagte R., da kam ein großmächtiger Geier auf Mutter und Kind zu, R. verscheuchte ihn zuerst, er kam aber wieder auf sie losgestürzt. – Da erwachte er. – Dann traf er mich schwarz gekleidet, sehr blaß und traurig aussehend, auf der Straße in Paris, wollte mich heimführen, ›Herr Gott, aber Minna lebt ja noch – sie wird auch sagen, sie hat nichts gekocht. Dieser Unsinn muß doch aufhören‹. Still haltend hätten wir uns dann aufgemacht, uns in den immer verirrter werdenden Straßen verloren. –«

Heiliger Freud, der du erst 18 Jahre alt bist: da kommt fast alles zusammen, was eine Traum-Analyse spannend machen kann. Nicht nur die für Wagner wichtigsten Frauen: die tote erste Gattin Minna (die hinter dem Kochtopf), die heftigst Geliebte Mathilde Wesendonk (die die Liebes-Ekstasen von »Tristan und Isolde« inspiriert hat) und die nur wenig aber doch genug vorwurfsvolle und zugleich beruhigende zweite Gattin Cosima (deren Nähe für Richard manchmal auch so etwas wie Einsamkeit vermittelt). Da taucht schließlich der alte Wagner selbst auf als groteskes Baby an der skandalös bloßen Brust der Geliebten, die zugleich die Mutter ist. Und ein Aas fressender Raubvogel mit dem selben Namen wie Wagners Stiefvater, für dessen leiblichen Sohn er sich lange hielt, bedroht das problematische Zusammensein.

In seinen nächtlichen Träumen holt Wagner die Ängste herauf – und bemerkenswert genug: er erinnert sie am nächsten Tag noch –, die sein Leben geprägt und sein Werk erzeugt haben: die Auseinandersetzung mit einer ganzen Welt, in Hochspannung zwischen menschlichen Bedürfnissen und gesellschaftlichen Zwängen. Richard Wagners erotische Gesellschaft, die seines Lebens und seines Werks, bringt vieles ins

Licht, was ein Jahrhundert lang sich verstecken wollte hinter sonderbar fremden, scheinbar vergangenen Geschichten und Mythen.

Der 17. November 1877 wird ein glücklicher Tag, alles in allem. In der nächsten Nacht schläft Wagner gut. Kein Traum ist überliefert. Von seinen Ängsten kann man sich befreien – so oder so. Zum Beispiel durch das Erzählen von Geschichten, die man nachts erlebt oder am Tag erfunden hat.

SIEGFRIED VON ERNST SEEGER (1925)
*Illustration für ein deutsches Mißverständnis: Wagners
Sexualprotz und Gewaltmensch als »positive« Figur – sein
Schöpfer dachte ganz und gar anders darüber.*

I.
KAPITEL

Sex and Crime

Geschichten von der universalen Gewalt

Wie schauerlich! Welch ein Tedeum?
Uns faßt ein Grauen, – welche Töne!

Rienzi, 4. Akt, 2. Szene

»DAS *absolute Kunstwerk*, DAS IST: DAS KUNSTWERK, das weder an Ort
und Zeit gebunden, noch von bestimmten Menschen unter bestimmten
Umständen an wiederum bestimmte Menschen dargestellt und von
diesen verstanden werden soll, – ist ein vollständiges Unding, ein
Schattenbild ästhetischer Gedankenphantasie.« So steht es in der
Einleitung zum autobiographischen Rechenschaftsbericht »Eine Mitteilung an meine Freunde«. Und im gleichen Text ein paar Seiten später
noch einmal: »[Die dichterische Kraft] sondert sich nicht vom Leben ab,
sondern vom künstlerischen Standpunkte aus strebt sie, ihm selbst
gestaltend beizukommen.«

Das hat Wagner 1851 geschrieben, als Erklärung seines bisherigen
Werks und als Ankündigung für sein noch kommendes. Zu diesem
Zeitpunkt sind – neben den Jugendwerken – komponiert und aufgeführt: »Rienzi«, »Der fliegende Holländer«, »Tannhäuser«, »Lohengrin«. Fertig sind die Textbücher der beiden künftigen Schlußteile des
»Rings«, noch unter den ursprünglichen Titeln »Der junge Siegfried«
und »Siegfrieds Tod«. Die Erweiterung nach rückwärts, zur »Walküre«
und zum »Rheingold«, hat Wagner bereits im Sinn. Es stehen noch
aus: »Tristan und Isolde«, »Die Meistersinger«, »Parsifal«. Wagner in
der Mitte seines Lebenswerks also und an der Schwelle des bedeutende-
ren Teils.

Zwanzig Jahre später, als er Cosima die große Autobiographie
»Mein Leben« diktiert, verlegt er die Zäsur noch ein bißchen zurück,
ins Revolutionsjahr 1848. Da sei sein Plan, ein Drama über Friedrich
Barbarossa zu schreiben, vom Nibelungen-Thema verdrängt worden,
und damit habe er sich »gänzlich« abgewandt »von der Neigung zur
Behandlung eines historischen Stoffes«.

Auf den ersten Blick liest sich das in höchstem Maß erstaunlich. Ist
denn nicht alles, was von nun an folgt, ebenso »historischer Stoff« wie
das, was vorausgeht? Wagner jedenfalls fand das nicht. Für ihn war der
»Ring« keine sonderbare Intrige zwischen germanischen Göttern und
unterirdischen Dämonen einer Vorzeit, behandelte »Tristan« keinen
Ehebruch bei sagenhaften keltischen Seefahrern, stellten die »Meistersinger« nicht eine Liebesgeschichte im mittelalterlichen Nürnberg dar,
beschäftigte sich »Parsifal« nicht mit moralischen Problemen früh-
christlicher Ritter. Nein: das alles waren für ihn Geschichten von
heute: vom bestimmten Menschen Wagner unter den bestimmten
Umständen der zweiten Hälfte des 19. Jahrhunderts für die Menschen
dieser Tage dargestellt, damit sie sie verstehen. Dem Leben, seinem
Leben, ihrem Leben »gestaltend beizukommen« – das sollte der Sinn all
dieser scheinbaren Räuberpistolen sein – weg mit der Historie, her mit
der Gegenwart, und diese vorsichtshalber im mythischen Kostüm einer

fiktiven Vergangenheit: das war Wagners Plan. Und so werden die Ungeheuerlichkeiten auf der Opernbühne zu den Ungeheuerlichkeiten von Wagners Zeit – ja: immer dann auch von unserer Zeit, wenn wir sie heute im Theater betrachten.

Wagners Bühnenwerke, Wagners theoretische Schriften, Wagners private Äußerungen beschreiben die Welt, die Geschichte, die Gesellschaft als Ausdruck von allgegenwärtiger Gewalt. Das hat mit ökonomischen Verhältnissen zu tun und mit Herrschaftsverhältnissen – in extremer Zuspitzung schließlich: mit erotischen Beziehungen. Aber allemal mit Wagners Vorstellung davon, was die Welt im Innersten zusammenhält.

1.

Besitz und Herrschaft: Staatsphilosophie

Im zweiten Akt des »Siegfried« bewacht der in einen Drachen verwandelte Riese Fafner den ihm teils durch Arbeit, teils durch Mord zugefallenen Nibelungenschatz. Alberich, der ehemalige Schatz-Besitzer, der ihn durch Entsagung gewonnen und dann durch göttliche List und Erpressung wieder verloren hatte, versucht Fafner zur Herausgabe des Goldes zu überreden. Doch der antwortet lapidar mit insgesamt sieben Wörtern auf vier Tönen, die in zwei Schritten tief nach unten steigen:

> »Ich lieg' und besitz: –
> laßt mich schlafen!«

Im musikalischen Gestus dieser Fafnerschen Grundformel von zufriedener Sicherheit hat Wagner den Begriff umschrieben, der sozusagen das negative Zentrum seines Werks und auch seines Lebens bildet: Besitz. Wie ein Leitmotiv zieht das Thema sich durch Wagners Äußerungen, von den Schriften der Revolutionsjahre 48/49 bis zu Bemerkungen, die Cosima in den letzten Wochen vor seinem Tod festgehalten hat. Seine Einstellung dazu hat sich nie geändert. Der bankrotte Dresdner Hofkapellmeister hat darüber nicht anders gedacht als der wirtschaftlich saturierte Meister von Bayreuth. Letzteres ist besonders zur Kenntnis zu nehmen; denn bis zur erst ein paar Jahre alten Veröffentlichung der Cosima-Tagebücher und des zeitlich ungefähr parallelen sogenannten »Braunen Buchs«, das für Cosima niedergeschriebene Gedanken und Texte enthält, hat die Forschung ein Bild gepflegt, das bürgerlichem Entwicklungsdenken so recht entspricht: danach wäre die schroffe Kapitalismus-Kritik den sozialen Verhältnissen des 35jährigen Brausekopfs von 1848 zuzurechnen, während er sich später auf den Boden wirtschaftlicher Vernunft begeben und die Segnungen des Reichtums unbedenklich angestrebt und genossen habe.

Inzwischen ist das erheblich differenzierter zu betrachten. Daß Besitz Grundlage und Fluch der gegenwärtigen Gesellschaft sei, ist nicht nur die Anschauung des an der Revolution beteiligten Halb-Bohemiens, sondern auch des etablierten Protegés von Ministern und Königen, der bis zuletzt immer wieder betonte, wie sehr Besitz ein Verbrechen sei.

Die frühesten Belege für solche Ansichten stehen im Entwurf zu dem nicht ausgeführten Drama »Jesus von Nazareth« von Anfang 1849: »Wer Schätze häufte, die die Diebe stehlen können, der brach zuerst das Gesetz, indem er seinem Nächsten na͡ ͡ was ihm nöthig ist. Wer ist nun der Dieb: der dem Nächsten nahm da͡ ͡sen er bedurfte, oder der dem Reichen nahm das, deß er nicht bed͡ ͡ Und so geht das bald darauf weiter in den Aufsätzen »Die Kun͡ ͡Revolution« (»unser Gott aber ist das Geld, unsere Religion de͡ ͡ ͡h«) und »Oper und Drama« – in einer Interpretation des Ödipus »als den Keim aller Verbrechen erkennen wir die *Herrschaft* des ͡Lai͡ um deren ungeschmälerten Besitzes willen dieser zum unnatürlichen Vater ward. Aus diesem zum *Eigentum* gewordenen Besitze, der wunderbarerweise als die Grundlage jeder guten Ordnung angesehen wird, rühren alle Frevel des Mythos und der Geschichte her.«*

Das ist der Wagner in den Wirren der Revolution und der anschließenden Flucht ins Schweizer Exil. Aber er hat sich zumindest zu diesem Punkt nie korrigiert. Auch in den Mauern der großbürgerlichen Bayreuther Villa hat er bis in seine letzten Jahre derlei frühsozialistische Überzeugungen gepflegt, und gelegentlich hat Frau Cosima sie in ihrem Tagebuch festgehalten. Alles sei unnütz, sagt er Ende 1880, »so lange der Besitz da sei«, und ein Vierteljahr drauf: »Mit Geld läßt sich nichts Gutes anfangen, man kann die Menschen damit nicht verändern; vernichten muß man es.« Er lobt den Sturm-und-Drang-Dichter Heinse dafür, daß der in seinem »Ardinghello«-Roman die Besitzlosigkeit als Prinzip seines utopischen Inselstaats festgesetzt habe. Und diesen immer wieder gelesenen Heinse erwähnt er zum selben Thema noch einmal eine Woche vor seinem Tod, als er mit Cosima in der Gondel an den unbewohnten und verschlossenen venezianischen Palästen vorbeifährt. Die Stelle beginnt mit dem Ausruf: »Das ist Eigentum! Der Grund alles Verderbens«. Ebenfalls aus den letzten Monaten in Venedig stammt seine Äußerung, der Kampf der »Nicht-Besitzenden gegen die Besitzenden« sei »der allergerechtfertigtste«.

---

* Alle Hervorhebungen in Zitaten stammen vom jeweiligen Autor, soweit in den Anmerkungen (S. 324ff.) nichts anderes angegeben ist.

Am gesellschaftspolitisch schärfsten und durch die eigenhändige Niederschrift besonders authentisch – auch ohne die in den früheren Aufsätzen gelegentlich etwas weinerliche Plakativität – hat Wagner seine Haltung in einer Notiz des »Braunen Buchs« formuliert, 1881, knapp eineinviertel Jahre vor seinem Tod: »Wenn das Eigenthum und dessen unantastbarer Besitz als die Bedingung für das Bestehen einer sittlichen Gesellschaft gelten soll, so wird es doch ersichtlich, dass diess nur dann der Fall sein kann, wenn Niemand von ihm ausgeschlossen und Jeder dessen theilhaftig ist. Eroberer verstanden es auch so bei der Vertheilung des Landbesitzes unter sich, nur schlossen sie die ursprünglichen Besitzer davon aus. Unsere Staatstheorien nehmen den hieraus hervorgegangenen Zustand als ein nothwendig Gegebenes an, und lügen nun zusammen was sie können!«

Sonderbarerweise im Umkreis der »Parsifal«-Komposition niedergeschrieben, liest sich die Stelle wie ein präziser Kommentar zum »Ring«. Der hat ihn tatsächlich um diese Zeit noch immer beschäftigt, womöglich wegen der Sorge, das vor fünf Jahren uraufgeführte und inzwischen weithin bekannt gewordene Hauptwerk könne nicht richtig verstanden werden. So spricht er im selben Jahr 1881 vom »verhängnisvollen Ring des Nibelungen als Börsenportefeuille« und wünscht sich eine Interpretation des Zyklus »nach der Bedeutung des Goldes und des Unterganges einer Race daran«.

Daß der ideologische Hintergrund der Nibelungen-Tetralogie nichts anderes ist als die Entstehung und die Wirkung von Besitz, ist keine spätere modernistische Unterstellung. Schon Wagners allererste Beschäftigung mit dem Gegenstand macht das deutlich: die seltsam verworrene Schrift »Die Wibelungen«, die den Untertitel trägt »Weltgeschichte aus der Sage«. Er verwendet darin eine einigermaßen abstruse Mühe auf die Zeichnung einer Entwicklungslinie, die vom mythischen Nibelungen-Hort über die Verklärung des Schatzes im heiligen Gral zum »realen Besitz« führt, also auch zu den bösen Folgen des Eigentums, zu Rache und Mord.

In der »Götterdämmerung« steht seit dem ersten Prosaentwurf und bis in die endgültig komponierte Fassung eine Stelle, die das entsetzliche Hinwegschwemmen aller menschlichen Loyalitäten durch die Sucht nach Besitz zeigt. Hagen und Brünnhilde, aus unterschiedlichen Gründen an Siegfrieds Tod interessiert, versuchen Gunther ins Komplott zu ziehen. Der widersteht mit Hinweis auf seine Blutsbruderschaft und die brüderliche Hilfe, die Siegfried ihm geleistet hat, und an dessen Verrat er – zu Recht – zweifelt. Als aber Hagen die »ungeheure Macht« erwähnt, die ihm der durch den Mord zu gewinnende Ring bringe, ist Gunthers Meinung schnell geändert, sind seine Bedenken dahin. In einem für Wagners kompositorischen Stil nur ironisch zu nehmenden Verschwörer-Terzett wie vom mittleren Verdi – so etwas kommt im »Ring« nirgendwo sonst vor – besiegelt Gunther sein Einverständnis mit dem Weg zu Macht und Reichtum.

Die Stelle mit ihrer gebrochenen musikalischen Ironie verweist auf Wagners auch privat äußerst problematisches Verhältnis zu dem von ihm immer so bekämpften Besitz. Empfindsamere Seelen, die ihr Gesellschaftsbild aus der Schwarz-Weiß-Moral einer offiziellen Wohlanständigkeit beziehen, mögen in der Tat schockiert sein von Wagners unverhülltem Streben nach Ruhm und vor allem nach Geld. Die Bayreuther Verfasser von Heiligenlegenden haben diesen Charakterzug immer wieder entschuldigt als eine auf die Finanzierung vorbildlicher Werk-Interpretationen gerichtete äußere Notwendigkeit. Doch diese Erklärung ist allzu harmlos. Zu offenkundig ist Wagners lebenslange Prunksucht und Geldgier, jenes noch am Rand des Abgrunds behauptete Verlangen nach Luxus. Aus der Zeit, als Wagner auf der Flucht vor seinen Wiener Gläubigern sich bei einer Gönnerin am Zürichsee versteckt, berichtet diese den folgenden Ausspruch: »Ich bin anders organisirt, habe reizbare Nerven, Schönheit, Glanz und Licht muß ich haben! Die Welt ist mir schuldig, was ich brauche! Ich kann nicht leben auf einer elenden Organistenstelle, wie Ihr Meister Bach! – Ist es denn eine unerhörte Forderung, wenn ich meine, das bißchen Luxus, das ich leiden mag, komme mir zu? Ich, der ich der Welt und Tausenden Genuß bereite!«

Das Zitat bringt Wagners private Haltung zum Besitz auf den Punkt: in einer Welt, in der Bezahlen und Verdienen die zentralen Kategorien sind, gebührt dem Unterhaltungskünstler sein angemessener Teil, ein Rechtsanspruch geradezu. Das ist nicht Mittel-Beschaffung fürs Werk, sondern Entgelt für eine Leistung. Wagners Klage kurz vor seinem Tod, daß Rothschild ihm nicht eine Million geschenkt habe, ist durchaus nicht ironisch gemeint. Und seine Kriegsangst im Jahr 1878 ist ganz ernsthaft hauptsächlich bestimmt von der Sorge, daß dann seine Tantiemen »futsch« seien – so wörtlich in Cosimas Tagebuch. Wahrhaftig: bei Wagner dreht sich so viel ums Geld und besonders um die Angst, keines zu haben, daß er schwer einzureihen ist in die Ruhmeshalle deutscher Geistesheroen, denen derlei Menschliches fremd zu sein hat. Die Heuchelei aber ist dabei nicht auf seiner Seite, sondern auf der der Gesellschaft, die – kapitalistisch bis auf die Knochen – ihren kulturellen Aushängeschildern das gelebte Bekenntnis zur Armut abverlangt. Wagner hat dagegen als einer der ersten offen dargetan, daß mit den gesellschaftlichen Wölfen zu heulen kein moralischer Defekt sein muß, sondern eine Notwendigkeit, um der

Botschaft überhaupt Gehör verschaffen zu können. Wer Utopien entwirft, kann nicht deshalb schon selbst in der Utopie leben.

Im Verhältnis zum eigenen Geld war Wagner immerhin konsequent: er brauchte es nicht zum Horten, sondern zum Ausgeben. Er hat insofern aufs Genaueste begriffen, wie sich aus Geld Macht gewinnen läßt. Und der Drache Fafner ist eben nicht der agile Bankier der Neuzeit, sondern der spießige Sparer, den nicht einmal der Zinssatz interessiert: »Ich lieg' und besitz: – laßt mich schlafen!« So war Wagner nicht. Er hat sein Geld zirkulieren lassen – sei es im großen Stil mit dem anfangs defizitären Unternehmen Festspielhaus (der junge Romain Rolland hat den Bau so treffend wie symbolträchtig mit einem Industriepalast verglichen), sei es in eher privatem Rahmen, wo er bei überraschenden Einnahmen sofort mit Scheinen um sich wirft und sogar in knapperen Zeiten großzügige Geschenke in bar macht, was die sorgende Haushälterin Cosima zu vorsichtiger Kritik veranlaßt, worüber wiederum Richard »bis auf's äußerste« verstimmt ist. Der groteskeste Vorgang: dem Sänger des Amfortas schenkt er nach einer der ersten »Parsifal«-Aufführungen zehn Mark, weil der seine Anweisungen so gut ausgeführt habe. Verschwendungssucht sagen seine Feinde, Großzügigkeit seine Freunde – aber es ist weder das eine noch das andere. Wagner hat vielmehr auch in seinem privaten Gebaren immer wieder deutlich gemacht, daß Geld etwas Verachtenswertes ist, geeignet nur zum Ausgeben.

Es ist nicht zu übersehen, daß diese Maxime für den jahrzehntelang mittellosen Wagner auch außerordentlich praktisch war und daß er sie zu seinem Vorteil genutzt hat. Es wirkt nachgerade komisch, wenn er Mathilde Wesendonk, der verlassenen Geliebten und zugleich der Frau seines damals wichtigsten Mäzens, das Bettlertum buddhistischer Mönche als kostbare Möglichkeit für die Besitzenden darstellt, durch Almosen sich verdient zu machen. Pumpen ist ein quasi religiöser Gnadenerweis der Bettler gegenüber den Reichen – es fällt schwer, angesichts der durchsichtigen Parallele nicht schallend zu lachen.

Aber festzuhalten bleibt, daß Wagners antikapitalistische Maxime tatsächlich zuerst da war, *vor* den wirklich schlimmen Existenz-Sorgen. Er konnte sich in denen deshalb treu bleiben, und er ist es sich eben auch dann geblieben, als er ein königlich dotierter Großbürger geworden war. Gewiß: Wagner ist der Revolutionär im Porsche, aber das erscheint denn immerhin noch sympathischer als der Möchtegern-Kapitalist auf dem Fahrrad.

Besitz und Besitzkritik sind für Wagner allerdings kein isoliertes Phänomen, nicht sozusagen ein Problem der Wirtschaftswissenschaft. Vielmehr hat er es immer zusammengebracht mit einer gesellschaftspolitischen Fragestellung. Der Verweis auf die »Staatstheorien« in dem zitierten Aphorismus des »Braunen Buchs« macht das deutlich. Und auch hier bleibt die Argumentation durch Wagners ganzes Leben gleich. Nämlich: daß Besitz und Herrschaft aufs engste zusammenhängen. Die »Wibelungen«-Schrift – seine früheste Annäherung an den großen Stoff, der fast die nächsten dreißig Jahre seiner Arbeit beherrschen wird – enthält bereits den Kern des Arguments. Erläutert wird dies an der Sage von den Nibelungen, in merkwürdigem Durcheinander von historisch unhaltbaren Hypothesen und mythologischen Phantasien. Aber darauf kommt es nicht an, sondern auf den Gedankengang. Der Hort (also materieller Besitz) bedeute unmittelbar »unermeßliche Macht«, ja er sei geradezu der »Inbegriff aller irdischen Macht«, und ihn »besitzen« heiße »durch ihn gebieten«.

In Wagners Opern-Tetralogie wird dieser Aspekt des Besitzes dann der entscheidende: im Kampf um den Hort geht es eigentlich immer nur um die Macht, die sich mit Hilfe des Rings ausüben läßt, und fast gar nicht um die Kaufkraft, die die übrigen Berge von Gold bedeuten.

Interessanterweise aber wird von dieser Macht im ganzen »Ring« nichts offenkundig sichtbar. Wie mächtig man durch ihn werde, davon wird immer geredet, aber das ist es dann auch schon. Kein Ring-Besitzer (und das sind nacheinander: Alberich, Wotan, Fafner, Siegfried, Brünnhilde, wieder Siegfried, wieder Brünnhilde, schließlich die Rheintöchter) übt damit wirkliche Macht aus. Sein quasi magischer Charakter wird ihm nur zugesprochen, in Wahrheit aber ist er eben als Besitz höchster »Inbegriff« von Macht, Symbol von Herrschaft. Beide Bereiche fallen zusammen: Besitz ist nicht ein bloßes Instrument der Herrschaft, sondern mit ihr identisch.

Ebenfalls schon in den »Wibelungen« erklärt Wagner die Herausbildung der personalen Träger von Herrschaft auf ähnliche Weise: die Entstehung des erblichen Stammeskönigtums aus der Rolle des Familienvaters. Der habe nicht nur alles Leben der Sippe erzeugt, sondern sei auch der Inhaber jeglicher Kenntnis und Weisheit. Hier also führt der Besitz von Wissen zusammen mit dem Recht am eigenen Produkt zum legalen Herrschaftsanspruch.

Die Analogie zwischen Mythos (wie Wagner ihn verstand oder jedenfalls erklärte) und Gegenwart ist schnell hergestellt: die Verkörperung von Besitz und Herrschaft im modernen Staat und in seinem dafür geschaffenen Gesetz. Den Zusammenhang hat er immer wieder betont. Und eben auch dann noch, als er selbst längst Teil des staatlich-bürgerlichen Establishments geworden war. Als er von einem Attentat auf den Kaiser erfährt – 1878, mitten im blühendsten Wilhelminismus –, fällt ihm dazu diese Definition ein: »Der Staat, einzig organisiert

zum Schutz der Besitzenden«. Und mit fast der gleichen Formulierung
kehrt der Jahrzehnte alte Gedanke 1880 noch einmal wieder: »der Staat
bedeute Garantie des Besitzes«. Über den führenden Macht-Repräsen-
tanten des gegenwärtigen Staats erlaubt er sich gar einen etymologi-
schen Witz: »der Name Bismarck käme von: jeder Bissen eine Mark!«
– Geld und Gewalt also werden in einem Wort zusammengeschmolzen,
als sei es ein Gesetz der Sprache. Kein Wunder, daß Wagner am sonst
so geliebten Platon dessen »Verherrlichung des Staates« auszusetzen
hatte. Für ihn war das aus urtümlichen Besitz- und Herrschaftsverhältnissen entstandene gesellschaftliche Gebilde des Staats eben kein Gegenstand der Vaterlandsliebe, sondern: »Eigentlich ist ein jeder Staat
ein Verband von Denunzianten, die Angst vor dem Denunziertwerden
bedingt allen Verkehr.«

Die im Staat Fleisch gewordene Macht ist der eigentliche kritische
Zielpunkt Wagners. Das Hauptwerk, der »Ring«, nimmt das folglich
am schärfsten ins Visier, in immer neuen Brechungen des finsteren und
lebensbedrohenden Charakters von Macht und Herrschaft. Der franzö-
sische Philosoph André Glucksmann – er scheint übrigens der wichtigste Inspirator für die »Ring«-Inszenierung von Patrice Chéreau gewesen zu sein – hat die in solchem Denken enthaltenen Konsequenzen
eindrucksvoll formuliert: »Das zentrale Problem ist nicht das Gold,
sondern Wotan . . . Hinter dem Ringdiebstahl das Unternehmen Wotans. Hinter dem Phantasmus des Kapitals die Machtfrage. Die ge-
winnsüchtigen Götter brauchen Endkämpfe. Wenn Walhalla, die
Macht, die Verbotene Stadt, der Palast des Zentralkomitees in Brand
stehen, dann brennt alles. Ich oder das Chaos. ›Tabula rasa‹ als
Regierungsmethode. Hiroshima mon désir. Die Macht will nicht über-
zeugen, sie will abschrecken. Warum affirmiert sie sich in der Planifi-
zierung der Katastrophen? Warum kennt sie nur eine Geschichte, die
eines nicht endenwollenden ›Count-down‹? Warum stellen die Staaten
ihre Uhren nach der Zeit der Apokalypsen? Warum werden die Götter
zur Dämmerung geboren? Der Wotan-Staat hatte seine eigene Mon-
strosität verborgen, indem er allen Haß auf das ›Gold‹ richtete.«

Wagners Re-zept gegen sein Kon-zept vom Staat hieß: Revolution.
Er hat dieses Ideal – nein: nicht seiner Jugend, sondern seiner mittleren
Mannesjahre, 1848 war er immerhin schon ein Mittdreißiger – bis ins
hohe Alter bewahrt. Noch 1880 sagt er vom Kaiser, »er könne in den
Enthusiasmus für sein Wohlwollen schon deshalb nicht einstimmen,
weil er wisse, daß er zu den Unerbittlichsten gegen die Revolutionäre
gehört habe«. Und zwei Jahre davor äußert er sich so, daß er, wäre
derartiges publik geworden, aus dem öffentlichen Dienst seines königlich bayerischen Gönners Ludwig als Radikaler hätte entfernt werden

müssen: »R. betont, daß die Kraft dieser Bewegung [des Sozialismus] nur in der Zerstörung liegen könne, alles Konstruktive sei immer kindisch . . . er wolle schon froh sein, wenn in unserer Gesellschaft noch so viel Kraft läge, das Bestehende zu vernichten«.

Solche Sätze spricht der alte, der gesellschaftlich etablierte Wagner natürlich nur noch hinter den schützenden Mauern der Privatwohnung, so etwas steht nicht mehr wie noch dreißig Jahre früher in seinen öffentlichen Schriften. Die progressiven Wagner-Kritiker haben ihm das immer übel genommen. Mit einigem Recht, wenn auch oft ohne ausreichende Kenntnis aller Tatbestände, die widersprüchlich genug sind, um das gängige Bild von Wagner zu irritieren.

Wagner und die Politik also – eine knappe Skizze zum biographischen Hintergrund. Im gärenden Klima des vorrevolutionären Dresden schloß der Hofkapellmeister sich dem republikanischen Vaterlandsverein an und hielt dort eine krause Rede, die sich gegen den Adel richtete, aber zugleich den König zum ersten Republikaner machte. Die bei Hof darob entstehende Empörung suchte er durch einen unterwürfigen Brief an den König zu besänftigen. Nach seiner Mitwirkung an dem Dresdner Mai-Aufstand 1849 und der Flucht ins Schweizer Exil schrieb er 1856 ein Gnadengesuch, das in seiner kriecherischen Haltung kaum zu unterbieten ist. In beiden Fällen handelte es sich für ihn buchstäblich ums Überleben, zumindest um die materielle Existenz. »Es hat mich viel – sehr viel gekostet«, schreibt er dazu an den Freund Franz Liszt, und er meint damit den öffentlichen Verzicht auf die Integrität seiner politischen Ansichten; er glaubte sie zurücknehmen zu müssen hinter den Kotau vor Fürstenthronen.

Man mag das charakterlos nennen; aber Wagner hat seine Integrität jedenfalls bewahrt: offen im Werk und heimlich hinter den verschlossenen Türen von Haus Wahnfried. Dort sagte er immer wieder, daß er den Sieg des Sozialismus erwarte; dort kritisierte er die Pariser Commune, weil sie nicht radikal genug gewesen sei, und verteidigte die russischen Anarchisten; dort höhnte er über Bismarcks Sozialistengesetze. Doch das alles ist im wahrsten Sinn des Wortes Salon-Sozialismus, getränkt auch von der räsonierenden Politik-Verachtung des bürgerlichen Stammtischs. Der Dresdner Mit-Revolutionär August Röckel, der 1849 nicht so gut davonkam wie Wagner (er saß 13 Jahre im Zuchthaus), hat in einem Brief an den alten Freund die Differenz zwischen Wagners Politisieren und konkreter Politik deutlich formuliert: »*Dir* steht es zu, aus Deiner Zeit zu leben, zu fühlen, zu denken; Du wirkst doch *für* Deine Zeit und für alle späteren Zeiten. Wem aber nicht das Gleiche gegeben ist, wem vielmehr eine ganz concrete Aufgabe ward, der hat sie zu erfassen und zu erfüllen, und wenn er sie vernachlässigt, weil er sich über die Gegenwart erhaben wähnt, der sinkt tief unter sie hinab, der ist keiner Beachtung werth, vielmehr des Gegentheils. Die von Dir so verachtete Politik bestimmt das Loos von mehreren hundert Millionen Lebender und ungezählten Millionen Kommender; das ist denn doch nicht so gleichgültig.«

Nur einmal noch ließ der Revolutionär Wagner sich nach dem 49er Fiasko aktiv mit der Politik ein: 1865 versuchte er seinen Einfluß auf Ludwig II. zu nutzen, um das bayerische Kabinett zu stürzen. Der Vorgang ist so grotesk wie charakteristisch für Wagners geradezu opernhafte Vorstellung von politischem Handeln. Er schreibt an den König: »Kühn wie Sie sind und wie ich Sie so liebe, möchte ich fast, Sie schwängen sich auf Ihr Pferd, ritten lustig nach München ... und brächten Alles sofort, wie ein Held, in das richtige Geleise!« Das ging natürlich völlig schief, und Wagner mußte Bayern verlassen. Es gab keinen Putsch von oben, das Kabinett stürzte nicht, wohl aber bot Ludwig seinen Rücktritt an, wenn Wagner dies wünsche! Das war aber selbstverständlich das letzte, was der wollte, hätte es ihm doch die wirtschaftliche Basis entzogen: er wehrte erschrocken ab, und sein Antwortbrief ist ein Meisterstück erpresserischer Diplomatie. Er brauchte diesen König und die Könige überhaupt, weil nur die Wagners Existenz als erfolgreicher Künstler garantieren konnten.

Er hatte sich längst in dieser Welt eingerichtet und selbst den Gestus des Herrschers angenommen. Die Beschreibung, die sein eher devoter Anhänger Peter Cornelius vom Wagner der Wiener und Münchner Jahre gegeben hat, ist die eines hemmungslosen Egoisten, der in einem heftigen Ausbruch nicht einmal davor zurückschreckt, ein Christus-Wort für sich in Anspruch zu nehmen: »Wer nicht für mich ist, der ist gegen mich!« In Bayreuth ist die Sitzordnung bei Tisch auf ihn ausgerichtet, »unser König« nennt Cosima ihn ohne jede Ironie. Und die schwüle Pracht seines letzten Wohnraums im venezianischen Palazzo Vendramin hätte auch dem Schloß Neuschwanstein gut angestanden.

Man wird sich alles in allem wohl nicht der Wahrheit eines Nietzsche-Fragments verschließen können, das lautet: »Es ist ein Glück, dass Wagner nicht auf einer höheren Stelle, als Edelmann, geboren ist und nicht auf die politische Sphäre verfiel.«

Er »verfiel« auf sie allerdings genug in seinem Werk, das von Anfang an die Welt beschreibt als eine von Besitz und Herrschaft bestimmte Welt und damit als eine Welt von Gewalt und Verbrechen. Er lebte mitten drin, und das hat wiederum ihn bestimmt. Ihn und die Geschichte seines Lebens und die Geschichten seiner Opern. Denn Gewalt ist schließlich eine Sache zwischen Menschen.

2.

Das Verbrechen der Ehe

Der Amateur-Politiker und Amateur-Ökonom Wagner hat seine Theorie von Besitz und Herrschaft auf ein Gebiet übertragen, auf dem er unstreitig zu den Profis gehört: der Bereich der Beziehungen zwischen Menschen beiderlei Geschlechts. »Der Fluch seines Lebens sei Armut und Ehe«, hat er einmal zu Cosima gesagt – da lebten sie schon zusammen, waren aber noch nicht miteinander verheiratet. Der Satz schließt die beiden Komplexe zusammen, das Materielle und das Erotische, und zwar in ihrer jeweils negativen Form: kein Geld haben und verehelicht sein – beides ist in gleichem Maß schrecklich, Un-Werte in Wagners Gedankenwelt.

Wagners Werk kennt außerordentlich wenige Ehepaare, extrem wenige im Vergleich zur Normalität seiner und unserer Zeit. Und wo sie vorkommen, befinden sie sich in ziemlich unordentlichen Situationen: Elsa und Lohengrin trennen sich noch in der Hochzeitsnacht; Ortrud und Telramund in derselben Oper sind ein Verbrecherpaar als Zweck-Gemeinschaft; Isolde und Marke in »Tristan« haben nicht einmal die Ehe vollzogen, da ist er schon der Betrogene; Sieglinde und Hunding in der »Walküre« sind nur durch brutalen Frauen-Raub zueinander gekommen; Fricka und Wotan im »Ring« stellen das Prinzip der Ehe dar und leben im ständigen Streit darüber. Aber quer durch Wagners Werk gibt es eine Unmenge von Witwern oder aus sonstigen unausweichlichen oder unerklärten Gründen frauenlose Männer aller Altersklassen, während männerlose Frauen nur als alte Vetteln, noch unerweckte Jungfrauen oder Huren erscheinen.

Der Sinn dieser auffälligen Abweichung vom statistischen Durchschnitt ist offenkundig: für Wagner war die Ehe entgegen der gesellschaftlichen Norm eine wahrhaft unnormale Veranstaltung, nichts anderes als eine Spezialform der Besitz-bestimmten Gewalt. Bei der schon erwähnten Gondelfahrt an den venezianischen Palästen entlang stellt er ausdrücklich den Zusammenhang her: »das Eigentum bedingt die Ehen in Rücksicht darauf und dadurch die Degeneration der Race. Das hat mir gefallen von Heinse in seinen ›Seligen Inseln‹, daß er sagt: Sie hatten kein Eigentum, um den vielen Übelständen vorzubeugen, die damit verbunden sind.«

Ehe also als einer der »Übelstände«, die durch Eigentum geschaffen werden: das ist noch harmlos ausgedrückt. Denn die in der rechtlichen Form der Ehe verbundenen Paare im Werk Wagners leiden an dieser Form aufs äußerste. Sie bedeutet als Gesetz den schroffsten Gegensatz zur wahren inneren Beziehung zwischen Menschen, zur Liebe. Damit aber, so Wagners Argument in allen einschlägigen Opern und Aufsätzen, wird Legalität illegitim. An einer für diesen Gegensatz besonders wichtigen Stelle formt das gesellschaftsmoralische Problem geradezu die Musik. In der »Walküre« fordert Fricka, die Hüterin der Ehe, von ihrem Gatten Wotan die Bestrafung der Zwillinge Siegmund und Sieglinde, weil die gleich zweimal gegen das Gesetz verstoßen haben: durch blutschänderischen Inzest und durch Ehebruch. Frickas Klage über den entsetzlichen und unerhörten Vorgang wird in rezitativischem Stil vorgetragen – infolge des Alla-breve-Takts ziemlich rasch trotz der Tempo-Bezeichnung »mäßig« – fahle Bläser-Akkorde markieren die Höhepunkte. Vor Wotans Antwort wechselt nahezu unmerklich der Takt nach ¾, die Vorschrift heißt nun »mäßig langsam«, was insgesamt zu einer erheblichen Verringerung des Tempos führt. Unterstützt wird dieser Eindruck durch die Deklamation von Wotans Worten »Heut' hast du's erlebt« mit zunächst einem langen und dann immer kürzeren Notenwerten auf den einzelnen Silben. Und darunter tönt in den Violoncelli das Thema von Siegmunds Liebeslied, das nur hier und später noch ein einziges Mal im ganzen »Ring« wieder auftaucht. Wotans anschließendes Plädoyer für das Geschwisterpaar ist eine der wenigen Stellen überhaupt, wo die Musik auch in der Gesangsstimme melismatisch fließt, wie immer wenn von Liebe die Rede ist – im schroffen Gegensatz zu Frickas harter Diktion der Gesetzestreue.

Das ist nicht von Gleich zu Gleich gesprochen, da reden nicht zwei auf tragische Weise Ebenbürtige miteinander. Sondern die Musik nimmt offen Partei für die Freiheit vom Gesetz der bürgerlichen Ehe. Ein paar Monate bevor er die Stelle komponierte, hat Wagner ausgerechnet diese Szene (zusammen mit dem anderen Ehestreit der Obergötter gleich bei ihrem ersten Auftritt) zum Ausgangspunkt ihres Untergangs erklärt: »Alberich und sein Ring konnten den Göttern nichts schaden, wenn diese nicht bereits für das Unheil empfänglich waren. Wo liegt nun der Keim dieses Unheils? Siehe die erste Szene zwischen Wodan und Fricka – die endlich bis zu der Szene im 2. Acte der Walküre führt.«

Also: Ehekrach, Lieblosigkeit zwischen gesetzlich Verbundenen wird zur Quelle weltumfassenden Unglücks. Dabei sind solche Partnerschaftsprobleme nicht zufällig, sondern unausweichlich und andauernd mit der Partnerschaft selbst verbunden, ihre notwendige Begleiterscheinung: *alle* Ehepaare Wagners sind miteinander unglücklich. Das liegt nicht an ihnen, sondern an der Institution der Ehe, die sie zusammenzwingt – naturwidrig, aus bloßer gesellschaftlicher Konvention.

Wagner hat dieses Konventionelle komponiert: als Fricka ihre aus dem Ehegesetz hergeleitete Forderung zusammenfaßt, daß nämlich die Sünder Siegmund und Sieglinde bestraft werden müssen, schmückt sie diese Forderung zum einen mit den traditionellen Begriffen: »ew'ge Gattin«, »heilige Ehre«, »mein Recht«. Zum anderen nimmt die Musik den Charakter eines Chorals an: bedingungsloser Ausdruck unbefragter Gläubigkeit und eine musikalische Form der Tradition, längst nicht mehr zeitgemäß, nur noch als historisches Zitat zu verwenden und verstehbar.

Wagner fühlte sich während der Arbeit am »Ring« vom Fluch der Ehe auch privat besonders bedrückt. Gerade als er die »Walküre« komponierte, brach die Liebe zu Mathilde heftig aus, zur Frau seines Hauswirts und Mäzens Otto Wesendonk. Keine Frage, daß in die Figur und den Charakter der Fricka Verhaltensweisen seiner eigenen Frau Minna eingegangen sind, die das verliebte Treiben ihres Mannes am Zürichsee mit begreiflich tiefem Mißvergnügen beobachtete.

Anderthalb Jahrzehnte später reflektiert er seine damalige Situation noch einmal, die private wie die sozusagen ideologische. Eines Abends – er wohnt inzwischen in Tribschen am Vierwaldstätter See, nicht weit weg vom seinerzeitigen Kompositionsort – wird im Freundeskreis wieder einmal diese selbe Wotan-Fricka-Szene vom Anfang des zweiten »Walküren«-Akts gespielt, und darauf sagt Wagner zu Cosima, mit der er schon lange unverheiratet zusammenlebt: »Du wirst begreifen, daß ich das Bedürfnis hatte, wie ich diese Nibelungenteile geschrieben hatte, dieses furchtbare Element zu verlassen und ›Tristan und Isolde‹ zu schreiben, das gleichsam nur eine Liebesscene war.«

Die ehebrecherische Ekstase des »Tristan« ist ihm also Befreiung von jenen »furchtbaren« Teilen des »Rings«, und die gelten ihm natürlich deshalb als furchtbar, weil sie die bürgerliche Argumentation für die Ehe enthalten und ihren Sieg über das utopische Ideal der gesetzesfreien Liebe. Doch Wagner – wie theoretisch klar auch immer der gewalttätige Charakter der Ehe ihm erschien – war genug bürger-

liches Kind seiner Zeit, um in der Praxis seine Kompromisse zu schließen mit den Forderungen dieser Gewalt-Gesellschaft. Kurz vor der
geschilderten Abend-Unterhaltung in Tribschen ruft er Cosima einmal scherzhaft zu: »ich schreibe ein neues Werk, es beginnt mit
dem zweiten Akt von Tristan und endigt mit Hans Sachsen's Hochzeit.«

Tristan-Wagners gesetzloser Liebesrausch, der in die konventionelle Ehe des altgewordenen Sachs-Wagner mündet: da ist nicht nur
Resignation im Spiel und schon gar nicht in erster Linie, sondern vor
allem auch Sehnsucht nach Geborgenheit im bürgerlichen Gesetz, und
sei es noch so falsch. Ein halbes Jahr später hat er Cosima dann
geheiratet und äußerlich seinen Frieden gemacht mit der Gesellschaftsmoral.

Im Zwist mit ihr zu leben war ihm längst unangenehm genug
gewesen. Auch der Geschäftserfolg verlangte die offizielle Einhaltung
der Etikette und ganz und gar der königliche Freund Ludwig von
Bayern, der um so mehr darauf bestand, als er selbst seine Homosexualität zu verbergen hatte. So hat Wagner sich bemüht, in der für den
König geschriebenen Autobiographie seinen tiefen Haß auf die Ehe zu
kaschieren, indem er solche Gedanken seinem Revolutions-Freund
Röckel zuschreibt und sein eigenes Einverständnis mit leise ironischer
Distanz färbt.

Aber die Stelle ist verräterisch. Sie heißt so: »[Röckel] wollte in der
Zukunft von der Ehe, wie wir sie kannten, nichts mehr wissen. Ich frug
dagegen, wie er sich nun vorstelle, daß wir uns bei dem stets wechselnden Umgange mit jedenfalls sehr bedenklich sich ausnehmenden Frauenzimmern befinden würden? Mit wohlwollender Entrüstung ließ er
sich da vernehmen, daß wir uns ja gar keinen Begriff von der Reinheit
der Sitten im allgemeinen wie namentlich auch der Beziehung der
Geschlechter zueinander eine Vorstellung machen könnten, sobald wir
nicht die vollkommene Befreiung von dem Druck des Gewerbs-, Zunft-
und sonstigen Zwangs-Wesens uns zu verdeutlichen vermöchten.«

An dieser Passage ist mancherlei bemerkenswert. Einmal daß Rök-
kel die »Reinheit der Sitten« und die richtige »Beziehung der Geschlechter« abhängig machte von einer Veränderung der politischen
Verhältnisse: von ihm hat Wagner also seine Verknüpfung zwischen
Erotik und Gesellschaft. Zum anderen daß Wagner auf Röckels Ehe-
kritik spontan mit einer Vorstellung von Vielweiberei reagiert, und zwar
mit einer sittengeschichtlich eindeutigen: die diesbezüglichen Frauen
sind Huren; denn auf nichts anderes zielen die Ausdrücke vom »wechselnden Umgange« und von den »jedenfalls sehr bedenklich sich
ausnehmenden Frauenzimmern«. Kein Wunder, daß der so bezeich-

nend mißverstandene Röckel mit »Entrüstung« antwortete, wenn auch mit »wohlwollender«.

Beim Versuch, sich für den oberflächlichen Leser moralisch reinzuwaschen, deckt Wagner erst recht seine Abgründe auf: die Angst vor der Freiheit sowohl wie die Sehnsucht nach dem Bordell. Er hat beidem von Zeit zu Zeit nachgegeben und beides in allerlei Sublimierungen besonders in seinem Werk gestaltet, wovon noch öfter im einzelnen die Rede sein wird. Wie sehr der gesellschaftliche Druck der Ehe aber immer weiter auf ihm lastete – auch nach der äußeren Beruhigung im Zusammenleben mit Cosima –, das zeigt eine Stelle in einem späten Brief an König Ludwig: »Neulich aber erhielt ich aus Paris meine Wahl zum ›membre honoraire de la société des amis du *divorce*‹ zugesandt: das war nun sehr hübsch: ›*amis* du divorce!‹«

Die gespielt scherzhafte Mitteilung einer Kuriosität – nämlich: er sei zum Ehrenmitglied der Gesellschaft der Ehescheidungsfreunde gewählt worden (wichtig genug, daß es der König erfahren muß) – enthüllt einen Abgrund von Wahrheit: daß Wagner sich auch da noch – zwei Jahre vor seinem Tod, scheinbar jenseits von Gut und Böse und im Glück mit Cosima – als Opfer der Ehe fühlte.

In einem seiner hellsichtigsten Momente hat er das Problem präzise analysiert, das Problem und was es für sein Leben bedeutete und für sein Werk. Cosima berichtet: »Wir sprachen von seiner ersten Ehe. ›Gott‹, sagt R., ›es war kein üppiger Trieb, sondern ein recht solider, der mich dazu trieb, und wirklich hat mich diese Ehe vor allen aufregenden Beziehungen bewahrt und nur mein künstlerisches Wesen in mir entwickelt; ich war 40 Jahre geworden, ohne an die Möglichkeit von ernsteren Beziehungen zu Frauen . . . nur zu glauben; während deines Vaters [= Franz Liszts] Seelenkräfte von frühester Zeit an in solchen Verhältnissen angespornt wurden, blieben die meinigen einzig auf meine künstlerische Entwickelung gerichtet! Freilich‹, sagt er lachend, ›habe ich diese Konservation etwas teuer bezahlt.‹«

Wenn da auch manches um Cosimas Seelenfrieden willen ein bißchen verharmlost erscheint – im großen Ganzen trifft er wohl die Sache: Wagner hat den von der Ehe gedämpften Trieb ins Werk gelenkt. Dort spricht sich aus, was hier hätte sein können. Die Verbiegungen, die an ihm angerichtet worden sind und die er auch ganz gern an sich anrichten ließ, renkt das Werk wieder zurecht: das Verbrechen der Ehe hat Wagner produktiv gemacht. Sein Unglück ist uns zum Glück ausgeschlagen.

3.

Erotik und Sadismus

In der vierten Szene des »Rheingold« geschieht eine denkwürdige Transaktion. Die Riesen Fafner und Fasolt haben für den Bau des neuen Göttersitzes Walhall die Rechnung präsentiert: Freia, die Göttin der Liebe, ist der vereinbarte Preis. Da die auftraggebenden Götter statt dessen Gold angeboten, aber noch nicht damit gezahlt hatten, haben die Riesen Freia als Geisel genommen. Nun bringen sie diese ewige Jugend garantierende Göttin zurück und verlangen, daß sie mit dem Gold quasi aufgewogen wird: der inzwischen von Wotan mit List und Tücke errungene Nibelungenschatz soll so um Freias Körper aufgeschichtet werden, daß die Göttin nicht mehr sichtbar ist. Zu diesem Zweck verabreden die gegnerischen Parteien, Götter und Riesen, ein gemeinsames Maß: die Höhe von Freias Körper, und die wird von den Riesen mit ihren »Pfählen« markiert, mit denen sie laut Regieanweisung »bewaffnet« sind.

Nun geht es los. Fasolt verlangt, das Gold müsse so dicht gehäuft werden, daß er den Blick der von ihm hoffnungslos sehnsüchtig geliebten Göttin nicht mehr sehen könne. Sein Bruder Fafner fordert, daß das Maß »nicht so leicht und locker gefügt«, sondern »fest und dicht« gefüllt werden müsse. »Er beugt sich, um nach Lücken zu spähen«, sagt die Regieanweisung, und er selbst sagt:

> »Hier lug’ ich noch durch:
> verstopft mir die Lücken!«

Worauf Loge, einer der Götter, protestiert:

> »Zurück, du Grober!
> greif mir nichts an!«

Was Fafner aber überhaupt nicht von seinem Ziel abbringt:

»Hieher! die Klinze verklemmt!«

Selbst als die Götter so tun, als hätten sie ihren letzten Besitz geopfert,
ist es Fafner noch nicht genug:

> »An Wotans Finger
> glänzt von Gold noch ein Ring:
> den gebt, die Ritze zu füllen!«

Die ganze Szene ist so ungewöhnlich aktionsreich für Wagner, daß sie
leicht in der Gefahr ist, rasch übergangen zu werden. Dabei hat sie es
faustdick hinter den Ohren. Der Text steckt (vielleicht nur unbewußt,
aber doch deutlich genug) voller Assoziationen aus dem Sexualbereich:
die Pfähle der Riesen stehen ganz unverkennbar für männliche Penisse,
die »Lücke« und die »Ritze« bedeuten ebenso offensichtlich die weibliche Vagina. Loges Verbot, nichts anzugreifen, ist so eindeutig wie die
dazwischengestreuten Götterklagen:

> »Eilt mit dem Werk:
> widerlich ist mir's!«

und:

> »Tief in der Brust
> brennt mir die Schmach.«

»Die Klinze verklemmt« ist nur auf den ersten Blick eine von Wagners
oft abstrusen Stabreim-Erfindungen – hier macht sie wahrhaft abgründigen Sinn. Die Musik schließlich mit dem aus dem stampfenden Motiv
der Riesen entwickelten punktierten Rhythmus beschwört aufs Pla-
stischste den Gestus eines Geschlechtsverkehrs. Dabei handelt es sich
um den Vorgang des Tauschs einer Frau gegen Gold – die Szene
beschreibt in Situation, Wort und Musik zugleich Prostitution und
Vergewaltigung.

Der deprimierende Zusammenhang zwischen sexueller Lust und
Brutalität ist selten so deutlich gemacht worden. Mögen die zuschauenden Götter auch noch so sehr Abscheu und Empörung äußern: sie sind
an dem schrecklichen Vorgang eher noch mehr beteiligt als die scheinbar handelnden Riesen. Denn die fordern schließlich nur ihren gerechten und vereinbarten Lohn für schwere Arbeit, um den die Götter sie zu
prellen hofften. Freias Körper bedeutet für die Götter, die ihn behalten
wollen, ewige Jugend – nichts anderes als für die Riesen, die ihn haben
und allenfalls zu tauschen beabsichtigen gegen Gold: und beides zielt
auf Macht. Eigentum an Personen und an Sachen, das fällt mit einem
Mal zusammen, und der gemeinsame dritte Begriff heißt: Sadismus.

DIE RIESEN BEGEHREN FREIA
Wie Gewalt sich auch auf der Bühne abbilden läßt:
die Szene aus Patrice Chéreaus Bayreuther
»Ring«-Inszenierung.

Es nimmt nicht Wunder, daß ein Autor, der Grausamkeit im Werk
so eindrucksvoll darzustellen weiß, auch selbst anfällig ist für ihre
kitzelnde Lust. Sie vermag in einer Art von abstraktem Wohlgefallen
hinwegzuschwappen über jedes Empfinden dafür, daß sie eine Fülle von
konkretem menschlichen Leid in Kauf nimmt.

Wie anders wäre zu erklären, daß der unaufhörliche Prediger der
Menschenliebe so kalt reden konnte über Katastrophen, die ihm in der
Zeitung begegneten? Bezeichnend hierfür sind seine Äußerungen über
den Brand im Wiener Ringtheater am 8. Dezember 1881, kurz vor
Beginn einer Aufführung von »Hoffmanns Erzählungen«, wobei einige hundert Menschen ums Leben kamen. Die Katastrophe war bei den
Wagners tagelang Gesprächsthema; es muß dabei wohl auch kontro-
vers zugegangen sein, denn Wagner fühlte offenbar eine Notwendigkeit zur Rechtfertigung seiner Haltung, und die ist so: »Das nichtsnutzigste Volk säße in einem solchen Operntheater; wenn in einer Kohlen-
grube arme Arbeiter verschüttet würden, das ergriffe und empöre ihn,
aber solch ein Fall berühre ihn kaum.« Sechs Tage später »ergeht sich
R. über seinen Mangel an Anteil an der Katastrophe von Wien. ›Es
klingt hart und geht fast über die Natur hinaus, aber die Menschen sind
zu schlecht, um daß es einem nahegehen kann, wenn Massen untergehen. Wie gesagt, wenn in Kohlengruben Menschen verschüttet werden, da kommt mich das Entsetzen an über eine Gesellschaft, die sich
mit solcher Hülfe Heizung verschafft; und ob so oder so viele, die einer
Offenbach'schen Operette beiwohnen, aus dieser Gesellschaft dabei
umkommen, wobei sich auch nicht ein Zug von moralischer Größe
zeigt, das läßt mich gleichgültig.‹«

Festzuhalten ist aus beiden Stellen zunächst, daß für Wagner nicht
der tragische Tod von Massen selbst wichtig ist, sondern der Anlaß
ihres Todes. Er macht Unterschiede im Grad seines Mitleids: wer aus
Not einen gefährlichen Arbeitsplatz hat und dort verunglückt, hat
solches Mitleid verdient; wer freiwillig und zur Ergötzung ein schlech- .
tes Theaterstück besucht, ist an den Folgen selber schuld.

Unübersehbar enthält diese Position sogar ein Element von Genug-
tuung, erst recht, als er erfährt, *wer* da in Wien verbrannt ist: »Daß 416
Israeliten bei dem Brand umkamen, steigert R.'s Teilnahme für das
Unglück nicht.« Als sie am nächsten Tag über Lessings »Nathan«
sprechen, erschrickt anscheinend selbst Cosima vor Richards grausiger
Verknüpfung: »Er sagt im heftigen Scherz, es sollten alle Juden in einer
Aufführung des ›Nathan‹ verbrennen.«

Klar: da tritt der Antisemit Wagner hervor. Aber solcher Rassismus
hat wenig oder nichts mit biologischen Erwägungen zu tun. Da sucht
sich vielmehr kaum noch verdeckter Sadismus ein Ventil und findet es

erleichtert in einer Menschengruppe, die ohne Verlust an gesellschaftlicher und moralischer Reputation für geächtet erklärt werden kann, als sei es gefährliches Ungeziefer.

Dieser Mechanismus ist bei Wagner häufig zu beobachten: die Lust an Grausamkeiten, soweit sie nicht individualisiert sind, sondern gewissermaßen einem Prinzip gelten. An der Pariser Commune kritisiert er, sie sei zu »kleinlich« gewesen: »wenn sie Kirchen und Klöster verwüstet, Rothschilde gehängt, hätte es etwas zu bedeuten gehabt, aber nur den armen Erzbischof, gleichsam: ›Wir sind futsch, nun wollen wir wenigstens den noch murksen‹, das sei erbärmlich.« Und am Beginn des deutsch-französischen Kriegs sagt er, »er hoffe, daß Paris, ›diese Femme entretenue der Welt‹, verbrannt würde . . . der Brand von Paris würde das Symbol der endlichen Befreiung der Welt von dem Druck alles Schlechten«.

Da tritt beides offen zueinander: die sadistische Lust an der Grausamkeit und die erotische Angst; denn Paris wird als die »femme entretenue« bezeichnet, die ausgehaltene Frau, die Mätresse also, und ihre Vernichtung würde vom »Druck alles Schlechten« befreien. Sehr eindringlich verknüpft die Äußerung die aus dem Eros stammende Befreiungs-Sehnsucht mit einem abstrakt-prüden Reinheits-Ideal, das die Vernichtung konkreter erotischer Freiheit geradezu verlangt.

Daß Wagner solche Spannungen nur im Wortschwall seiner Aufsätze scheinbar gelöst, in Wahrheit aber lebenslang mit sich herumgeschleppt hat, kommt an solchen Stellen zum Vorschein. Mehr noch gilt das für ganz spontane Gedankenverbindungen, die Cosima notiert hat, weil sie wie Richard ihre Tragweite kaum durchschauen konnte. Etwa diese: »Nach Tisch, indem er seine Cigarette erdrückt und sieht, daß sie ersticke, gedenkt er Othello's und Desdemona's, . . . nur schön, daß D. noch in ihrer vollen Reinheit stirbt.«

Da ist es wieder: Hauptsache die »Reinheit« – damit erscheint der Mord schon fast gerechtfertigt. Aber die Geste der Tötung ist eine sadistische, eben wie das Ausdrücken einer Zigarette, und im Wort »ersticken« wird das menschliche Schicksal einem physikalischen Vorgang angenähert.

Nur selten kommen erotische und sadistische Lust so ungetrennt aus Wagners Unterbewußtsein nach oben. Meistens hat er sich viel mehr in der gesellschaftlich geforderten Gewalt. Da bezeichnet er ganz bewußt, »was er seine Sünden nennt, nämlich in der Jugend das grausame Behandeln von Tieren, auch eines Knaben«. Gerade aus dem klassischen Sadismus der Tierquälerei hat er (im Anschluß an Schopenhauer) – abwehrend – ein ganzes Lehrgebäude errichtet. Die

Geschichten von seiner Tierliebe sind Legion, oft erscheinen Tiere in seinen Äußerungen als die besseren Menschen; es wird davon noch ausführlicher die Rede sein. Da die Weltgeschichte für ihn immer nur die Geschichte der Gewalt bedeutet, ist die folgende Äußerung in diesem Zusammenhang voller Konsequenz: »Die Weltgeschichte beginnt von da an, wo der Mensch Raubtier wird und das erste Tier umbringt.«

Auch hier ist der Abgrund nahe. Eines Abends zieht die ganze Familie samt Kindern und Hunden in einen Bayreuther Bierkeller. Es geht äußerst heiter zu, und beim Rückweg im Mondschein sind alle glücklich: daß sie sich hier »heimisch« fühlen, notiert Cosima, und daß »ein unsägliches Dankgefühl« sie erfülle »bei der übersprudelnden Laune R.'s«. Doch in diese Glücksschilderung ist ganz beiläufig in Klammern eingefügt »Brange tötet eine Katze«. Und kein Bedauern darüber, keine Einschränkung des Glücks. Wie Mensch nicht gleich Mensch ist, so ist Tier nicht gleich Tier. Wenn Brange, Wagners geliebter Hund, eine anonyme, gleichsam massenhafte Katze tötet, so dient das eher dem Wohlbefinden als daß es dieses gefährden könnte. So ist die Welt: lustvoll und grausam, und nicht zuletzt dann lustvoll, wenn sie grausam ist.

Die abgründigen Erfahrungen mit seinen eigenen grausamen Lustgefühlen hat Wagner an vielen Stellen in sein Werk eingebracht. Nachdem Wotan im »Siegfried« dem Zwerg Mime verkündet hat, daß er nun nicht mehr lange leben werde, weil sein Kopf dem töricht furchtlosen Siegfried verfallen sei, heißt die Regieanweisung: »Er lacht und geht in den Wald.« Wotans Todesbotschaft ist vom Verlauf der Geschichte her unausweichlich, sein Lachen jedoch ein für die Geschichte ganz unnötiger Sadismus, und die Musik zu Mimes folgender Schreckensvision gerät denn auch völlig aus dem Häuschen: der Alptraum eines Menschen, der hilflos solch höherem Sadismus ausgeliefert ist.

Ähnlich nimmt sich eine Stelle in der »Walküre« aus. Da verkündet wieder Wotan die von ihm vorgesehene Strafe für Brünnhildes Ungehorsam: schutzlos soll sie dem ersten besten Mann gehören, der sie will. Wie in der »Rheingold«-Szene wird also die Vorstellung einer Vergewaltigung präsentiert: das Ineins von Erotik und Sadismus in seiner extremsten Form. Und diese Absicht ruft bei denen, die sie erkennen, Brünnhildes Walküren-Schwestern, schauderndes Entsetzen hervor. Sie brechen in ein Schreckens-Ensemble aus, dessen in kleinen Intervallen geführte und rhythmisch immer enger verschachtelte Stimmen als eine einzige schrille Dissonanz wirken, obwohl der harmonische Verlauf vergleichsweise einfach ist. Nebenbei sei darauf

hingewiesen, daß die hier so entsetzten Walküren selbst einen Job
haben, der sadistisch genug ist und erotisch auf eine ganz besondere
Art: sie sammeln Männer-Leichen, die Wotans Streitmacht verstärken
sollen.

In seinen dramatischen Bildern und in seiner Musik hat Wagner am
ehesten die Beziehungen aufgedeckt, die zwischen Liebe und Gewalt
bestehen. Seine frühen Anhänger haben das kaum gesehen und seine
späteren noch weniger. Das beschränkt sich auf beinahe blitzartige
Bemerkungen wie die von Nietzsches adligem Gutsbesitzer-Freund
Gersdorff, der über seinen »dionysischen Rauschzustand« beim Anhören des Walküren-Ritts berichtet, »der mich in weniger gesetzten
Jahren zur Zerstörung von Laternen, zur Umarmung von Menschen
hätte treiben müssen«.

Die heikle Zusammenfügung, Zerstörung *und* Liebe, deckt mehr
vom Sinn der Wagnerschen Szene und ihrer Musik auf, als es dem
Zeugen selbst wohl bewußt war. Ein einziger der Zeitgenossen, gewiß
noch stärker als Wagner von einem kaputten Verhältnis zu seinen
erotischen Bedürfnissen und Sehnsüchten gezeichnet, hat erkannt, was
sich da offenbarte: Friedrich Nietzsche, der unter dem Werk Wagners
und unter dem Menschen Wagner am meisten litt und doch auch sogar
dann nicht von ihm los kam, als er ein Pamphlet gegen ihn schrieb.
Zieht man die moralistischen Wertungen ab, so hat Nietzsche ihn
genau getroffen: »Ist Wagner überhaupt ein Mensch? Ist er nicht eher
eine Krankheit? Er macht Alles krank, woran er rührt, – *er hat die Musik
krank gemacht* – ... In seiner Kunst ist auf die verführerischste Art
gemischt, was heute alle Welt am nöthigsten hat, die drei grossen
Stimulantia der Erschöpften, das *Brutale*, das *Künstliche* und das *Un-
schuldige* (Idiotische).«

In die Schlußszene des »Siegfried« hat Wagner all das eingebracht
an Sexual- und Gewalt-Symbolik, was ihn bedrängte – eben diese
Mischung von Krankem, Brutalem und Unschuldigem. Zum ersten
Mal begegnen sich Brünnhilde und Siegfried, und sie begegnen sich in
einem schließlich ekstatisch auftrumpfenden Liebesduett. »Wie zwei
Tiere«, hat Wagner später über diese Stelle gesagt (wir erinnern uns an
die Zwiespältigkeit seiner Tierliebe), und er hat hinzugefügt: »Da ist
kein Zweifel, keine Sünde.«

Aber das Duett ist angefüllt nicht nur von unbekümmerter und
unschuldiger Lust, sondern entgegen Wagners eigener Interpretation
eben auch von Angst vor dem Sadismus, der mit der Lust sich immer
wieder verbindet. Als Brünnhilde nach ihrem ersten Überschwang
bemerkt, daß Siegfried, bevor er sie aufweckte, ihr den Helm abgenommen und mit dem Schwert die Rüstung zerschnitten hat (schon dies

eine bezeichnende Geste in der Nähe des Sadismus), da erschrickt sie
zutiefst, und Siegfrieds Liebesschwüre können sie ganz und gar nicht
beruhigen: »sie springt auf, wehrt ihm mit der höchsten Kraft der
Angst und entflieht nach der andern Seite«, lautet die Regieanweisung.
In ihrem folgenden Text heißt es:

> »Verwundet hat mich,
> der mich erweckt!
> Er erbrach mir Brünne und Helm:
> Brünnhilde bin ich nicht mehr!«

In der vorletzten Zeile bewegt die Stimme sich neun Noten lang
chromatisch in dem quälend engen Tonraum einer kleinen Terz, um
dann auf die letzten Worte (»nicht mehr«) mit einem schrillen Sprung
über eine Dezime nach oben in offenem Entsetzen zu enden. Als ihre
Angst sich steigert:

> »aus Nebel und Graun
> windet sich wütend
> ein Angstgewirr!
> Schrecken schreitet
> und bäumt sich empor!« –

da nimmt das Orchester die gleiche Gestik an wie in der Schreckensvision Mimes im ersten Akt – es ist hier wie dort die gleiche Furcht, Opfer
eines Sadisten zu werden.

Auf dieser Furcht entsteht die Gebärde flehentlicher Unterwerfung.
Die Musik macht das deutlich, indem das hier erstmals erscheinende
idyllische Liebesthema unterlegt ist mit Worten der Abwehr:

> »Lasse von mir!
> Nahe mir nicht
> mit der wütenden Nähe!
> Zwinge mich nicht
> mit dem brechenden Zwang!
> Zertrümmre die Traute dir nicht!«

Die Liebesidylle der Musik, verknüpft mit verbalen Begriffen von
Gewalt, macht die Situation nur bedrohlicher. Und sie kann ohne
weiteres auch bei dem, der Angst hat, ins Gegenteil umschlagen: er
wird selbst zum Sadisten. So drückt Brünnhilde wenig später ihren
Entschluß zur Hingabe mit ähnlich aggressiven Worten aus, wie sie sie
in ihrer vorigen Aggressions-Furcht benutzt hat:

>Wie mein Blick dich verzehrt,
erblindest du nicht?
Wie mein Arm dich preßt,
entbrennst du mir nicht?
Wie in Strömen mein Blut
entgegen dir stürmt,
das wilde Feuer,
fühlst du es nicht?
Fürchtest du, Siegfried,
fürchtest du nicht
das wild wütende Weib?«

Schließlich fällt das alles zusammen, Liebe, Angst, Sadismus, Masochismus, Untergang:

>Lachend muß ich dich lieben;
lachend will ich erblinden;
lachend laß uns verderben –
lachend zugrunde gehn!«

Und über die Schlußworte

>leuchtende Liebe,
lachender Tod!«

hämmert die Musik bis zum Ende ihren eindeutigen Kommentar: Erotik und Sadismus sind eins auf dieser gewalttätigen Welt. Noch hat sie, haben ihre Götter und Menschen nichts Besseres verdient.

4.

Phallus-Phantasien

Gegen Ende des großen Aufsatzes »Das Kunstwerk der Zukunft«, geschrieben 1849 im Schweizer Exil, findet sich die folgende Passage: »Der starren, nur durch äußeren Zwang erhaltenen staatlichen Vereinigung unserer Zeit gegenüber werden die *freien* Vereinigungen der Zukunft in ihrem flüssigen Wechsel bald in ungemeiner Ausdehnung, bald in feinster naher Gliederung das zukünftige menschliche Leben selbst darstellen, ... während das gegenwärtige Leben in seiner modisch-polizeilichen Einförmigkeit das leider nur zu getreue Abbild des modernen *Staates,* mit seinen *Ständen, Anstellungen, Standrechten, stehenden Heeren* – und was sonst noch alles in ihm *stehen* möge – darstellt.«

Die vielen Ableitungen von dem Wort »stehen« werden mit offensichtlichem Genuß ausgebreitet: man spürt förmlich Wagners Freude an der Entdeckung. Unüberhörbar ist die Gedankenverbindung vom »Stehen« zum Glied des Mannes. Und dieser Phallus wird dem gesellschaftlichen Gebilde zugeordnet, das das »gegenwärtige Leben in seiner modisch-polizeilichen (!) Einförmigkeit« bestimmt: dem Staat. Der Satz davor schildert demgegenüber die ersehnte Zukunft: die »freie Vereinigung« in »flüssigem Wechsel« von »ungemeiner Ausdehnung« und »feinster naher Gliederung«. Wie die phallische Sprache den Staat, so charakterisiert die andere Wortwahl – frei, flüssig, Ausdehnung, fein, nah – in gleichsam pulsierender Gestik eine vom harten Joch des Phallus (oder erst recht: vom Joch des harten Phallus) befreite Situation: Zärtlichkeit.

Daß diese deutliche Stelle nicht eine Episode ist – erklärbar aus der wütenden Verzweiflung des gerade gescheiterten und vom »Staat« zur Flucht gezwungenen Revolutionsteilnehmers – das zeigen viel spätere Äußerungen, die immer wieder den Staat unterschwellig als Phallus vorstellen. Es sei frevelhaft, »an dessen Organisation zu *rütteln*«, sagt er

in einer »gedrückten« Stimmung zu Cosima – mehr als ein Vierteljahrhundert später. Und dann: Bismarck entdecke »immer neue Gefahren«, »um die Armee zu *kräftigen*«. Oder: »Betrachtungen über dieses
Militär-Wesen, ob nicht das Mark des Volkes dadurch *ausgesogen*
werde?«

Ganz ausdrücklich hat Wagner das alte Sprachbild aufgenommen in
der kleinen Schrift »Über Staat und Religion«, die er 1864 im Frühling
seiner frischen Freundschaft mit König Ludwig verfaßte und die zunächst nur für diesen und nicht zur Veröffentlichung bestimmt war.
Sie sollte eigentlich den noch immer an Wagner haftenden Geruch des
Revolutionärs tilgen und den Monarchen von der Harmlosigkeit über-
zeugen, mit der Wagner in die aufrührerischen Zustände geschlittert
sei. Doch ein späterer Leser kann anders als der gläubige Ludwig schon
aus der Wortwahl des scheinbar systemtreuen Texts entnehmen, daß
hier im Schafspelz noch der alte Wolf redet: »*Stabilität* ist daher die
eigentliche Tendenz des Staates: und mit Recht; denn sie entspricht
zugleich dem unbewußten Zwecke jedes höheren menschlichen Stre-
bens, über das erste Bedürfnis wirklich hinauszukommen, nämlich: zur
freieren Entwickelung der geistigen Anlagen, welche stets gefesselt
wird, sobald Hinderungen für die Befriedigung dieses ersten Grundbe-
dürfnisses eintreten. Nach Stabilität, nach Erhaltung der Ruhe strebt
naturgemäß demnach alles . . . und dasjenige Gesetz, welches, auf die
Möglichkeit steter Abhilfe dringender Bedürfnisse berechnet, zugleich
die stärkste Versicherung der Stabilität enthält, muß demnach das
vollkommenste Staatsgesetz sein. Die verkörperte Gewähr für dieses
Grundgesetz ist der *Monarch*. Es gibt in keinem Staate ein wichtigeres
Gesetz, als welches seine Stabilität an die erbliche höchste Gewalt einer
besonderen, mit allen übrigen Geschlechtern nicht verbundenen und
nicht sich vermischenden Familie heftet.« In dieser »Staatsverfassung«
liege die »Gewähr für die Stabilität«.

So Wagnerisch kraus das formuliert ist – es ist in mehrfacher
Hinsicht interessant genug. Als »Stabilität« kommt das Stehen diesmal
daher, in lateinisch verschleierter Gestalt, aber es bleibt dennoch
dasselbe. Das schillernde Herumspielen am Begriff des »Bedürfnisses«,
dessen »stete Abhilfe« mit »stärkster Versicherung der Stabilität«
zusammengebracht wird; der »erbliche« Monarch, jenes immer aufrecht abgebildete Symbol der Stabilität, hervorgegangen aus der »nicht
sich vermischenden« Tätigkeit der Familie, also aus der neigungsfreien
phallischen Bewußtheit seiner Väter: das alles wiederholt Wagners
frühe Überzeugung, daß Staat und Phallus bis zur Identität zusammengehören, daß die Macht und das harte Glied des Mannes sich gegenseitig garantieren.

Folgerichtig sind die Macht-Symbole in Wagners Werk immer zugleich auch Phallus-Symbole: der Stab in der Hand des Papstes, wovon der sündige Tannhäuser erzählt; Siegmunds und Siegfrieds Schwert; Wotans Speer; die Grals-Lanze, die Parsifal dem bösen Klingsor abgewinnt.

Gerade in diesem letzten Werk, das der traditionellen Wagner-Gemeinde so rein ist, daß sie in Bayreuth sogar lange das Klatschen geächtet hat – gerade da hat Wagner am offensten über die Macht des Phallus phantasiert. Die Vorgeschichte der auf der Bühne sichtbaren Handlung hat nämlich mit nichts anderem zu tun. Die gewundenen Verse trachten das zwar zu verschleiern; aber Wagners erster Entwurf, den er für den homosexuellen König niederschrieb, läßt keine Zweifel: Klingsor, einst ein frommer Einsiedler, hat sich selbst kastriert, »um die sinnliche Sehnsucht in sich zu ertödten, welche zu bekämpfen durch Gebet und Busse ihm nie vollständig gelungen sei«. Das aber sei der falsche Weg: »Entsagung und Keuschheit« dürften nur »aus innerster Seele fliessen, nicht aber durch Verstümmelung erzwungen sein«. Klingsor, der sich das Schmerzlichste zugefügt hat, was einem Mann geschehen kann, geht sozusagen auf die andere Seite: sein Ziel ist von nun an die Verführung der hochmütig-reinen Gralsritter und danach ihre Kastration, besonders die ihres Königs. Der wird zwar gerade noch gerettet, aber er ist »bereits verwundet«, und das heißt ja wohl: er hat eine Beschädigung am Penis. Das und nichts irgendwie geheimnisvoll Unklares ist die Wunde des Amfortas.

Noch in seinem Entwurf hat Wagner einen Satz gestrichen, der dieses Faktum ganz ausdrücklich symbolisieren sollte: dem Amfortas »wird eine hochaufgerichtete Lanze mit blutiger Spitze nachgetragen«. Gestrichen hat er das aus angeblich dramaturgischen Gründen. Aber der erste Gedanke zeigt, wie es gemeint war: das aufgerichtete Glied des Amfortas ist an der Spitze verletzt – Folge seiner sexuellen Verbindung mit Kundry, dem »ewigen Weib«, die Klingsor ihm zur Verführung untergeschoben hat.

Wagner hat das Thema früher schon einmal angetippt, und zwar in einer Episode des »Lohengrin« (der ja im selben stofflichen Umkreis spielt: Lohengrin, Parsifals Sohn, ist vom Gral zur Rettung Elsas von Brabant ausgeschickt). Da rät die heidnische Ortrud ihrem Mann Friedrich von Telramund, wie er Lohengrins Macht brechen könne:

»Jed' Wesen, das durch Zauber stark,
wird ihm des Leibes kleinstes Glied
entrissen nur, muß sich alsbald
ohnmächtig zeigen, wie es ist.«

LUDWIG II. VON BAYERN
*Ein König hat ein aufrecht stehender Mann zu sein, auch
wenn er noch sehr jung ist und zum Aufrechtstehen
ziemlich wenig Lust besitzt.*

Das wird dann zwar als »eines Fingers Glied« konkretisiert, aber das ist nur Verdeckung des zutiefst Gemeinten, das im Text sich kaum verbirgt, erst recht, als Friedrich Elsa auffordert, ihm in ihrer bevorstehenden Hochzeitsnacht mit Lohengrin Zugang zum Schlafzimmer zu verschaffen:

> Laß mich das kleinste Glied ihm nur entreißen,
> des Fingers Spitze, und ich schwöre dir,
> was er dir hehlt, sollst frei du vor dir sehn, –
> dir treu, soll nie er dir von hinnen gehn . . .
> Ich bin dir nah zur Nacht, –
> rufst du, ohn' Schaden ist es schnell vollbracht.«

»Parsifal« ist also samt seinem Vorläufer »Lohengrin« auch ein Stück über Kastrationsängste. Ängste derer, die kastrationsfähig sind, also akut noch im Besitz von Macht. Das ist ein Problem mächtiger Männer, ihrer Beziehungen zu Frauen und ihrer Angst vor deren »absorbierenden« Fähigkeiten. Im »Ring«, der solche Konflikte subtiler darstellt als der bemerkenswert ausdrückliche »Parsifal«, erscheint der Drache Fafner im Text als die weibliche Bedrohung des knäbischen Mannes Siegfried. Der wird von Mime so gewarnt:

> »Siehst du dort
> den dunklen Höhlenschlund?
> Darin wohnt
> ein greulich wilder Wurm:
> unmaßen grimmig
> ist er und groß;
> ein schrecklicher Rachen
> reißt sich ihm auf;
> mit Haut und Haar
> auf einen Happ
> verschlingt der Schlimme dich wohl . . .
> Giftig gießt sich
> ein Geifer ihm aus;
> wen mit des Speichels
> Schweiß er bespeit,
> dem schwinden wohl Fleisch und Gebein.«

Das sind, kaum verhüllt, Angst-Geographien über die weibliche Vagina, und als Fafner dann selbst auftritt, verwendet er das gleiche Phallusbedrohende Vokabular:

»dich zu verschlingen
frommt der Schlund.«

Die danach im Text noch enthaltene Regiebemerkung: »Er droht mit
dem Schweife« hat Wagner nicht in die Partitur übertragen; sie hätte
mit ihrer männlichen Assoziation das Bild gefährdet: das Bild Fafners
als vaginale Drohung gegen Siegfrieds phallisches Schwert.

Siegfried, der Phallus, gewinnt: er ersticht den Drachen. Doch Text
und Musik fügen sogleich Bedauern hinzu: eine solche Gewalt-Lösung
war nicht eigentlich Wagners Programm. Siegfrieds Schwert, das hier
siegt und das kurz darauf das andere Phallus-Symbol zerschlagen wird:
Wotans Speer – dieses Schwert hat schon einmal gekämpft: in Siegmunds Hand, und da ohne Erfolg, da ist es an dem selben Speer Wotans
zersprungen. Und das heißt: Phallus-Symbole sind untereinander
wettbewerbsfähig, der »Sieg« hängt nicht von dem Glied ab, das man
herumträgt, sondern von dem Bewußtsein, mit dem man es trägt.
Phallus-Gewalt ist flüchtiger Siege fähig, aber sie bleibt Gewalt, und
Gewalt ist als solche immer kriminell: menschenfeindlich.

Wagners gigantische Geschichten vom Sex und von der Gewalt –
was zugleich heißt: von der Sexualität der Gewalt und von der Gewalt
der Sexualität – beschreiben seine eigenen Qualen. Das wäre nicht
besonders interessant, wenn es nicht auch die Beschreibung seiner
gesellschaftlichen Welt wäre und unserer. Die Faszination von Wagners Werk besteht bis heute darin, daß es solche Beziehungen offen-
legt. Und zwar so, daß man sie verstehen kann, ohne es aussprechen zu
müssen: das sind wir selbst, begreifen wir, und schließen vor Erregung
die Augen.

»SIEGFRIED«, 2. AKT, BAYREUTH 1952
*Die Bedrohlichkeit des Drachenschlunds läßt
(zumindest in allen durchdachten Inszenierungen)
seit langem an Deutlichkeit nichts zu wünschen übrig:
so sah der Schlund schon in Wieland Wagners erster
»Ring«-Interpretation aus.*

5.

Wotan

Ein deutscher Jurist hat zusammengezählt, daß 17 der handelnden Personen des »Rings« (das ist einschließlich aller Nebenfiguren die Hälfte der überhaupt auftretenden) im Verlauf der Tetralogie schwere Straftaten begehen. Am meisten tut sich dabei Wotan hervor: Freiheitsberaubung, Erpressung, Beihilfe zum Totschlag, Totschlag, Nötigung, Brandstiftung. Von diesem Mann hat Wagner geschrieben: »sieh Dir ihn recht an! er gleicht *uns* auf's Haar; er ist die Summe der Intelligenz der Gegenwart ...«

Wotan also ist für Wagner – man muß es immer noch und immer wieder betonen – kein mythischer Gott und schon gar kein alter Germane, sondern innigster Ausdruck der eigenen Zeit, er besitzt jegliche Aktualität: der Mensch als Verbrecher. Der Gesetzgeber, Herrscher und Richter in einer Person garantiert den Bestand der universalen Gewalt. Wotan ist gerade *kein* wild gewordener Despot, sondern die legale Verkörperung von Macht, Gesetz und Ordnung. Alle Versuche etwa, ihn in Aufführungen als eine Art Hitler zu präsentieren, sind falsch und auch allzu harmlos: Wotan ist der Normalfall und nicht die Ausnahme.

Bei ihm geht alles ganz korrekt zu: seine Macht verdankt er Verträgen. Die hat er geschmiedet, und auf ihnen beruht seine Stellung. Das musikalische Motiv, das dieser Vertragsthematik zugeordnet ist, charakterisiert in seiner Einfachheit den schlichten Tatbestand: in gleichmäßigen Schritten, jede Stufe der Tonleiter benutzend, wandert es über anderthalb Oktaven nach unten; klare Gewißheit drückt das aus: hier sind wir auf sicherem Boden.

Doch schon Wotans erste Szene, sein Gespräch im »Rheingold« mit seiner Frau Fricka, problematisiert diese Sicherheit. Sie reden über den Bau Walhalls und die daraus sich ergebende Verpflichtung, die Göttin Freia den Riesen als Baupreis zu überlassen. Fricka wirft das Wotan vor, und vor allem wirft sie ihm vor, die neue Burg diene nur zur Vermehrung seiner »Herrschaft und Macht«. Als Wotan darauf erläutert, er brauche diese Macht, um der familiären Enge zu entkommen, bricht es aus Fricka hervor:

> »Liebloser,
> leidigster Mann!
> Um der Macht und Herrschaft
> müßigen Tand
> verspielst du in lästerndem Spott
> Liebe und Weibes Wert?«

Wotan verteidigt sich mit dem Hinweis, schließlich habe er um Frickas willen erhebliche Opfer gebracht:

> »Um dich zum Weib zu gewinnen,
> mein eines Auge
> setzt' ich werbend daran:
> wie törig tadelst du jetzt!
> Ehr' ich die Frauen
> doch mehr als dich freut!«

Eine schwierige Stelle. Denn die Geschichte mit dem verlorenen Auge wird bei Wagner nicht recht klar. In der Mythologie gab Odin (= Wotan) sein Auge als Bezahlung dafür, daß er aus der Quelle der Weisheit trinken durfte, und so erzählen es auch später rückblickend die Nornen am Beginn der »Götterdämmerung«. Hier aber bietet Wagner eine andere und nicht weiter erläuterte Version: irgendwie soll das Auge der Preis für Fricka gewesen sein.

Der Widerspruch ist jedoch nicht sehr entscheidend; denn die Folgen der Verstümmelung stellen sich als identisch heraus: die eine Version (Erwerb der Weisheit) bedeutet mythologisch, so Robert Donington, »daß die Sicht zur Hälfte nach innen – fort von der Außenwelt – gewandt wurde«, Verlust der Hälfte des Instinkts also, »der der Instinkt ist für gegenseitige Liebe und Gemeinschaft«. Daß die andere Version (Erwerb Frickas) ebenso zu verstehen ist, dafür gibt die Musik einen Hinweis: zu Wotans Worten ertönt in den Bässen wieder das Vertragsmotiv als einzige Orchesterstimme und zum ersten Mal »nicht gebunden« zu spielen, damit der streng schreitende Charakter noch deutlicher wird.

Ein Geschäft also war auch dies, durch Vertrag abgesichert, nichts da von Liebe. Das aber – ein Leben aus Verträgen und für Verträge – hat natürlich seinen Preis. Ausgerechnet Fasolt, der sich selbst einen »dummen Riesen« nennt, weist Wotan darauf hin:

>>Was du bist,
bist du nur durch Verträge<<.

Wotans ganze Existenz also besteht aus nichts als Verträgen: ein
menschliches Monstrum.

Wotan selbst wird dieser Zusammenhang erst viel später bewußt:
als er in der >>Walküre<< den geliebten Sohn Siegmund, den er für große
Pläne vorgesehen hatte, opfern muß, weil das von ihm selbst geschaffe-
ne Vertragsrecht (das >>Gesetz<<) es so verlangt. Nun entdeckt er, daß
durch Verträge zu herrschen zugleich Fesselung durch Verträge bedeutet. Der Text verwendet interessanterweise ein berühmtes Hegelsches
Begriffspaar:

>>der durch Verträge ich Herr,
den Verträgen bin ich nun Knecht<<.

Was den dialektischen Charakter dieser Vertragswelt Wotans besonders ausdrücklich bestätigt.

Wotan also als Gefangener seines eigenen Systems, eines Systems,
das zur Macht-Schöpfung und Macht-Erhaltung erfunden wurde. Und
zwar schon bevor der >>Ring<< beginnt. Was sich da in grauer Urzeit
abgespielt hat, erzählen wieder die Nornen am Anfang der >>Götter-
dämmerung<<: Wotan brach, nachdem er aus dem Weisheits-Quell
getrunken hatte, einen Ast der Weltesche ab, um sich seinen Herr-
scher-Speer daraus zu schneiden – offenbar der erste Einfall der neu
gewonnenen Weisheit: Wissen ist Macht.

Aber die mythische Umweltsünde hatte Folgen, und die hören sich
sehr modern an:

>>In langer Zeiten Lauf
zehrte die Wunde den Wald;
falb fielen die Blätter,
dürr darbte der Baum:
traurig versiegte
des Quelles Trank<<.

Die Musik läßt dabei keinen Zweifel, daß der scheinbar begrenzte
Flurschaden der Anfang vom universalen Ende ist: durch das Orchester
huscht rhythmisch verkürzt das Motiv, das alle Untergangs-Anspie-
lungen im >>Ring<< begleitet – bis hin zum Brand Walhalls am Schluß.

Der >>Ring<<, der bereits von der Welt *nach* dieser Tat handelt, zeigt
Wotan im stolzen Bewußtsein seiner Macht. Er zieht alle Fäden,
arrangiert alle Katastrophen. Man hat davon auszugehen, daß die
vielen >>Zufälle<<, die das Geschehen zu dem Ende treiben, das der

»Ring« schließlich findet, von Wotan herbeigeführt sind. Die Urfassungen zeigen das noch klarer als die dann komponierten Texte, und sie waren Wagner deshalb wohl zu deutlich und zu »primitiv«. In der ersten Prosaskizze des »Rheingolds« ist Wotan bei der Anfangsszene, dem Raub des Goldes durch Alberich, auf der Bühne anwesend, ebenso im ersten »Walküren«-Akt, wo er Sieglindes und Siegmunds Liebesnacht persönlich überwacht und ihm sein Schwert zuspielt (die Endfassung verlegt das in die Vergangenheit). Daß ausgerechnet Mime, Alberichs feindlicher Bruder, die hochschwangere Sieglinde findet und ihren Sohn nach ihrem Tod aufzieht, damit er schließlich in den Besitz des Hortes kommen kann – das ist ebenso Wotans Werk wie das Arrangement, daß der Waldvogel Siegfried den Weg zu Brünnhilde zeigt, daß er dann später an Gunthers Hof kommt, um dort Alberichs Sohn Hagen zu treffen, der sein Mörder wird.

Das aber gehört schon nicht mehr zu Wotans Plan, da sind ihm die Fäden der Geschichte entglitten, hat er sich in dem fein gewirkten Netz bereits selbst gefangen. Im »Rheingold«, wo seine Frau schon zweifelt, gibt er sich noch ganz ungebrochen, ohne Gefühl für den Verlust, den die Machtgier ihm zugefügt hat. Auch hier spricht der »dumme Riese« aus, wie unbegreiflich unter menschlichen Gesichtspunkten Wotans Verhalten wirkt:

> »Die ihr durch Schönheit herrscht,
> schimmernd hehres Geschlecht,
> wie törig strebt ihr
> nach Türmen von Stein,
> setzt um Burg und Saal
> Weibes Wonne zum Pfand!«

Wotan rührt diese Mahnung nicht; er wurstelt noch eine ganze Weile weiter mit seiner Taktik, auf dem schmalen Grat zu balancieren zwischen Vertragstreue und Betrug. Erst einen Opernabend später, wieder in der »Walküre«, ist er fähig, sein Problem zu analysieren, die dialektische Beziehung von Macht und Liebe und den Glauben, man könne das andere haben, ohne auf das eine zu verzichten:

> »Als junger Liebe
> Lust mir verblich,
> verlangte nach Macht mein Mut ...
> Von der Liebe doch
> mocht' ich nicht lassen;
> in der Macht verlangt' ich nach Minne.«

Wagner selbst, der vieles von seinen eigenen Empfindungen in die Figur des Wotan eingebracht hat – bewußt teils, teils unbewußt –, war sogar nach den Erfahrungen mit dieser scheiternden Kunstfigur noch in der Lage, die selben Erwägungen in der Realität zu wiederholen. Am Anfang seiner Verbindung mit König Ludwig bezeichnet er einmal »Liebe bei wirklicher Macht« als die »Bedingung des Quelles dieses Glückes«. Er mußte bald erkennen, daß er sich im wirklichen Leben so täuschte, wie er es vom Wotan seiner »Walküre« schon längst hätte wissen können.

Jedenfalls wußte er, wieviel ihn mit Wotan verband. Häufig hat er sich als Wotan gesehen, und im Unterschied zu seiner halbwegs bornierten Umgebung hat er das durchaus nicht positiv gemeint. Wenn er einmal sagt, sein Festspielhaus sehe aus wie Walhall, dann bedarf es schon der Naivität der Protokollantin Cosima, um das als einen Ausdruck von Freude zu begreifen. Denn für Wagner schloß der Vergleich selbstverständlich den Gedanken ein, daß die schließlich mit geraubtem Gold bezahlte Trutzburg das Symbol zwar rechtmäßiger, aber gerade darum zugleich ungerechter Herrschaft ist, die untergehen muß. Wie in allem war Wagner dialektisch genug, das Doppelbödige auch in sich selbst zu erkennen.

Wotan hat das endlich ebenfalls erkannt. Nachdem er eingesehen hat, daß Macht und Liebesverzicht zusammengehören, wandert er nur noch als Anonymus durch die Welt des »Rings«. In »Siegfried« trägt er folglich nicht einmal mehr seinen Namen, sondern im Text heißt er nur noch »Der Wanderer«. Von seinen Eigenschaften: Hochmut, Allwissenheit, Grausamkeit, hat er zwar keine verloren, aber er hat eine dazugewonnen: Humor. Doch helfen kann der ihm nichts mehr: er ist zum Objekt geworden, zum Großvater, dem sein primitiver Enkel Siegfried mit Gewalt zeigt, wo's lang geht. »Zieh hin! Ich kann dich nicht halten!« – mit diesem Satz verabschiedet sich Wotan aus dem »Ring«, und selbst die Wortwahl der Regieanweisung unterstreicht die deprimierende Hilflosigkeit des einstigen Herrn der Welt: »Er verschwindet.«

Wagner hat zu dieser Szene eine interessante Anmerkung gemacht. Er fand, als er an »Parsifal« arbeitete, eine Ähnlichkeit zwischen Wotan und Kundry, der rätselhaften Frauengestalt des neuen Stücks: »beide sehnten sich nach Erlösung und bäumten sich gegen sie«. Hinter diesem Vergleich steckt ein sehr moralischer Gedanke: wer so viel Unheil angerichtet hat, muß die »Erlösung« verweigern; er hat die Schuld zu tragen, ohne Verzeihung, ohne Wiedereingliederung ins andere »System«, büßend schließlich bis zum Untergang.

Diese nachträgliche Interpretation bewahrt der Gestalt Wotans die

Spannung, die sie allein interessant macht. Wotan verkörpert kein
abstraktes Prinzip, sondern einen Menschen, mag er auch Gott genannt
werden, in allen seinen Möglichkeiten, wozu die Machtgier ebenso
zählt wie die Sehnsucht nach Liebe. Beides voll auszuleben, als zwei
Seiten einer Medaille – das ist Wotans Defekt, der Defekt, mit dem er
»uns auf's Haar« gleicht, der ihn zur »Summe der Intelligenz der
Gegenwart« macht: der Machtmensch für eine machtbesessene Zeit,
dem aber das berüchtigte »Menschliche« nicht fremd ist. Schließlich
bevölkern elf uneheliche Kinder Wotans den »Ring« (eheliche hat er,
wie Wagner mit Minna, gar keine): Brünnhilde, die acht anderen
Walküren sowie die Zwillinge Sieglinde und Siegmund. Sie stammen
von mindestens drei (aber eher mehr) verschiedenen Müttern, und
wenn man davon ausgeht, daß nicht jeder göttliche Ehebruch gleich
Kinder zur Folge hatte, so kann man Frickas Vorwürfe angemessen
würdigen.

Eine bemerkenswerte Strecke, die der Herr Kommerzienrat Wotan
vorzuweisen hat: Imperialismus nicht nur an vielen militärischen
Fronten, sondern auch in erklecklichen Betten. Denn häufig dürfte es
auch da mit Gewalt zugegangen sein; von seiner Beziehung zur
Urmutter Erda, woraus Brünnhilde hervorging, gibt Wotan das selbst
zu:

> »mit Liebeszauber
> zwang ich die Wala«.

Einmal allerdings scheint eine Liebesaffäre Wotan länger beschäftigt zu
haben, die nämlich mit einer namenlosen Menschenfrau, der Mutter
Sieglindes und Siegmunds. Einige Jahre müssen es immerhin gewesen
sein, die er sich der Zweitfamilie widmete. Als die durch die Ermordung
der Mutter und die Entführung der Schwester auf Siegmund und
Wotan zusammengeschrumpft ist, bringt er sogar noch »lange Jahre«
mit seinem illegitimen Sohn allein zu. Zwar diente dieser Ehebruch
Wotans Plan, einen »freien Helden« zu zeugen, der die Götter vor der
drohenden Vernichtung bewahren sollte, und die ausführliche erziehe-
rische Tätigkeit ließe sich so erklären. Aber doch nicht nur so. Denn der
politische Plan hätte die lange Begleitung Siegmunds nicht erfordert.
Dahinter steckt mehr: das *einmal* erlebte Glück einer wahrhaft menschlichen Beziehung, die Wotan so lange ausdehnte, wie es (bei seinen
sonstigen Verpflichtungen) nur ging.

Nach den Kriterien von Macht und Herrschaft ist solches Verhalten
natürlich eine Panne: Erfolgs-Typen dürfen sich das nicht gestatten.
Und erst recht nicht dürfen sie zulassen, daß andere, Untergebene gar,
derart pflichtvergessen handeln. Wotan muß Brünnhilde dafür strafen,

daß sie sich befehlswidrig auf Siegmunds Seite schlug. Doch nachdem er die schwere Strafe ausgesprochen hat, die Wegnahme der Göttlichkeit, gerät sein Abschied von der Lieblingstochter zu seinem schönsten Gesangsstück. Zum einzigen Mal im ganzen »Ring« nimmt eine andere Männerstimme als die Siegmunds über eine längere Strecke ariosen Charakter an. Dieses Lied »Der Augen leuchtendes Paar« schwingt sich ungewohnt melodiös über das nur in ganz dunkler Farbe begleitende Orchester, das dem Gesang eine Coda mit vibrierender Violoncello-Kantilene nachschickt: so schön könnte es sein, wenn der Mächtige abließe von seiner Herrschsucht, wenn er sich immer dem menschlichen Gefühl hingäbe.

Doch für Wotan ist es zu spät. Zu den letzten Worten seines Lieds:

> »Denn so – kehrt
> der Gott sich dir ab:
> so küßt er die Gottheit von dir«,

ertönt in Horn und Englischhorn das Thema, das seit dem Anfang des »Rheingolds« für den Liebesverzicht steht.

> »Nur wer der Minne
> Macht versagt,
> nur wer der Liebe
> Lust verjagt,
> nur der erzielt sich den Zauber,
> zum Reif zu zwingen das Gold«,

hieß es dort, und mit dem selben Motiv hatte gleich darauf Wotans Gegenspieler Alberich seinerzeit die Liebe verflucht. Wotans Schicksal also ist unabänderlich: er kann nicht mehr zurück zu der Liebe, der er selbst um der Macht willen abgeschworen hatte. Auch er hat sie – nicht ausdrücklich zwar, aber durch sein Handeln – verflucht, und der Fluch rächt sich an ihm selbst: sein Untergang ist nur noch eine Frage der Zeit.

Es bleibt schon hier in der »Walküre« nicht bei diesem vergeblichen Traumbild. Auf den schwärmerischen Nachgesang der Violoncelli antwortet Wotan mit heftiger Geste, die die Musik durch wild herausfahrende Figuren der tiefen Streicher nachzeichnet. Und dazu spielt der kräftige Posaunenchor das Vertragsmotiv – jede Note stark zu markieren: Wotan ist wieder auf seinem sicheren Boden angekommen. Alles kann weitergehen, wie es vorher schon war: Mord, Betrug, Neid und Tücke, nur um das bißchen Macht zu bewahren, das ihm die Welt bedeutet, eine Welt der Gewalt und eine Welt brutaler Erotik.

WOTAN (BAYREUTH 1976–1980: DONALD MCINTYRE)
*Der Macht-Mensch von Angesicht zu Angesicht
mit sich selbst: ein Bild aus dem 2. Akt der »Walküre« in
Chéreaus »Ring«-Inszenierung.*

RICHARD-WAGNER-DENKMAL
VON GUSTAV EBERLEIN, BERLIN 1903
Wie die Deutschen den Ruhm zu bilden pflegen, jedenfalls
den Ruhm des Mannes – aber die Denkmäler sind so
falsch wie der Gegenstand, den sie abzubilden vorgeben.

II.
KAPITEL

Irrwege zu Kraft und Schönheit

Richard Wagner
und seine Männer

Tristans Ehre –
höchste Treu':
Tristans Elend –
kühnster Trotz.

Tristan und Isolde,
1. Aufzug, 5. Szene

»Das ›ewig Weibliche‹ wird besprochen, R. meint aber, die Frauen
würden sich nicht in dieser Weise hervortun, wenn die Männer nicht
erbärmlich wären.« Der alte Wagner hat das gesagt, nicht lange vor
seinem Tod. Die Bemerkung komprimiert seine Lebensansichten zu
diesem Thema. Und die heißen:

1. Die gegenwärtigen Männer sind schlecht.
2. Deshalb ist notwendig auch die Haltung der Frauen falsch.
3. Männern und Frauen kommt in Wahrheit eine andere Rolle zu, als
   beide sie historisch und aktuell spielen.
4. Wären die Männer »gut«, wäre alles bald in Ordnung.

Immer bezieht Wagner beide Geschlechter aufeinander, sie sind der
Maßstab füreinander; wenn er von den Männern redet, dann selten
ohne auch die Frauen zu erwähnen. Schwer also und ein bißchen
künstlich, beide getrennt zu behandeln. Aber wie die aufgezählten
Ansichten zeigen, kennt Wagner doch eine Art Stufenleiter: ausgehend
vom handelnden Mann über die duldende Frau zum gemeinsamen
Leben in idealer Ergänzung. Da mag es denn doch der Einfachheit
halber erlaubt sein, das nacheinander darzustellen – die Männer zunächst, die gesellschaftlich Aktiven also in Wagners Welt und in
Wagners Werk.
                »Männertaten
                umdämmern mir den Mut«,

sagt Erda, als Wotan sie ratsuchend aus ihrer Weisheits-Höhle hervor-
zieht am Beginn des dritten »Siegfried«-Akts – verhaltene und doch
deutliche Kritik am männlichen Handeln, das das Wirken der Weisheit
nicht gerade begünstigt: immer müssen diese Männer etwas »tun«,
aktivistisch die Weltgeschichte hin und her bewegen, statt einfach
einmal still zu sein, zuzuhören, auf die Frauen (zum Beispiel) zu hören,
vor allem aber in sich selbst hinein zu lauschen, damit sie ihre eigenen
Bedürfnisse wahrnehmen und nicht lautstark übertönen. In einem
Gespräch über ein Märchen aus »Tausendundeine Nacht« bemerkt
Wagner, der Mann nehme »sich darin nicht gut aus«, und Cosima weiß
auch gleich, warum: »Es wird immer eine Heldentat seinerseits voran-
geschickt, durch welche er diese Hingebung der Frauen verdient.«
     Die Taten also, die man von ihm verlangt, bestimmen seine Rolle,
und daß man sie von ihm verlangt, macht ihn offenbar gar nicht
glücklich. Aber wer ist »man«? Die Gesellschaft? Er selbst? Die Frauen?
Letztere, so Wagner, jedenfalls nicht. Also er selbst, befangen in
Irrtümern, die unbegreiflich sind, blickt man nur genauer hin.

In der Schlußszene des zweiten »Meistersinger«-Akts hat Wagner das groteske Mißverhältnis von äußerem Anlaß und männlichem Handlungs-Zwang in den kurzen Dialogen Walthers und Evas dargestellt, die in die Auseinandersetzung zwischen Sachs und Beckmesser eingestreut sind. Eva hat ihre liebe Not, den Ritter von seinen permanenten Rauf-Gelüsten abzubringen:

»WALTHER: und ich ertrüg' es, sollt' es nicht wagen,
           gradaus tüchtig dreinzuschlagen?
           (Man hört den starken Ruf eines Nachtwächterhornes.
           Walther legt mit emphatischer Gebärde die Hand an sein
           Schwert und starrt wild vor sich hin.)
           Ha! . . .

EVA: (faßt ihn besänftigend bei der Hand)
           Geliebter, spare den Zorn!
           's war nur des Nachtwächters Horn. – . . .

WALTHER: Nun denn: durch die Gasse!

EVA: Der Schuster muß erst vom Fenster fort.

WALTHER: Ich zwing' ihn, daß er's verlasse.

EVA: Zeig' dich ihm nicht: er kennt dich!

WALTHER: Der Schuster?

EVA: 's ist Sachs!

WALTHER: Hans Sachs? Mein Freund?

EVA: Glaub's nicht!
           Von dir zu sagen Übles nur wußt' er.

WALTHER: Wie, Sachs? Auch er? – Ich lösch' ihm das Licht! . . .

EVA: (Walther zurückhaltend).
           Tu's nicht! . . .

WALTHER: Der Merker! Er? in meiner Gewalt?
           Drauf zu! Den Lungrer mach' ich kalt!

EVA: Um Gott, so hör'! Willst du den Vater wecken?
           Er singt ein Lied, dann zieht er ab.
           Laß dort uns im Gebüsch verstecken. –
           Was mit den Männern ich Müh' doch hab'! . . .
           Mich schmerzt das Lied, ich weiß nicht wie! –
           O fort, laß uns fliehen!

WALTHER: (das Schwert halb ziehend).
           Nun denn: mit dem Schwert!

EVA: Nicht doch! Ach halt!

WALTHER: Kaum wär' er's wert!

EVA: Ja, besser Geduld! O lieber Mann!
           Daß ich so Not dir machen kann!«

Aber nicht sie macht ihm »Not«, sondern er ihr, sich selbst und aller Welt mit seinem männlichen Getue, während es doch völlig genügen würde, sich ruhig im Gebüsch zu verstecken, um den gewünschten Erfolg zu erzielen. Wagners Ironie gegenüber Walther war auch eine schmerzliche gegen sich selbst. Mit Rührung liest man einen Satz voller Resignation – gesprochen am Beginn der Arbeit an der »Götterdämmerungs«-Partitur: »unsereiner muß immer erhaben sein«.

»Unsereiner«: das sind wir alle – wir Wagners, auch wenn wir nicht so schöne Opern komponieren, die das alles ausdrücken. Aber selbst dann: Männer bleiben wir allzumal. Auch Wagner ist natürlich einer geblieben. Jedoch immerhin einer, der gelernt und weitgehend verstanden hat, wovon er redete.

1.
Die großen Herren

Der wilde Walther gehört zu den besseren Kreisen, er ist von Adel, der Nürnberger Handwerker-Gesellschaft gegenüber ein großer Herr. Und die besonders sind es, auf deren Konto für Wagner die schlimme Rolle des Mannes geht. Sie sind seine eigentlichen Negativ-Figuren. Von Anbeginn – schon seit der Jugendoper »Das Liebesverbot« – tragen sie im besten Fall komische Züge, solche der Begriffsstutzigkeit und der Hilflosigkeit. Im schlimmeren Fall verursachen sie alles Übel. Höhepunkt: der »Ring«; der Kern der Botschaft, die der Zyklus übermittelt, ist in aller Einfachheit: die großen Mächtigen sind schuld am Untergang der Welt.

Unzählige Äußerungen Wagners, vor allem im politisch sicheren privaten Bereich, belegen diese Haltung, die so gar nichts zu tun hat mit dem auch in Bayreuth dann offiziell gepflegten Heroenkult. Seine Verdikte treffen die hehrsten Helden des deutschen Nationalbewußtseins – ein Glück für die rechten Wagner-Fanatiker, daß so etwas erst 1976 aus Cosimas Tagebüchern ans Licht kam.

Über Bismarck zum Beispiel muß Wagner ganz furchtbare Dinge geäußert haben; denn als Cosima einmal Richards Ausspruch notiert: »ich schäme mich, daß so viele gegen mich recht behielten und wußten, daß ein pommerscher Junker die Kultur Deutschlands nicht verstehen würde«, da schreibt sie an den Rand: »nicht ganz so wörtlich, verlor die Fassung«. Man darf annehmen, daß der Satz in Wirklichkeit noch viel schärfer war.

Vom alten Fritz heißt es: »R. sagt, es werde ihm förmlich Fr. d. Große zuwider, daß er die preußische Monarchie gegründet, von welcher so viel Elend auf uns gekommen. Auch sei er nur individuell begreiflich interessant, sonst eine Art Karikatur!« Ein späterer Leser des Originals hat versucht, die Stelle mit Tinte unkenntlich zu machen. Auch sein gerade regierender Nachfolger, das Heldendenkmal Wil-

helm I., bleibt nicht verschont: »Er schäme sich . . ., daß er von
Menschen wie diesen deutschen Fürsten, diesem Kaiser etwas erwartet
habe; ›sieh ihn dir nur an‹.« Die »Schlechtigkeit der deutschen Fürsten« ist ihm schon aufgegangen, als er im Reichsgründungsjahr 1871
bei Gustav Freytag über die Zeit der Freiheitskriege las, »immer wieder
sich erfreuend an dem deutschen Volk«.

Erst recht unten durch sind für ihn exotische Despoten wie der
russische Zar. Als der einem Attentat zum Opfer fällt, sagt Wagner,
»die Dummheit wäre hier getroffen worden; als Dramatiker interessierten ihn die Mörder«. Ein paar Tage später entspinnt sich über diesen
Gegenstand eine aufschlußreiche Kontroverse zwischen Richard und
der staatsfrommen Cosima. In ihrer wie immer fairen Wiedergabe liest
sich das so: »leider erregt meine Äußerung, daß die Nihilisten dem
Volke ferner stünden als wie der Zar, sein heftiges Mißfallen. Wie ich
meine, daß diese Verschwörer keine Berechtigung hätten, im Namen
der Bauern aufzutreten, ruft R. aus: ›Berechtigung! Hat denn der Zar
Berechtigung? Hier handelt es sich um Kräfte . . .; seitens der Herrschenden gibt es keine Kraft, seitens dieser Verschwörer aber eine.‹«

Wagners verachtungsvolles Verhältnis zu den Herren seiner Zeit ist
besonders pikant, wo es sich auf den König von Bayern bezieht. Dieser
Jüngling Ludwig war schließlich nicht nur sein mächtiger Gönner und
Finanzier, sondern er schwärmte ihn auch regelrecht an. Wagner hatte
diese Inbrunst in der gebührenden Form zu erwidern, und er tat es. Die
Tagebücher bezeugen, welche Qualen das hervorrief. Denn nach einem
sehr kurzen ernsthaften Frühling ihrer Beziehung hatte Wagner
schnell erkannt, wie es um Ludwig bestellt war. Er bedient ihn zwar
weiterhin mit hymnischen Ergüssen, aber Cosima hält gleichzeitig fest,
»wie seltsam das Schicksal, das gerade *diesen* unfähigen König so
begeistert für R.'s Werke macht, wie seltsam schrecklich!« Mit einem
»Phantasten« setzt er ihn auch gleich, einem »Crétin«, und offen
sprechen sie davon, daß Wagner aus politischen Gründen gezwungen
war, Ludwigs Vorgänger zu »idealisieren«, obwohl sie »falsche Gebilde« gewesen seien.

Warum dieser Schwindel stattfindet, diese eingestandene Heuchelei, ist klar. Wagner hat es selbst offen genug formuliert: »Bei Gelegenheit des Königs sagt er von den Fürsten, daß man eigentlich mit ihnen
allen umgehen müsse wie mit Wahnsinnigen, dies und jenes im
Gespräch vermeiden.« Denn er brauchte sie, weil sein Erfolg von ihnen
abhängig war. Wagners Einsicht in diese Verflechtung hat gelegentlich
etwas Zynisches, aber solcher Zynismus gewährleistet gerade Ehrlich-
keit: »man schämt sich, mit diesen Räubern zu tun zu haben, welche die
Welt organisieren.«

Zwei Monate vor dem Tod ist das eine deprimierende Feststellung; denn in der Tat: er hatte mit ihnen zu tun, die er sonst so sehr verachtete und denen er alles Böse zutraute. Aber er war selbst auch nicht frei davon – kein Wunder –, sich so wie sie zu verhalten. Cosima: »Abends hatten wir eine andre Tisch-Ordnung, R. wünschte nicht in der Mitte und mir gegenüber, sondern am Ende neben mir zu sitzen, wir machen es nach seinem Wunsch, aber es mißfällt ihm, und er will wieder als unser König in die Mitte kommen.« Irgendwie wäre er eben doch gern so etwas gewesen, ein König, ein Gleicher, dem Gleiche eine angemessene Behandlung schulden. Klage nach den ersten Bayreuther Festspielen: »Nicht eine von den Fürstlichkeiten, nachdem sie Orden an alle Ausübende verteilt, hat R. gefragt, was für ihn zu tun sei, wie ihn zu unterstützen oder [ihm] beizustehen!«

Peter Cornelius, gar kein schlechter Komponist für diese Zeit (»Der Barbier von Bagdad«) und doch oder vielleicht gerade deshalb von Wagner als Verehrer und Bewunderer brutal ausgenutzt, hat seinem Tagebuch anvertraut, wie den großen Herren entsetzlich ähnlich Wagner sich benahm, sogar als er noch ohne deren Protektion war: »Er braucht die Menschen nur für sich, ohne ihnen im Herzen etwas zu sein, ohne ihnen den Zoll reiner Pietät dafür zu geben. Er hat sich innerlich zu sehr darauf gerichtet, daß seine geistige Größe alle sittlichen Schwächen decken soll und ich fürchte, die Nachwelt nimmt es genauer.«

Die Nachwelt hat es lange genug nicht sehr viel genauer genommen. Sie hat sich zum Beispiel an den Wagnerschen Satz gehalten, in seinem Wotan erkenne er »den rechten Gott der Arier«, und an ein Mißverständnis seines gesamten Werks, das höchstens in frühesten Formen, in den abgestandenen Resten der »Großen Oper«, die Weltgeschichte betrachtet als ein Produkt der Aktivität einzelner Helden. Im ganzen übrigen jedoch sind Wagners Geschichten von großen Herren Geschichten der Hilflosigkeit und des Scheiterns. Das gilt schon für den Volkstribunen Rienzi und davor für den lächerlichen Statthalter des »Liebesverbots«, dann für den »Tannhäuser«-Landgrafen, für »Lohengrins« König Heinrich und für »Tristans« König Marke, für den Gibichungen-König Gunther in der »Götterdämmerung«, zuletzt auch für die Gralskönige Titurel und Amfortas im »Parsifal«. Ganz und gar gilt das für den Obergott Wotan, der ja nichts anderes ist als ein symbolischer Weltenkönig. Daß er der »rechte Gott der Arier« sei, ist kein würdevolles Kompliment (wie törichte Nationalisten es wohl verstanden haben), sondern ein boshaft ironischer Spruch, der Wotan so sehr trifft wie die »Arier«: beide passen gut zusammen, ein Gewaltherrscher hat da sein gewalttätiges Volk gefunden.

Auch eine hierarchische Stufe tiefer geht es nicht glücklicher zu: alle die Schiffskapitäne, Ritter, Edlen, Helden, Göttersöhne und -enkel, die Wagners Bühne bevölkern, leiden an vielfältigen Defekten, sie sind verflucht, verlassen, ausgestoßen, verwundet, verwaist, verraten, voller Sehnsucht und ohne Hoffnung. Wagner hat gewußt, wovon er dabei redet: von sich nämlich. Denn immer wieder hat er sich mit ihnen verglichen und Analogien hergestellt, hinter denen sich Abgründe auftun, auch dann, wenn der Wortlaut scheinbar Glück bezeichnet. Der Unterschied zwischen Wotan und Siegfried sei, daß Wotan Minna geheiratet habe (Wagners erste Frau) und Siegfried Cosima, sagt er einmal zu dieser, und die freut sich. Drei Tage davor hat er versucht, den knapp dreijährigen Sohn Siegfried auf einen anderen Weg zu lenken, auf einen menschlicheren: »›Du wirst ein Doktor, so gescheit bist du.‹ ›Nei Kaiser‹, antwortet Fidi.«

Am Sohn wiederholt sich, was schon dem Vater als Lebensplan vor Augen stand, und dem ist er mit monomanischer Energie nachgelaufen, bis er ihn erfüllt hatte – aber um welchen Preis? »R. kommt häufig an mein Bett und erzählt unter andrem, wie in der Jugend doch immer seit der frühesten Kindheit . . . [in ihm] der Gedanke gelebt hätte, nur etwas Großes zu sein; . . . und wie er den Rienzi und den Fliegenden Holländer geschrieben hatte, frug er sich mit Zweifel, wirst du wirklich zu den auserwählten Großen gehören. Dieses Gefühl sei immer mehr geschwunden, er könne sich aber denken, daß bei gewissen Menschen es anhaltend bleibe und sie zu allem, selbst ohne Beruf, triebe: nur keine Null sein.«

Seine Geschichten setzen die Großen seit langem ins Unrecht; Erlösung geschieht da auf ganz andere Weise als durch herkömmliche Heldentaten: nämlich durch Gesetzesbruch (»Tristan und Isolde«), durch Überredung (»Meistersinger«), durch weibliche Verweigerung (»Ring«), durch unmännliche Reinheit (»Parsifal«). An einem zeitgenössischen Roman, den er gerade liest und der das Schicksal des mexikanischen Kaiserpaars behandelt, kritisiert Wagner denn auch diese konventionelle Fixierung auf die Großen: »es fehlt diesen gräßlichen Katastrophen doch die wahre Tragik, Szepter und Kronen, um die es sich dabei handelt, sind keine ewigen Dinge, und wenn der Mensch dafür noch so sehr in's Unglück kommt, so läßt es uns im Grunde kalt.«

Was uns nicht kalt läßt, das ist eben das »ewige Ding« des Menschlichen und nicht die Pseudo-Tragik der Großen Oper und des »historischen« Romans. Im Abschieds-Terzett der Mozartschen »Zauberflöte« »wie überhaupt im ganzen Sarastro« rühmt Wagner »den Ton einer männlichen Würde und Gemütlichkeit«. Und wenn man über die Bewertung des Beispiels auch streiten mag – was er damit meint, ist deutlich: hier ist ein großer Herr Mensch geworden, ein Mann hat sich vom unangenehm »Männlichen« befreit: »In seiner Jugend habe ihm dieses Scheidetrio als das allerseligste geklungen, wehmütig und trostreich zugleich.«

Doch vor das Ziel haben die Götter noch manche Hürde gesetzt. Es ist ein weiter und schwieriger Weg, den Mann von seiner Herren- und Heldenrolle zu befreien. Wagner ist diesen Weg in seinem Werk gegangen, weil er in seinem Leben genug Erfahrungen gesammelt hatte mit seinem eigenen Dasein als Mann. Und die waren ziemlich schlimm.

2.

Männerkrankheiten

»*Anfortas*, der Hüter des Grals, siecht an einer unheilbaren Speerwunde, die er in einem geheimnissvollen Liebesabenteuer empfangen.« So beginnt 1865 der erste Prosa-Entwurf zu »Parsifal«. Wir haben gesehen, wie wenig »geheimnisvoll« dieses Liebesabenteuer war und was die unheilbare Wunde ausmacht: Kastration oder zumindest doch fast dies, auch wenn nur von einer Wunde in der »Seite« die Rede ist (wäre sie wirklich dort, sie müßte wohl leichter heilbar sein).

Als Wagner über ein Jahrzehnt später aus dem alten Entwurf Verse zum Komponieren machte, schmolz die im Prosatext sehr ausführlich und eindeutig dargestellte Selbstverstümmelung Klingsors, die wiederum die Voraussetzung für die ganze Geschichte mit Amfortas ist, auf zwei Zeilen zusammen:

> »Ohnmächtig, in sich selbst die Sünde zu ertöten,
> an sich legt er die Frevlerhand«.

Vor der Öffentlichkeit wollte Wagner wohl nicht mehr so offen von der Krankheit sprechen, die des Mannes schlimmste ist, die Krankheit zum Tode geradezu, zum Tod des Mannes als Mann. Doch nie ist Wagner der Ausdruck der Qual, des unstillbaren Schmerzes eindringlicher gelungen als in den Versen des leidenden Amfortas im ersten »Parsifal«-Akt und nie eine schmerzlicher fließende Musik: Klage um den Verlust männlicher Kraft.

Es ist bezeichnend, daß die Heilung nur durch ein anderes Phallus-Symbol bewirkt werden kann:

> »Nur eine Waffe taugt: —
> die Wunde schließt
> der Speer nur, der sie schlug.«

Und nachdem Parsifal des Amfortas Wunde mit dem Speer berührt und geschlossen hat, fließt Blut aus der Waffe: »heil'ges Blut« natürlich, aber es ist doch auch eine Art Verwundungsaustausch: die Summe der Männerkrankheiten bleibt konstant. Hat vielleicht Parsifal damit sich selbst verletzt, sich (seinem Speer) die Wunde eingehandelt? Sehr dunkel ist das, erst recht, wenn der Chor darauf die rätselhaften Worte singt (die sich ja nur auf Parsifal beziehen können): »Erlösung dem Erlöser!« Hat er die nun selbst nötig? Ist das die Folge seiner Weigerung, Kundrys Verführung nachzugeben? Eine Weigerung, die ihn zunächst stark macht, Klingsor bezwingen und den Speer erobern läßt, mit dem er wiederum Amfortas heilen kann.

Das also hieße dann: Parsifals Verzicht auf sexuellen Genuß, *seine* Selbst-Kastration, macht ihn zwar »rein« und zu allerlei »Gutem« fähig, ist aber schließlich doch auch eine Verletzung, eine Krankheit, die wieder der Erlösung bedürfte.

Zugegeben: Wagner hat das nicht so dargestellt; auf der Oberfläche des Stücks spielt eine ganz andere Handlung, nämlich die Erlösung eines Schuldigen durch Mitleid. Aber unter der Haut fließt doch viel Blut. Und ob es nun lebensspendend aus dem Gral strömt oder in der Wunde des Sünders tobt: es bleibt immer Blut. Daß die Sexualität, vor allem die des Mannes, krank macht, sagt die Oper deutlich genug; doch am Ende sagt sie möglicherweise eben auch, daß ohne diese Krankheit leben zu müssen selbst eine Krankheit ist.

Martin Gregor-Dellin hat bezweifelt, daß Wagner »unter einem Fluch des Sexus litt«: »Es hat der ungelenke Trieb ihn bestenfalls irritiert.« Mag sein. Man muß nicht um Worte streiten. Jedenfalls litt Wagner sein Leben lang an Krankheiten, die seine Sexualität entschieden berührten. Schon das Kind, schwächlich und körperlich unproportioniert, hatte einen »hartnäckigen Hautausschlag, der periodisch wiederkehrte und sich gelegentlich zur Gesichtsrose verschlimmerte.« Das Leiden behielt er immer, bis ins hohe Alter. Seit dem ersten Aufenthalt in Paris (1839–42) kamen »Unterleibsbeschwerden« hinzu, die er jahrzehntelang durch Badekuren bekämpfte. Erfolglos: sein venezianischer Hausarzt führte den tödlichen Anfall auf »qualvolle Störungen in der Herzaction« zurück, »sowohl durch directe mechanische Beengung des Brustraumes in Folge der massenhaften Gasentwicklung in Magen und Gedärmen, als durch Reflex von den Magen- auf die Herznerven«.

Wagner hat sich über dieses »Leiden zum Tode« verständlicherweise nicht präzise geäußert, und nach dem Zeugnis dieses letzten Arztes scheint es sich vor allem um Verdauungsstörungen gehandelt zu haben. Aber wo Wagner davon spricht, geschieht das mit dem Ausdruck wütender Verachtung. Für ihn waren es gewiß nicht nur Blähungen, sondern erniedrigendste Einschränkungen der männlichen Potenz. Zum ersten Mal erwähnt er die Krankheit in einem Brief an die Schwester Cäcilie Avenarius: »Hämorrhoidal-Leiden haben sich bei mir auf das Heftigste eingestellt; mein Unterleib ist gänzlich ruinirt u. ewiges Unbehaglichfühlen u. Andrang des Blutes nach dem Kopfe ist davon die Folge.«

Acht Jahre später – Wagner macht gerade eine seiner Kuren in der schweizerischen »Wasserheilanstalt« Albisbrunn – knüpft er sein Leiden schon mit dem Zustand der Welt zusammen. An Franz Liszt: »wahrlich, diese ganzen Schmarotzergewüchse unsres heutigen Lebens haben keinen andren Grund und Boden, aus dem sie wachsen, als – unsre ruinirten Unterleibe! Ach! wollte und könnte mich jeder verstehen, dem ich dieß – fast lächerlich klingende – und doch so entsetzlich wahre Wort zurufe! – –«

Noch einmal zwölf Jahre später drückt er es der Freundin Mathilde Maier gegenüber noch »symbolischer« aus – schließlich versuchte er um diese Zeit sie zu überreden, als Geliebte oder Frau oder Haushälterin oder als das alles zusammen zu ihm zu ziehen: »Mein Unterleibsleiden verstimmt mich immer mehr u. meine Verstimmung verschlimmert wieder mein körperliches Leiden, wo, so physisch es endlich quält, Alles doch wieder seinen metaphysischen Grund deutlich erkennen läßt. –«

Schlichter kann man es nicht sagen: diese Krankheit ist kein Fall für die Medizin, sondern für die Psychologie. Sie hat ihren Ursprung nicht im Darm oder im After, sondern in den Anforderungen, denen der Mann in dieser Potenz-Gesellschaft ausgesetzt ist und die er zu erfüllen hat, will er erwartungsgemäß mithalten. Natürlich tabuiert die Gesellschaft gerade die Zonen, in denen der Körper sich für das überspannte Verlangen rächt: darüber darf nicht gesprochen werden, das ist unrein. Wagners Hilferuf gleichsam in dem Brief an Liszt ist ein Schrei gegen dieses Tabu: »entsetzlich wahr« sei es, daß alles Unheil aus dem Unterleib stamme, aber das auszusprechen werde als lächerlich empfunden. Alle sagen: das sei doch eine zu bescheidene Erklärung, und doch sei es die einzig richtige. Der Leidensdruck aus dem Unterleib und aus der Gesellschaft ist derselbe.

Aber der Anpassungszwang an die Vergötzung des sauberen Unterleibs durch die männerbestimmte Gesellschaft ist zu stark, und er führt konsequent zu Verdrängungen, die Wagners Leben rundum geprägt haben. Statt sich auf seinen Körper mit all seinen Nöten einzulassen und daraus zu erfahren, was er braucht, bekämpft er die Nöte, die Symptome. Als er dem väterlichen Dresdner Freund Wilhelm Fischer mitteilt, er wolle bald mit der Komposition der damals vorgesehenen

Siegfried-Teile des »Rings« beginnen, da fügt er hinzu: »Zuvor aber
bin ich entschlossen, mich vollkommen gesund zu machen, damit ich
auch eine recht gesunde Musik schreibe. Ich gehe zu diesem Zwecke am
15ten dieses in eine nahe gelegene Wasserheilanstalt: dort will ich mir
meinen Unterleib reinwaschen, wie ich mir jetzt mit meinen schrift-
stellerischen Arbeiten den Kopf reingewaschen habe.«

Kein Wunder, daß das nichts half. Es dauerte noch zwei Jahre, bis
ihm der erste Einfall zur »Ring«-Musik kam, als er von Durchfall und
Seekrankheit erschöpft in einem Hotel in La Spezia lag. »Recht gesunde
Musik« ist das dann ja auch nicht geworden.

Was Wagner sich angetan hat, seinem Körper angetan hat, bis er
zum Schluß »viele und starke Arzneimittel ... in großen Mengen
durcheinander« fraß, das ist natürlich nicht von ihm erfundene selbst-
zerstörerische Grausamkeit, das hat man ihm anerzogen – und allen
Männern seiner Zeit und früherer Zeiten und späterer Zeiten. Er hat
das kaum gewußt, aber doch – verständnislos – preisgegeben in knappen Berichten über die Ängste seiner Jugend: »Die Erregungen des
Grausens und der Gespensterfurcht bilden einen ganz besonderen
Faktor der Entwicklung meines Gemütslebens. Von zartester Kindheit
an übten gewisse unerklärliche und unheimliche Vorgänge auf mich
einen übermäßigen Eindruck aus; ich entsinne mich, vor leblosen
Gegenständen als Möbeln, wenn ich länger im Zimmer allein war und
meine Aufmerksamkeit darauf heftete, plötzlich aus Furcht laut aufge-
schrien zu haben, weil sie mir belebt schienen. Keine Nacht verging bis
in meine spätesten Knabenjahre, ohne daß ich aus irgendeinem Ge-
spenstertraum mit fürchterlichem Geschrei erwachte ... Das heftigste
Schelten, ja selbst körperliche Züchtigung erschienen mir dann als
erlösende Wohltaten.«

Keinem Kind fällt so etwas von selbst ein: die Angst können ihm
nur gefühllose Erwachsene beigebracht haben, und ihre Reaktion auf
die Reaktion des Kindes treibt die Gefühllosigkeit zum äußersten:
»körperliche Züchtigung«. Daß die als vergleichsweise harmlos angesehen wird, ja als Wohltat, vermag zu erklären, warum der Erwachsene
(der *Erwachsene?*) später genau so mit sich umgeht: als Flagellant des
unbotmäßigen Körpers.

Eine ganz ähnliche Jugenderinnerung stellt den Bezug der Ängste
zu den frühen sexuellen Verbiegungen des Mannes her. Der neunjährige Wagner lebt für ein paar Tage bei Onkel und Tante und genießt
deren altertümlich-prunkvolle Wohnung. Und dann kommt die Geschichte: »Nur an einem Schmuck dieser Räume hatte ich sehr zu
leiden: das waren die verschiedenen Porträts, namentlich der vornehmen Damen im Reifrock mit jugendlichen Gesichtern und weißen

(gepuderten) Haaren. Diese kamen mir durchaus als gespenstige Wesen vor, die mir, wenn ich allein im Zimmer war, lebendig zu werden schienen und mich mit höchster Furcht erfüllten. Das einsame Schlafen in einem solchen abgelegenen großen Gemach, in dem altertümlichen Prachtbett, in der Nähe eines solchen unheimlichen Bildes, war mir entsetzlich; zwar suchte ich vor der Tante, wenn sie mich des Abends mit einem Licht zu Bett brachte, meine Furcht zu verbergen; doch verging nie eine Nacht, ohne daß ich in Angstschweiß gebadet den schrecklichsten Gespenster-Visionen ausgesetzt war.«

So entstehen Neurosen: Angst – Zwang zur Verdrängung – Fixierung an den Gegenstand, an den die Angst sich ursprünglich geheftet hatte: die vornehmen Damen, die alterslos sind (jugendliche Gesichter und weiße Haare), also für jegliche Frau einstehen. Und das »namentlich« enthüllt verschämt, daß es nur um *sie* ging, die Frauen, nicht um irgendwelche alten Gemälde.

Da hat der künftige Mann schon seinen Knacks weg. Und er gibt ihn weiter. Mit zwanzig spannt er einem Würzburger Musiker die Verlobte aus: »Daß der Bräutigam beim Gewahrwerden der zärtlichen Unbefangenheiten, welche Friederike mir zuwendete, sich traurig aber nicht eigentlich verhindernd in sein Los fügte, erweckte mir zum ersten Male in meinem Leben ein schmeichelhaftes Selbstgefühl.« Das Motiv tritt hier zum ersten Mal in Wagners Leben auf, und es wird dafür und für das Werk noch eine erhebliche Bedeutung erhalten: einem anderen Mann die Frau wegnehmen. Freud hat die »Bedingung des ›Geschädigten Dritten‹« später als sexualpsychotischen Defekt beschrieben.

Als Cosima einmal an Richard rühmt, »er sei der einzige Mann, der Liebe eines Weibes verdiene, er sei treu und zart, er glaube an die Liebe« – was ja nun für Wagner über lange Strecken seines Lebens ganz und gar nicht gilt, nicht einmal für seine Beziehung zu Cosima, aber da immerhin am ehesten –, da sagt er: »Den meisten Männern fehlt die Sammlung. Dadurch sind sie zynisch.« Der Satz enthält eine Menge Selbstkritik, denn zynisch war auch er, in vielerlei Zusammenhängen, und »Sammlung« hat er Frauen gegenüber kaum gekannt. Er war und blieb der Mann, dem man frühzeitig die Stärken beigebracht hatte, die seine Krankheiten sind. Aber nachdenklich hat er sie sich doch spät ins Bewußtsein gehoben. Auf Cosimas Frage, »ob er meine, daß ein jeder Knabe eine wilde wüste Jugendzeit haben müsse« (Sohn Siegfried ist gerade acht Wochen alt), da antwortet er: »Ja, schon um der heilsamen Sehnsucht willen, wieder zu sich zu kommen . . . Freilich braucht diese Periode nicht so kleinlich wie bei mir auszufallen«.

Eine Bestätigung für Cosimas Frage und eine umständliche Distanzierung zugleich. Denn die Sehnsucht, zu sich zu kommen, ist wohl das genaue Gegenteil dessen, was mit »wilder wüster Jugendzeit« gemeint ist. Irgendwo wußte er, daß gerade eine solche Jugend und die aus ihr angeblich zu gewinnende »Stärke« dem Mann nicht zum Guten ausschlägt, sondern ihn krank macht an Körper und Seele. Ihm wird abverlangt, was er nicht leisten kann: immer ohne Zögern alles zu wissen, alles zu können, alles richtig zu machen. Das muß ja auf den Magen schlagen. In einem Brief an Theodor Uhlig, den besten Freund seiner mittleren Jahre, klagt Wagner denn auch einmal über die »unbeirrbaren« Männer und fährt fort voller Hohn: »O die *starken* Männer! die schwachen frauen sind allerdings leichter zu beirren. –«

Da sind sie wieder, die Opfer der Männerkrankheiten: die Frauen. »Für euch ist die Sehnsucht zum Edeln der Quell vieles Ekeln«, sagt er einmal zu Cosima, als die ihn darauf hinweist, »wie viele Männer den Frauen bloß durch Unsauberkeit unerträglich sein müssen«. Am Tag darauf dichtet er dann die Verse über den Hand an sich legenden Klingsor. Da geht der zuvor ganz hygienisch-äußerlich gemeinte Begriff der Unsauberkeit ins Metaphysische über: »Ohmächtig, in sich selbst die Sünde zu ertöten . . .« Und das folgende »an sich legt er die Frevlerhand« bedeutet zwar Klingsors Selbstentmannung, die absichtsvoll undeutliche Formulierung läßt jedoch auch an eine andere Handlung denken: Onanie.

Das ist eines der männlichen Groß-Tabus in Wagners Zeit, herüberreichend bis in unsere Tage, gesellschaftlich viel stärker geächtet als etwa außerehelicher Geschlechtsverkehr, selbst als Homosexualität. Onanie ist geradezu der Inbegriff von Unsauberkeit und von Schwäche, wird verantwortlich gemacht für körperliche Krankheiten und für geistige Umnachtungen. Wagner, der den Fetischismus der Stärke und seine Tabus immer akzeptierte, obwohl er sie längst durchschaut hatte, war gerade in diesem sexuellen Bezirk besonders empfindlich, was auf verständliche eigene Nöte hindeutet. Seine Übernahme des Onanie-Tabus geht so weit, daß er es in zwei Fällen sogar zur rücksichtslosen Diffamierung von Freunden verwendet.

Der junge Karl Ritter, Sohn der mütterlichen Mäzenin Julie Ritter, war einer von Wagners ersten glühenden Verehrern. Im Zürcher Exil lebte er einige Zeit mit Wagner zusammen. Er war auch einer der ersten, den Wagner ohne Hemmungen für seine Zwecke ausnutzte: Ritter hatte den Sekretär zu spielen, den Boten und vor allem den Anbeter. Das ging lange gut, aber doch nicht immer. Und da läßt Wagner ihn sofort fallen. In einem Brief an Uhlig attackiert er den damals 22jährigen Ritter, weil der sich ihm nicht mehr fügen wolle. Die Erklärung für dieses unerhörte Sakrileg liefert er gleich mit: »allein er ist – *Onanist!*«

Wagner hat diesen Tiefschlag, der den Getroffenen als »Mann« unmöglich machte, Jahre später einem anderen Freund gegenüber wiederholt: Friedrich Nietzsche. Nietzsche war wegen starker Augen- und Kopfschmerzen von dem Frankfurter Arzt Dr. Eiser untersucht worden, und der ließ Wagner seine Ergebnisse wissen. Wagner antwortet: »Ich trage mich, für die Beurteilung des Zustandes N.'s, seit lange mit den Erinnerungen von gleichen und sehr ähnlichen Erfahrungen, welche ich an jungen Männern von großer Geistesbegabung machte. Diese sah ich an ähnlichen Symptomen zu Grunde gehen, und erfuhr nur zu bestimmt, daß Folgen der Onanie vorlagen. Seitdem ich N., von jenen Erfahrungen geleitet, näher beobachtete, ist an allen seinen Temperamentszügen und charakteristischen Gewohnheiten meine Befürchtung zu einer Überzeugung geworden.«

Dr. Eiser konnte das aus seiner Untersuchung zwar nicht bestätigen; aber seine eigene Verehrung für Wagner brachte ihn dazu, sich in seinem Antwortbrief dessen Diagnose zu eigen zu machen und gleich noch ein paar Details aus Nietzsches Sexualleben (und -leiden) mitzuliefern: dessen jugendliche Tripper-Infektion und jüngste Dirnen-Erlebnisse. Der Briefwechsel, auf beiden Seiten unerhört indiskret, wurde Nietzsche ein paar Jahre später bekannt, und Gregor-Dellin vermutet darin sogar den tiefsten Grund für Nietzsches haßvolle Abkehr von Wagner.

Der Onanie-Komplex führt zurück zum Anfang: zum Problem des Mannes mit seinem Glied. In der Schlußszene der »Meistersinger« hat Wagner – wohl kaum bewußt (oder vielleicht doch?) – in vielfachen verbalen Anspielungen diesen Ursprung aller Männerkrankheiten thematisiert. Beckmesser, der gealterte Junggeselle (Hagestolz nannte man das früher), wirbt im Preisgesang vor allem Volk um die Hand Evas, die ihn natürlich nicht will. Sein Wettbewerbslied hat er bei Hans Sachs mitgenommen, im Glauben, es handle sich um ein Gedicht des angesehensten der Meistersinger und verspreche deshalb den Sieg. Tatsächlich aber ist es die von Sachs mitgeschriebene träumerische Vision des Ritters Walther, die dieser dann als Beckmessers erfolgreicher Konkurrent um Eva auf der Festwiese singen wird. Beckmesser hat den fremden Text weder verstanden noch kann er sich ihn merken, so daß sein Vortrag zu einem grotesken Nonsens-Auftritt gerät.

Doch nur scheinbar. Denn Beckmessers Lied und das, was sich drumherum tut, assoziiert in Sprache und Situation, hinter dem Oberflächen-Jux verborgen, Phallus-Symbolik. Es beginnt mit Sachsens Anrede an Beckmesser: »Herr Merker! Sagt, wie steht es? Gut?« Dann muß der Sänger auf ein Podest steigen; das ist kein Holzgerüst, wie man es in dieser Situation wohl erwarten müßte, sondern ein

»kleiner Hügel«, den die Lehrbuben »schnell von Rasenstücken ...
aufgeworfen, festgerammelt und reich mit Blumen überdeckt« haben,
in Wort und Bild die Beschreibung eines weiblichen Unterleibs. Die
Gedankenverbindung liegt nahe – schließlich handelt es sich bei dem
ganzen Vorgang darum, daß hier eine Frau als Preis ausgesetzt ist bei
einem Sängerwettbewerb.

Beckmesser besteigt also diesen (Venus-)Hügel, »er strauchelt darauf, tritt unsicher und schwankt«:

> »Zum Teufel! Wie wackelig! Macht das hübsch fest!
> (Die Buben lachen unter sich und stopfen an dem Rasen.)«

Worauf das Volk beginnt, den Sänger für seine offensichtliche Schwäche zu verspotten, die eine Schwäche seines Penis ist:

> »Er kann nicht 'mal stehn:
> Wie wird's mit dem gehn? ...
> Gott, ist der dumm!
> Er fällt fast um! –«

Und nun kommt Beckmessers Lied, das keines Kommentars bedarf,
wenn man sich seine sexuelle Bedeutung vergegenwärtigt – ein heimlicher subtiler Porno vor der Kulisse des mittelalterlichen Nürnberg:

> »Morgen ich leuchte in rosigem Schein,
> voll Blut und Duft
> geht schnell die Luft; –
> wohl bald gewonnen,
> wie zerronnen, –
> im Garten lud ich ein –
> garstig und fein. –
>
> Wohn' ich erträglich im selbigen Raum, –
> hol' Gold und Frucht –
> Bleisaft und Wucht: –
> mich holt am Pranger –
> der Verlanger, –
> auf luft'ger Steige kaum –
> häng' ich am Baum. –
>
> Heimlich mir graut –
> weil hier es munter will hergehn: –
> an meiner Leiter stand ein Weib, –
> sie schämt' und wollt' mich nicht besehn.

Bleich wie ein Kraut –
umfasert mir Hanf meinen Leib;
Die Augen zwinkend –
der Hund blies winkend –
was ich vor langem verzehrt, –
wie Frucht, so Holz und Pferd –
vom Leberbaum. –«

Beckmesser soll mit diesem Lied lächerlich wirken, und das tut er natürlich auch. Doch alle Veränderungen, die Wagner zu diesem Zweck an dem ursprünglichen Text Walthers vorgenommen hat, Beckmessers Mißverständnisse und Lesefehler, zielen in eine Richtung: sie bezeichnen Mannes-Nöte um sein wertvollstes Stück und Furcht vor seiner Bedrohung. Potenz-Angst als die eigentliche Männerkrankheit, Alpträume von den sexuellen Pflichten.

Als Wagner am zweiten Akt des »Parsifal« komponiert, der von Verführung handelt und von Verweigerung, fragt ihn Cosima eines Tages, ob Siegfried, der neunjährige Sohn, nicht »zu zart« sei. Darauf meint Richard, »es hindere die Energie des Charakters gar nicht, ›muß er denn ein Rüpel sein‹, und diejenigen, welche ohne diese Zartheit nur Energie hätten, seien finstere unfreie Menschen«. Da ist der Traum vom zukünftigen Mann als *Mensch*, das wichtigste Ziel: der Mann, der nicht hart sein muß an Körper und Seele, um als Mann zu gelten.

Doch die Gegenwart holt Wagner am selben Abend noch ein: »Er ermahnte sich zum Geradegehen, man habe so die Neigung, sich zu bücken, namentlich wenn man über etwas nachsänne.«

3.

Die elternlose Gesellschaft

Am Heiligen Abend des Jahres 1882 führt Wagner im venezianischen Teatro La Fenice seine C-Dur-Sinfonie auf, ein fünfzig Jahre altes Jugendwerk, vor allen Opern entstanden. Er selbst ist inzwischen fast siebzig, noch sieben Wochen hat er zu leben. An einem Probe-Abend zuvor redet er im Familienkreis voller Rührung von dem alten Stück, das nicht viel wert sei, aber ganz interessant, unausgesprochen: eben auch ein Zeugnis des kommenden Genies. Der Schwiegervater ist dabei: Franz Liszt, der große alte Klavier-Virtuose, Lebemann, Liebhaber vieler Frauen, inzwischen fromm geworden und mit den niederen Weihen eines Abbé versehen, weltläufig allemal. Beim Abendessen überwältigen Wagner alle diese Eindrücke: das Zusammensein zweier Berühmtheiten, der eine abgeklärt und voll weiser Ruhe, der andere noch immer chaotisch und im Bewußtsein seiner wenig versprechenden Anfänge. Da sagt er zu Liszt, alles, was der schreibe, »sei schön gesagt, ›das kann ich nicht‹, fügt er hinzu, ›dazu gehört Noblesse, Anstand, die habe ich nicht‹.«

Neid ist das, doch auch Wehmut, Sehnsucht nach respektabler Haltung, nach vorzeigbarer Geschichte. Dem greisen Wagner fehlte noch immer das gelassene Selbstbewußtsein, obwohl längst alle Welt sich nach ihm drängte. Wagner ist nie ganz erwachsen geworden, und das hat natürlich mit seinen Anfängen zu tun. Buchstäblich mit seinen Anfängen: als Kind.

Viele Wagner-Biographen, Nietzsche wohl als erster, haben den bemerkenswerten Umstand hervorgehoben, wie unauffällig der junge Wagner schien, ja wie unbegabt – ein nahezu einmaliger Fall in der Geschichte musikalischer Genies. Dafür ist etwas anderes um so auffälliger an dieser Kindheit: der »ständige Wechsel der Bezugspersonen«, verbunden mit ständigem Wechsel der Wohnorte.

Als Richard zwei Wochen alt ist, zieht die Familie von Leipzig ins

nahe Stötteritz, den achtwöchigen Säugling nimmt seine Mutter mit
zur Kur nach Teplitz, dem halbjährigen stirbt der Vater. Ein Jahr
später zieht er schon wieder um: mit Mutter und Schwestern zum
neuen Vater Geyer, dem Stiefvater, nach Dresden. In Wagners erstem
Lebensjahr sind neben dem Vater auch die Großmutter und die vier-
jährige Schwester Theresia gestorben. Mit gut sieben Jahren kommt
er in die Obhut eines Pastors bei Dresden, ein Jahr darauf stirbt der
geliebte Stiefvater, Richard wird von dessen Bruder in Eisleben aufgenommen, dann folgt für kurze Zeit Leipzig, dann wieder Dresden: der
nun fast zehnjährige besucht zum ersten Mal eine »richtige« Schule.
Vier Jahre später ziehen Mutter und Schwestern nach Prag, Richard
bleibt in Kost und Logis bei einer befreundeten Dresdner Familie.
Nach einem Jahr vereinigt die Familie sich wieder in Leipzig, nachdem
Richard eine Zeitlang sogar allein in einer möblierten Dachkammer
gelebt hat.

Nun schreiben wir 1828, er ist fünfzehn, und von jetzt an genießt er
mit mäßigem Erfolg eine »ordentliche« Schulbildung und – nebenbei –
eine ziemlich gründliche musikalische Lehre. Aber das menschliche
Chaos dieser Kindheit und ihre Irritationen sind kaum mehr gut zu
machen. Schließlich handelte es sich nicht nur um ein äußerliches
Durcheinander. Wagner hat später aus dieser Zeit erwähnenswert
gefunden, daß man bei zwei Gelegenheiten »zärtlich« zu ihm war:
einmal von seiten einer Schwester und vorher beim Tod des Stiefvaters;
da sei er von Mutter und Schwestern »mit einer in der Gewohnheit
meiner Familie nicht heimischen Zärtlichkeit empfangen und wieder
entlassen worden«.

Das Trauma des Zärtlichkeitsmangels und des Liebesentzugs hat
sich Wagner unauslöschlich eingeprägt. Es sei ihm nur darauf angekommen, »jemand zu haben, ... welchem ich nach Herzenslust mein
Inneres ausschütten konnte, ohne darauf zu achten, was davon auf ihn
überging«. Und daraus sei »der Typus der allergrößten Mehrzahl
meiner späteren Lebensbeziehungen« zu erklären: es habe sich »nie ein
dauerndes persönliches Freundesverhältnis in meinem Leben« hergestellt.

Noch in diesen fast vier Jahrzehnte später diktierten Erinnerungen
zittert das Gefühl der Entbehrung nach. Wagner ist selten physisch
geschlagen worden (jedenfalls findet sich kaum ein Hinweis darauf in
den Quellen, die im wesentlichen seine eigenen Berichte sind), aber die
harte Welt, der das Kind rücksichtslos ausgesetzt wurde, hat ihm
schärfere Schmerzen zugefügt, als Ohrfeigen oder Rohrstöcke es vermögen. Die Abwesenheit von Zärtlichkeit, von mütterlicher, schwe-
sterlicher, überhaupt: freundlicher Zuwendung verwüstet ein für alle

Mal die Körperlichkeit des kindlichen und des jungen Mannes. Abstand und Zurückhaltung heißen die Gebote der Erziehung.

Die Vater- und Mutterlosigkeit des Kindes zieht als überwältigendes Leitmotiv durch Wagners Werk. Schon das Trauerspiel »Leubald und Adelaide« des 15jährigen geht aus von einem »gemordeten Vater«. In der ersten Oper, »Die Feen«, stirbt ein königlicher Vater aus Gram um den verschwundenen Sohn, die nie erwähnte Mutter muß ohnehin schon lange tot sein. Der dramatische Knoten des »Rienzi« entsteht unter anderem aus dem Konflikt eines Sohnes zwischen der Liebe zu seiner Freundin und der Pflicht gegenüber seinem grausamen und verschwörerischen Vater. Rienzi selbst übrigens und seine Schwester Irene (eben jene Freundin) sind ganz ohne Vater und Mutter. Im »Fliegenden Holländer« hat Senta keine Mutter, dafür aber eine »Amme«. Die Elisabeth des »Tannhäuser« lebt elternlos bei ihrem Onkel. Vollwaise ist auch Elsa im »Lohengrin«, für immer unbekannt wird Lohengrins Mutter bleiben, dessen Vater schließlich der »reine« Parsifal ist. Die Waise Tristan (sein Vater starb vor, seine Mutter bei der Geburt) hat ihre Heimat wieder bei einem Onkel gefunden. Eva in den »Meistersingern« kennt wie Senta keine Mutter, sondern nur eine Amme, ihr Ritter Walther hat beide Eltern verloren. Siegmunds Mutter starb in seiner Kindheit, der Vater machte sich davon. Er selbst stirbt unmittelbar nach der Zeugung seines Sohnes Siegfried, dessen Mutter wieder bei der Geburt, und Siegfried hat eine männliche Amme. Das Gibichungen-Paar Gunther und Gutrune hat keine Eltern mehr, ihrem Halbbruder Hagen fehlt die Mutter. Parsifals Vater ist vor seiner Geburt gestorben, die Mutter (ein Rückgriff auf die allererste Oper) aus Gram über den Weggang des Sohnes.

Keine Frage: bei dieser Häufung kann von Zufall nicht die Rede sein. Wagner hat zudem den Stellen besonderes musikalisches Gewicht gegeben, wo von Vater- und/oder Mutterlosigkeit ausdrücklich die Rede ist: in der ersten Szene des dritten »Tristan«-Akts etwa und am bewegendsten im großen Monolog des zweiten Akts von »Siegfried«, wo der Titelheld darüber nachdenkt, wie Vater und Mutter wohl ausgesehen haben.

Die Sache hat übrigens, wie so oft, ihre zwei Seiten. Die überschwengliche Sehnsucht nach den unbekannten oder verlorenen Eltern geht zusammen mit dem Gefühl, an ihrem Fehlen Schuld zu sein – daher auch so überraschend oft das Motiv der bei der Geburt gestorbenen Mutter. Im »Siegfried« wird das ganz ausdrücklich zum Thema. Schon im ersten Akt fragt Siegfried über dunklen Streicherakkorden seinen Ziehvater Mime: »So starb meine Mutter an mir?« Im dritten Akt dann hebt das von Wagner selbst so genannte Waldweben an: ein raunendes Orchestergemurmel, zu dem Siegfried seine Gedanken formuliert: wie schön die Mutter gewiß gewesen sein muß. Und wieder stellt sich die alte Frage ein:

>>Sterben die Menschenmütter
an ihren Söhnen
alle dahin?
Traurig wäre das, traun! – –«

An dieser Stelle verstummt geradezu das Orchester: ein gehaltener Klarinettenton, kurze Pizzicati der Violoncelli, ein tiefer Hörnerakkord. Doch dann belebt sich das karge Klangbild: Gesangsmelodien in allen Streichern und in den Hörnern zu den Worten:

>>Ach! möcht' ich Sohn
meine Mutter sehen! – –
Meine – Mutter!
Ein Menschenweib!«

Sehnsucht und Schuldgefühl aufeinandergetürmt. Die Summe heißt Orientierungslosigkeit. Und darin gehen das Werk und die Erfahrungen seines Autors wieder zusammen. Wer nie die erwachsene Zärtlichkeit des »ur«-menschlichen Kontakts gespürt hat, der trauert darüber, klagt sich zugleich selbst dafür an (ein irgendwie schlechtes Gewissen) und – verhält sich zu anderen genauso: die Verbiegungen des Körpers und der Seele werden als selbstverständlich weitergegeben. Wagners Werk – wir haben es gesehen und werden es immer wieder sehen – und Wagners Leben liefern Beispiele dafür in Fülle. Beispiele für eine Existenz, die nicht natürlich reifen konnte, weil ihr die reife Zuwendung vorenthalten wurde, und die deshalb auf einem fatalen Stadium von Kindischkeit zurückblieb.

Bei Männern – jedenfalls fällt mir das als Mann besonders auf – konzentriert das Problem sich offenbar vor allem auf den Muttermangel, auf die fehlende Zärtlichkeit gerade dieser Person. Ebenso offenbar wird die dann immer wieder gesucht. Und das hat Folgen. Wagners häufige Klagen, ihm fehle das Glück der wahren Liebe, hören sich oft etwas literarisch an, pathetisch, weinerlich, Mitleid heischend. Aber die Sache treffen sie wahrhaftig. Sein Verhältnis zu Frauen mußte für immer gestört bleiben, da seine erste Frau, die Mutter, ihn nicht befriedigte. Daß er so viele besaß (die ihn wohl auch liebten), ist nicht nur kein Gegenbeweis, sondern belegt das gerade: er war zu keiner dauerhaften inneren Bindung fähig, weil er sie als Kind nie kennengelernt hatte. Die gängigen Erklärungen vieler Wagner-Interpreten, das alles sei um höherer Dinge willen geschehen, etwa weil er »begierig nach übermenschlicher Liebe« gewesen sei, sind nichts als absurde Verzerrungen ins Symbolisch-Idealistische. Gregor-Dellin hat das besser gesehen, und er hat Wagners Selbstzeugnisse auf seiner Seite: »Seine Liebe bestand beinah immer aus Wille und Vorstellung. Er wollte lieben, was er sich vorstellte.«

Im Grund wollte er *sich* lieben und niemanden sonst. Er hatte es so gelernt: von anderen geliebt zu werden und also auch andere wieder zu lieben – das konnte nur eine Täuschung sein. Ganz spät, knapp vier Jahre vor dem Tod, spricht er einmal »von den Männern, die früh heirateten, die seien verloren, Schröder-Devrient [die seit seiner Jugend hochverehrte ältere Sängerin] habe eine völlige Verachtung für ihn deshalb gehabt und ihn den ›Ehekrüppel‹ genannt«. Er hat den Ausdruck, in dem Liebe und körperlicher Mangel sich verbinden, über vierzig Jahre nicht vergessen – wie sehr muß er ihn betroffen haben.

Er rächte sich an den Frauen, deren erste ihn verschmäht hatte. Er ließ sie spüren, was er von ihnen hielt. Schon eines der frühesten Liebeserlebnisse frappiert durch die Kälte, mit der es endet. Es ist die schon geschilderte Würzburger Geschichte mit dem kaltgestellten Bräutigam. Sie hat nämlich eine Nachgeschichte: »Zwei Jahre später besuchte ich auf einer kurzen Durchreise wiederum Friederike: das arme Kind näherte sich mir in äußerster Beschämung. Ihr Oboist war ihr treu geblieben; ohne jedoch noch die Heirat mit ihm ermöglichen zu können, war sie Mutter geworden. Dann habe ich nie wieder etwas von ihr erfahren. – Unter all diesen Lebenserregungen arbeitete ich fleißig an meiner Oper ...« Recht so. Die gesellschaftliche Ächtung übernimmt die Rolle der Rachegöttin für den einst durch Wagner betrogenen Bräutigam. Und der Meister hat schließlich anderes zu tun, als sich um die Folgen einer alten Liebschaft zu kümmern: es wartet das wichtigere Werk. Es handelt sich dabei übrigens um die »Feen«, wo eine Frau in Stein verwandelt wird, weil ihr Mann kein Vertrauen zu ihr hat.

Auch nach der wohl heftigsten Affäre, die Wagner je erlebte, der mit Mathilde Wesendonk, mißt er den »Gewinn« nur sich zu. Einen Monat nach der erzwungenen Trennung schreibt er in sein Mathilde anredendes Tagebuch, was diese Beziehung bewirkt habe: »Und dies eine weißt Du auch, daß ich seitdem nie mehr im Zwiespalt mit mir war. Verwirrung und Qual konnte über uns kommen; selbst Du konntest vom Trug der Leidenschaft hingerissen werden: – ich aber – das weißt Du! – ich blieb mir nun stets gleich ...« Eine Ohrfeige noch für die verlassene Geliebte: wie dumm du bist, aber ich wenigstens habe bei dir viel gelernt und dafür warst du gut.

Im Juni 1864 – Wagner ist seit ein paar Wochen schon der Günstling
des Königs von Bayern – schreibt er einen Brief an die Mutter von
Mathilde Maier, seiner letzten Liebe vor der Vereinigung mit Cosima.
Darin bittet er um die Hand ihrer Tochter für »den Fall des Todes
meiner Frau« (! – Minna lebte da noch, wenn auch seit einiger Zeit von
ihm getrennt). Und selbst in diesem empfindlichen Zusammenhang
bringt er den folgenden Satz zu Papier: »Ich *muß* mit aller Sorgfalt
darauf ausgehen, ein jüngeres weibliches Wesen zu finden, dem ich
unter dieser oder jener Form die Befriedigung meiner Bedürfnisse
übertrage, in welche sich die Sinnlichkeit in keiner Weise mehr zu
mischen haben soll.« Kein Wunder, daß die Mutter ablehnte wie zuvor
schon die Tochter selbst. Sie mögen Wagners Offerte für schamlos
gehalten haben. Aber sie war das nicht. Die »Befriedigung meiner
Bedürfnisse« ohne »Sinnlichkeit«: das ist noch einmal die Beschwörung der nie erlebten mütterlichen Zärtlichkeit. Bezeichnend genug,
daß er das der *Mutter* des Liebchens schreibt. Bei ihr – so muß der
ungeheuerliche Brief wohl gelesen werden – glaubte er auf Verständnis
zu treffen für das, was er seit fünfzig Jahren entbehrt hatte. Er hat die
brave Frau damit überfordert, und er hat das selbst in seinem oben
liegenden Bewußtsein begriffen, auch wenn es unten weh tat.

Jedenfalls konnte er über seine Mangelgefühle auch ganz gut
spotten. An dieselbe Mathilde Maier schreibt er ein halbes Jahr später
anläßlich einer Beschreibung seiner Wohnung: »Wenn Du zum Frühjahr meine *intime* Etage einmal besuchen wirst, sollst Du Dich doch
wundern, und studiren, wie es Einer anfängt, durch Instrumentirung
zu ersetzen, was ihm an Melodie abgeht. Es ist ein wahres Kunststück. –«

Das musikalische Bild beschreibt die Situation präzise. Die Melodie
ist das »Ursprüngliche«, die Instrumentierung das »Gemachte«. Und
Wagners Kunststück besteht darin, seine »intime Etage« wie eine
Melodie erscheinen zu lassen, den Ausdruck von Leidenschaft als
wahres Gefühl auszugeben. So hat er es einmal bewundernd von Bach
gesagt: »Planeten, die umeinander kreisen, kein Gefühl, und doch alles
Leidenschaft, Willen, gar kein Intellekt, die Beeth. Kunst dagegen ist
das tanzende Paar.« Ein rechthaberisch getarnter Hilferuf: man möchte
das tanzende Paar sein und weiß, daß man in der kalten Leere des
Raums lebt, ein »leidenschaftlich« aussehender Planet, dem das Gefühl
unzugänglich bleiben muß. Aber so tapfer das immer behauptet wird:
die Trauer ist oft genug beigemischt. In dem für Cosima geschriebenen
»Braunen Buch« steht ziemlich am Anfang ihrer endgültigen Vereinigung der Satz: »Aber – ich liebe Dich doch mehr, als du mich! – diesen
traurigen Stolz musst du mir lassen! – Ach! –«

Wagners früh erzeugte Unfähigkeit, sich lieben zu lassen, ist nicht auf Frauen beschränkt. Doch wie er immer Frauen sucht, die an die Stelle der Mutter treten können, so zieht er fast magisch Männer an, die in der gleichen Situation sind. Die seien »ausnahmslos sexuell gestörte Jünglinge« gewesen, meint Gregor-Dellin ohne jede Einschränkung. Das klingt übertrieben, aber auch bei sorgfältigem Nachdenken läßt sich kein überzeugend widersprechendes Beispiel finden. Nietzsche, selbst einer der prominentesten Gestörten, hat einmal in der stillen Kammer über Wagner notiert: »Er lernt den Mann zu begreifen, und lernt dieß sehr spät.« Nietzsche setzt dabei Hans Sachs und Wotan gegen alle anderen Wagnerschen Opern-Männer, aber da war (1874) »Parsifal« noch nicht geschrieben. Es gab eben keinen sogenannten Reifeprozeß bei Wagner, und es konnte ihn nicht geben. Mit der einen Ausnahme des Sachs (und selbst da ein bißchen) hat Wagner immer wieder in seinen Männern seine eigenen Entbehrungsprobleme als Jüngling beschrieben, die (wie wir wissen) auch den anscheinend alterslosen Wotan angehen.

Frauen und Männer hin oder her: Wagner hat den früh erlebten Liebesentzug konsequent in die Eigenliebe umgelenkt. Das ist seine Reaktion auf die angetroffene Lieblosigkeit, und darin trifft er sich mit all den Männern vor ihm und nach ihm und vielleicht (ich kann es nicht recht beurteilen) mit den ebenso, nur umgekehrt, leidenden Frauen. Seine notorische Sprechlust ist ein Symptom: der unaufhörliche Drang, sich mitzuteilen, was zugleich ja auch bedeutet, allen anderen die Luft zum Reden zu nehmen: »Von *sich* sprechen, lesen, singen muß unser großer Freund, sonst ist ihm nicht wohl.« Das tut er sogar noch in Briefen. Als er seiner Frau Minna zum ersten Mal mitteilt, sie müßten sich trennen (weil er gerade eine – dann bald unglücklich endende – Liebschaft mit der Weinhändlersgattin Jessie Laussot unterhält), da nimmt das Schreiben den Charakter eines Operntextes an: eine Orgie in Abschiedsfloskeln, wie sie zwei Jahre später wirklich in das »Walküre«-Finale eingehen werden: »Leb wohl! Leb wohl! Mein Weib! Meine alte, liebe Leidensgefährtin!« und so weiter und so weiter. Hier wie anderswo wird Wagner überwältigt von der Bewunderung für sich selbst, da sonst niemand ihm das bietet.

Von sich selbst war er immer am meisten berührt. Als er eine Rede hält anläßlich der von ihm veranlaßten Überführung der Gebeine Carl Maria von Webers von London nach Dresden, ist er von den eigenen Worten so gerührt, daß er eine Weile sich selbst zuhört und den Faden verliert.

Wagner, keine Frage, war ein Narziß. Er interessierte sich vor allem für sich, und er mußte von sich begeistert sein; er wußte warum, und

wir wissen es jetzt auch. Die rabiat egoistischen Züge sind das andere
Gesicht der Entbehrung. Die verständnisinnige Cosima notiert einmal
über den 68jährigen: »Mir geht es immer tiefer auf, daß, wenn er (R.)
zuweilen Dinge sagt, die kränkend und sehr verletzend sind, er vollständig unschuldig dabei ist und mit dämonischem Instinkt das Richtige
trifft. Daß man wehrlos dagegen ist, das ist es, was einen so unbehaglich stimmt.« »Mit dämonischem Instinkt«: Cosima konnte nicht
wissen (oder wollte es vielleicht nicht wissen), daß Wagners hartnäcki-
ge Rechthaberei eine Art Selbstschutz war, eine natürlich rundherum
»unbehaglich« stimmende Reaktion auf seine menschlichen Defizite,
ebenso natürlich »vollständig unschuldig«, denn dazu konnte er zunächst ja nichts. Ein anderer der gestörten Jünglinge, Peter Cornelius,
hat voller Irritation zwischen Zuneigung und Abneigung das haßge-
liebte Objekt ganz richtig analysiert: »Wagner denkt nicht einen
Augenblick ernstlich an einen andern als sich.«

Er hat auch danach gehandelt. Die Verlobte Minna, die eine begabte
Schauspielerin gewesen zu sein scheint und der Wagner einige seiner
ersten Kapellmeister-Engagements verdankte, wird von ihm dennoch
gezwungen, ihre Bühnenkarriere aufzugeben. Den wahren Grund
dafür versteckt er hinter moralischen Erörterungen über die »schmut-
zigen Theaterverhältnisse«, aber einmal kommt er doch zum Vorschein: »es ist viel schöner, wenn ich mein gutes Weibchen nur für
mich u. nicht für die Theater-Gaffer habe. Du bist dann viel heiliger!«

Offene Eifersucht also, und auch ihre Wurzel wird bloßgelegt:
Besitzdenken. Natalie Planer, Minnas uneheliche Tochter, die sie der
Welt und auch ihr selbst gegenüber als jüngere Schwester ausgab (eine
künstlich hergestellte Schein-Mutterlosigkeit also), diese Natalie hat
später berichtet, daß Minna beim Nähen nicht einmal am Fenster sitzen
durfte, »wegen Richards unsinniger Eifersucht«, und sie hat wüste
Szenen geschildert, die Wagner aufführte, wenn Minna allzu viel
Beifall auf der Bühne erhalten hatte.

Das sind Vorgänge aus der Verlobungszeit und aus dem ersten
Ehejahr. Wagner hat bald erkannt, daß Eifersucht als Teil des Besitzdenkens verachtenswert ist, sogar ganz besonders verachtenswert, weil
es sich dabei um den Besitz eines lebendigen Menschen handelt. Und
dennoch ist er nie ganz losgekommen von der Sache und von einer
doppeldeutigen Einstellung zu ihrem Begriff. 1881 steht in Cosimas
Tagebuch: »Bei Tisch kam das Gespräch ... darauf, ob die Liebe ohne
Eifersucht sein könne; R. sagt: ›Es ist ein entsetzlicher Gedanke, und
die Basis, die Wurzel von allem wird einem entwunden, wenn man
annimmt, ein andrer kann es mitgenießen – da sieht man, was für ein
kühnes Ding der Liebes-Bund ist.‹« Ein Jahr davor hat Cosima schon

einmal notiert: »Hier verurteilen sie zu 12 Jahre Zuchthaus einen Mann, der aus gerechtfertigter Eifersucht seine Geliebte umgebracht, als ob es eine ehrlose Tat wäre!« Gewiß darf man hinter dem Kommentar Richards Meinung vermuten. Trotz aller theoretischer Erkenntnis bleibt auch der alte Wagner dabei: Frauen haben sich zum Eigentum des Mannes zu fügen, sie haben bedingungslos darzubieten, was sie dem Kind vorenthielten.

Der nicht zu Ende gebrachte Reifeprozeß macht auch den scheinbar erwachsenen, ja den alten Mann immer wieder zum Kind. Das ist zugleich eine Art Selbstschutz, die entschuldigende Behauptung, man sei schließlich nicht verpflichtet, irgendeine Verantwortung zu übernehmen. Der 65jährige nennt sich einmal lachend »ein Gemisch von Hamlet und Don Quixote« und bringt damit den unfreiwillig komischen Hagestolz und den verzweifelt Vaterlosen zusammen, der seine Mutter liebt und haßt. Die beiden Bereiche hat er schon einen Tag vorher vereint, und zwar ganz ausdrücklich in ihrer Funktion als Schutzpanzer vor der Umwelt wie vor sich selbst: »Ach! das ist meine Rettung, daß mir diese Fähigkeit gegeben war, augenblicklich das Ernsteste in Unsinn umzuschlagen, so konnte ich mich an dem Abgrund erhalten.«

Wagners Fluchtbewegungen, die vielen buchstäblichen wie die andauernden innerlichen: vor dem Ernst, vor der Verantwortung, vor der Männerfreundschaft, vor den Frauen, haben immer wieder mit seinem typischen Männer-Anfang zu tun: mit dem Gefühl, denn doch nie geliebt zu werden. Sehnsüchtig hat er das formuliert in einem Brief an den Dresdner Freund Ferdinand Heine, geschrieben am Beginn des Zürcher Exils, auf einer Flucht also auch: »*Ich habe keine Kinder:* dieß ist der Unterschied zwischen mir und Dir: Als *Familienvater* beginnst Du ein neues, unabsehbar langes Leben in der neuen Welt: das meinige würde dort mit meinem Tode vollkommen erloschen sein; so hast Du dort Zukunft, ich keine; mir muß die Kunst ausschließlich das sein, was Dir Deine Familie ist: Du *mit ihr* bist überall ein Ganzes, ich *ohne meine Kunst* bin ein miserabler Egoist, der nur für seinen Magen noch zu sorgen hätte, nicht für die Zukunft.«

Die Kunst als Liebesersatz und als Lebensersatz: der übliche banale Gedanke. Aber er gibt Sinn. Tatsächlich sind die kindlichen Verwirrungen und Mangelerlebnisse, die den Mann für immer geprägt haben, tief in Wagners Kunst eingeflossen, nicht nur in die Geschichten und in das Personal seiner Stücke, sondern auch in ihre Musik. Aber da muß man genauer hinhören.

Am Schluß der zweiten Szene des ersten »Götterdämmerungs«-Akts, als Gunther und Siegfried – in einer fatal blutigen Bruderschaft

vereint – aufbrechen, um mit Gewalt Brünnhilde zu Gunthers Frau zu
machen, zur Frau eines elternlosen und liebesbedürftigen Junggesellen,
wobei ihm der andere Elternlose hilft: Siegfried, dem Brünnhilde doch
schon in Liebe verbunden gewesen war – wüstes Getue von Männern,
also, denen mehr Liebe fehlt als sie je gewinnen können – am Schluß
dieser Szene also bleibt Hagen zurück, der mutterlose Sohn Alberichs,
»den unfrohen Mann« nennt ihn Gunther, in dem das Blut »störrisch
und kalt« stockt, ein Einsamer auch er, aber einer, dem seine Einsamkeit aufs Schmerzlichste bewußt ist. Hagen beschließt die Szene mit
einem Monolog, dessen Text den anderen möglichen Ersatz für die
entzogene Liebe nennt: Herrschaft, Gewalt, ins Politische gekehrte
Macht über Menschen.

Die Musik stockt wie Hagens Blut. Fast über das ganze Stück hin
begleiten die Streicher den Gesang mit dumpfen Akkorden, die rhythmisch kompliziert gegen die Singstimme und die Bläser verschoben
sind: ein $^{12}/_8$ gegen einen $^1/_4$-Takt, wodurch quasi Triolen entstehen,
die auch noch synkopisch, also jeweils auf dem schwachen Taktteil
betont werden. Auch die Bläserfloskeln haben immer wieder triolischen und synkopischen Charakter. Es entsteht so ein musikalisches
Gebilde ohne festen metrischen Grund: Auflösungsfelder der rhythmischen Syntax, wie sie viel später die neue Musik kennt. Der Hörer wird
orientierungslos, weil er ohne Partitur eigentlich nicht mehr feststellen
kann, in welchem Taktsystem er sich befindet. So spiegelt die Musik die
menschliche Orientierungslosigkeit des singenden Mannes: gezeugt
von einem Vater, der ihm die Mutter genommen und ihn zum Verbrecher erzogen hat. Was dem Kind angetan wurde, wirkt im Mann fort:
er gibt die erfahrene Lieblosigkeit an die anderen weiter. Zum Monstrum gemacht, muß er allen auch als Monstrum erscheinen. In
Wahrheit ist er ein Kranker, ein Not leidender Mensch.

Wagner hat seiner Musik die Zeichen eingeschrieben, die die
elternlose und geschundene Menschheit vor sich her trägt wie ein
Banner. Mit dem sich aber nicht bannen läßt, was einen bedrängt.

4.

Angst, Abwehr, Härte

Richard Wagners Männer sind krank an sich selbst, vor allem aber sind sie krank an ihrem Verhältnis zu Frauen. Und da dieses Verhältnis – wie im Leben, so erst recht in der Oper – alle Handlung bewegt, bedarf es als ein Kernelement der Wagnerschen Geschichte und Geschichten einer genaueren Betrachtung.

Die typische erste Reaktion von Wagners Männern auf die Begegnung mit Frauen ist Angst. Der Knabe Siegfried, einsam im Wald aufgewachsen, kennt zunächst beides nicht: keine Frauen und keine Angst. Von seinem Ziehvater Mime verlangt er, »das Fürchten« beigebracht zu bekommen, das er für eine ihm noch unbekannte Kunst hält. Mime will ihm die deshalb erklären – übrigens auch aus ganz selbstsüchtigen Gründen, hat ihm doch der Wanderer Wotan prophezeit, daß er von dem getötet werde, »der das Fürchten nicht gelernt«. Mime also beschreibt es ihm so:

> »Fühltest du nie
> im finstern Wald,
> bei Dämmerschein
> am dunklen Ort,
> wenn fern es säuselt,
> summt und saust,
> wildes Brummen
> näher braust,
> wirres Flackern
> um dich flimmert,
> schwellend Schwirren
> zu Leib' dir schwebt, –
> fühltest du dann nicht grieselnd
> Grausen die Glieder dir fahen?

Glühender Schauer
schüttelt die Glieder,
(wirr verschwimmend
schwinden die Sinne,)*
in der Brust bebend und bang
berstet hämmernd das Herz? –
Fühltest du das noch nicht,
das Fürchten blieb dir noch fremd.«

Das hört sich an wie die Gefühlbeschreibung eines übersensiblen und etwas hysterischen Jünglings vor dem Gang zur Tanzstunde. Der finstre Wald und der Dämmerschein am dunklen Ort assoziieren wie so häufig bei Wagner vaginale Körpergegenden. Bald darauf, bei der oben bereits zitierten Warnung vor dem Drachen Fafner (S. 47), werden diese Assoziationen noch intensiver: der dunkle Höhlenschlund, der schreckliche Rachen, der einen mit Haut und Haar verschlingt, der giftige Geifer, der Fleisch und Bein zerstört. Beides, die Beschreibung der Furcht und die des Drachen, beeindruckt Siegfried wenig, denn er kann noch nicht ahnen, wohin das zielt. Das erläutert aber die Musik: an beiden Stellen ertönt nämlich das Motiv von Wotans Schlaflied, mit dem er Brünnhilde am Ende der »Walküre« auf den feurigen Felsen verbannt hat. Dort erst wird Siegfrieds Ort der Angst sein, in der Begegnung mit der ersten Frau seines Lebens. Als ihm ihr Name zum ersten Mal genannt wird, von der für ihn allein verständlichen Stimme des Waldvogels, da bricht Siegfried in ganz unbegreiflich hektische Erregung aus. In der höchsten Lage seiner Partie, in synkopierten gleichen Vierteln gegen den Versrhythmus, ahnt er endlich, was Frauen dem Mann zu sein pflegen:

»Was jagt mir so jach
durch Herz und Sinne?«

Das hat bei aller Beklommenheit einen Duktus von freier Freude, denn noch kennt er ja weder Frauen noch Angst. Das ändert sich, als er das Feuer um den Felsen durchschritten und die schlafende Brünnhilde gefunden hat. Er hält sie – in Helm, Panzer und Waffen – natürlich für einen Mann, zerschneidet den Panzer, »so daß nun Brünnhilde in einem weichen weiblichen Gewande vor ihm liegt«, und schon ist die so lange vergebens gesuchte Angst da, mit allen nun bereits gewohnten Formeln des Texts und der maßlosen Hektik der Musik in den herabstürzenden Triolen-Kaskaden der Geigen:

---

* Die beiden Verse in Klammern sind nicht komponiert.

>»Das ist kein Mann! – –
Brennender Zauber
zückt mir ins Herz;
feurige Angst
faßt meine Augen:
mir schwankt und schwindelt der Sinn! –
Wen ruf' ich zum Heil,
daß er mir helfe? –
Mutter! Mutter!
Gedenke mein!«

Die Anrufung der Mutter, »zum Heil« (!), sagt besser noch als die nun folgende Beschwörung des Schwebens, Schwankens, Schwirrens, Sehrens, Sengens, Zagens und Zitterns, was hier passiert ist: ein instinktiver Ausbruch der männlichen Ur-Angst. Und gleich noch einmal:

>»O Mutter! Mutter!
Dein mutiges Kind!
Im Schlafe liegt eine Frau: –
die hat ihn das Fürchten gelehrt!«

Das Erlebnis der Angst vor der Frau macht den Mann erst zum Mann. Einerseits. Andererseits aber prägt diese Angst von nun an die männliche Existenz. Mann sein und Angst vor der Frau haben sind identische Erscheinungen. Die Rolle der Mutter dabei wird noch ausführlicher zu behandeln sein. Hier nur so viel: sie ist zwar des Mannes erste Frau, zugleich aber auch keine, da sie für die gesellschaftliche Rolle der Frau ausfällt: sie ist als Ehefrau und Geliebte unerreichbar. Deshalb stellt sie offensichtlich auch keine Bedrohung dar: sie ist nicht der schwarze Höhlenschlund, der den Mann verschlingen will, sondern vielmehr der, aus dem er selbst hervorgegangen ist. Im Fall Siegfried (und einiger anderer Wagner-Helden) ist die Sache aber noch etwas komplizierter. Schließlich starb seine Mutter bei der Geburt. Was auch bedeutet: der Sohn hat sie getötet. Diese Mutter also ist zugleich eine auf unüberbietbare Weise besiegte Frau. Wenn der Mann gerade sie »zum Heil« herbeiruft, dann weil sie ein Beispiel dafür abgibt, wie er das weibliche Unheil zu überwinden im Stand war (und wieder sein will): durch Vernichtung, Mord.

Das Ausliefern der Frau an finstere oder zumindest unbekannte Mächte – ebenfalls eine verschleierte Form ihrer Vernichtung – zieht als bemerkenswert häufiges Motiv durch viele Wagnersche Stücke. Im »Liebesverbot« schon ist Isabellas Bruder bereit, sein Leben zu retten um den Preis einer Liebesnacht seiner Schwester mit dem Tyrannen. Im »Fliegenden Holländer« bietet Daland seine Tochter nach wenigen Minuten dem fremden Seefahrer an, weil der ihm Gold und Diamanten verspricht. Im »Lohengrin« wird Elsa einem unbekannten Ritter vermählt, der sogar noch verbietet, nach seinem Namen zu fragen. Isolde wird von Tristan mit Gewalt aus ihrer Heimat geraubt als künftige Gemahlin des bislang kinderlosen Königs Marke. In den »Meistersingern« setzt Pogner seine Tochter Eva als Preis für einen Sängerwettbewerb aus. Freia im »Rheingold«, Sieglinde und Brünnhilde in der »Walküre«, Gutrune und wieder Brünnhilde in der »Götterdämmerung« – sie alle werden Männern überlassen oder geradezu angeboten, die sie nicht kennen. Und Kundry im »Parsifal« ist die ständige Prostituierte des Zuhälters Klingsor, dem sie sündige Gralsritter als Stundenlohn abzuliefern hat – die offenste und krasseste Form des Motivs ausgerechnet im Spätwerk, im Hohelied der Reinheit.

In all diesen Vorgängen kristallisiert sich die männliche Angst vor der Frau und der tief versteckte Wunsch, sie gegen andere »Werte« zu tauschen. Klaus Theweleit hat – mit eindringlichen Beispielen – davon gesprochen, daß »die jeweiligen Götter« ihre Frauen opfern, »um an der Macht zu bleiben«. Der Mann, der sich auf Frauen einläßt, sie als Menschen nimmt, als Partner gar, als Teil seiner eigenen Existenz, ist verloren. Mit beinahe sprichwörtlicher Weisheit hat der alte Wagner einmal gesagt, »daß man nie der Sache beikommen könne, indem man sich in sie begäbe.« Da meinte er die Politik, aber es klingt wieder verräterisch nach dem dunklen Höhlenschlund, der den liebenden Mann verschlingt, weil diese körperliche Hingabe »unrein« ist.

Wagner hat den Gedanken einmal ausdrücklich formuliert, aber interessanterweise dann offiziell verworfen. In der Ur-Fassung des »Lohengrin«-Textes heißen die Abschiedsworte an Elsa:

> »O Elsa! Was hast du mir angetan?
> Als meine Augen dich zuerst ersah'n,
> fühlt' ich zu dir in Liebe schnell entbrannt
> mein Herz, des Grales keuschem Dienst entwandt.
> Nun muß ich ewig Reu und Buße tragen,
> weil ich von Gott zu dir mich hingesehnt,
> denn, ach, der Sünde muß ich mich verklagen,
> daß Weiberlieb' ich göttlich rein gewähnt!«

Von der vierten Zeile an hat Wagner vor der Komposition den Text völlig geändert und dabei den Gedanken entfernt, daß »Weiberliebe« zum Verderben führe. Schließlich steckte darin – von der Handlung des

Stücks her – auch keinerlei Logik; unzweifelhaft drängte hier Unterbewußtes herauf, und Wagner war klug genug, das rasch wieder in der Versenkung verschwinden zu lassen.

Aufschlußreich überhaupt ist die Mühe, die ihm der Ausgang des »Lohengrin« gemacht hat. Ein Dresdner Freund »fand die Bestrafung Elsas durch Lohengrins Scheiden verletzend« und schlug vor, entweder Lohengrin sterben zu lassen oder am Fortgehen zu hindern. Wagner überlegte darauf, statt dessen »Elsa mit Lohengrin fortziehen zu lassen, zu irgendwelcher Buße, welche sie ebenfalls der Welt entrückte.« Eine befreundete Frau dagegen setzte sich für die ursprüngliche Lösung ein, und dabei blieb es dann auch. Wagner fand offenbar keinen Sinn in »irgendwelcher Buße«. Aber bei der Gelegenheit und beim Überdenken der Geschichte änderte er eben Lohengrins Schlußverse, die vermutlich gerade die ganze Unzufriedenheit ausgelöst hatten. Denn warum, so mußte Wagner sich fragen lassen, und so fragte sich der angehende liberale Revolutionär wohl selbst, warum sollte Liebe Sünde sein?

Das waren die Taggedanken anno 1846: die Diskussion der Reinheitsfrage wurde für dreißig Jahre aufgeschoben, bis zum »Parsifal«. Nach außen entwirft Wagner in dieser Zeit ein Bild der Frau, wie Feministinnen es sich nicht schöner wünschen könnten. So schreibt er an den Freund Uhlig über die Tochter seiner Gönnerin Julie Ritter: »dieses mädchen ist Dir weit voraus, – und woher? Durch ihre geburt, – weil sie ein weib ist. Sie ist als *mensch geboren*, – Du, und jeder mann, wird heut zu tage als *philister* geboren, und langsam und mühvoll gelangen wir ärmsten erst dazu, menschen zu werden. Die frauen, die ganz das geblieben sind, was sie von geburt sind, können uns einzig lehren, und wären sie nicht, wir männer gingen rettungslos im Dütendrehen zu grunde.«

Taggedanken, wie gesagt. Aber die Nachtgedanken blieben dennoch. Und sie produzierten ein so sonderbares wie uns allen vertrautes Bild von der Frau als der (weil unvermeidlichen) eben milden, nachsichtigen, dienenden Gefährtin des Mannes, die dafür ein Anrecht auf dessen freundliche Fürsorge erwirbt. So hat Wagner sein Verhältnis zu Minna gesehen, aber auch nur er. Nach seiner Liebesaffäre mit Jessie Laussot, mit der er nach Griechenland oder Kleinasien fliehen wollte, schrieb Wagner an seine so gut wie vollständig informierte Frau Minna einen erklärenden Brief, den sie mit empörten Randbemerkungen versehen hat. Dieser Brief gipfelt in den Sätzen: »so viel Dir möglich ist – gieb Dir Mühe, solches Unglück für die Zukunft von uns Beiden fern zu halten. Es liegt in Deiner Hand! Sei unbefangener gegen mich, und bemühe Dich überhaupt etwas mehr und freundlicher auf mein ganzes Wesen u. Denken einzugehen!«

Es ist kein Wunder, daß Minna und andere Frauen in solchen
Zumutungen nur selten ihr reines Glück und ihre wahre Bestimmung
zu sehen vermochten. Das Zusammentreffen von angstvoller Abwehr
der Frau und grotesken Ansprüchen an sie führt zu explosiven Gefühls-
mischungen, die sich dann auch immer wieder mit einem fürchterlichen Krach entladen, der keinen unbeschädigt läßt. Kein Wunder auch,
daß alle Wagnerschen Ehepaare alles andere als miteinander zufrieden
sind: sie geraten notwendig in Streit. Dabei »unterliegen« immer die
Männer, weil die Stärke, die Wahrheit, das Recht (sei es des Gesetzes,
sei es der Menschlichkeit) auf der Seite der Frau sind: Elsa, Sieglinde,
Fricka, Brünnhilde, Isolde – was allerdings den Frauen wenig hilft: auch
sie gehören schließlich zu den Verlierern. Trotzdem hat Wagner für
sich selbst an dem konventionellen Konzept festgehalten, das den
Mann als Beschützer der hilflosen Frau empfindet: »Hoffnung, für
Siegfried ein Haus zu bauen, dabei aber bestimmen, daß die Mädchen
immer darin eine Zuflucht haben.«

Überhaupt Siegfried, der Sohn. In seiner Erziehung bildet sich
beispielhaft ab, wie man den Mann in die Angst vor der Frau treibt. Als
der dreijährige (!) »Fidi« (so der Kosename) einmal »sehr launisch« ist,
bemerkt Wagner, »daß er ihm gern einen Spielkameraden wüßte, um
ihn aus dem beständigen Frauenumgang zu bringen«. Cosima hat das
Urteil nicht kritisiert, und sie hat wohl das Ihre beigetragen, denn mit
sechs Jahren hat der Kleine schon seine rechte Haltung zur Sexualität:
»wie die kleinen Hunde sich an die Hündin Brange machten, sagte Fidi
ruhig: ›Das ist Schweinerei.‹« Als ein paar Jahre später Siegfrieds
Hauslehrer vorschlägt, im Biologieunterricht »auch das Innere des
Menschen in plastischen Abbildungen« zu zeigen, meint Wagner:
»später; zuerst ihm Freude an der Erscheinung gönnen, an dem nackten
Körper, wie ihn die Griechen dargestellt und wie er ihn entzückt, und
erst, *wenn der Dämon sich in ihm rege*, ihm das Innere dieser Erscheinung
zeigen. Jetzt könnte er vielleicht Grauen davor empfinden. Er spricht
dann von Fidi's willigem Wesen, wie er leicht und nicht schlaff sei«.

Willig und nicht schlaff – nein, eher hart, ein richtiger Mann, dem
der Körper abschreckend erscheinen muß, wenn der Dämon sich regt,
und die Frau schmutzig, wenn er mit ihr das tut, was beiden gut tun
sollte. Die Sphäre des Geschlechtlichen wird in der Familie Wagner
entschieden tabuisiert – da unterscheidet sie sich nicht von den anderen
zeitgenössischen und wohl auch kaum von den meisten heutigen
Familien. Solche Prüderie hat hier wie immer die gleichen Gründe:
Furcht vor dem (im doppelten Sinn des Worts) ungeheuerlichen Vorgang der geschlechtlichen Vereinigung, Furcht auch, dem menschlichen Anspruch dieses Vorgangs nie und nimmer gerecht werden zu

RICHARD WAGNER MIT SEINEM SOHN SIEGFRIED
*1880 ließ der alte Mann sich in Neapel so mit seinem
elfjährigen Stammhalter photographieren –
Wiederholung eines falschen Stolzes ins immer
neue Falsche?*

können. Als Cosima noch die Frau Hans von Bülows war, wollte der sie
vor Wagner verbergen wegen ihrer Schwangerschaft im achten Monat,
weil Wagner »ihm einmal mit Beziehung auf eine andere Frau unserer
Bekanntschaft meine damals empfundene Abneigung davon zu erkennen gegeben hatte«. Das auffälligste Attribut von Weiblichkeit als
Objekt der Abneigung: es hat sich bis zu den Umstandskleidern von
heute nichts daran geändert. Aber die Tabuisierung findet auch umgekehrt statt: Cosima erscheint die Tatsache, daß Richard »so gut wie
keine Augenbrauen hat, . . . wie die gänzliche Abwesenheit des Tieri-
schen in seinem Wesen«.

Die Angst des Mannes vor der Frau erzeugt auch ein ganz bestimmtes Bild vom Mann selbst, dem möglichst viele natürliche Züge ausgetrieben worden sind. Die Angst bestimmt, was als männlich zu gelten
hat. Daß die Rokoko-Männer einen Zopf trugen, um »den abgehenden
Schwanz zu ersetzen«, scheint Wagner noch »drollig« – wobei der
zusammenhanglos »plötzlich lachend« gesprochene Satz den immer
gefühlten Abgrund offenbart. Daß er aber »die Geige als Soloinstrument« unmännlich und lächerlich nennt, kommt ihm gar nicht komisch vor, so willkürlich da auch Attribute einer angeblichen Männlichkeit festgelegt werden.

Es überrascht nicht, daß Wagners Auffassung von dem, was männlich sei, weit zurück reicht bis in die früheste Kindheit. Da verkehrte ein
italienischer Kastrat im Hause Wagner, »ein ungeheurer, rundbäuchi-
ger Koloß«, der den kleinen Richard »durch seine hohe Weiberstimme«
entsetzte, und zwar »trotz seiner großen Gutmütigkeit«. Über die
fremde Sprache des »gespenstisch widerwärtigen« Eunuchen übertrug
das Kind seine Abneigung auch auf Mozarts italienischen »Don Giovanni«, dessen Musik ihm »tändelnd und unmännlich« erschien – eine
Oper immerhin gerade über allerlei Probleme der Männlichkeit. Und
ausdrücklich nennt Wagner dann Zerlinas Arie »Batti, batti, ben
Masetto« »weichlich und weibisch«: der Text dieses Lieds schildert die
Bereitschaft der (schlitzohrigen) jungen Frau, sich von ihrem ehelichen
Tölpel verprügeln zu lassen. Wenn das »weibisch« ist, dann ist es also
»männisch«, eben auch zuzuschlagen – und Wagner, der beim Nieder-
schreiben der Kindheitserinnerung längst über fünfzig war und seinen
Mozart genau kannte, mag da gefühlt haben, daß die Unterwerfung der
Frau der schmutzigste Trick ist, den Mann zu besiegen: die Angst
potenziert sich, und sie lauert überall.

Wagner hat zusammen mit seiner jeweiligen Umgebung sich einen
Bereich erschlossen, in dem ohne Angst zu lieben möglich war, und
auch da trifft er bis heute auf viele verwandte Seelen: die Liebe zum
Tier. Hunde sind es fast immer, von ein paar Vögeln abgesehen.

Hunde, die scheinbar wie Menschen reagieren, die verstehen, gehorchen, treu sind, keine Fragen stellen, aber die gewünschten Antworten geben, immer nur die Ansprüche haben, die der »Herr« ihnen zubilligt – ein patriarchalisches Verhältnis klassischen Ausmaßes: du liebst mich, und dafür schütze ich dich und sorge für deine Bedürfnisse. Als Minna mit Tochter, Hund und Papagei Wagner ins Schweizer Exil folgt, nach mehr als drei Monaten Trennung, da wirken bei der Begrüßung die Tiere »besonders freundlich« auf ihn, seine Frau jedoch »erkältete meine Empfindung«. Über Tiere kann das Ehepaar sich noch am ehesten verständigen, selten wird so gefühlvoll zwischen ihnen geredet, wie wenn es um Tiere geht. Deren Tod wird in der Autobiographie noch viel später so schmerzlich beschrieben, wie es bei keinem Menschen der Fall ist. In der Ehe mit Cosima setzt sich das fort – da tritt die Sorge um die Kinder allerdings gleichberechtigt neben die um die Tiere. Schließlich ist das Thema sogar ins Werk eingegangen: in die späten Artikel gegen die Vivisektion und in die Klage um den toten Schwan im ersten »Parsifal«-Akt.

Ersatzhandlungen sind das alles. Ersatz des Mannes für die mit der Frau nicht mögliche Unschuld der Liebe. Von der frühesten Kindheit spannt sich das Thema bis in Wagners letzte Tage. Einen Monat vor seinem Tod sagt er zu Cosima, er schäme sich früherer Beziehungen; als Cosima sie als »großherzige Täuschungen« entschuldigt, fährt er fort: »Ich habe immer wenig sprechen lassen.« Mag da um Cosimas willen zunächst so etwas wie Verschleierung mitspielen, der Nachsatz holt die Wahrheit ein: die Angst, etwas von sich wegzugeben an die Frau, Männliches zu verlieren an die Liebe. Daß aber wahrhaftig nicht Höflichkeit gegen Cosima sein Beweggrund war, so spät noch einmal darüber zu reden, zeigt der Nachtrag von Cosimas Tochter Daniela zu den Tagebüchern, unmittelbar nach Wagners Tod geschrieben. Da steht: »Einer der Träume in den zwei letzten Nächten war, daß er Briefe von Frauen erhalten hat, einen von Frau Wesendonck, [einen von] einer von Papa oder Mama vergessenen Frau; daß er die beiden nicht aufmachte, sondern zu beiden Seiten auf den Tisch hinlegte und sich sagte: Wenn nun Cosima eifersüchtig wird.«

Die unerfüllte Liebe bedrängt ihn bis zum Tod. Auch das Eifersuchtsthema bleibt und die Grausamkeit dabei: das geträumte Hinlegen der Briefe scheint gerade dazu zu dienen, *daß* Cosima davon erfährt und eifersüchtig wird. Gregor-Dellin hat einmal aus anderem Anlaß festgehalten: »Er hatte eine seltsame und wohl auch nur psychoanalytisch zu erklärende Neigung, alle seine Frauen voneinander wissen zu lassen.« Weil die Neigung aber psychoanalytisch erklärbar ist, verliert sie ihre Seltsamkeit: die Grausamkeit des männlichen »Betrugs« bannt ein

wenig die universale Angst vor der Frau, setzt ihr eine Art von
Überlegenheit entgegen, indem sie die gefürchteten Frauen in die
Konkurrenz zueinander treibt.

Wie grausam Männer in ihrer Angst sind, zeigt die Schlußszene des
ersten »Götterdämmerungs«-Akts. In Gunthers Gestalt hat der vom
Vergessenstrunk umnebelte Siegfried den Felsen bestiegen, um seine
eigene Geliebte Brünnhilde als Frau für den neuen Blutsbruder zu
erobern. Die entsetzliche Absicht (denn trotz dem Trank handelt es sich
schließlich um das gewaltsame Gefügigmachen einer widerstrebenden
Frau, um eine Vergewaltigung also wieder einmal) läßt Brünnhilde die
berechtigte Frage stellen:

> »Wer bist du, Schrecklicher?
> Stammst du von Menschen?«

Siegfried gibt seine Erklärungen, wer er sei und was er vorhabe, mit
verstellter Stimme ab; aber das geschieht nicht nur, weil die Geschichte, der Rollentausch mit Gunther, es so verlangt. Die ganze Person ist
»verstellt«: der Tarnhelm verdeckt das Gesicht bis auf die Augen, die
Stimme ist die tiefere Gunthers, und sie spricht stockend und unnatür-
lich zerdehnt. Wider die Natur der Sätze schieben sich unregelmäßige
Pausen in den Text, und wider dessen Wortlaut ist in die sonderbare
Rhythmik der Singstimme Angst einkomponiert – man betrachte etwa
den Satz »den dein Feuer nicht geschreckt«, der ungefähr so rhythmisiert ist: ◡ ◡ – – / – /◡ –.
Im Stockenden dieser Redeweise spricht sich Angst vor der Frau wie
Gewalt gegen sie in gleicher Weise aus. Das kontrastiert zu den weit
schwingenden Entsetzens-Kantilenen Brünnhildes, in knappster Form
eine musikalisch faszinierende Zustandsbeschreibung des Verhältnisses von Mann und Frau. Als Siegfried Brünnhilde dann niederringt,
tönt aus der zusammenstürzenden Musik des Orchesters in den Klarinetten ein verzerrtes Fragment der Liebesthematik aus ihrem »Siegfried«-Schlußduett: die angstbewehrte Grausamkeit des Mannes hat
die Liebe vernichtet.

Noch viel später in der Oper, als Siegfried, von Hagen tödlich
getroffen, zum letzten Mal von Brünnhilde spricht, nimmt seine
Stimme wieder jenen Duktus des zerrissenen Stockens an. Obwohl der
Text scheinbar etwas ganz anderes bedeutet, nämlich eine Art Hymnus
auf Brünnhilde, erinnert die Musik an den hinter allem verborgenen
Grundtatbestand: die unauslöschliche Angst des Mannes, die ihm alle
Natürlichkeit in der Liebe zur Frau nimmt, weil ihm und seinesgleichen
ein für allemal die menschliche Natur ausgetrieben worden ist.

5.
Siegfried

Wohl kaum eine Figur Wagners ist so oft mißverstanden worden wie
Siegfried. Das will etwas heißen, gibt es doch über alle Figuren
Wagners Mißverständnisse genug. Im Fall Siegfried aber hat dieses
Mißverständnis die Haltung ganzer Generationen zu Wagner überhaupt geprägt, sei es die Heldenverehrung des Faschismus, sei es die
empörte Ablehnung der Antifaschisten. Siegfried der Held, das war
(und ist?) den einen Verheißung, den anderen Barbarei. Sie hätten
recht, wenn Siegfried »der Held« wäre. Mit Abscheu müßten alle,
denen an einer menschlicheren Welt gelegen ist, von ihm sich abwenden und von seinem Schöpfer, der so etwas als Ideal präsentiert. Doch
Siegfried ist nicht dieser Held, und Wagner hat ihn nicht so geschaffen.
Allerdings hat er ihn anfangs ein bißchen wohl so gemeint. Aber auch
nur ein bißchen.

In seiner »Mitteilung an meine Freunde«, geschrieben 1851 nach
der Dichtung der beiden letzten »Ring«-Teile und noch vor der Erweiterung um »Rheingold« und »Walküre«, schildert Wagner die gerade
ausführlich entworfene Figur: »Ich war mit der Konzeption des ›Siegfried‹ bis dahin vorgedrungen, wo ich den Menschen in der natürlich-
sten, heitersten Fülle seiner sinnlich belebten Kundgebung vor mir sah;
kein historisches Gewand engte ihn mehr ein; kein außer ihm entstan-
denes Verhältnis hemmte ihn irgendwie in seiner Bewegung, die aus
dem innersten Quelle seiner Lebenslust jeder Begegnung gegenüber
sich so bestimmte, daß Irrtum und Verwirrung, aus dem wildesten
Spiele der Leidenschaften genährt, rings um ihn bis zu seinem offenba-
ren Verderben sich häufen konnten, ohne daß der Held einen Augenblick, selbst dem Tode gegenüber, den inneren Quell in seinem wellen-
den Ergusse nach außen gehemmt oder je etwas anderes für berechtigt
über sich und seine Bewegung gehalten hätte als eben die notwendige
Ausströmung des rastlos quillenden inneren Lebensbrunnens. Mich

hatte ›Elsa‹ diesen Mann finden gelehrt: er war mir der männlich verkörperte Geist der ewig und einzig zeugenden Unwillkür, des Wirkers wirklicher Taten, *des Menschen* in der Fülle höchster, unmittelbarster Kraft und zweifellosester Liebenswürdigkeit. Hier, in der Bewegung dieses Menschen, war kein gedankenhaftes Wollen der Liebe mehr, sondern leibhaftig lebte sie da, schwellte jede Ader und regte jede Muskel des heiteren Menschen zur entzückenden Betätigung ihres Wesens auf.«

Ich habe diese Stelle so ausführlich zitiert, weil ihre enorme Geschwätzigkeit auch etwas mit der beschriebenen Figur zu tun hat. Wagner braucht unglaublich viele Worte für einen eigentlich einfachen Sachverhalt: Siegfried kennt keine der gesellschaftlichen Einengungen, er ist der freie Mensch. Wagners gewundene Sätze zielen übrigens in diesem Zusammenhang groteskerweise auf die Begründung der Notwendigkeit einer natürlichen Sprache, in der »einst das Volk selbst dichtete«, womit er den Stabreim meint, dem er dann ja auch nicht gerade natürliche Einfachheit abgewonnen hat. Doch zurück zum Text.

Daß der schlichte Sinn so schwer auszudrücken ist, versinnbildlicht auch die Unwahrscheinlichkeit der Figur Siegfried in dieser Zeit. Wagner kam ja gerade aus der Dresdner Revolution und hatte das Scheitern der zarten Freiheitssehnsucht an den starren (und starken) Machtstrukturen des aufgeklärten Feudalismus am eigenen Leib erlebt. Siegfried sollte sein Gegenentwurf sein, die Heilung für die Krankheiten dieser Welt. Daß er selbst einer Wasserkur bedürfe, um die beiden Siegfried-Opern nur als Gesunder zu komponieren, vervollständigt das Bild.

Doch er hat nicht zu komponieren begonnen. Statt dessen verlängerte er sein Drama nach vorn, und die Siegfried-Musik gar mußte noch sehr lange warten: 1856 erst, ganze fünf Jahre später, schreibt er die ersten »Siegfried«-Noten. In der Zwischenzeit bestätigt er mehrfach die alte Konzeption. Siegfried sei »der von uns gewünschte, gewollte Mensch der Zukunft«, »der aber nicht durch uns gemacht werden kann, und der sich selbst schaffen muß durch *unsre Vernichtung*«. Da klingt schon ein resignierter Ton mit; bald darauf spricht er vom jungen Siegfried als »dem schönsten meiner Lebensträume«.

Siegfried – ein Traum. Der Traum von einem Menschen, der aufräumt unter den schlimmen Herrschern der Welt, der selbst weder herrschen will noch kann, alles andere als ein Gewaltmensch. Aber eben doch nur ein Traum. Es gibt ihn weder in der Wirklichkeit noch in Wagners Werk; denn dort ist aus ihm etwas ganz anderes geworden.

Sein erster Auftritt gleich ist ein Sturmlauf von Aggressivität gegen

Mime. Der ist ein alter und schwacher Mann, sehr klein, denn er ist ein
Zwerg, kein Gegner für den jungen und starken Siegfried. Aber dieser
nutzt hemmungslos seine körperliche Überlegenheit, um den verachteten Ziehvater zu quälen. Er läßt einen Bären auf Mime los:

> »Hoiho! Hoiho!
> Hau' ein! Hau' ein!
> Friß ihn! Friß ihn,
> den Fratzenschmied!
> (Er lacht unbändig.)«

Das sind Siegfrieds erste Worte. Kindisches Geplärre, aufgeladen mit
Brutalität. Die ganze folgende Szene besteht aus heftigen Aggressionen
gegen Mime, im Text und in der Musik, Beleidigungen für Mimes
kümmerlichen Körper, Hohn über seine Schmiedekunst, Verachtung
für das Essen, das er gekocht hat. Mit kindlicher Ungezogenheit ist
Siegfrieds Verhalten viel zu harmlos bezeichnet, es ist grausame
Gewalttätigkeit. So benimmt sich kein »freiester Mensch«, auch nicht
wenn er im Wald aufgewachsen und erst ein Teenager ist, knapp
jenseits der Pubertät. Peter Wapnewski hat ihn den »schönen Unmenschen« genannt, der hier dem »häßlichen Untermenschen« Mime
propagandistisch gegenüber gestellt sei.

Das ist eine prä-faschistische Figur, und nicht anders ist sie gemeint.
Auch seine erste eigene Arbeit steckt voller Gewalt: Siegfried schmiedet aus den Bruchstücken des väterlichen Schwerts sein eigenes. Diente
es einst seinem waffenlosen Vater Siegmund zur Verteidigung gegen
seine Feinde, so soll es nun das Mordwerkzeug gegen den Drachen
Fafner werden, der jedenfalls Siegfried überhaupt nichts getan hat und
ihn auch eigentlich gar nichts angeht.

Dem Profi Mime war es trotz aller Kunst und Mühe nicht gelungen,
die Stücke zusammenzuschmieden, der Amateur Siegfried schafft es,
und zunächst sagt Mime, warum er es schafft:

> »Hier hilft kein Kluger,
> das seh' ich klar:
> hier hilft dem Dummen
> die Dummheit allein!«

Und dann sagt es die Musik. Seit seinen frühesten Versuchen hat
Wagner nicht wieder so primitiv komponiert; auch der geübte Wagner-
Kenner braucht einige Anstrengung, um aus Siegfrieds Schmiedelie-
dern die Absichtlichkeit ihrer Banalität herauszuhören. Dummheit und

Primitivität: das sind die Haupteigenschaften des jungen Siegfried. Im Text erscheint dann eine Wendung, die hinweist auf die Hintergründe einer solchen Existenz:

> »nun schwinde die rote Scham;
> werde kalt und hart wie du kannst!«

In der »roten Scham« wird mit Blut und Vagina unbewußt die gefürchtete Frau assoziiert, »kalt und hart« ist ihr gegenüber der Mann mit seinem männlichen Schwert.

Schon dieser erste »Siegfried«-Akt entwickelt ein ganz anderes Bild, als Wagner es von seinem jungen Helden ursprünglich geben wollte. Der heutige Mann tritt auf und eben nicht der »freie furchtlose Mensch«, als den Wagners erster Prophet, Friedrich Nietzsche, ihn sehen wollte. Diese Nietzschesche Interpretation steht im vierten Stück seiner »Unzeitgemäßen Betrachtungen«: »Richard Wagner in Bayreuth« von 1876, und zeigt Nietzsche auf dem Weg zu seinem eigenen Konzept des Übermenschen. Kein Wunder, daß er in scheinbarer Harmlosigkeit Siegfried als utopische Idealfigur beschreibt: »Im Anblicke seines herrlichen Werdens und Aufblühens weicht der Ekel aus der Seele Wotan's, er geht dem Geschicke des Helden mit dem Auge der väterlichsten Liebe und Angst nach. Wie er das Schwert sich schmiedet, den Drachen tödtet, den Ring gewinnt, dem listigsten Truge entgeht, Brünnhilde erweckt, wie der Fluch, der auf dem Ringe ruht, auch ihn nicht verschont, ihm nah und näher kommt, wie er, treu in Untreue, das Liebste aus Liebe verwundend, von den Schatten und Nebeln der Schuld umhüllt wird, aber zuletzt lauter wie die Sonne heraustaucht und untergeht, den ganzen Himmel mit seinem Feuerglanze entzündend und die Welt vom Fluche reinigend, – Das alles schaut der Gott . . .«

Ein Mißverständnis das alles, das Wagner Nietzsche eingeredet haben mag. Siegfried ist nicht der Erlöser Wotans und der Welt – längst hatte Wagner seine ursprüngliche Vorstellung in Dichtung und Musik überholt. Aber dieses Mißverständnis wurde ungemein folgenreich. Es prägte ganze Geschlechter von Interpreten, Illustratoren, Bildhauern. Ihre Lichtgestalt namens Siegfried reckt sich aus Büchern, von bemalten Wänden und auf Denkmälern. Sie haben ihn sich bis ins Dritte Reich und zum Teil bis heute nicht ausreden lassen, obwohl schon immer manche Autoren, und zwar die besseren, die Wahrheit gesehen und geschrieben haben. Für George Bernard Shaw war Siegfried schon 1898 »ein völlig amoralisches Geschöpf, der geborene Anarchist, das Idealbild von Bakunin, eine Vorahnung von Nietzsches ›Übermensch‹.

Er ist ungeheuer stark, erfüllt von Leben und Übermut, gefährlich und zerstörerisch gegenüber allem, was er nicht mag . . .« Und Thomas Mann nannte ihn 1933 »Hanswurst, Lichtgott und anarchistischer Sozialrevolutionär auf einmal«. Wegen des Vortrags, in dem das stand, wurde Thomas Mann unter dem Applaus berühmter Musiker (Knappertsbusch, Pfitzner, Richard Strauss) von den Nazis ausgebürgert.

Hätten sie Cosimas Tagebücher schon gekannt, sie hätten vor Scham erröten müssen; denn ihnen läßt sich entnehmen, daß der spätere Wagner über seinen einstigen Helden ähnlich dachte wie der dafür aus der deutschen »Volksgemeinschaft« verstoßene Thomas Mann. Unmittelbar nach dem Abschluß der »Parsifal«-Komposition sagte Wagner zu Cosima: »Eigentlich hätte Siegfried Parsifal werden sollen und Wotan erlösen, auf seinen Streifzügen auf den leidenden Wotan (für Amfortas) treffen – aber es fehlte der Vorbote, und so mußte das wohl so bleiben.« Siegfried verlasse Brünnhilde, »um auf Raub zu gehen, ›nun müssen sie sich ernähren, er muß einige Könige tributpflichtig machen‹« – so realistisch hatte Wagner schon während der Arbeit die überraschend schnelle Trennung der beiden interpretiert und da auch schon Siegfried »nicht tragisch« genannt, »weil er nicht zum Bewußtsein seiner Lage kommt, ein Schleier ist über ihm, seitdem er Brünnhilde für Gunther geworben, aber alles unbewußt . . .«

Unbewußt – ein wichtiges Stichwort. Denn aus ihm erklären sich Siegfrieds bemerkenswerte Taten. Nur wer so dumm ist – oder sagen wir: unschuldig –, kann den starken Drachen besiegen, den schlauen Mime und endlich selbst Wotan, dessen Speer gerade an dem Schwert zerbricht, das er früher schon einmal in Stücke geschlagen hat. Siegfried ist sogar stärker als die mit dem Ring bewaffnete Brünnhilde, obwohl dieser angeblich unermeßliche Macht verleiht. Es ist die bedenkenlose weil bewußtlose Geste des »Was-kostet-die-Welt«, die das alles für Siegfried möglich werden läßt. Viel Torheit steckt darin, mutwilliger Unfug, der die anderen schreckt oder lächeln macht, je nach ihrem seelischen Zuschnitt. Er weiß es eben nicht besser. Seine ersten Worte an Gunther lauten:

> »Dich hört' ich rühmen
> weit am Rhein;
> nun ficht mit mir,
> oder sei mein Freund!«

Die gleiche unsinnige Gewaltgebärde verwendet er gegenüber den Rheintöchtern, als er sich sagt, wenn er nicht Gutrune treu sein müßte, dann:

>»der zieren Frauen eine
hätt' ich mir frisch gezähmt!«

Völlig unnötig auch dies, denn die Rheintöchter haben sich ihm
gegenüber mehr als aufgeschlossen gegeben, es hätte keiner Zähmung
bedurft, wenn er nur gewollt hätte.

Aber Siegfried braucht das: die ständige Bestätigung seiner körperlichen Kraft, das einzige, was der Mann besitzt und was ihm als wertvoll
dargestellt worden ist. In einer rührenden Passage der ersten Begegnung mit Gunther und seinen Geschwistern erzählt er, daß er den
riesigen Nibelungen-Schatz als »müß'ges Gut« betrachtet, das er
achtlos in Fafners Höhle zurückließ, nur Tarnhelm und Ring mitnahm,
ohne ihre Kraft zu kennen; er besitze nur eins:

>»einzig erbt' ich
den eignen Leib;
lebend zehr' ich den auf.«

Und dieser Leib wird immer mißbraucht: von Mime, um Fafner zu
töten; von Gunther, um Brünnhilde zu gewinnen; von Wotan, um den
Ring wieder an die Rheintöchter gelangen zu lassen. Siegfried ist ein
Werkzeug, nicht Natur, sondern Maschine, Körpermaschine, der kriegerische Mann. Ihm ist alles vorenthalten worden, was sein Leben erst
zum Leben machen könnte. Stattdessen wurden ihm Geist und Körper
verbogen, damit er für richtig hält, was falsch ist; damit er anderen
Gewalt antut, als müsse das so sein; und damit er nicht merkt, wie er
dabei sich selbst Gewalt antut. Wie fast alle Figuren Wagners ist
Siegfried ein Opfer, aber das traurigste, weil er es zwar spürt und doch
nichts davon begreift.

Am Beginn der »Siegfried«-Schlußszene, als er das Feuer durchschritten hat und auf der Höhe von Brünnhildes Felsen ankommt, hat
Wagner eine der eigenartigsten Stellen seines ganzen Werks komponiert: eine dreißig Takte lange einstimmige Kantilene aller ersten
Geigen, wozu die nur in der Partitur erscheinende Regieanweisung
gehört: »Siegfried ... zeigt sich dort zuerst nur mit dem Oberlei-
be ...« und dann sein Satz:

>»Selige Öde
auf wonniger Höh!«

Erst als es heißt: »Er steigt vollends ganz herauf ...«, tritt das volle
Orchester ein. Ich will der Stelle keine überinterpretierende Gewalt
antun – aber das Zusammentreffen des musikalisch sozusagen Unvoll-

ständigen mit der optischen Halbierung des Körpers scheint mir doch
auffällig genug: ein merkwürdiges und schwer in Worte zu fassendes
Bild der Trauer über das verlorene Ganze. Auch der Sinngegensatz der
Worte selig – Öde – wonnig (in der Dichtung steht »sonnig«) paßt zu
solcher Zerrissenheit. Nimmt man hinzu, daß Wagner nur wenige
Monate nach der Partiturniederschrift dieser Stelle von der »unmännlichen« und »lächerlichen« Geige als Soloinstrument gesprochen hat und
sie hier gerade so verwendet (wenn auch sechzehnfach, so doch ein-
stimmig), dann fügt sich alles zu einem, zugegeben: dunklen Zusammenhang des Mannes mit seinen Körper- und Bezugsnöten.

Siegfried also ist nicht der Held, für den er ausgegeben und als der er
benutzt wurde, auch und gerade von den Nazis, die dem Verständnis
Wagners damit verhehrenden Schaden zugefügt haben. Selbst wenn
der amerikanische Kritiker Peter Viereck 1939 Recht gehabt hätte mit
der These, das »böse Genie« Richard Wagner sei »die wohl wichtigste
Einzelquelle, ja schlechthin [der] Urquell der Nazi-Ideologie« – dann
wäre es eine Quelle, der man Jauche statt Wasser entnommen hätte.
Nur durch krasse Mißdeutungen (die ihre Geschichte haben) oder
durch bewußte Manipulation und Unterdrückung von Texten ließen
Siegfried und Wagner sich zu dem machen, was sie für gewisse Kreise
dann waren. Es steckt schon ein hohes Maß an Perversion darin, daß
während des Zweiten Weltkriegs die Bayreuther Festspiele nur noch
vor Soldaten und Rüstungsarbeitern stattfanden – zur Stärkung des
Wehrwillens.

Daß aber Wagner seinen Sohn, der ja ironischerweise ausgerechnet
Siegfried hieß, vor dem Wehrdienst bewahren wollte, darüber dachte er
schon laut nach, als dieser gerade elf Jahre alt war. Nein, Wagner war
selbst als Erfolgreicher nicht auf der Seite der Sieger. Das ist schnell
nicht mehr verstanden worden, schon nicht von seiner engsten Umgebung. Und erst recht nicht von denen, die ihn dann später zielstrebig
ausschlachteten für das, was noch kommen sollte. Bernhard Diebold,
Kritiker der liberalen »Frankfurter Zeitung«, hat die Zuschauer der
Bayreuther Festspiele der späten zwanziger Jahre so gesehen: »Sie
erkennen nur Siegfrieds Geste mit dem Schwert und nicht seinen
naiven Anarchismus. Sie erleben im ›Parsifal‹ einen Pazifismus, der
selbst das Töten eines Schwanes verbrecherisch schilt, geschweige, daß
er den Bau von Panzerkreuzern billigte. Sie weiden ihre Augen fromm
an soldatischen Gebärden und christlichen Zeremonien, und sie . . .
wissen nicht, was sie tun.«

Es ist zu befürchten, *daß* sie es wußten. Wagner wußte es wohl auch,
denn er hat den Fehldeutungen seines Siegfried zumindest Vorschub
geleistet und ihnen nicht widersprochen, obwohl er in ihm nichts

anderes dargestellt hat als den armen mißgebildeten Menschen als Mann.

Musikalisch immerhin hat er sich auch offen so ausgedrückt. Auf dem Höhepunkt des deutschen Siegestaumels nach der Schlacht von Sedan sagt er, »er möchte die Trauermusik für die Gefallenen schreiben, . . . keine Siegeshymne, das verstünde er nicht«. Er bekam keinen Auftrag, aber eineinhalb Jahre später hat er diese Musik komponiert, den sogenannten Trauermarsch aus der »Götterdämmerung«, die Klage um den ermordeten Siegfried. Für Wagner-Gegner war dieses Stück immer besonders anstößig, für die sensibleren unter Wagners Freunden zumindest peinlich. Das hat jedenfalls zu tun mit seiner historischen Nutzung als schallender Höhepunkt bei offiziellen Trauer-Akten – vor allem im Dritten Reich, wo es perverserweise auch anläßlich von Staatsbegräbnissen für ermordete Hitler-Gegner gespielt wurde. Das Verlogene solcher Umstände schlug notwendig auf die Musik zurück: auch sie erhielt von da aus den Charakter einer gleisnerischen Fassade. Hinzu kommt – wenn es nicht gar unmittelbar damit zusammenhängt –, daß das Stück bei Aufführungen gern zur orchestralen Prunk-Nummer aufgeplustert wird, was Wagners Komposition eigentlich strikt zuwiderläuft.

»Ausdrucksvoll« heißt die häufigste Vortragsbezeichnung, selbst für die schweren Blech-Instrumente. Die Sechzehntel-Schläge des Anfangs sinken zweimal vom kurzen fortissimo wieder zum piano zurück, und wenn dann das Orchester anschwillt, sollte die Solo-Trompete mit dem Motiv des Schwertes nicht herausplatzen; denn ihr ist das gleiche forte vorgeschrieben wie allen anderen Instrumenten, die die Begleitharmonien synkopisch verschoben spielen und damit den schlichten Fanfaren-Charakter der Trompete irritieren. Der Höhepunkt im Ausbruch des vollen Orchesters ist sehr eigenartig rhythmisiert: in die Pausen zwischen den Akkord-Schlägen der starken Instrumente ist jeweils ein Achtel der Pauke eingeschoben; das gibt der scheinbar heldischen Passage eine Art hinkenden Charakter, was noch dadurch verstärkt wird, daß die Bläser nur das jeweils letzte Viertel der Takte aushalten – als ob jemand beim langsamen Schreiten ein Bein nachzieht. Ohne Ende gleichsam, schließlich verlöschend wie es begonnen hat, realisiert das Stück entgegen der falschen Tradition keine stolze Trauer, sondern schmerzliche Klage. Da wird nicht für einen hehren Helden aufgespielt, sondern für einen hinterrücks Erschlagenen; kalt, trocken, immer wieder stockend konstatiert die Musik das Scheitern von Wotans hochfliegenden Weltherrschafts-Plänen. Aber auch das Scheitern dessen, der kein Mensch werden durfte, sondern blieb, was er war: ein Mann.

SIEGFRIED (BAYREUTH 1976–1978: RENÉ KOLLO)
Chéreaus Inszenierung läßt in Siegfried den erkennen, der hilflos und einsam sich in die Gesten eines Kraftprotzes zu flüchten gezwungen sieht.

WAGNER-KARIKATUR VON
ERNST BENEDIKT KIETZ, UM 1840
*Der Maler-Freund aus Pariser Notzeiten skizzierte ein
abgründiges Bild: Menschen ziehen Wagners Wagen,
aber die Zügel hält Minna, die Gattin.*

III.
KAPITEL

Weiberphantasien

Richard Wagner
und seine Frauen

Erhebe dich,
Genossin meiner Schmach!

Lohengrin, 2. Akt, 1. Szene

Im Sommer 1851, zwei Jahre nach der Flucht aus Dresden, schreibt
Wagner in Zürich seinen autobiographischen Rechenschaftsbericht
»Eine Mitteilung an meine Freunde«. Er steht am Ende einer Zeit, in
der die großen theoretischen Schriften zur Kunst entstanden sind, und
soll die angeblichen oder tatsächlichen Differenzen zwischen diesen
und den bisherigen Bühnenwerken erklären, deren letztes, »Lohengrin«, gerade vor einem Jahr in Weimar uraufgeführt worden war.
Wagner hatte sein Stück nicht hören können, da dem politischen
Flüchtling der Weg nach Deutschland versperrt war: er wurde dort
noch immer steckbrieflich verfolgt.

Dabei wollte er gerade den »Lohengrin« einmal auf der Bühne
erleben; denn er glaubte, damit etwas ganz Neues geschaffen und sein
künftiges Werk auf den Weg gebracht zu haben. Die »Mitteilung«
erläutert ausführlich, worum es sich da handelt, und sie erläutert
Dinge, die aus der Oper selbst ohne weiteres nicht zu entnehmen sind.
Die eigentlich wichtige Figur, sagt Wagner im Zürcher Exil, sei nämlich
gar nicht der Titelheld, sondern Elsa, die Lohengrin als anonymer
Ritter vor ihren Feinden rettet, gleich darauf zur Frau nimmt und nach
der Hochzeitsnacht (die übrigens nur aus einem im Streit endenden
Gespräch besteht) wieder verlassen muß, weil sie verbotenerweise nach
seinem Namen fragt.

Elsa also: in ihr habe er den Gegensatz zu Lohengrin gesehen,
»natürlich jedoch nicht den diesem Wesen fern abliegenden, absoluten
Gegensatz, sondern vielmehr das *andere Teil* seines eigenen Wesens, –
den Gegensatz, der in seiner Natur überhaupt mit enthalten und nur
die notwendig von ihm zu ersehnende Ergänzung seines männlichen,
besonderen Wesens ist. *Elsa* ist das Unbewußte, Unwillkürliche, in
welchem das bewußte, willkürliche Wesen Lohengrins sich zu erlösen
sehnt . . .« Der (überirdische) Mann Lohengrin ist also unvollkommen,
erlösungsbedürftig, und die Erlösung kann nur die Frau vollbringen.
Nicht Lohengrin weiß alles, wie es in der Oper scheint, sondern Elsa;
ihr Verhalten, ihre verbotene Frage ist der Weg zur Erlösung, und
Lohengrin muß wieder entschwinden, weil er die Frau »aus seiner
besonderen Natur nicht verstehen konnte«. Mit dieser Erkenntnis sei
er, Wagner, »dem *wahrhaft Weiblichen*« auf die Spur gekommen, »das
mir und aller Welt die Erlösung bringen soll, nachdem der männliche
Egoismus, selbst in seiner edelsten Gestaltung, sich selbstvernichtend
vor ihm gebrochen hat«.

Und nun folgt ein überschwenglicher Hymnus: »Elsa, das Weib, –
das bisher von mir unverstandene und nun verstandene Weib, – diese
notwendigste Wesenäußerung der reinsten sinnlichen Unwillkür, – hat
mich zum vollständigen Revolutionär gemacht.«

Diese Deutung ist nicht nur angesichts des Stücks selbst überraschend. Sie befindet sich auch in ziemlichem Widerspruch zum zeitgenössischen Frauenbild und zu manchen Äußerungen Wagners selbst aus späteren Jahren. Aber sie legt von nun an die sozusagen offizielle Linie fest. Wagners Frauen, die im Werk und einige in seinem Leben, haben für das 19. Jahrhundert einigermaßen sensationelle Züge. Sie sind der offene Gegensatz zu den Männern, die Wagner gekannt und geschaffen und die das vorige Kapitel beschrieben hat, ein Gegensatz, aus dem Wagner geradezu die Dynamik der Weltgeschichte ableitet, indem er die Liebe zwischen Mann und Frau zum Prüfstein der Menschlichkeit macht. An dem so verehrten Schopenhauer hat er später ausdrücklich kritisiert, »daß er das Männliche und Weibliche, worin alles auf dieser Welt zerfällt, nicht genügend beachtet habe«.

Wenn der Mann ist, wie er ist, und wenn kaum zu sehen ist, wie er sein soll, wie sind dann die Frauen, und wie sollen sie sein? Wagner hat das Fragezeichen durch viele Ausrufezeichen aufgelöst. Sie bekräftigen selten eine Wirklichkeit, sondern bezeichnen oft ein Gemisch von Erwartungen, Hoffnungen und Ängsten, das selbst wieder der Psychoanalyse bedürfte. Aber es bleibt dabei: die Frauen sind Wagners eigentliches Thema.

1.

Die Frau in der Männergesellschaft

Friedrich Nietzsches Abrechnung mit dem einst unsäglich verehrten Übervater, sein Pamphlet »Der Fall Wagner« von 1888, beschäftigt sich über weite Strecken mit dem Frauenbild in Wagners Werk. Der haßerfüllte Widerspruch des zwar abgesprungenen, aber doch besten zeitgenössischen Wagner-Kenners bringt am klarsten hervor, was die Frau in Wagners Welt bedeutet. Liebe, so Nietzsche, sei ein »feinerer *Parasitismus*, ein Sich-Einnisten in eine fremde Seele, mitunter selbst in ein fremdes Fleisch«, der Mann sei »feige vor allem Ewig-Weiblichen«, sich einlassen mit dem Weib sei Abstieg zu ihm, »erlöst« werden bedeute »verdorben« werden. Wagner, der Experte für »alle Feminismen aus dem Idiotikon des Glücks«, »raubt uns die Jünglinge, er raubt selbst noch unsre Frauen und schleppt sie in seine Höhle«. In einem ein paar Jahre früheren Fragment hat Nietzsche gar formuliert: »Bei den eigentlichen ›Mänaden‹ der Wagner-Anbetung darf man unbedenklich sogar auf Hysterie und Krankheit schließen; irgend Etwas ist in ihrer Geschlechtlichkeit nicht in Ordnung; oder es fehlt an Kindern, oder, im erträglichsten Falle, an Männern. «

Der sexuell schwer gestörte Nietzsche scheint seine Philosophie des Weibes gerade am Gegenbild Wagners entwickelt zu haben. In ihrer krassen Frauen- und Emanzipationsfeindlichkeit ist sie jedoch nur ein zugespitzter Ausdruck dessen, was in der Zeit gang und gäbe war. Wagner hat diesem Denken im häuslichen Umkreis von Villa Wahnfried oft selbst Worte verliehen, angeregt wohl auch von der Tagebuchschreiberin Cosima, die – so »emanzipiert« sie selbst war – gern ein konventionelles Frauenbild pflegte. Schwer zu unterscheiden, wie weit Wagner dabei philiströse Banalitäten nachplapperte, denen nur das Gewicht zukommt, das Cosima ihnen durchs Aufschreiben verlieh, oder wie weit er solche Aussprüche ernsthaft überlegt hat.

Da rät er zum Beispiel Cosima ab, selbst Schopenhauer zu lesen:

»durch den Mann, durch den Dichter solle die Frau zur Philosophie kommen«; auch hätten Frauen keine Nation, sondern »das Vaterland ihres Mannes«; zu schreiben sei gegen die Natur der Frau, sie habe nur zu lieben oder zu hassen; eine Frau gar mit eigenem Atelier sei ihm »greulich«. Die »Frauen-Befreiung« verabscheuen beide als »›jetztzeitlichen‹ Unsinn«, durch den Frauen sich zur »Mannsperson« machen wollten; sie brauchten zum Beispiel kein Wahlrecht, weil sie »nichts mit der äußeren Welt zu tun« hätten. Die Frauen seien »ganz passiv, und nur, was der Mann hineinlegt, kommt heraus«. »Wenn sie eine gewisse ängstliche Bescheidenheit verlieren, etwas andres sein wollen als Gattinnen und Mütter, wie unangenehm steif werden sie da.«

So hat er auch Cosima behandelt, die es sich in einer seltsamen Mischung aus Klugheit und unterwürfiger Demut bieten ließ. »Stolzes Frauchen freue dich, dein Richard komponiert für dich«, sang er ihr morgens zum Frühstück vor. Es ist die Haltung zur Frau, wie er sie vor dem »Lohengrin«-Umbruch dargestellt hat. In dem Dramen-Entwurf »Jesus von Nazareth« von 1849 – nach »Lohengrin« geschrieben, aber interessanterweise eben vor der »Lohengrin«-Interpretation – umkreist er in langen Wiederholungen das »Wesen des Weibes«: »... so ist das Weib in sich unvollkommen, und kann nur in der Erwiderung der Liebe des Mannes zur Thätigkeit gelangen: in seinem Aufgehen in den Mann, dessen Liebe es empfängt, findet es die einzige Möglichkeit der Mitentäußerung seines Egoismus an die Allgemeinheit, nämlich in den Kindern ...« und so weiter und so weiter. Noch in der letzten Schrift vor der »Mitteilung an meine Freunde«, am Schluß von »Oper und Drama«, überträgt er das konventionelle Bild auf die Musik: *aller musikalische Organismus ist seiner Natur nach aber – ein weiblicher*, er ist ein nur *gebärender*, nicht aber *zeugender*; *... Die Musik ist ein Weib.* Die Natur des Weibes ist die *Liebe*: aber diese Liebe ist die *empfangende* und in der Empfängnis rückhaltlos *sich hingebende* ... was für ein Weib soll die *wahre Musik* sein? Ein Weib, *das wirklich liebt,* seine Tugend in seinen *Stolz*, seinen Stolz aber in sein *Opfer* setzt ...« wiederum und so weiter und so weiter.

Man sieht: davon ist manches geblieben auch bei dem späteren Wagner. Aber die Umkehr in der neuen Deutung der Elsa-Figur und also der Frau überhaupt hat doch gelegentlich seine privaten Äußerungen gefärbt. Da wird auch einmal zugestanden, daß Frauen »Männerrechte« fordern, wenn sie ihre Familie ernähren und wie die Männer arbeiten müssen. Da werden zwar die Frauen kritisiert, weil sie rauchen (auch Cosima tat das übrigens), aber auch entschuldigt, weil die Männer ihnen ein schlechtes Beispiel geben, und überhaupt: das alles liege an »der unrichtigen Stellung der Frauen«.

Den Gedanken hat er ein paar Monate später präzisiert: »wie falsch
die Stellung der Frau bei uns sei, einerseits die Form ritterlicher
Anbetung, und dabei die geringschätzigste Meinung von ihr.« (Das
klingt durchaus auch selbstkritisch. Denn er hat für beides genügend
Beispiele geliefert; manchmal betreffen sie dieselbe Person.) Die Zusammenfügung der beiden Haltungen bringt zum Ausdruck, daß sie
nur scheinbar gegensätzlich sind, in Wahrheit aber gleicherweise die
»falsche Stellung« bezeichnen. Hier wird die Frau beschrieben, die in
der Männerwelt benötigt und benutzt wird, und der deshalb »ritter-
lich« ein hoher Rang zugesprochen werden muß, damit sie ihre tatsäch-
liche Wertlosigkeit nicht bemerkt. *Weil* sie nicht bemerkt, wie sie
belogen wird, und weil ihr Nutzen außerdem mit dem sexuellen
»Schmutz« zusammenhängt, wird sie zugleich geringgeschätzt, verachtet. Von der Frau wird erwartet, das Herzchen zu sein, das das harte
Leben verschönt, aber eben nicht mehr: irgendein menschlicher Anspruch steht ihr nicht zu. Die Folgen davon hat Wagner wohl gespürt,
die Gefahr des Umschlags der so behandelten Frauen ins ebenso
Negative, wie es der Mann schon darstellt: »das Wesen des Weibes sei
das Mitleid mit dem alles nach außen verfechtenden Mann. Wenn nun
der Mann verkomme, höre das Mitleid auf, und die Frau würde hart.«
    Die »Vermännlichung« der Frau in der Männergesellschaft schien
ihm wohl zu recht als der falsche und gefährliche Zielpunkt der
»gewöhnlichen« Emanzipationsbewegung, was auch sein hektisches
Eifern dagegen erklärt. Als Cosima einmal meint, »daß die Frauen nicht
für alles verantwortlich zu machen sind«, ruft er aus: »doch, die
Männer sind elende Soldaten, die Frauen repräsentieren noch das
einzige, woran man sich wenden kann in idealen Sachen; wenn man da
auch nur auf Leder trifft, ist es entsetzlich.« Das Leder-Bild hat er schon
einmal über dreißig Jahre früher verwendet – so gleichbleibend empfand er die Gefahr: »Mit frauenherzen ist es meiner kunst immer noch
ganz gut gegangen, und das kommt doch wahrscheinlich daher, daß bei
aller herrschenden gemeinheit es den frauen doch immer noch am
schwierigsten fällt ihre seelen so gründlich verledern zu lassen, als dieß
unsrer statsbürgerlichen männerwelt zu so voller genüge gelungen
ist.« Und dann wieder ganz spät, ein Vierteljahr vor dem Tod, gibt er
dem »Weiblichen« vor dem »Männlichen« »durchaus den Vorzug«,
denn: »der Mann muß sich immer so stellen, als empfände er nichts,
muß die Wärme vermeiden, und da ist es nichts.«
    Der wie sinnlos angehängte Nachsatz ist, traurig verstummend, die
Feststellung des Preises, den die Männergesellschaft zahlt: Wärme
vermeiden, und dabei die zugleich angebeteten und mißachteten Frau-
en noch als Opfer mitnehmen. Immer wieder hat Wagner Shakespeares

»Othello« gelesen, hin und her gerissen zwischen Bewunderung und Abscheu. Einmal faßt er seine Lektüre so zusammen: »Die Frauen sind besser als die Männer, das habe ich heute wohl eingesehen und an vieles gedacht, was mich sehr rührte. Aber die Dichterei mag ich doch gar nicht, diese Realistik zerwühlt einen förmlich, es ist furchtbar.« Und dann, als Cosima Desdemona eine »Gans« nennt: »Er findet die Desdemona die reinste, vollendetste unter den weiblichen Gestalten Shakespeare's und erwähnt ihres Ausrufes: ›O die Männer, die Männer.‹«

Natürlich ist da Angst im Spiel, Angst, was die Frauen mit diesen Männern anstellen könnten, Angst um die eigene Rolle, die zwar bedenklich erscheint, aber ausweglos festgelegt. »Herrliche Weiber giebts hier im Oberland«, schreibt er einmal an den Freund Uhlig, »aber nur für's Auge; alles ist angefressen von wüthender Gemeinheit.« Außen hui, innen pfui: die grundlose Beschimpfung ist ein Sinnbild der Angst des Mannes vor den Möglichkeiten der Frau, wenn sie einmal darauf verzichtete, *ihre* festgelegte Rolle in der Männergesellschaft zu spielen.

Diese Angst wird besonders deutlich in der lebenslangen Abwehr gegen das »politische Weib«. So bezeichnet er Ortrud, die Gegenspielerin Elsas im »Lohengrin«, 1852 in einem Brief an Franz Liszt. Ortrud kenne nämlich die Liebe nicht: »Hiermit ist Alles, und zwar das Furchtbarste, gesagt. Ihr Wesen ist Politik. Ein politischer *Mann* ist widerlich, ein politisches *Weib* aber grauenhaft . . .« Hans Mayer hat zu der Stelle mit Bezug auf Hebbel angemerkt: »Das politische Weib ist ihnen die Frau mit der Waffe.« Und noch ein Vierteljahrhundert danach sagt Wagner angesichts der »Medea«-Oper von Cherubini: »Ich kann diese wütenden Weiber nicht leiden«, obwohl es im Duett zwischen Medea und Creon »gewiß schöne Züge« gebe, »ihr Flehen und seine Härte«.

Die Angst überwiegt noch die »schönen Züge«, und »Frauen mit der Waffe«, hat Wagner nur ausnahmsweise auf die Bühne gebracht. Die Ausnahme aber ist bezeichnend. Es sind die Walküren. Patrice Chéreau hat sie charakterisiert als »Mädchen, die erst dann Beziehungen zu Männern haben, wenn diese Männer tot sind«. Man kann es auch so herum sagen: bewaffnete Frauen bedingen tote Männer. Ihrer Anführerin schließlich, Brünnhilde, werden die Waffen genommen (sie behält nur Rüstung, Helm und Schild, keine Angriffswaffen also), nachdem und weil sie sich für die Liebe und gegen das kriegerische Gesetz entschieden hat. Die waffenlose Frau kann dann zur »normalen« Partnerin des Mannes werden, was aber (wie im Leben) zu nichts Gutem führt.

Die bewaffnete Frau, die dem Mann gleich sein will, und die
Gesellschaftsfrau als seine Gespielin: beides ist nichts. Was aber dann?
Thomas Mann hat von Wagners »Heldinnen« gesagt, es kennzeichne
sie »ein Zug von Edelhysterie, etwas Somnambules, Verzücktes und
Seherisches, das ihre romantische Heroik mit eigentümlicher und
bedenklicher Modernität durchsetzt«. In der Tat entfernen sie sich
damit von der klassischen Rolle der Frau in der Männergesellschaft.
Senta, Elisabeth, Elsa, Sieglinde, Brünnhilde, Isolde, Eva, Kundry: sie
alle zeigen entschiedene Abweichungen vom Frauenbild des 19. Jahrhunderts; sie handeln und sprechen für ein neues, anderes, allerdings
auch diffuses. Ihre »Modernität« äußert sich im Widerstand gegen die
ihnen zugedachte Rolle als brave Ehefrau und Mutter. Vor allem
Mutter: mit der einen Ausnahme Sieglindes bekommt keine ein Kind.
Nietzsche hat sich als erster Gedanken darüber gemacht, höhnisch und
treffsicher: »Sie *können's* nicht . . . Die Verzweiflung, mit der Wagner
das Problem angegriffen hat, Siegfried überhaupt geboren werden zu
lassen, verräth, *wie* modern er in diesem Punkte fühlte. – Siegfried
›emancipirt das Weib‹ – doch ohne Hoffnung auf Nachkommenschaft.
– Eine Thatsache endlich, die uns fassungslos lässt: Parsifal ist der
Vater Lohengrin's! Wie hat er das gemacht? – Muss man sich hier
daran erinnern, dass ›die Keuschheit *Wunder* thut‹?«

Weiß Gott, ja. Wagners Frauen ist mit der Mutterrolle auch die Lust
ausgetrieben worden (immer mit der einen Ausnahme der Sieglinde).
Senta entschwindet mit ihrem Holländer sofort in der ewigen Erlösung; Elisabeth stirbt, ohne mit Tannhäuser mehr gepflogen zu haben
als ein längeres Gespräch in der »teuren Halle«; Elsa fragt Lohengrin
im Brautgemach gleich nach seinem Namen, und alles ist aus; Brünnhildes Begegnung mit Siegfried findet – jedenfalls *auf* der Bühne –
ebenso nur in Diskussionsform statt wie die Evas mit Walther und erst
recht die des Super-Paars Isolde/Tristan, das vor lauter Reden in
kompliziertesten Wendungen und akademischen Distinktionen über
die Liebe für diese keine Zeit findet.

Ohne Zweifel steckt nicht zuletzt bürgerliche Prüderie in dieser
szenischen Lustfeindlichkeit, während nur (nur?) die scheinbar unver-
fänglichere Musik von der Sache selbst redet. Zweimal hat Wagner
Bilder entworfen, die deutlich ans Bordell erinnern: den Venusberg im
»Tannhäuser« und Klingsors Zaubergarten im »Parsifal«. Adorno hat
richtig bemerkt, diese »geträumten Bordelle« würden »zugleich diffamiert als Ort, den keiner heil verläßt«, ein Angsttraum sozusagen des
Bürgers und sein Traum zugleich, der Frau als sexueller Emanze zu
begegnen, die sich jeden Mann ohne liebevolle Entschuldigung
nimmt. Die Bewohner des einen Bordells, die Blumenmädchen, hat

Wagner als Erfindung immer selbst bewundert, und ihre Darstellerinnen bei der »Parsifal«-Uraufführung 1882 ganz besonders. Aus seiner Loge hat er ihnen bei jeder Vorstellung »Bravo! Bravo!« zugerufen, mitten in ihre Szene hinein. Und nach den Aufführungen sagte er noch, »er habe Sehnsucht nach den Blumenmädchen, er habe ihnen nicht genügend seine Freude an ihnen zeigen können ...«

Verlockung durch die sexuelle Frau und ihre Diffamierung zugleich: die bürgerlich-männliche Mentalität kommt immer wieder auf den selben Zwiespalt zurück und auf ihre geheime Neigung zum ersteren. Wie anders ist Wagners Ausspruch zu verstehen, »Weibchen« zu sagen sei viel mehr als »Engel«? Wie seine Klage, Frauen spielten Liebesszenen auf der Bühne nicht intensiv genug: »sie denken, sie kriegen dann keinen Mann« (so bei den Proben zur Uraufführung des »Rings«)? Und wie die Überschwemmung gerade des »Rings« mit dirnenhaften weiblichen Wesen, die wie die Blumenmädchen im »Parsifal« und das Gefolge der Venus im »Tannhäuser« keine richtigen Menschen sind? Sowohl die Rheintöchter nämlich (das hat Chéreaus Inszenierung schön gezeigt) wie die Walküren und sogar den Waldvogel im zweiten »Siegfried«-Akt umgibt eine Aura von lockender, ja vulgärer Verführungslust – bis in ihre Musik hinein, deren Motive eng miteinander verwandt und voneinander abgeleitet sind. Das ist etwas, was den Menschenfrauen verboten ist. »Leider«, sagt Wagners Werk, wenn nicht er selbst.

Aber es sagt auch das bedauerliche andere: daß die Frauen in der Männergesellschaft deren herrischen Prinzipien unterworfen sind, unterworfen *worden* sind. Sie haben lernen müssen, das Gesetz über die Liebe zu stellen. Daß beides aber eigentlich unvereinbar ist, hat Wagner schon früh formuliert: die Jugendoper »Das Liebesverbot« trägt den Konflikt bereits im Titel und handelt von nichts anderem, und die theoretische Begründung liefern dann 1849 die Notizen zu dem geplanten Jesus-Drama: »das Gesetz ist die Lieblosigkeit, und selbst da, wo es die Liebe gebieten würde, würde ich in seiner Befolgung nicht Liebe üben, denn die Liebe handelt nur nach sich selbst, nicht nach einem Gebot. Die Versöhnung der Welt ist daher nur durch Aufhebung des Gesetzes zu bewirken ...« »Sehr auszuführen« hat Wagner an dieser Stelle notiert, und er hat den Vorsatz bald anderswo befolgt: im »Ring« wie im »Tristan« und in den »Meistersingern«. Überall erscheinen Liebe und Gesetz als Gegensatz, und die jeweiligen Liebespaare müssen das Gesetz aufheben, um ihre Liebe zu verwirklichen. Daß übrigens das Gesetz als Fundament des modernen Staats zurückzuführen ist auf mythische Herrschaftsverhältnisse zwischen den Geschlechtern, stand für Wagner fest, seit er in seiner ersten Beschäftigung mit

dem Nibelungen-Stoff dargelegt hatte, wie das Königtum aus dem
Familien-Patriarchat hervorgegangen sei.

Die große Szene zwischen Wotan und Fricka am Anfang des zweiten
»Walküren«-Akts steht für die inzwischen erreichte und gefestigte
Macht des Patriarchats. Fricka ist der »Typ der Weiblichkeit«, »der
schon so lange mit dem Patriarchat versöhnt ist, daß er es fälschlich als
die natürliche Ordnung der Dinge auffaßt«. Aber dem ist nicht so. Die
Natur kehrt zurück, untergründig untergräbt sie die Ordnung der
Dinge, die eben keine natürliche ist. Und das Werkzeug der Natur ist
gerade die Frau, die von der Männergesellschaft denaturierte Frau.

2.

Die Rache der Frauen

»Denn wenn die Frauen eintreten, die werfen alles untereinander – was bis dahin gut ging.« So zitiert Wagner seinen Freund Georg Herwegh über die Dichtung des »Rings«: Georg Herwegh, den wie Wagner aktiv an der 48/49er Revolution Beteiligten, den Sozialisten, den linken Poeten, den Marx-Kenner. Offenbar macht es für das Verhältnis zu Frauen keinen wesentlichen Unterschied, auf welcher politischen und gesellschaftlichen Seite der Mann sich befindet. Theweleit hat aus unserem Jahrhundert einige hübsche Beispiele dafür angeführt, und er folgert: »So stehen wir vor der bemerkenswerten Erscheinung, daß es Äußerungen über Prostituierte und über Frauen überhaupt sind, in denen sich ›reaktionäre‹ und ›revolutionäre‹ Männer in gewisser Weise nahe kommen. Eine eingefleischte Gemeinsamkeit ›Mann‹ überwindet, so scheint es, noch am ehesten die im übrigen unüberwindlichen politischen Klassengegensätze zwischen verschiedenen Männern. Diese Gemeinsamkeit stützt sich auf eine Angst, auf die tief ins männliche Unbewußte eingegangene Angst vor Rache der Frauen, seit die Männer über sie herrschen.«

Wagner mit all den vielen Frauen seines Lebens ist erfüllt von solcher Angst. Noch in den letzten Jahren, in der idyllischen Atmosphäre des sizilianischen Ferienwinters, während der Arbeit am idyllischsten Stück des »Parsifal«: der Blumenaue des dritten Akts, sagt er einmal plötzlich, »er würde gern einen begabten jungen Mann kennenlernen, aber keine Frau, die machten immer Unruhe«. Es ist da erst ein paar Wochen her, daß Judith Gautier, die letzte große Geliebte, ihn in Bayreuth besucht hat. Aber selbst das, die Erinnerung an ihren Liebessommer während der ersten Festspiele 1876, hat offenbar eher Abwehr geweckt als Freude. Die Angst wirft Schatten auf die Liebe, weil man immer an einen Hinterhalt glaubt. Und zwar zu Recht.

Der zweite »Parsifal«-Akt enthält den Hinterhalt gleich doppelt:

das Motiv wird durch Steigerung intensiviert. Parsifal begegnet in Klingsors Garten zunächst den Blumenmädchen. Sie sind die Geliebten der von Klingsor verführten ehemaligen Gralsritter, die nun seine Truppen bilden, gesammelt gegen den Gralskönig Amfortas. Die Mädchen, deren Männer Parsifal beim Eindringen in die Burg verwundet oder erschlagen hat, beginnen sofort, ihn zu umgarnen, und das im Wortsinn, denn sie sind wirklich eine Art Blumen, pflanzliche Wesen von menschlichem Aussehen. Aber doch auch wirkliche Frauen; Gurnemanz hat sie im ersten Akt so beschrieben: »drin [im Garten] wachsen teuflisch holde Frauen«, wozu Klarinetten, Hörner und Streicher »weich« und »zart« zu spielen haben. Das enthält in einem Satz alle wichtigen Zutaten: sie sind »hold« (= verführerisch), sie »wachsen« (= unmittelbar natürlich), sie sind »teuflisch« (= gefährlich), und alles wird »weich« in eins geschmolzen. Die Gefahr nämlich besteht darin, daß die Mädchen ihre körperlichen Mittel einsetzen, um dem Knaben Parsifal Lust zu bereiten, also ihn zum Bösen zu verführen.

Nachdem Parsifal ihnen widerstanden hat, taucht die nächste und noch größere Gefahr auf: Kundry, ein sonderbares Frauenwesen, zugleich Botin des Grals und Klingsors Große Hure, die einst auch Amfortas verführt und damit dessen unheilbare Wunde verursacht hat. Eine Art Grenzgängerin, die um so gefährlicher ist, weil man sie nicht so eindeutig dem Bösen zuordnen kann. Aber auch sie will nur an Parsifals »Reinheit« heran, täuscht ihn durch Berufung auf seine Mutter, in deren Namen sie ihm »der Liebe – ersten Kuß« gibt, und behauptet, eine Stunde mit ihm würde sie erlösen. Die Verlockung kleidet sich also in ein scheinbar moralisches Gewand, stellt als Pflicht dar, was in Wahrheit nur verhängnisvolle Lust ist.

Parsifal widersteht natürlich dennoch auch hier, was in diesem Zusammenhang aber nicht besonders wichtig ist. Vielmehr geht es in beiden Szenen darum, daß Frauen sich für die von Männern erfahrenen Mißhandlungen rächen. Die Blumenmädchen sind wehrlose Geschöpfe Klingsors (»im Lenz pflückt uns der Meister«), Kundry wird von ihm gegen ihren Willen zur Prostitution gezwungen, und die Gralsknappen behandeln sie wie den letzten Dreck. Wenn sie also von den Männern so zugerichtet worden sind, dann zahlen sie es ihnen schließlich auch heim, verlocken sie mit dem, was sie haben, und vernichten sie dabei.

Im »Ring« nimmt die ganze Geschichte davon ihren Ausgang. In der ersten »Rheingold«-Szene begehrt Alberich die Rheintöchter. Sie spielen ihm nacheinander Zuneigung vor, daß er vor Lust sich nicht mehr zu fassen weiß, und entziehen sich ihm, sobald er glaubt, von einer geliebt zu werden. Sie laden den Mann sexuell auf und stürzen

ihn durch körperlichen Entzug sogleich in tiefste Frustration – ein
Urbild der männlichen Angst vor der Rache der Frau – die Angst dann
umgelenkt in Machtgier, weil menschliche Liebe nicht mehr zu haben
ist.

Die »Rheingold«-Szene wird gegen Ende des »Rings« gespiegelt in
einem weiteren Auftritt der Rheintöchter. Am Beginn des letzten Akts
der »Götterdämmerung« begegnen sie Siegfried und versuchen ihn zur
Herausgabe des Rings zu überreden. Er will das nicht tun, weil seine
Frau ihm dann zürne. Darauf verspotten sie ihn mit einer Mutma-
ßung, gegen die Männer immer besonders empfindlich sind: er stehe
unter dem Pantoffel seiner Frau:

> »Flosshilde: Sie ist wohl schlimm?
> Wellgunde: Sie schlägt dich wohl?
> Woglinde: Ihre Hand fühlt schon der Held!
> (Sie lachen.)«

Das kann Siegfried sich nicht nachsagen lassen, und schon ist er zu
allem bereit:

> »Lass' ich so mich schmähn? –
> Kämen sie wieder
> zum Wasserrand,
> den Ring könnten sie haben. –
> He he! Ihr muntren
> Wasserminnen!
> Kommt rasch: ich schenk' euch den Ring!«

Nun aber stellt sich heraus, daß es darauf gar nicht abgesehen war. Die
Rheintöchter warnen Siegfried vor dem Unheil, das der Ring seinem
Besitzer bringe, und sie wissen, daß gerade diese Warnung den stolzen
Angeber dazu bewegen wird, den Ring doch zu behalten; denn Furcht
glaubt er sich nun erst recht nicht leisten zu können. Aber in seiner
Antwort kommt auch heraus, was seine wahre Angst ist, nämlich die
vor der Frau:

> »Traut' ich kaum eurem Schmeicheln,
> euer Drohen schreckt mich noch minder.«

Und mit einer Geste, die so männlich-hochmütig wie traurig ist, trennt
er sich von dem, was menschlich und natürlich an ihm ist, weil
Fiktionen ihm die Werte verschoben haben:

»Denn Leben und Leib
– sollt' ohne Lieb'
in der Furcht Bande
bang ich sie fesseln –
Leben und Leib –
seht! – so
werf' ich sie weit von mir!
(Er hat eine Erdscholle vom
Boden aufgehoben und mit
den letzten Worten sie
über sein Haupt hinter
sich geworfen.)«

Den Einschub (die Zeilen 2–5) hat Wagner übrigens bei der Komposition weggelassen, ein deutlicher Hinweis darauf, daß er das Mißverständnis vermeiden wollte, Siegfried werfe Leben und Leib um der
Liebe willen weg. Der Text war nur als floskelhafte Phrase gemeint; in
Wahrheit wirft Siegfried mit Leben und Leib eben gerade auch die Liebe
weg. Die Rheintöchter sagen ihm nun, woran er wirklich krankt:

»Eide schwur er –
und achtet sie nicht;
Runen weiß er –
und rät sie nicht;
ein hehrstes Gut
ward ihm gegönnt –
daß er's verworfen,
weiß er nicht:
nur den Ring, der zum Tod ihm taugt –
den Reif nur will er sich wahren!«

Absichtlich lassen sie ihn ins Verderben rennen, weil er sich vergangen
hat an der Natur der Frauen: die Rache der Rheintöchter dafür, daß er
um sogenannter männlicher Werte willen – Macht, Besitz, Furchtlosigkeit – die Frau verraten hat: die Rache der Frauen.
    Für Siegfried waren Frauen längst gesellschaftlicher Umgang ge-
worden, trotz der kurzen Zeit, die er sich in dieser Welt aufgehalten hat
(die Handlung der »Götterdämmerung« umfaßt höchstens vier Tage).
Eine Bemerkung kurz vor seiner Ermordung durch Hagen zeigt die
Wandlung an vom ursprünglichen Naturbezug zu den liebesentleerten
Höflichkeitsfloskeln der Gesellschaftswelt; als Hagen ihn fragt, ob er
wirklich den Gesang der Vögel verstehe, da antwortet er:

>»Seit Frauen ich singen hörte,
  vergaß ich der Vöglein ganz.«

An Siegfried als dem beispielhaften Mann äußert sich ganz besonders
die Rache der Frauen. Und vor allem die seiner eigenen Frau Brünnhilde. Es ist zutiefst auch eine sexuelle Rache. Brünnhilde nämlich hat
durch »Zauberspiel« ihn unverwundbar gemacht, doch nur vorn, nicht
im »Rücken« – dort, den primären Geschlechtsorganen abgekehrt (»nie
reicht' er fliehend ihm [dem Feind] den Rücken«), kann er getroffen
werden: »an ihm drum spart' ich den Segen.« Die Frau hat den Mann
also da geschützt, wo er ihr Liebespartner ist, und sie gibt den Verräter
rächend da preis, wo er sich von ihr abkehrt.

Auch die vorangehende Szene, in der Brünnhilde Siegfried seinen
Verrat vorwirft, steckt voller untergründiger sexueller Anspielungen.
Siegfried beruft sich darauf, daß er Gunther treu geblieben sei, indem
er nach der gewaltsamen Brautwerbung sein Schwert zwischen sich
und Brünnhilde gelegt habe, um jeden Liebesverkehr zu verhindern:

>»mich trennte seine Schärfe
  von diesem traur'gen Weib.«

Traurig ist dieses Weib aber gerade deswegen, gerade darin ja muß für
sie der Verrat liegen. Aus dem komplizierten Mißverständnis, dem
natürlich auch die Zuschauer zum Opfer fallen, erzeugt Wagner im
textlichen Bild von Schwert und Scheide und in den musikalisch
erregend weiten Septim- und Oktavsprüngen von Brünnhildes Stimme
eine Aura von Sexual-Verrat des Mannes an der Frau:

>»Du listiger Held,
  sieh, wie du lügst, –
  wie auf dein Schwert
  du schlecht dich berufst!
  Wohl kenn' ich seine Schärfe,
  doch kenn' auch die Scheide,
  darin so wonnig
  ruht' an der Wand
  Notung, der treue Freund,
  als die Traute sein Herr sich gewann.«

Die anschließenden Eide – Siegfried: er sei treu gewesen, Brünnhilde:
er habe einen Meineid geschworen – spielen wiederum dunkel mit
Assoziationen an das männliche Glied. Siegfried:

>»Bei des Speeres Spitze
sprech' ich den Eid:
Spitze, achte des Spruchs! –
Wo Scharfes mich schneidet,
schneide du mich;
wo der Tod mich soll treffen,
treffe du mich«.

Brünnhilde (nach dem gleichen Anfang):

>»Ich weihe deine Wucht,
daß sie ihn werfe;
deine Schärfe segne ich,
daß sie ihn schneide«.

Die Worte »Speeres Spitze« sind jeweils komponiert als eine Art
Anlauf (»Speeres«) mit folgendem kurzen Stoß nach unten (»Spitze«).
Brünnhilde verflucht den Penis, und sie rächt sich an ihm, indem sie
dem Mörder Hagen die todesanfällige Kehrseite zeigt.

In Brünnhilde weigert sich die Frau, das frauenverachtende Spiel
der Männer weiter mitzumachen, und sie trifft sie an ihrer wahrhaft
verwundbarsten Stelle. Sie trifft sie da auch deshalb, weil die Männer
ihrerseits sich weigern, die Frau als geschlechtliches und der körperlichen Liebe bedürftiges Wesen zu akzeptieren. Indem die Männer sich
selbst die Lust verboten und sie als Unreinheit diffamiert haben
(obwohl sie danach lechzen), haben sie die Frau um ihre Lust gebracht
und suggerieren ihr diese wiederum als schmutziges Begehren, das im
Widerspruch stehe zu den sittlichen Idealen.

Wagner spricht einmal davon, daß der weibliche Körper kein Gegenstand für die Malerei sei, »weil er die Natur-Bestimmung zu
deutlich ausdrückt; er gedenkt der Tizianischen Venus; höchstens
könnte das Verhältnis des Kopfes mit Schmuck zum Körper anmutig
wirken, der Schlangenkopf, der seine Füllhörner sehnsüchtig aus-
streckt«. Da ist wieder einmal alles beisammen: die Körperlichkeit als
Negatives – das will der Mann nicht sehen, höchstens hinter den
diskreten Türen des Bordells –, der Schmuck, der die Körperlichkeit
mildert, und dann doch auch die Sehnsucht nach dem Körper, der ihm
und der Frau verboten ist – Schlangenkopf schließlich als Angst und
Beleidigung gleichzeitig.

Die Frauen reagieren auf solche Abwehr mit Verweigerung. Diese
Rache trifft tief. »Ich lebe wie eine Art Tier«, sagte Wagner eine Woche
vor seinen Überlegungen zum Frauenkörper, und Cosimas Antwort
muß ihm wie Hohn geklungen haben: »Ja, in der Unschuld.« Manch-

mal bricht es heftig aus ihm heraus: sie glaube wohl, sie »sei die Tugend selbst«. Denn auch Cosima hat sich ihm wohl verweigert. Ihr Tagebuch macht einen großen Bogen um das heikle Thema, das sie gern umgedeutet hat: in eigenen Verzicht, in Sühne für ihren Ehebruch gegenüber Hans von Bülow, in gerechtes Leiden. Aber manchmal ist es wie mit Händen zu greifen. Als sie ein »einsames Reh so jammervoll« schreien hört: »Die Klage, die furchtbare Klage der Sünde, der Ruf, der schreckliche Ruf des Verlangens«. Oder: »Gewiß muß ich etwas versäumt haben in der Zeit, daß R. so eifersüchtig bleiben kann«. Oder, fast schon offen: ». . . wie ich schon lange dem sinnlichen Ausdruck der Liebe entsag«.

Cosima hat ihre Gründe angegeben. Einmal schickt Felix Dahn Gedichte, »unter welchen auch seine ganze Liebesgeschichte von ihm und seiner Frau dargestellt wird – unbegreiflich ist der jetzige Mangel an Zartgefühl, ich begreife die Frau nicht, welche diese Geheimnisse preisgibt«. Nur nicht davon reden, wenn überhaupt: dann heimlich, wie die Männer es tun. Das Bett ist ein Ort der Sünde, und die Männer mögen es spüren; was dort geschieht, ist Pflicht, und allzu oft, zur Buße, soll es auch dort nicht geschehen.

Wenn Wagner solches schon bei Cosima passiert ist, der lebenslustigen Tochter aus einem nicht legitimierten Liebesverhältnis des Bohemiens Liszt, um wieviel mehr erst bei Minna, seiner ersten Frau. Die war zwar Schauspielerin, und das sprach für lockere Sitten. Aber sie hatte ein uneheliches Kind und war von dessen Vater sitzengelassen worden, als sie Wagner traf. Sie hatte also besonderen Grund zum Mißtrauen und zur Rache, nachdem die erste Leidenschaft vorüber war. Die furchtbaren Ehekräche zeigen an, daß sie ihre Rache geübt hat – mehrmaliges Verlassen des Verlobten und Gatten eingeschlossen. Das Verhältnis, das bald keins mehr war, hat sich dennoch über Jahrzehnte hingeschleppt. Aber wie es wirklich beschaffen war, was Minna selbst schließlich von der Liebe hielt und was sie Männern davon zu geben bereit war, zeigt ihr Kommentar zu ihres Mannes Meisterstück in Opernliebe, zu »Tristan und Isolde«: »Es ist und bleibt auch ein gar zu verliebtes und ekliges Paar.«

So haben sich Wagners Ehefrauen am Mann gerächt. An einem Mann immerhin, der oft wußte, daß ihre Rache gerecht ist. Und wo er es mit dem Hirn nicht wußte, da hat er es um so intensiver seinem Werk einverleibt, das wieder und wieder vom Recht der Frau spricht. Er wußte, wovon er redete: denn er kannte die Frauen. Nicht nur die beiden, sondern viele, viele andere. Sie waren ihm, sieht man von seinen Opern einmal ab, das Wichtigste auf der Welt – und das Liebste.

3.

Wagners Ehefrauen und Geliebten

Kurz nachdem Wagner im Sommer 1851 die »Mitteilung an meine Freunde« beendet hat, die jene hymnische Beschwörung der »neuen« Frau am Beispiel Elsas enthält, schreibt er einen Brief an den Freund Theodor Uhlig. »Ich bin zu schrecklich ohne Nahrung aus meiner Umgebung. Mit den Männern geht's nun vollends gleich gar nicht – und – ein Weib! – Ja – ein Weib!«

Man kann »Nahrung« natürlich als harmloses Bild für »Anregung« verstehen. Doch Bilder haben ihren eigenen Sinn. Und Nahrung ist eben etwas zum Verspeisen. Wagner verzehrte sich nicht nur nach Frauen, er verzehrte auch *sie*. Um diese Zeit hatte er keine, die dafür geeignet war. Die kargen Verhältnisse des Zürcher Exils waren nicht dazu angetan, der nun schon fünfzehn Jahre dahinsiechenden Ehe mit Minna aufzuhelfen. Erst ein halbes Jahr später ist Hoffnung da. Wieder an Uhlig: ». . . schilt mich nicht eitel, wenn ich Dir auch gestehe, daß die wunderbaren Wirkungen, die ich um mich verbreite, mir ab und zu ein wohliges bewußtsein meines Dasein's wieder geben; es ist immer wieder das ›ewig weibliche‹ was mich mit süßen täuschungen und warmen Schauern der Lebenslust erfüllt. Ein feuchtglänzendes frauenauge durchdringt mich oft wieder mit neuer Hoffnung.« Da war er gerade Mathilde Wesendonk begegnet, und Wagners Ehe trieb von nun an der Katastrophe entgegen.

Doch dazu nachher. Trotz der später alles überstrahlenden Cosima: länger als mit ihr war Wagner mit Minna verheiratet, fast dreißig Jahre, zweieinhalb Jahre kannten sie sich vorher, die letzten drei Jahre haben sie sich nicht mehr gesehen. Eine bemerkenswerte Frau war Minna in all ihrer »Normalität«, die sie sich trotz widrigster Umstände erkämpfte. Die Wagner-Literatur hat ein schlimmes Bild von ihr entworfen: sie sei ungebildet gewesen, leichtfertig, ohne Gefühl für Wagners Kunst, zänkisch und störrisch.

Doch das Bild ist ungerecht, und es läßt sich leicht erklären, warum. Wagners Autobiographie war lange Zeit die Hauptquelle für die Beurteilung Minnas. Diese Erinnerungen sind zwar nicht gerade gefälscht, aber ziemlich stark gefärbt. Schließlich wurden sie Cosima in die Feder diktiert, und der neuen Frau wollte Wagner eine zu positive Schilderung der alten verständlicherweise nicht zumuten. Auch mußte dem eigentlichen Adressaten von »Mein Leben«, dem anstandsbewußten König Ludwig, erklärt werden, weshalb die Ehe so unglücklich war und weshalb sie in den letzten acht Jahren trotz gelegentlichen Begegnungen praktisch nicht mehr bestand. Das durfte natürlich nicht an dem reinen Genie Richard Wagner liegen, sondern mußte Schuld der Frau sein. Und doch geht selbst aus Wagners eigenen Worten genug hervor, was Anlaß für eine gerechtere Zeichnung Minnas geben kann. Erst recht gilt das für später bekannt gewordene Dokumente, vor allem ihre Briefe an Wagner und seine an sie, die seit 1953, seit der Veröffentlichung der Sammlung Burrell, auch in ihren interessanteren Exemplaren zugänglich sind.

Minna hatte eine schwere Kindheit, schon früh war sie gezwungen, mit Arbeit zum Unterhalt der Familie beizutragen. Mit fünfzehn Jahren wurde sie von einem Offizier verführt, ihr Kind galt bis zu ihrem Tod und darüber hinaus als ihre Schwester. Aber sie ging nicht zu Grund: die hübsche junge Frau schaffte es, eine recht bemerkenswerte Theater-Karriere zu machen. Und dort, als »erste Liebhaberin« einer Bühnentruppe, lernte sie 1834 den vier Jahre jüngeren Wagner kennen, der als Musikdirektor engagiert war. Es war nicht Liebe auf den ersten Blick, sondern eine Eroberung, auf beiden Seiten, Minna gehörte »als Trophäe in Wagners irdisches Paradiesgärtlein«, schließlich war sie nicht die erste Frau in Wagners Leben. Wagners frühe Briefe an Minna sind voller Feuer und Verliebtheit, jedoch auch schon voller Vorwürfe, die spielerisch klingen sollen, aber durchaus ernst gemeint sind: »Sieh, ich liebe Dich so, und Du mich gar nicht, – gar nicht!« Und voller Eifersucht. Und voller Zeigefinger-Pädagogik – ein 21jähriger an eine 25jährige, ein Anfänger an einen immerhin: Provinz-Star!

Als sie im November 1835 die Chance eines Gastspiels in der Metropole Berlin wahrnimmt, versteigt der in Magdeburg zurückgebliebene Wagner sich gar zu Drohungen. »Oeffne Dein Herz, Minna; – u. wenn nicht, so will ich Dich zwingen; – bei Gott, ich komme nach Berlin, u. reiße Dich mit Gewalt fort; ... verschmähst Du sie [unsre Verbindung], so sollst Du die Gewalt meiner Liebe *noch* anders erfahren.« Jeden Tag wird so ein Brief geschrieben. Wagners Drängen ist nahezu körperliche Gewalt: »nicht *entweder – oder;* – sondern nur das *Eine,* – nämlich, Du sollst mich wählen.« Minna gibt Wagner nach und

MINNA PLANER 1835
*Wagners erste Frau im Jahr vor der Hochzeit – selbst wenn
Gemälde zu schmeicheln pflegen: eine Schönheit.*

wird seine Frau. Ein mutiger und ganz und gar nicht berechnender Entschluß. Denn sie war eine erfolgreiche und begehrte Schauspielerin, er ein unbedeutender und schlecht verdienender Kapellmeister, der gerade zwei dürftige Opern komponiert und eine davon ganze zweimal aufgeführt hatte, die andere überhaupt nicht. Wagner hat ihr »Opfer« auch eingestanden: »Du bist mein Weib geworden, als ich in der unglücklichsten Lage meines Leben's war, Du trugst Unglück u. die peinlichste Noth mit mir, das war herrlich u. schön von Dir.« Und doch im selben Brief gleich die üblichen Vorwürfe: »Du sahst es auf ein gewaltsames Zertreten meiner Liebe ab, – es ist Dir nicht gelungen, – müßte es Dir aber nicht endlich gelingen? – Liebes Weib, besiege Dich, – nochmals, werde wieder ein Weib!«

Wagner hat es Minna immer wieder eingebleut: sie sei wenig wert, und nur seine Liebe zähle. Es spricht um so mehr für sie, mit welch überlegtem und überlegenem Anstand sie auf Wagners hysterische Forderungen reagierte. Das wird besonders deutlich nach seiner Flucht 1849. Aus Chemnitz, wo sie mittellos zurückgeblieben ist, schreibt sie an den Mann, der ihre Übersiedlung nach Zürich wünscht: »Du sprichst ... nur immer von *meiner Lieblosigkeit gegen Dich,* ich begreife Dich in der That nicht, ich habe es Dir wahrlich bewiesen, aber was hab ich denn für einen Beweis von Liebe von Dir? Du hättest mir müssen mit guten Beispiel vorangehen, das hast Du aber nicht, sonst hättest Du meine Bitten erhört und mir auch einmal ein Opfer gebracht, doch es ist vorbei, und dies soll kein Vorwurf sein ... denn ich liebe Dich, trotz Allem, was Du mir gethan, doch immer noch.«

Wagner vergleicht sich darauf mit einem edlen Roß, das sich vom Reiter Minna nicht zähmen lasse; doch die ist ihm selbst im Bild noch gewachsen: »Das Gleichnis mit dem edlen Roß und Reuter ist sehr schön und erhaben, aber es ließ sich doch manches dagegen einwenden. Du thust mir zu allernächst zu viel Ehre an, wenn Du mich über die Alltagsphilister stellst; etwas Muth besaß ich früher wohl, doch wenn der Reuter *wiederholt* von seinem übermüthigen Roß abgeworfen worden, zwar den Hals noch nicht dabei gebrochen hat, aber doch so schmerzhaft dadurch verletzt wurde, daß sein *Muth* gebrochen ist, so scheut er sich, dieses unbändige Roß endlich doch wieder zu besteigen und zieht es vor, ein minder Edles zu besteigen wo er sein Ziel etwas später zwar, doch umso sicherer und ohne halsbrechende Gefahr erreicht.«

Minna wäre besser bei dieser klugen Erkenntnis geblieben. Denn kein Zweifel: ihre Nüchternheit vertrug sich nicht mit der schamlosen und genialen Tollkühnheit, mit der Wagner noch im ärgsten Elend an seine Zukunft glaubte und konzessionslos Stücke schrieb, die für die

nächsten Jahrzehnte unaufführbar bleiben mußten. Das war nicht
Minnas Fall; sie wußte, wie man kämpfen muß, um nach oben zu
kommen, und welche Konzessionen das Leben einer Bürgersfrau abverlangt: »Nur darfst Du mir es nicht übel deuten, wenn ich für unsere
Existenz besorgt bin, ich kann ja das nicht noch einmal erleben, was ich
schon mit Dir ertrug. Denke ich an die kleinlichen Nahrungssorgen, wo
ich manchmal nicht wußte, was ich in das kochende Wasser schütten
sollte, weil ich nichts hatte, so graust mir allerdings für meine Zukunft,
wo Ähnliches zu erwarten steht; ich verhehlte es Dir nicht, ich bin
kleinmüthig geworden.«

Und doch gab sie wieder nach. Ihre Liebe zu Wagner war kein leeres
Wort. Sie verehrte und bewunderte ihn, obwohl sie alles über ihn
wußte. »Du erschienst mir wie ein Gott, der alle mächtigen Elemente
regierte und die Menschen bezauberte«, steht in dem selben skepti-
schen Brief über ihren Eindruck von Wagner als Dirigent. Also macht
sie sich per Bahn, Kutsche und Schiff auf nach Zürich und bringt außer
Kind, Hund und Papagei auch Wagners »Musikalien und Manuskripte« mit: ganz so unverständig kann sie also doch seiner Kunst gegenüber nicht gewesen sein.

Aber sie rennt prompt in ihr Wagnerisches Unglück. Kaum hat sie
einen bescheidenen Haushalt hergerichtet, verschwindet Wagner nach
Paris, wird von einer Mäzenin nach Bordeaux eingeladen und verliebt
sich dort Hals über Kopf in deren Tochter, die 22jährige Jessie Laussot,
die Frau eines Weinhändlers. Wagner und Jessie schmieden den ro-
mantischen Plan einer Flucht aus ihren unglücklichen Ehen. Er teilt
Minna die »endgültige« Trennung mit, die reist ihm aber nach, er läßt
sich verleugnen, doch dann scheitert die liebliche Entführungsaffäre
am gefühllosen Ehemann Laussot: der hetzt Wagner die Polizei auf den
Hals. Ende einer Episode, die nur zwei Monate gedauert hat.

Es gibt darin viel Bemerkenswertes. In einem langen Rechtfertigungsbrief an Julie Ritter, die andere Mäzenin, hat Wagner die Angele-
genheit dargestellt – aus seiner Sicht. Danach trägt natürlich nicht etwa
er die Schuld am tragikomischen Ausgang, sondern Jessies Umgebung
und vor allem sie selbst. Sie sei zu schwach gewesen, um ihn so zu
lieben, wie es ihm zukomme, sie habe nicht genug Glauben an ihn
gehabt, und deshalb sei sie eigentlich beklagenswert, ihr Verzicht auf
Wagner sei ihr »tiefer fall«. Sie habe sich dem »todfeind« der Liebe
zugewandt, dessen Mittel »erziehung, ehe, anstand, geschäft« hießen.
»Empörerin« hätte sie sein müssen und nicht »vertrag und überein-
kunft« suchen dürfen.

Das klingt sehr nach dem, was er an Minna und allen anderen
(Ehe-)Frauen auszusetzen hatte. *Er* sollte ihr einziger Bezugspunkt

sein, und wenn sie einen eigenen sich herausnahmen, so war das
verächtlich. Umgekehrt galt das allerdings nicht: für Wagner waren
sie nie ein Bezugspunkt, sondern auch immer nur wieder er selbst.
Eliza Wille, auch eine der Freundinnen, auch eine der verheirateten,
deren Männer ihren Umgang mit Wagner mit berechtigtem Argwohn
verfolgten, erinnerte sich später an einen Satz Wagners zu Minna:
»Arme Frau, die mit einem Ungeheuer von Genie sich zurechtfinden
sollte!« Das war schon das Weitestgehende, wozu er sich bereitfand:
Verständnis für Frauen, die den großen Richard Wagner nicht begreifen konnten.

Meistens fehlte ihm selbst das; da warf er ihnen vor, mit ihm wie
Gleiche mit einem Gleichen umzugehen. Ebenfalls zu Eliza Wille hat er
gesagt: »Unter meiner Frau und mir hätte Alles gut gehen können! Ich
hatte sie nur zu heillos verwöhnt und ihr in Allem nachgegeben. *Sie
fühlte* nicht, daß ein Mann wie ich, nicht mit gebundenen Flügeln leben
kann! Was wußte *sie* von dem göttlichen Rechte der Leidenschaft . . .«
Verblüffend daran ist eigentlich nicht die Ansicht selbst (sie dürfte weit
verbreitet sein), sondern die kühne Unverschämtheit, mit der Wagner
so etwas offen aussprach und erwartete, daß keiner ihn auslachte.

Zurück zu Minna. Als es vorüber war mit der göttlichen Leidenschaft für Jessie Laussot (sie hat ihn dennoch weiter verehrt, sie kam
zur Uraufführung der »Meistersinger«, und Wagner besuchte sie mit
Cosima 1877 in Florenz), war Wagner so gerührt von Minnas Suche
nach ihm in Paris, daß er reumütig zu ihr nach Zürich zurückkehrte,
wo »sich bald eine erträgliche Heiterkeit über unser häusliches Leben«
ausbreitete. Zwar blieb es dabei, daß Minna weiterhin »meistens Alles
was ich ergreife – für übertreibung und dummes zeug« hielt und
Wagner sie für eine nicht ebenbürtige Gefährtin. Aber er brauchte sie
doch. Es muß mehr gewesen sein als die Bequemlichkeit des von ihr
ordentlich geführten Haushalts, eine neurotische Bindung vielleicht,
aber immerhin eine Bindung. Er brauchte sie, vielleicht auch als
Objekt für seine Quälereien und zu seiner eigenen, ja doch »wonni-
gen« Qual.

Immer wieder in den nächsten Jahren, die die Entfremdung steigern, macht er ihr auch Hoffnungen, bemüht sich, sie wieder zu sich zu
ziehen. Als er sich schon mit Cosima duzt und wenige Monate bevor die
beiden sich erklären, »uns einzig gegenseitig anzugehören«, teilt er
noch der Stieftochter Natalie mit: ». . . sie [Minna] soll *immer meine
Frau bleiben. Ich werde nie daran denken, mich von ihr scheiden zu lassen.
Ich werde allein bleiben, und Niemand soll ihren Platz einnehmen.«
Man darf glauben, daß es ihm ernst damit war, als er es schrieb.

Auch Minna hing an ihm mit geradezu manischer Hartnäckigkeit.

Eine Liebe, tiefer als sie manchen schien, und ebenso krankhaft – bei allem, was er ihr angetan hatte. Er diffamierte sie gar einer anderen Frau, Julie Ritter, gegenüber mit einer Erklärung für ihr Verhalten, die jede Frau tief schmerzen muß: »ihr fehlt eben ein Kind!« Wahrscheinlich war Minna unfruchtbar. Nach einem Bericht ihrer Tochter Natalie soll ein Unfall bei der gemeinsamen Flucht vor den Gläubigern aus Riga 1839 (Wagners erster Flucht von vielen) eine begonnene Schwangerschaft unterbrochen haben, was zu dauernden Folgen geführt haben könnte. Wagner erzählt den Vorgang ohne dieses Detail; aber er gebraucht unmittelbar vorher das Wort »Reue«, die er seiner Frau gegenüber wegen der »ungeheuerlichen Umstände« der Flucht empfunden habe. Wie auch immer: die beleidigende Indiskretion gegenüber Frau Ritter wäre auch ohne Wagners Mitschuld an der Sache selbst schlimm genug.

Als Wagner Minna so kränkte, lag ihre schwerste Krise noch nicht lange zurück: seine große Affäre mit Mathilde Wesendonk. Als die aufgeflogen war, versuchten Minna und Richard noch einmal ihr Verhältnis zu kitten, auf *seine* Weise: »Vieles Ernste, was ich bei dieser Gelegenheit meiner Frau über den ganzen Charakter unsres verflossenen Zusammenlebens zu Gemüte zu führen hatte, schien sie, namentlich bei dem Innewerden davon, daß sie an dem Einsturze des letzten mühsamen Aufbaues unsres bürgerlichen Lebens Schuld trage, heftig zu erschüttern, so daß ich sie hier, zum ersten Male in unsrem Leben, in eine weiche und würdige Klage ausbrechen hörte. Zum ersten und einzigen Male gab sie mir das Zeichen einer liebevollen Demut, indem sie mir, als ich in tiefer Nacht von ihr mich zurückzog, die Hand küßte. «

Nein, das klingt nicht nach Minna. So war sie bestimmt nicht. Aber so hätte Wagner sie gern gewollt. Die nächste Frau hat ihm das geboten: eben Mathilde. Er hatte die 23jährige Gattin des reichen Seidenhändlers Otto Wesendonk Anfang 1852 in Zürich kennengelernt, und sie fügte sich schnell in den allmählich entstehenden Kranz der ergebenen Wagnerianerinnen. Otto griff für das teure Hobby der Gemahlin tief in die Tasche. Er finanzierte für Wagner Konzerte und Reisen, übernahm seine Schulden, stellte ihm für einen symbolischen Spottpreis ein Haus (das »Asyl«) neben seiner eigenen Villa zur Verfügung und kaufte ihm schließlich die Rechte am »Ring« ab (von dem zu dieser Zeit erst die Hälfte fertig war). Wagner revanchierte sich: für Mathilde schrieb er ein paar Gelegenheitskompositionen: eine Sonate und noch das eine oder andere Stückchen, er vertonte fünf ihrer belanglosen Gedichte und – er nutzte sie als Muse.

Otto hat zu all dem Haltung bewahrt. Seine größten Dotationen stammen aus der Zeit, als auch ihm klar war, daß Mathilde und Richard nicht nur ideale Interessen verbanden. Schon 1853 steht auf der Reinschrift der Klaviersonate für Mathilde die Frage aus dem Nornen-Terzett der »Götterdämmerung«: »Wißt Ihr wie das wird?« Es wurde eine schwärmerische Liebesgeschichte, während der überschwengliche Briefe von Haus zu Haus gingen – und während der Wagner die »Walküre« komponierte: die Affäre ist das Modell für Siegmunds und Sieglindes Liebesrausch. Oder umgekehrt?

Manches spricht dafür, daß Wagner auch hier wieder eine Frau »verzehrt« hat, eine Beziehung benutzte als Nahrung für die eigenen Gefühle, die er dann im Werk sublimierte. Die Konzeption des »Tristan«, der erste Akt und ein großer Teil des zweiten entstehen im Haus neben den Wesendonks. Wagner beschaffte sich seinen Rausch, den er für die Arbeit brauchte, indem er sich privat ekstatisch auflud. Mathilde war die (fast) ideale Partnerin dafür. Sie bot den Rausch ohne wenn und aber. Anders als Jessie Laussot und erst recht als Minna dachte sie wenig an bürgerliche Rücksichten. Erst Wagners Auszug, unvermeidlich geworden, nachdem Minna von der Sache erfahren hatte, brachte sie auf den Boden zurück. *Er* ist geflohen, nicht sie. Acht Jahre noch verweigerte sie sich ihrem Mann. Wagner hätte sie haben können, aber er wollte nicht.

Daß eine Frau so an ihm hing, wie er es noch nie erlebt hatte, hat er ihr lebenslang gedankt. Wenn er später Cosima gegenüber bestritt, daß »hier eine ernste Beziehung gewesen« sei, dann war das eine (vielleicht mildtätige) Lüge. Die Wahrheit steht in einem Brief an Eliza Wille, und da war er schon auf dem Weg zu Cosima: »sie ist und bleibt meine erste und einzige Liebe! Das fühl' ich nun immer bestimmter. Es war der Höhepunkt meines Lebens: die bangen, schön beklommenen Jahre, die ich in dem wachsenden Zauber ihrer Nähe, ihrer Neigung verlebte, enthalten alle Süße meines Lebens.« Aber dann fährt er fort: gerade deshalb dürfe er sie nicht wiedersehen, die Liebe könne nur im Abstand weiter bestehen, nur als Sehnsucht und Erinnerung – die Geliebte wird nur dadurch unsterblich, daß man sie fern weiß: zu groß wäre sonst der Anspruch einer solchen Liebe.

Das ist Wagner wie er leibt, lebt und liebt. Und das betrifft die Frauen, die er bis dahin kannte, und fast alle, die er noch kennenlernen sollte: Sängerinnen und Schauspielerinnen, Hausmädchen und Putzmacherinnen; denn die in diesem Kapitel mit Namen genannten sind längst nicht der vollständige Katalog seiner Liebschaften. Robert Gutman hat zu Recht gemeint, Minna, Jessie und Mathilde seien »viel zu passiv und weiblich gewesen für Wagner«. Eine andere wartete, die das nicht war.

Auf ihrer Hochzeitsreise mit Hans von Bülow kam Cosima am
5. September 1857 nach Zürich. Ein denkwürdiges Datum, denn da
sitzen Wagners wichtigste Frauen an einem Tisch zusammen: Minna,
Mathilde, Cosima. Sie war Franz Liszts Tochter aus seiner Liaison mit
der Gräfin Marie d'Agoult, knapp 16, als Wagner sie zum ersten Mal
sah. Es scheint, daß ihre zwei Jahre ältere Schwester Blandine Wagner
einige Zeit stärker beschäftigt hat, aber das änderte sich bald. Cosimas
Heirat mit Bülow war fast so etwas wie eine Stellvertreter-Tat: der
exzentrische junge Musiker lebte nur für Wagners Werk. Im Jahr nach
ihrer Hochzeitsreise waren sie noch einmal Gast im Zürcher »Asyl«,
und da gerieten sie mitten hinein in die Wesendonk-Krise. Am Tag,
bevor Wagner das Haus für immer verließ, nahmen auch die Bülows
Abschied, »Hans in Tränen aufgelöst, Cosima düster schweigend.« So
steht es in Wagners Autobiographie, aber in einem Bericht an Mathilde
(der lange unterdrückt und erst viel später bekannt wurde) schildert
Wagner das anders: Cosima schien ihm schon vorher »auffallend
erregt, und dies äußerte sich namentlich in krampfhaft heftigen Zärt-
lichkeiten gegen mich. Noch beim Abschied am folgenden Tage fiel sie
mir zu Füßen, bedeckte meine Hände mit Tränen und Küssen, so daß
ich erstaunt und erschrocken dem Rätsel nachblickte, ohne es deuten zu
können«.

Cosima hatte gewählt. Mit bewundernswerter Beharrlichkeit
machte sie sich auf den Weg, nicht Wagners erste, aber für immer seine
einzige wirkliche Frau zu werden. In einem Brief Wagners, einem der
wenigen, die der absichtlichen Vernichtung entgangen sind, taucht vier
Jahre später zum ersten Mal das »Du« auf, das sich bald wieder scheu
zum »Sie« wandelt, und dann folgt, 28. November 1863, ein danach
immer gefeierter Tag, die »Verlobung«: »Unter Tränen und Schluchzen besiegelten wir das Bekenntnis, uns einzig gegenseitig anzugehören.«

Wagner muß das weniger ernst gemeint haben als Cosima. Überraschend enthält ein Einladungsbrief an die Bülows im Sommer 1864
wieder das »Sie«. Und das war gewiß nicht nur Vorsicht gegenüber dem
Ehemann. Denn inzwischen hatte Wagner mancherlei andere Fühler
ausgestreckt. Ein halbes Jahr lang beschäftigte ihn 1862 die Schauspielerin Friederike Meyer. Er hat das Verhältnis in »Mein Leben« als
belanglos heruntergespielt, aber es muß doch ziemlich intensiv gewesen sein. Schließlich reiste er mit ihr zusammen nach Wien, und noch
im Nachtrag zu Cosimas Tagebuch vermutet deren Tochter Daniela, die
andere der Frauen, von denen Wagner im Traum seiner letzten Nächte
Briefe erhielt (die eine war Mathilde Wesendonk), sei »vielleicht« diese
Friederike gewesen, »von welcher Papa noch in den letzten Tagen

*Die manchmal mehr, manchmal weniger heiß Geliebten
(aber doch immer: Geliebte) aus zweieinhalb Jahrzehnten.*

JESSIE LAUSSOT ALS ÄLTERE FRAU

MATHILDE WESENDONK

MATHILDE MAIER

JUDITH GAUTIER 1875

sprach«. Und immerhin enthält das Tagebuch auch die von Wagner
bestätigte Bemerkung Cosimas, Frau Meyer sei »die interessanteste
unter seinen Frauen-Bekanntschaften« gewesen.

Weniger dunkel, aber kaum weniger bedeutsam war seine Beziehung zu einer anderen Maier, die (um die Verwirrung komplett zu
machen) auch noch Mathilde hieß, und diese Beziehung ragt tief hinein
in die Verbindung mit Cosima. Wagner lernte die 29jährige Tochter
eines früh verstorbenen Notars ebenfalls 1862 in Mainz kennen und
schrieb ihr eine Fülle sonderbarer Briefe, die zwischen väterlichem
Schulterklopfen und verhaltener Leidenschaft schwanken. Sie muß
mehr von Typ Jessie Laussots gewesen sein, denn ihr »Anstand« hielt
sie davor zurück, Wagners verlockenden Angeboten zu folgen. Das
interessanteste an diesem Verhältnis ist, daß Wagner sie noch im
Januar 1864, ganze zwei Monate nach dem Treueschwur mit Cosima,
zur Geduld auffordert und dazu, ihn »unwandelbar lieb« zu behalten.
Ein Jahr vorher hatte er ausdrücklich um sie geworben, und im Sommer
1864 hält er dann gar noch einmal bei der Mutter um ihre Hand an,
wenn auch einstweilen für eine Form des Zusammenlebens, »in welche
sich die Sinnlichkeit in keiner Weise mehr zu mischen haben soll.« Das
ist immerhin geschrieben wenige Tage, bevor er mit Cosima ihr erstes
gemeinsames Kind zeugt.

Die erst, Cosima, war die Frau seines Lebens. Bei aller Sorgfalt, mit
der sie ihre Verbindung betrieb, und vielleicht gerade deswegen war sie
die erste Frau, die sich Wagner nicht unterwarf, und nur deshalb
konnte er sie achten. Nietzsche hat in seiner Wagner-Kritik bemerkenswerte Sätze über dessen und aller Künstler Mißverständnis der
Liebe geschrieben: »Sie glauben in ihr selbstlos zu sein, weil sie den
Vortheil des andren Wesens wollen, oft wider ihren eigenen Vortheil.
Aber dafür wollen sie jenes andre Wesen *besitzen*.« Bis auf Cosima hat
er damit für alle Frauen Wagners Recht, *sie* aber ließ sich nicht besitzen.

Robert Gutman vermutet bei Cosima ein ungewöhnlich starkes
sexuelles Bedürfnis, wofür nicht allzu viel spricht, es sei denn, man
sähe es in äußerst subtilen Formen, etwa in der leidenschaftlichen
Neigung, »Opfer« zu sein – was aber wohl auch geprägt ist von den
Opfer-Hymnen in Wagners Opern. In ihre nahezu religiöse Geste der
Opferbereitschaft mischt sich bei Cosima immer das schlechte Gewissen wegen ihres Ehebruchs – schließlich verließ sie nicht nur einfach
ihren Mann, sondern sie tat sich auch vor aller Welt offen mit Wagner
zusammen; als sie nach vier Jahren endlich von Bülow geschieden
wurde, waren alle drei Wagner-Kinder schon geboren. Ihr Tagebuch
jedenfalls bezeugt beide Gefühle, Opferbereitschaft und schlechtes
Gewissen, an kaum zählbaren Stellen.

COSIMA WAGNER 1879
*Die immer Geliebte, weder mehr noch weniger heiß, dafür
aber überhaupt: Franz von Lenbach, der berühmte
zeitgenössische Porträtist, hat sie so gemalt.*

Eine Sex-Bombe aber war sie nicht, weder äußerlich noch in ihrem
Verhalten. Ihre Kraft und ihren Einfluß auf Wagner gewann sie
vielmehr aus einer eher unbewußt raffinierten Mischung von Demuts-
Gesten, wie sie keine der anderen Frauen aufgebracht hatten, und
inspirierender Sicherheit. Sie hat ihm wirklich die Hand geküßt, aber
gleich danach ein Calderón-Zitat aufgeschrieben, an dem sie dann
wieder, irritiert über seine Offenheit, herumkorrigierte: »es ist kein
Vernünftiger und kein Mann, der vom Weib sich nicht läßt bewegen«.
Gelegentlich küßt sie ihm sogar die Füße; sie will ihm als Klostermagd
dienen und gesteht, die Welt sei ihr »nur erkennbar in ihm und durch
seine Vermittlung«. Aber wenn sie »du göttlicher Mann« zu ihm sagt,
da hat sie ihn schon dazu gebracht, »Nein du« zu antworten und
hinzuzufügen: »Die unausgesprochene Extase!«

Indem Cosima Richard ihre Verehrung geradezu handgreiflich
spüren ließ, machte sie ihn abhängig, wie er es von keiner Frau je
gewesen war, ja süchtig. Die heikle Balance war nicht immer zu halten.
Sie selbst mußte sich oft dazu zwingen, und sie war es, die sie hielt – was
er nie konnte. Einmal, noch in den gemeinsamen Jahren vor der
offiziellen Heirat, fragt sie ihn, ob er katholisch geworden wäre, um sie
zu heiraten, wie sie für ihn ihre Konfession wechseln wolle. Sie ist
zuerst »verdutzt«, weil er sich das nicht vorstellen kann und sich
umständlich windet: »dann aber verstand ich ihn. Die Frau darf und
soll alles dem Geliebten aufopfern, der Mann aber kann und soll einen
Punkt haben, wo er nicht weicht noch wankt.« Das ist die offizielle
Fassade; doch der Konflikt hat sie weiter beschäftigt: »Dieses ganze
Kapitel aber stimmte mich sehr ernst; es ist schwer, sofort die Einsicht
der Dinge zu erlangen, die uns über einen schmerzlichen Anschein des
Unterschiedes der Liebe beim Mann und beim Weib emporhebt; und da
bei mir alles langsam geht, habe ich wohl den ganzen Nachmittag an
dem Fall laboriert.«

Sie war eine kluge Frau, die wußte, wie man mit dem »Ungeheuer
von Genie« zurecht kommt. Denn das hatte bald wieder seine Aus-
bruchsneigungen. Von Reisen um die ganze Welt träumt er. Sie:
»Gern lenke ich ihn von diesen Betrachtungen auf unser Heim, und es
ist mein Triumph, wenn er dann wiederum ausruft: ›Ich glaube, ich
habe es zu gut.‹« Das ist Fricka, die Wotan an die goldne Kette legt.
Wenn er an dieser Kette zerrt, dann hat sie sich auf fast übermenschliche Weise in der Gewalt: »Das Leid, vor welchem ich bangte, blieb nicht
aus; von außen brach es herein! Gott helfe mir! . . . Schmerz, du mein
alter Geselle, kehre nun wieder ein und wohne bei mir; wir kennen uns
beide, wie lange willst du jetzt bei mir ausharren, treuester, einzig
sicherer Freund?«

Das ist ihr einziger Hinweis auf Wagners letzte größere Liebesgeschichte, sieht man einmal von einigen Techtelmechteln seiner späten
Tage ab, die auch noch recht ungewiß sind. Hier geht es um Judith, die
Tochter des Dichters Théophile Gautier. Sie hat einen sehr symboli-
schen Geburtstag: den 25. August 1845, der Tag, an dem auch Ludwig
von Bayern auf die Welt kam. Wagner begegnete ihr in Paris, als sie
noch ein Kind war, und dann ausführlicher 1869, 24 ist sie da (das ist
Wagners Alter!) und unglücklich verheiratet mit dem Schriftsteller
Catulle Mendès. Sie besucht Wagner für mehrere Tage zusammen mit
ihrem Mann und einem Freund in Tribschen bei Luzern, wo er mit
Cosima zusammen wohnt, und alle fahren dann zu den »Rheingold«-
Proben nach München. Schon in diesen Wochen haben die beiden sich
gegenseitig angeschwärmt. Aber die richtige Romanze fand erst 1876
statt, während der ersten Bayreuther Festspiele. Judith Gautier, inzwischen von ihrem Mann getrennt, wohnte ganz in der Nähe von Haus
Wahnfried. Dort besuchte sie Wagner, er lag zu ihren Füßen und an
ihrem Busen und bedeckte sie mit Küssen.

Es ist schwer, ihrer eigenen Behauptung und den edlen Beteuerun-
gen der Biographen zu glauben, mehr sei es nicht gewesen. Wagners
spätere Briefe sprechen eine deutliche Sprache, wenn Worte überhaupt
einen Sinn haben sollen. Der Briefwechsel dauerte eineinhalb Jahre,
Liebesbeteuerungen mit Bestellungen von Stoffen und Parfums mi-
schend. Aber das ist bei dem Kleider-Fetischisten Wagner nur auf den
ersten Blick sonderbar; Gregor-Dellin hat Recht: »Nichts verrät seine
sexuelle Bindung mehr.« Dann bricht Wagner die Korrespondenz, die
er so lange vor Cosima geheim hielt, auf sehr bezeichnende Weise ab:
er teilt Judith mit, von nun an werde Cosima sich um seine Bestellungen kümmern. Zwei Tage später schreibt sie dann ihr »Leid« und ihren
»Schmerz« ins Tagebuch.

Mag sie alles zufällig entdeckt oder Richard es ihr von sich aus
gestanden haben, im Ergebnis bleibt es sich gleich: Wagner kehrt
zurück zu der Frau, die nicht nur gesetzlich, sondern auch sinnlich die
seine ist, jedenfalls: um ihretwillen gibt er die andere auf, ohne daß ein
allzu schweres Zerwürfnis vorausgegangen wäre oder noch folgte. Das
macht den Unterschied aus zur früheren Ehe und zu früheren Affären.
Auch Judith übrigens bleibt der Familie verbunden: sie kehrt noch
manches Mal, als »gute Freundin«, zurück.

Cosima-Fricka hatte sich an Richard-Wotan bewährt. Sie hat diese
Rolle perfekt gespielt, aber auch noch zwei andere aus dem selben
Stück. Wagner singt einmal »das Thema von Sieglinde an Brünnhilde
und sagt mir: ›Das bist du —‹« Es ist jenes wichtige Thema aus dem
dritten Akt der »Walküre« zu den Worten »O hehrstes Wunder!

Herrlichste Maid!«, das dann in einmaliger Wiederkehr die letzten Takte der »Götterdämmerung« beherrscht. Es verknüpft die beiden anderen weiblichen Typen des »Rings« miteinander: die überschwenglich und rücksichtslos Liebende mit der durch Liebe die Welt verändernden Frau.

Wie Wagner das Thema mit Cosima identifiziert, ist sie ihm beides – und alles in einem, was er schon geschrieben und gewußt hatte, bevor er sie überhaupt kannte: Weib, Herrin, Geliebte, Beschützerin, Magd, Mutter: die Frau für die Zukunft der Menschheit.

4.

Die Große Mutter

Die »Götterdämmerung« beginnt mit der Szene der drei Nornen, Töchter der Ur-Mutter Erda, die die bisherige Weltgeschichte des »Rings« reflektierend noch einmal erzählen, während sie am Schicksalsseil spinnen. Das Seil reißt schließlich, und nach einem dreimaligen »Es riß!« fassen die Nornen »die Stücken des zerrissenen Seiles und binden damit ihre Leiber aneinander«. Im Unisono verkünden sie:

> »Zu End' ewiges Wissen!
> Der Welt melden
> Weise nichts mehr«.

Und nacheinander, in müde abfallenden Intervallen, beschließen die Nornen ihren einzigen Auftritt:

> »Hinab!
> Zur Mutter!
> Hinab!«

Wo keine Weisheit mehr zu verkünden ist, hilft nur noch eines: die Vereinigung der Leiber mit der Mutter, und die ist drunten, tief, zu ihr muß man hinab. Die knappe Stelle mit ihrer abwärts zielenden Musik veräußerlicht ein für Wagner und sein Werk höchst bedeutsames Moment seines Weltbilds und vor allem seines Frauenbilds: die Sehnsucht nach der Mutter.

Der Psychologe Peter Dettmering hat darauf aufmerksam gemacht, daß bei Wagner immer ein Spannungsfeld bestehe zwischen »einem in der ›Tiefe‹ und ›innen‹ lokalisierten weiblich-mütterlichen« und einem »in der ›Höhe‹ und ›draußen‹ gelegenen männlich-väterlichen Objekt«. Man kann das nachvollziehen durch eine Betrachtung der Spielplätze seiner Opern, die bemerkenswert häufig höhlenartige Orte sind, Inbegriff geradezu des »weiblich-mütterlichen« Innen.

Die erste Oper »Die Feen« hat eine Szene in der »furchtbaren Kluft des unterirdischen Reiches«; hier, wo der Weg »zum höchsten Heiligtum« führt, will Arindal seine in einen Stein verwandelte Frau erlösen. Das ist zwar eine epigonale Kopie der Orpheus-Geschichte, aber eine bezeichnende für den 20jährigen Wagner. In der »Seebucht« des dritten Akts des »Fliegenden Holländers« wird der umgekehrt von Senta erlöst. Der Venusberg im »Tannhäuser« und das Brautgemach im »Lohengrin« sind gleichfalls Höhlenbilder und natürliche Orte der Liebe, Orte, an denen auch durch das beharrliche Verhalten der Frauen die Wahrheit zum Vorschein kommt: die Männer fliehen vor ihrem Anspruch. Im Schiffszelt des ersten Akts von »Tristan und Isolde« vollzieht sich bei geschlossenen Vorhängen beider Geschick: sie verfallen einander in besinnungsloser und tödlicher Liebe – am Schluß, als der betrogene König Marke naht, werden die Vorhänge »weit auseinandergerissen«, die Höhle öffnet sich, draußen warten der Tag und die Vernichtung. Im ersten »Meistersinger«-Akt werden wieder Vorhänge zugezogen, um die Liebe zwischen Eva und Walther im abgeteilten Chorraum der Kirche sich entfalten zu lassen; im zweiten verbergen sie sich hinter einem Gebüsch »unter der Linde«; im dritten werden die Weichen fürs Happy-End in Sachsens enger Schusterwerkstatt gestellt. Wagners letzte Höhlen-Imagination, im »Parsifal«, ist das »innere Verließ eines noch oben offenen Turmes«, wo Klingsor Kundry (auch eine Art Ur-Frau) zur Prostituierten-Liebe zwingt.

Voll von Höhlenbildern ist vor allem der »Ring«: die Tiefe des Rheins, die Fabrikhöhle (und -hölle) Alberichs und der Nibelungen, die Schmiedehöhle Mimes, die Schatzhöhle des Drachen Fafner, die Höhlengruft der Allmutter Erda. Im Ineinander von Bedrohlichem und Bergendem dieser Höhlen versinnbildlichen sich Wagners Ängste und Sehnsüchte zugleich, die der Mutter gelten und ihrem Schoß. Was er als kleines Kind und heranwachsend vermißt hatte, das brachte er um so stärker ins Werk ein, die Sucht beschwörend und sie damit wie magisch auch bannend.

Denn er hatte nicht die Mutter, die er gebraucht hätte und die er wollte. In der Autobiographie hat er sie beschrieben, mit der gehörigen Liebe des erwachsenen Sohnes (»drolliger Humor und gute Laune«). Aber in die Schilderung schleichen sich kritische Töne ein, stärker beinahe, als es dem königlichen Adressaten (der die hehre Weihe bevorzugte) zuzumuten war. Er habe »den Eindruck einer jugendlichen und anmutigen Mutter nicht mehr von ihr erhalten«, weil sie wegen eines »Kopfleidens« immer eine Haube trug. Da war sie schließlich

JOHANNA ROSINE WAGNER 1813
*Wagners Mutter, gemalt im Geburtsjahr des berühmten
Sohnes von Ludwig Geyer, ihrem zweiten Mann, den
Wagner lange für seinen leiblichen Vater hielt.*

keine dreißig Jahre alt. Schlimmer noch: äußere Nöte »ließen nicht jenen behaglichen Ton mütterlicher Familienzärtlichkeit bei ihr aufkommen; ich entsinne mich kaum je von ihr geliebkost worden zu sein, wie überhaupt zärtliche Ergießungen in unsrer Familie nicht stattfanden; wogegen sich ein gewisses hastiges, fast heftiges, lautes Wesen sehr natürlich geltend machte«. Er erzählt dann eine ganz belanglose Episode, wo die Mutter »mit Wohlgefallen« auf ihn blickte – das war so ungewöhnlich, daß es ihm fünfzig Jahre lang gegenwärtig blieb.

Es gibt einen Brief des 22jährigen Wagner an seine Mutter, der wie eine Beschwörung seiner nicht erfüllten Sehnsüchte klingt: »jetzt, – da ich von Dir fort bin, überwältigen mich die Gefühle des Dankes für Deine herrliche Liebe zu Deinem Kinde . . . so sehr, daß ich Dir in dem zärtlichsten Tone eines Verliebten gegen seine Geliebte davon schreiben und sagen möchte. Ach, aber weit mehr, – ist denn nicht die Liebe einer Mutter weit mehr – weit unbefleckter als jede andre?« Das ist nur auf den ersten Blick das konventionelle Getue aus dem Briefsteller des spießbürgerlichen Jahrhunderts. Das Bild vom Liebespaar und die sofortige ängstliche Zurücknahme der sexuellen Assoziation zugunsten einer vorgeblich höheren Reinheit sagt, was ihm fehlte: die durch die Mutter als Liebesobjekt gesellschaftlich gerechtfertigte Körperlichkeit der Liebe des kleinen Kindes.

Als er diesen Brief schrieb, hatte er schon Minna kennengelernt. Sie hatte ihn ein paar Monate zuvor gepflegt, während er an einer Gesichtsrose litt, und ihn trotz des Ausschlags auf den Mund geküßt. In der Autobiographie heißt sein Kommentar dazu: »Dies alles geschah ihrerseits mit einer freundlichen Ruhe und Gelassenheit, die fast etwas Mütterliches an sich hatte und keineswegs auf Leichtfertigkeit oder Gefühllosigkeit deutete.« Noch Jahre später, 1874, rechtfertigt er die Ehe mit Minna Cosima gegenüber trotz der »Differenz der Intelligenz«, trotz den »verschiedenen Charakteren« genau damit: »Auch fehlte mir das mütterliche Haus, darin ich gern zurückgekehrt wäre, meine Heirat war eine Art von Emanzipation.«

In der Autobiographie steht ein Satz, bei dem man zunächst an einen Druckfehler oder an einen Irrtum der das Diktat aufnehmenden Cosima glaubt. Er heißt: »Am deutlichsten drängte sich mir die große Veränderung . . . auf, als Minna auf ihrer Durchreise sich einige Tage mir zuliebe in Leipzig aufhielt und durch ihre trauliche, liebenswürdige Erscheinung mich daran gemahnte, daß die Zeiten der patriarchalischen Familienabhängigkeit für mich erloschen wären.«

»Patriarchalische Familienabhängigkeit«? Im Jahr 1835, wo die Familie von Richard abgesehen nur aus Frauen bestand? Sollte es nicht »matriarchalisch« heißen? Nein: Wagner meinte, was er diktierte.

Denn in dieser Familie, mögen da noch so viele Frauen gewesen sein, fehlte ihm gerade die Mutter. So mußte sie ihm in sonderbarer Verkehrung als Patriarch erscheinen und die »trauliche, liebenswürdige« Minna als die gesuchte Mutter. Ernst Benedikt Kietz, der Freund des ersten Pariser Aufenthalts, hat dort 1841 Wagner konsequenterweise als Säugling gezeichnet, in Minnas Armen, und damit drastisch ins Optische übersetzt, was Wagner nie offen als Wunsch hätte aussprechen können. Noch dreißig Jahre später unterschreibt der bald 60jährige einen Brief an Cosima (zu der er eigentlich ein ganz anderes Verhältnis hatte) mit der verzweifelt sehnsüchtig klingenden Formel »Dein Grosser Fidi« (was bekanntlich der Kosename für den gemeinsamen Sohn Siegfried ist).

Auch in Cosima also suchte Wagner die Mutter, wie in Minna, wie wohl in allen seinen Frauen. Sie sollten ihm beistehen in seinen Lebensnöten, mit ihm leiden, ihm Mut machen, ihm versichern, daß alles schon gut werde, und ihm körperliche Wärme vermitteln, die in einem weiteren Sinn und auf vielleicht intensivere Weise sexuelle Lust ist als der »pure« Geschlechtsakt. Immer wieder auch waren es gerade Frauen, die ihm finanziell halfen. Nur drei Männer, Franz Liszt, Otto Wesendonk und Ludwig II., drängen sich in diese beachtliche Phalanx, und mit denen war er, auf verschlungenen Wegen, »weiblich« genug verbunden. Wagner brauchte vor allem Frauen, um seinen Lebensunterhalt absichern zu lassen. Die erste unter ihnen, Julie Ritter, redete er denn auch immer wieder in den Briefen als »liebe Mutter« an. Er sehnte sich nach dem Matriarchat, nach der Herrschaft der Großen Mutter, da die Väter für ihn längst abgewirtschaftet hatten.

Das alles beschreiben heißt auch eine Krankheit beschreiben. Das infantile Festhalten an einer zu kurz gekommenen Hoffnung verhindert die Entwicklung zum erwachsenen Menschen. Es bedingt ein Bild von der Frau, das sie durch mythische Erhöhung überfordert und in der notwendigen Enttäuschung grausam erniedrigt. Denn die Große Mutter kommt im Leben nicht vor. Sie ist eine Fiktion, die allen Männern die wirkliche Frau verstellt, so lange die Fiktion besteht oder zumindest (da sie wohl immer in gewisser Weise bestehen bleibt) so lange sie nicht als Fiktion begriffen wird. Die Mutterbindung tut dann schließlich jeglicher Frau Gewalt an, indem sie sie ins neurotisch-narzißtische Liebesleben einbezieht.

In seinem Aufsatz »Über einen besonderen Typus der Objektwahl beim Manne« (1910) hat Sigmund Freud die »Bedingung des ›Geschädigten Dritten‹« als erste der »Liebesbedingungen« dieses Mannes beschrieben: »ihr Inhalt geht dahin, daß der Betreffende niemals ein Weib zum Liebesobjekt wählt, welches noch frei ist, also ein Mädchen

RICHARD WAGNER ALS SÄUGLING
AUF DEM ARM VON MINNA
Noch einmal eine bezeichnende Karikatur des Freundes
Ernst Benedikt Kietz aus der Pariser Zeit (ca. 1841).

oder eine alleinstehende Frau, sondern nur ein solches Weib, auf das ein anderer Mann als Ehegatte, Verlobter, Freund Eigentumsrechte geltend machen kann.« Tatsächlich erscheint dieser Umstand so häufig in Wagners Werk, daß an Zufälle zu glauben die einfachsten Anfangsgründe der Psychologie mißachten hieße. In der ersten Oper, der Fragment gebliebenen »Hochzeit« von 1832, taucht das Motiv bereits auf, und da hat der knapp 20jährige Wagner schon die entsprechenden Erfahrungen im eigenen Leben: die Jugendliebschaften waren allesamt mit anderen Männern befreundete oder gar verlobte Mädchen.

So geht es weiter. Rienzi nimmt seine eigene Schwester ihrem Verlobten weg, damit sie ihn in den gemeinsamen Tod begleitet; der Holländer entführt Senta dem designierten Bräutigam Erik; Tannhäuser gewinnt Elisabeth, die bereits von Wolfram geliebt wird; Lohengrin kommt zwar ein bißchen zu spät, denn Telramund hat sich schon anderweitig verheiratet, aber ursprünglich war Elsa ihm versprochen; Siegmund bringt Hunding um seine Frau Sieglinde; Alberich verführt Gibichs Frau, um Hagen zu zeugen; Siegfried erwirbt – eine komplizierte Schürzung des Knotens – Brünnhilde von sich selbst für Gunther; Tristan zieht seinem König Marke die Frau Isolde weg, für den er sie erobert hat; Eva ist irgendeinem Meistersinger zugedacht, aber der Außenseiter Walther tritt erfolgreich in den Wettbewerb ein.

So ist auch Wagner sein ganzes Leben hindurch verfahren: Minna, Jessie, Mathilde, beide Friederiken, Judith, Cosima und manche andere: sie alle »gehörten« anderen Männern, als Wagner ihnen begegnete oder kurz davor. Den anderen die Frau wegnehmen – das war sein infantiles Trauma, seit gleich zwei Väter ihm die Mutter wegnahmen und diese ihm keine Entschädigung geboten hatte.

Doch man muß bei dem, was Jeder-Mann passiert, noch etwas anderes bedenken. Die »gebundene« Frau begehren und besitzen bedeutet auch eine Art »Sicherheit«. Wie man die Mutter lieben darf, ohne gegen gesellschaftliche Konventionen zu verstoßen – selbst körperlich, so lange es nicht zum offenen Inzest kommt –, so ist die Frau des anderen durch die Verbindung mit diesem zunächst vor dem Verdacht gesellschaftlich unzulässiger Beziehungen geschützt – so lange der Ehebruch nicht öffentlich wird. Der ehebrechende Mann kann sich also, ist er nur geschickt genug, lange verstecken hinter der anderen Beziehung. Insbesondere braucht er keine Verantwortung für die Frau zu übernehmen. Worin auch wieder die Fixierung auf die Mutter zum Vorschein kommt, denn die ist die einzige Frau, mit der der Mann – als Kind – direkt und in Liebe verbunden sein darf, ohne für sie verantwortlich zu sein, weil ja schon ein anderer, der Vater, die Verantwortung trägt.

So stellt die lebenslange Fixierung auf die Mutter sich nicht nur als Mangelerscheinung und Sehnsuchtsgeste dar, sondern auch als Flucht vor der eigenen Verantwortung, vor den menschlichen Verpflichtungen des erwachsenen Mannes, die ihn erst zur Liebe befähigten. Die Mutterbindung hindert ihn, sich den wirklichen Problemen zu stellen.

Nicht nur in der Liebe. Am 8. April 1849 veröffentlicht Wagner in den »Volksblättern« seines Freundes Röckel anonym einen hochekstatischen Artikel mit dem Titel »Die Revolution«, einen Monat, bevor sie dann schon wieder zu Ende war. Darin feiert er die republikanisch-demokratische Schimäre als »Mensch gewordenen Gott«, singt einen Hymnus auf Freiheit, Gleichheit und Brüderlichkeit und nennt die Revolution »die ewig verjüngende Mutter der Menschheit«. Damit ist ihr, nach allem was wir jetzt schon kennen, die Kraft genommen. Eine »Göttin« soll die politische Wende bewirken, nicht Richard Wagner, sondern die *Mutter* Revolution. Rückzug in ihre Geborgenheit und aus der eigenen Verantwortung fürs Leben. Wenn dann die Mutter versagt, was kann man da machen?

Das Söhnchen rettet sich in seine Entschuldigungsbilder. Mit ihnen war er nie wählerisch. Dem Freund Liszt, der ihn gleich nach seiner Flucht eine ganze Weile über Wasser hielt, schreibt er: »Ich weiß daß ich in Dir geborgen bin, wie das kind im mutterschoße«. Und einem anderen, späteren Freund gegenüber, Peter Cornelius, wünscht er sich »jetzt ein freundliches weibliches Wesen, das mich sanft in sich aufnähme!!«

Dieser achselzuckende Defätismus der Großen Mutter ist auch in sein Werk eingegangen. Tristan, verwundet im Bett liegend, sehnt sich nach Isolde:

> »mit hell erschloßnen Augen
> muß ich der Nacht enttauchen, –
> sie zu suchen,
> sie zu sehen,
> sie zu finden,
> in der einzig
> zu vergehen,
> zu entschwinden
> Tristan ist vergönnt.«

Was ist das für ein »der Nacht enttauchen«, wenn er gleich wieder *in* Isolde vergehen und entschwinden will, im Mutterbild? Als sie erscheint, stirbt er dann auch sofort, wartet nicht erst die Heilung durch die Frau ab und die Verzeihung des Königs Marke, die diese ihm bringen wollen. Tristan kann zu nichts etwas, er ist das Opfer, dem die

Mutter unglücklicherweise zu spät kam. Wie es ja auch »der Mutter Künste« waren, diesmal Isoldes Mutter, die ihn in das alles hineingebracht haben: denn ihr Zaubertrank hat beider Liebe ausgelöst.

Wotan bezieht sein Wissen auch von dorther. Nicht von irgendeiner Mutter natürlich, sondern von der Ur-Mutter gar, von Erda. Doch sein Bericht darüber, was die ihm verkündete, das angeblich noch aufhaltsame Ende der Götter nämlich, beginnt recht überraschend. Der Text lautet:

> »Da verlor ich den leichten Mut;
> zu wissen begehrt' es den Gott:
> in den Schoß der Welt
> schwang ich mich hinab,
> mit Liebeszauber
> zwang ich die Wala,
> stört' ihres Wissens Stolz,
> daß sie Rede nun mir stand.«

Die Musik kündigt anfangs Erwartbares an. Die beiden ersten Zeilen sind als absteigende Linien komponiert: das Wissen ist unten, bei der Mutter. Die beiden nächsten Zeilen jedoch, die gerade von der Bewegung in die Tiefe sprechen, haben eine ganz andere Gestik: in schmerzlich kleinen chromatischen Schritten zielt die Melodie nach oben; die gleiche Tendenz haben die beiden letzten Zeilen, während die dazwischen liegenden, den Zwang beschreibenden Verse wieder in genau gleich gebauten Phrasen abwärts stoßen. Das ist deutlich gegen die Außenfassade des Textes komponiert. Verlust des Muts und Wissensbegehren werden mit der Mutter »unten« in Verbindung gebracht, der »Schoß der Welt« aber wird in der aufsteigenden Melodie sozusagen verfehlt; nur die Gebärde der Vergewaltigung der Mutter – infantiles Wunschbild des Mannes – geht abwärts, die »Störung« ihres Wissens und der Zwang, Rede zu stehen, – Handlungen, die der Mutter gegenüber sich nicht geziemen – führen wieder nach oben.

In ihrer musikalischen Bewegung übt die Stelle auf subtile Weise Kritik an Mutters angeblicher Weisheit. Erda liefert Wotan ja auch ein paar Kenntnis-Brocken, aber eben nicht die Wahrheit. Die vordergründige Lösung, mit Hilfe der Walküren gegen Alberich aufzurüsten, erweist sich als falsch. Der Untergang der Götter *ist* unaufhaltsam. Die Mutter hat gelogen oder zumindest: sie wußte nichts und hat nur so getan als ob.

Wenig später, im selben zweiten »Walküren«-Akt, erscheint eine ähnliche Situation. Die vor Erschöpfung auf der Flucht zusammengebrochene und eingeschlafene Sieglinde wird durch die Stierhörner des

sie verfolgenden Ehemanns Hunding und seines Gefolges aufgeweckt,
und noch halb im Traum erinnert sie sich an den einstigen Überfall, bei
dem sie ihre Familie verlor und Hundings Beute wurde. Leise ruft sie
nach der Mutter, »mir bangt der Mut«. Aber als sie das wirkliche
Ausmaß der Gefahr erkennt, da bricht sie im Hilfeschrei aus: »Bruder!
Siegmund! Siegmund!« Nicht die Mutter also ist es, von der wahre
Hilfe kommen kann, sondern der Bruder, der Geliebte. Doch Sieglinde
ist eine Frau, und das mag etwas anderes sein, zumal sie eine besondere
Frau ist und ihr Bruder ein besonderer Mann. Aber immerhin.

So versteckt hat Wagner die Abnabelung betrieben, ihm selbst
gewiß unbewußt, doch eindrucksvoll genug. 1854 in der keimenden
Liebe zu Mathilde Wesendonk hat er das komponiert und zwölf Jahre
nach der einzigen offenen Kritik, die er je an der eigenen Mutter geübt
hat. Die war dafür um so schärfer. »Wirklich gränzenlose Charakterlo-
sigkeit u. gänzlich aufgelöste Launenhaftigkeit« bescheinigt er ihr da
unter anderem in einem Brief an die Schwester Cäcilie. Ganz spät bricht
es indirekt noch einmal aus ihm heraus. Die britische Königin Victoria,
die »dumme Büchse« nennt er sie, solle endlich abdanken und den
Kronprinzen damit von seinem »absurden Leben« befreien: »früher
wären die Söhne, wenn majorenn [das heißt volljährig], Vormünder
ihrer Mütter geworden«. In der offenen Schmähung einer anderen
Mutter, die ihn gar nichts angeht, will er alle Mütter treffen für das,
was sie ihren Söhnen antun, und vor allem die eigene.

Doch ein solcher quasi emanzipatorischer Ausbruch ist selten. Es
überwiegt auch noch beim alten Wagner die Angst, die der Mutter zur
Heilung bedarf. Ende 1875 – die Sorgen um die Festspielfinanzierung
häufen sich zum befürchteten Zusammenbruch – träumt er einmal,
Cosima sei wahnsinnig geworden und wolle ihn verlassen. Und in der
nächsten Nacht: »die Königin von Preußen gäbe sich ihm als seine
Mutter zu erkennen!« Im Tagebuch folgen drei Punkte – und dann
völlig unvermittelt ein »auf einmal lachend« gesprochener Scherz-
Reim: »Gerechtigkeit ein schönes Wort, Geschlechtlichkeit wirkt immer fort«. Sonderbar unverständlich ist das, ihm selbst wohl auch, und
doch meint man einen tiefen Zusammenhang zu spüren, etwa: den
Wunsch nach der Befreiung von der Mutter und das Gefühl zugleich,
geradezu physisch an sie gefesselt zu sein.

Die Frau als Große Mutter hat in Wagners Werk ihren gewichtig-
sten Ausdruck in der Schlußszene des »Siegfried« gefunden, im Duett
Brünnhildes und Siegfrieds. Das wurde 1869 komponiert, in den
letzten Wochen von Cosimas Schwangerschaft mit dem Sohn Siegfried, ihrer beider drittes und letztes Kind. Die Parallele ist zufällig,
denn die Verse, in denen Brünnhilde sich als Siegfrieds mythische

Mutter beschreibt, stehen schon in der Urfassung und sinngemäß bereits im Prosaentwurf des »Jungen Siegfried« von 1851. Doch die häusliche Situation mag Wagner bei der Komposition inspiriert haben. Und diese Situation war ihm nicht nur angenehm. Eine Woche vor der Geburt beklagt er sich, Cosima »sei nur noch Mutter«, er verliere sie ganz.

Dabei arbeitete er gerade an einem Preislied auf die Mutter, Siegfrieds »O Heil der Mutter, die mich gebar«. Brünnhilde singt das umformulierend nach und fährt dann fort:

> »O wüßtest du, Lust der Welt,
> wie ich dich je geliebt!
> Du warst mein Sinnen,
> mein Sorgen du!
> Dich zarten nährt' ich,
> noch eh' du gezeugt;
> noch eh' du geboren,
> barg dich mein Schild:
> so lang lieb' ich dich, Siegfried!«

Das sind die Worte einer Mutter. Siegfried mißversteht sie denn auch und glaubt, die eigene leibliche Mutter vor sich zu haben, von der er bisher nur gehört hatte, sie sei bei seiner Geburt gestorben. »Leise und schüchtern« fragt er:

> »So starb nicht meine Mutter?
> Schlief die minnige nur?«

Nun muß sie ihn aufklären: doch, seine Mutter kehre nicht wieder. Sie aber sei etwas anderes, Mutter und Geliebte zugleich, und das eine die Bedingung des anderen:

> »Du selbst bin ich,
> wenn du mich Selige liebst.
> Was du nicht weißt,
> weiß ich für dich:
> doch wissend bin ich
> nur – weil ich dich liebe.«

Die Frau, die »du selbst« ist: das ist die frühkindliche Form des Mutter-Erlebnisses, die Mutter als eigener Körperteil. Aber, so Brünnhilde, diese ersehnte Wiedervereinigung mit dem Körper der Mutter ist für

Siegfried nur möglich durch Liebe, wie ihre mütterliche Fürsorge für
ihn nur möglich ist durch *ihre* Liebe. Zusammen mit dem weiteren
Verlauf ist auch klar, was diese »Liebe« meint: körperliche, sexuelle
Liebe.

Der komplizierte Zusammenhang schlägt auf die Musik durch.
Brünnhildes Erklärung ist in den beiden ersten Zeilen auf höchst
komplizierte Weise rhythmisiert, mit kaum exakt singbaren Sechzehn-
tel-Triolen auf die Worte »bin« und »mich«. Auch der melodische
Verlauf ist äußerst schwierig, was auf andere Art Siegfrieds hilfloses
Staunen im voraus rechtfertigt:

> »Wie Wunder tönt,
> was wonnig du singst;
> doch dunkel dünkt mich der Sinn ...
> deiner Stimme Singen
> hör' ich süß:
> doch was du singend mir sagst,
> staunend versteh' ich's nicht.«

So weit ist der Mann eben noch nicht. Denn die Vereinigung Siegfrieds
mit Brünnhilde ist die Liebe zur Großen Mutter, nicht zur zufälligen
kleinen leiblichen, die einen auf die Welt gebracht und dann enttäuscht
hat. In der »neuen« Frau hebt Wagner seine Mutterkomplexe auf. Er
beschwört die Frau als Über-Mutter, Gefährtin und Sexualpartnerin,
mit der der Mann im permanenten Super-Inzest lebt. Was ihm Cosima
im Leben war, ist im Werk Brünnhilde: das Weib der Zukunft.

5.

Brünnhilde

Vom »Weib der Zukunft« spricht Wagner meines Wissens zum ersten Mal im Zusammenhang mit der Senta des »Fliegenden Holländers«. Der ersehne »als Ende seiner Leiden« den Tod, und er könne die Erlösung gewinnen durch »*ein Weib, das sich aus Liebe ihm opfert*«: »dies Weib ist aber nicht mehr die heimatlich sorgende, vor Zeiten gefreite Penelope des Odysseus, sondern es ist das Weib überhaupt, aber das noch unvorhandene, ersehnte, geahnte, unendlich weibliche Weib, – sage ich es mit einem Worte heraus: *das Weib der Zukunft*.«

Es ist eine nachträgliche Interpretation wie die der »Lohengrin«-Elsa und ebenfalls in der »Mitteilung an meine Freunde« von 1851 enthalten. Und ebenso wie im anderen Fall tut die zehn Jahre ältere Oper wenig, um das zu rechtfertigen. Wagner hat denn auch bald darauf in seinen »Bemerkungen zur Aufführung der Oper ›Der fliegende Holländer‹« eine Warnung nachgeschoben: Sentas »träumerisches Wesen« dürfe »nicht im Sinne einer modernen, krankhaften Sentimentalität aufgefaßt werden«; sie sei vielmehr »durchaus *naiv*«.

Denn inzwischen war viel geschehen. Er hatte die komplette »Ring«-Dichtung beendet und brauchte Senta nicht mehr. Die neue Frauen-Figur war entstanden, die alles leistete, was er vorher mühsam der anderen, älteren zugeschrieben hatte: Brünnhilde. Als Wagner nach der Dichtung des »Jungen Siegfried« dem wegen der Revolution im Gefängnis sitzenden Freund Röckel die Schlußszene des Stücks beschreibt, jene erste Begegnung Siegfrieds mit Brünnhilde, da schließt er: »nicht eher sind wir das, was wir sein können und sollen, bis – das *Weib* nicht *erweckt* ist.« Und ein Vierteljahr später schildert er Liszt diese neue Brünnhilde so: »Du hast z. B. nicht mehr darüber Dich zu ängstigen, was diese Leute zu dem ›Weibe‹ sagen werden, die unter ›Weib‹ immer nur ihre Frau, oder – wenn sie sich hoch versteigen – ein Bordellmädchen denken können!«

Die negativen Gegenbilder sind charakteristisch: die Ehefrau und die Hure. Beide kommen im »Ring« *auch* vor, aber eben nur als Folie, damit »diese Leute« erkennen sollen, was das andere ist an Brünnhilde, das neue: das heroische Weib, das den Männern zeigt, wo's lang geht.

Brünnhilde wird im »Ring«, im zweiten Akt der »Walküre«, ziemlich harmlos eingeführt und beinahe unfreiwillig komisch. Sie ist eine der neun Walküren, die alle Wotans Töchter sind, aber sie ist ihm die liebste: sie ist das »Pfand« seiner gewaltsamen Verbindung mit Erda. Ihre ersten Worte heißen »Hojotoho« und »Heiaha«, die sie, weil's so schön ist, gleich vierzehnmal äußert, nicht gerade eine Demonstration sprachlicher Gewandtheit oder zukünftiger Intelligenz. So wird auch Siegfried in seinen ersten Sätzen lallen, und aus ihm wird ja dann auch nicht viel. Hier ist es der Kriegsruf der Walküren, die in die Schlachten der Menschen-Männer eingreifen und nach Wotans Entscheidung dem einen oder anderen zum Sieg verhelfen. Sie bringen die Toten nach Walhall, die dort Wotans Reservearmee gegen den befürchteten Angriff Alberichs bilden sollen.

Eine sehr untergeordnete Aufgabe also hat Brünnhilde: Sendbote, Schutzengel, Leichentransporteur. Die Sonderstellung bei Wotan aber verschafft ihr auch gewisse Rechte. Wotans »Wille« nennt sie sich, und das ist denn schon beträchtlich mehr, als einer Tochter oder einer Frau überhaupt sonst zusteht. Es klingt so, als bestimme *sie*, was Wotan entscheidet. Doch das Verhältnis ist noch etwas komplizierter. Wotan sagt:

>»mit mir nur rat' ich,
>red' ich zu dir.«

Sie ist also geistig, ja beinahe körperlich ein Teil Wotans. Wie die Über-Mutter später ein Teil des sie liebenden Sohnes wird, so ist sie hier noch selbst Teil des sie liebenden Über-Vaters. Aber die Befreiung davon beginnt schnell.

In Wotans langer Erzählung vom Zustand und den Problemen dieser Welt lernt Brünnhilde, die nur mit kurzen Zwischenbemerkungen und Fragen beteiligt ist, die Zwänge kennen, unter denen auch der bisher mit bedingungsloser Treue verehrte Vater steht. Als er von ihr verlangt, um der Heiligkeit der Ehe und der Verträge willen den Ehebrecher Siegmund zu töten, und damit seine ursprüngliche Weisung widerruft, da lehnt sie sich zum ersten Mal auf: »zwiespältig« sei sein Befehl, denn er liebe ja gerade Siegmund, seinen Sohn, den er gezeugt hat, damit er die Götter vor Alberich rette. Wotan aber hat sich entschieden, wenn auch widerwillig, und dabei bleibt's: Brünnhilde hat zu gehorchen, und nach dem kurzen Protest fügt sie sich auch wieder.

Dann aber begegnet sie Siegmund vor seinem Kampf mit Hunding, und alles wird anders. Sie verspricht ihm zunächst, was dem normalen Mann nur verlockend erscheinen kann: den ruhmreichen Heldenhimmel und das Bordell – denn das, obwohl es nie sichtbar wird, stellt offenbar auch Walhall dar, nimmt man Brünnhildes Mitteilung »Wunschmädchen walten dort hehr« ernst. Sie verspricht sogar sich selbst:

>»Wotans Tochter
>reicht dir traulich den Trank.«

Siegmund aber, der zu Brünnhildes Verblüffung nur an Sieglinde interessiert ist, dem »armen Weib«, sagt ihr, was er von derlei göttlichen Werten hält:

>»So jung und schön
>erschimmerst du mir:
>doch wie kalt und hart
>kennt dich mein Herz!«

Es ist die bitterste Anklage des »Rings« gegen eine Existenz, die der Menschlichkeit entbehrt, weil sie sich von Idealen der Äußerlichkeit leiten läßt, von Ruhm, Macht, Ansehen, Besitz: Jugend und Schönheit dieser Existenz werden als gleichbedeutend mit Kälte und Härte entschlüsselt.

An dieser Erkenntnis, die ein anderer ihr beibringt, entscheidet sich Brünnhildes Leben. Sie ändert Wotans Entscheidung eigenmächtig ab und spricht, als wäre sie der Gott selbst:

>»Beschlossen ist's;
>das Schlachtlos wend' ich:
>dir, Siegmund,
>schaff' ich Segen und Sieg!«

Die Musik gerät darüber in heftige Erregung: in höchstem Tempo jagen Streicher-Skalen auf und ab, tremolieren die Bläser. Ein Durchbruch hat sich ereignet: zum ersten Mal widersteht Liebe offen dem Gesetz. Motivisch bezieht sich die Musik auf das Thema der Liebesgöttin Freia aus dem »Rheingold«, die ebenfalls Opfer eines Wotanschen Vertrags werden sollte und darüber auflehnungslos nur klagte. Hier aber ist das anders, hier wendet sich die Welt.

Brünnhildes Ungehorsam macht sie frei. Sie scheidet sich damit von ihren Walküren-Schwestern, die fassungslos von ihrer zunächst vergeblich scheinenden Tat hören, denn Wotan hat Siegmunds Sieg selbst

verhindert, indem er mit dem Speer sein Schwert zerschlagen und ihn
damit wehrlos Hunding ausgesetzt hat. Strafe für Brünnhildes Ungehorsam ist nun sein erstes Ziel. Seine Beschreibung ihres Vergehens
zählt auf, was alles sie begangen hat: sämtlich Taten gegen Wotans
Macht. Und die Folge:

> »Wunschmaid bist du nicht mehr;
> Walküre bist du gewesen: –
> nun sei fortan,
> was so du noch bist!«

»Was so du noch bist« – Wotan meint damit die Menschen-Hausfrau
am Herd, dem »herrischen Manne« unterworfen.

Aber Brünnhilde unterwirft sich nicht. Sie hat den entscheidenden
Schritt getan, und sie geht den Weg weiter. Als sie Wotan fragt, was
denn ihr Verbrechen gewesen sei, da sie – gegen das Gesetz, gegen die
starren Regeln der Lieblosigkeit – für Siegmunds Liebe sich eingesetzt
habe, da instrumentiert Wagner die rezitativische Linie der Singstimme mit einem zerbrechlichen Holzbläsersatz aus dunklen Farben, dem
nur raunend ebenso dunkle Figuren der Violoncelli unterlegt sind und
über den sich einsam eine Oboenstimme erhebt: Trauer über die vom
herrischen Gesetz regierte Welt der Lieblosigkeit.

Sich selber, so wagt Brünnhilde zu sagen, sei Wotan damit zum
Feind geworden, und da sei es eben ihre Aufgabe, das Richtige zu tun,
die Aufgabe der frei gewordenen Frau für eine noch unfreie Welt.
Wotan erkennt nun durch Brünnhilde, was sie voneinander trennt. Er
kann seinen eigenen Wünschen nicht folgen, weil das Gesetz ihn
bindet, während sie sich an »seliger Lust« »süß labte«. In Liebe hat sie
seine Zwänge abgeworfen, das Glück einfach genommen, das er sich in
Härte und Kälte meint versagen zu müssen. Er entzieht ihr die Gottheit
mit einem Kuß auf die Augen, die von nun an »dem glücklichern
Manne« glänzen sollen und nicht mehr ihm, »dem unseligen Ew'gen«,
und er verschließt sie im Feuer, das um den Walküren-Felsen lodert.

Dort schläft sie so an die zwanzig Jahre, bis der herangewachsene
Knabe Siegfried kommt. Die rebellischen Erkenntnisse der Frau sind
einstweilen kaltgestellt, aber das Feuer hält sie anscheinend am Leben.
Als Siegfried sie küßt – die erste Berührung, die sie wieder spürt, ist
auch die letzte, die sie noch empfand –, erwacht Brünnhilde, und
während sie sich langsam aufrichtet, und »mit feierlichen Gebärden der
erhobenen Arme ihre Rückkehr zur Wahrnehmung der Erde und des
Himmels« begrüßt, erscheint eine neue, so noch nie dagewesene Musik
im »Ring«. »Sehr langsam« spielt das Orchester; Oboen, Klarinetten

und Hörner blasen stark einen sofort verklingenden fahlen Akkord an;
Flöten, Englischhorn, Trompeten und Posaunen übernehmen ihn verschoben pianissimo, steigern ihn zum forte, das in allen Bläsern wieder
verlöscht; darunter spielen sechs Harfen ein zartes Tongespinst, das in
einen extrem hohen Tremolo-Akkord der dreigeteilten ersten Violinen
mündet; die klettern in Achteln dann noch höher; in ihre Unterbre-
chungen schieben sich wieder hohe Harfenakkorde – lange Pause. Das
ganze wiederholt sich, mit kleinen Abweichungen, einen Ton höher,
dann schwillt das Orchester zum fortissimo an, das von einer in
Tonhöhe und Lautstärke absinkenden Kantilene aller Violinen aufge-
fangen wird. Nun tritt Brünnhildes Stimme dazu, die einzelnen Verse
jeweils unterstrichen und getrennt durch die aufsteigende Pracht der
immer wiederholten Orchester-Zeilen.

Wagner hat viel später einmal zu Cosima gesagt: »Du wirst dich
wundern, wie ich in meiner nächsten Arbeit das deute, daß die Sonne
weiblich ist.« Hier ist es sozusagen schon komponiert, doch in einer
neuen musikalischen Sprache, in rhythmisch und harmonisch ver-
trackten Brechungen, die betonen, daß hier etwas Neues erwacht: nicht
einfach eine schlafende Frau, sondern »das Weibliche«.

Im Gespräch mit Siegfried aber wird das alles, auch musikalisch,
wieder reduziert. Schon Brünnhildes nächste Worte preisen Werte, die
in ihren vorigen Handlungen und in ihrer Musik überwunden
schienen:

> »Heil euch, Götter!
> Heil dir, Welt!
> Heil dir, prangende Erde!«

Die Musik dazu kehrt zurück in den gewohnten rezitativischen Tonfall
des »Rings«.

Siegfried hat Brünnhilde zwar erweckt, er hat das Feuer bezwungen,
aber er ist in seiner männlich-kindischen Befangenheit nicht der, der
das Feuer aus ihr herausschlägt. Wagner wußte das und hat es so
ausdrücken wollen. Zwar nennt er später einmal das »höchste Glück«
in diesem Schlußduett des »Siegfried« die »Verbindung zweier vollendeter Wesen«. Aber das ist nicht so positiv gemeint, wie es klingt. Sie
sind nur jeweils für sich »vollendet«, Siegfried ist ja tatsächlich der
vollendete Inbegriff des Mannes, und wir wissen, was das heißt!
Wagner fügt deshalb an der selben Stelle auch hinzu, ihre Liebe bringe
»keine erlösende Welttat« hervor. Der Grund: »Siegfried weiß nicht,
was er verschuldet; als Mann, einzig der Tat zugewendet, erkennt er
nichts, er muß fallen, daß Brünnhilde zur höchsten Erkenntnis gelangt.«

Ihre Liebe zu Siegfried ist im Grund ein Irrtum. Wie einen Fremd-
körper hat Wagner dem alten Text eine musikalische Passage unterlegt,
die nicht recht paßt. Zu den Worten

>   »Ewig war ich,
             ewig bin ich,
             ewig in süß
             sehnender Wonne –«,

die eigentlich zur Schilderung ihrer Angst vor dem Mann Siegfried
gehören, hat Wagner ein Thema verwendet, das er schon Ende 1864,
also fast fünf Jahre vor dem dritten »Siegfried«-Akt, niedergeschrieben
hatte. Es steht in enger Verbindung zu der intimen Vereinigung mit
Cosima und eröffnet später das ihr gewidmete orchestrale »Siegfried-
Idyll«. Als er dieses Thema in die Opern-Komposition einfügte, war
Cosima kurz vor der Entbindung, und der Sohn sollte schließlich
Siegfried heißen. Die Assoziation also lag nahe – Cosima = Brünnhilde –, aber Wagner muß das Unpassende empfunden haben, denn er
setzte eine neue Regieanweisung in die Partitur: »Brünnhilde's Miene
verräth, dass ihr ein anmuthiges Bild vor die Seele tritt, von welchem ab
sie den Blick mit Sanftmuth wieder auf Siegfried richtet.«
  Die Musik hat also beinahe ausdrücklich nichts mit ihrer Beziehung
zu Siegfried zu tun. Denn nicht das im wiegenden Fluß des Idyll-
Themas sich verwirklichende Glück des »ewigen« Weibes bestimmt
diese Beziehung, sondern Angst, die sich schließlich im taumelnden
Jubel ihrer sexuellen Vereinigung löst. Darin geht auch Brünnhildes
Erkenntnis vorläufig unter. Ihre Schlußworte »leuchtende Liebe, /
lachender Tod!« sind eine trügerische Alternative und klingen, als
stammten sie aus dem anderen Stück, dem von »Tristan und Isolde«,
obwohl sie tatsächlich viel länger schon im »Siegfried« stehen. Danach
reißt das Orchester schnell ab.
  Ihr erster neuer Tag zeigt denn auch einen vom vorigen ganz
verschiedenen Aufgang der Sonne. Zwar klingt auch hier, im Vorspiel
der »Götterdämmerung«, das Orchester voller Pracht; aber die unruhi-
gen Triolen, zu denen die Streicher Brünnhildes dunkles Thema entwickeln bis hin zu zwei komplizierten synkopischen Takten, signalisie-
ren, daß sich mit Siegfried alles anders entwickelt hat, als Brünnhilde
gedacht haben mag: der verläßt sie nämlich gerade, markig blasen die
Hörner seinen Aufbruch. Sie hat sich hingegeben, und er geht »zu
neuen Taten«. Um eines Mannes willen hat sie ihre Stärke und ihr
Wissen zurückgestellt und hält das zunächst noch für einen Gewinn.
Im Gespräch mit ihrer einstigen Walküren-Kollegin Waltraute erläutert sie, wie die Liebe sie von ihrem einstigen Leben abgebracht und

befreit habe. Aber sie irrt hier noch immer, vom stürmischen Mann
Siegfried überredet zur Lust, die die ihre nur sein könnte, wenn sie auch
die seine wäre. Sie besitzt Liebe, aber die gilt dem falschen Objekt.

Wagner hat das gerade an dieser Stelle wahrgenommen, die beim
flüchtigen Hören wie der reine Lobpreis des fernen Geliebten klingt. Zu
ihrem »Versunkensein« in dessen »Liebespfand«, den Ring, hat er
bemerkt: »So muß es wohl den Frauen sein, wenn sie einsam sind.«
Einsam hat er gemeint, nicht gerade einmal kurz allein. Die Einsamkeit
wird schließlich um so furchtbarer, als Siegfried wieder erscheint, aber
in Gunthers Gestalt, zu der uns schon bekannten Gewalt-Szene. In
ihrer Überwältigung durch den Mann wird Brünnhilde sich ihrer
Schwäche bewußt, so lange sie auf die Liebe der anderen baut und nicht
wie früher auf sich selbst und ihre eigene:

> »Was könntest du wehren,
> elendes Weib?«

Diese Erkenntnis, die sich zur alten über den Unwert der starren
Gesetze addiert, läßt sie erst zur Frau werden, die das »Weib der
Zukunft« ist. Siegfried, der Mann, der sich an ihr stellvertretend für
alle Frauen vergangen hat, muß untergehen und mit ihm alle, die sind
wie er. Zu Gunther sagt sie:

> »Dich verriet er,
> und mich verrietet ihr alle!
> Wär' ich gerecht,
> alles Blut der Welt
> büßte mir nicht eure Schuld!
> Doch des *einen* Tod
> taugt mir für alle:
> Siegfried falle –
> zur Sühne für sich und euch!«

Sie bedient sich dazu der Mittel der Männer, als da sind Hinterlist,
Verrat, Mord. Sie ist *auch* das »politische Weib« geworden, die Frau mit
der Waffe in der Hand, die der Mann Wagner so fürchtete.

Den Untergang der Welt, die ihren Charakter von Herrschsucht
und Lieblosigkeit offenbart hat, führt sie bewußt herbei. Sie läßt
Siegfried umbringen, seinen Mörder Hagen im Rhein versinken und
die Götter samt Walhall an ihrem eigenen Scheiterhaufen verbrennen.
Ihr Schlußgesang resümiert in Text und Musik die zentralen Themen
des »Rings«, dessen Geschichte darauf hinausläuft, »daß wissend
würde ein Weib«:

>Alles! Alles!
Alles weiß ich:
alles ward mir nun frei!«

Ihre schmerzlich gewonnene Freiheit vermag auch die Welt zu befreien
und ihre Menschen, nicht mehr die, mit denen sie lebte, sondern die der
neuen Welt, die nun heraufdämmert und der alten etwas Wichtiges
voraus hat: sie kennt ihre Fehler. Zu den tief hinabsteigenden Worten
»Ruhe! Ruhe, du Gott!« begraben die Klänge der miteinander verschmelzenden Tuben und Posaunen die alte Welt.

Brünnhilde, die alles erfahren mußte, was einer Frau blühen kann,
hat durch Liebes- und Geistesarbeit sozusagen in sich selbst die neue
Frau erzeugt, deren Wirken Liebe sein kann, weil auch die Liebe nun
nicht mehr entstellt ist.

In einer später wieder verworfenen Variante von Brünnhildes
Schlußworten hat Wagner das ausdrücken wollen. Die Fassung beginnt
mit der Anrede »Ihr, blühenden Lebens / bleibend Geschlecht« und
endet:

>Nicht Gut, nicht Gold,
noch göttliche Pracht;
nicht Haus, nicht Hof,
noch herrischer Prunk;
nicht trüber Verträge
trügender Bund,
nicht heuchelnder Sitte
hartes Gesetz:
selig in Lust und Leid
läßt – die Liebe nur sein.«

Diese Verse versuchten jedoch, so meinte Wagner dann, »in sentenziö-
sem Sinne die musikalische Wirkung des Dramas im voraus zu ersetzen«. Er hat sie deshalb nicht für die Komposition verwendet; die
wortlose Musik des Schlusses verkündet jetzt die Botschaft. Aber dem
Textbuch sollte der alte Wortlaut, so wünschte er, immer beigefügt
werden, weil da eben die Musik fehlt. Deshalb sind diese Worte
tatsächlich Brünnhildes Vermächtnis: das Wissen der Frau, das diese
Welt nötig hat, um eine andere Welt zu werden:

>selig in Lust und Leid
läßt – die Liebe nur sein.«

BRÜNNHILDE (BAYREUTH 1976–1980:
GWYNETH JONES)
*Eine Sängerin, die Chéreaus »Ring«-Inszenierung zum
Bild der emanzipierten Frau geprägt hat, also der Frau,
wie Wagner sie wollte.*

COSIMA UND RICHARD WAGNER 1872
*Die Photographie sagt die Wahrheit und täuscht: Cosima
schaute zu Richard auf, aber er war kleiner als sie, wenn
sie nur aufgestanden wäre. Dennoch: ein reales
Liebespaar des letzten Jahrhunderts von bis heute seltener
Harmonie, ein Liebespaar, glücklicher als die meisten.*

IV.
KAPITEL

Love Story

Was den Menschen
gut tut

In vollen Zügen trink' ich Wonnen,
in die kein Zagen je sich mischt:
denn unversiegbar ist der Bronnen,
wie mein Verlangen nie erlischt.

Tannhäuser, 2. Aufzug, 4. Szene

IN DER NOT DES EXILS war Wagner nicht immer nur zielstrebig auf dem Weg zum Werk. Das riesige Panorama, das er vor sich sah, der noch unförmige »Ring«, schreckte ihn auch. Welchen Sinn sollte das alles haben? Was nützte es denn für das Leben? War es nicht nur Ersatz, Verschleierung der unaufhebbaren Differenz zwischen Ästhetik und Realität?

In einem Brief an Uhlig Anfang 1852 schafft solche Verzweiflung sich Luft: »Meist kann ich mich nicht erwehren zu finden, daß, hätten wir das *Leben*, wir keine *Kunst* nöthig hätten. Die Kunst fängt genau da an, wo das Leben aufhört: wo nichts mehr gegenwärtig ist, da rufen wir in der Kunst, ›ich wünschte‹. Ich begreife gar nicht, wie ein *wahrhaft glücklicher* Mensch auf den gedanken kommen soll, ›kunst‹ zu machen: nur im Leben ›kann‹ man ja, – ist unsre ›kunst‹ somit nicht nur ein Geständniß unsrer Impotenz?«

Das ist nicht nur banale »Anfechtung« des Künstlers, die Versuchung des heiligen Antonius, das ist Ernst. Ein glücklicherer Wagner hätte den »Ring« wohl nicht zu Ende gebracht, nicht ein Vierteljahrhundert lang festgehalten an der Idee, dieses Monumentalstück über die Welt aus sich herauszuschreiben als Bewältigung seines Unglücks. Nietzsche, Wagners scharfsichtiger Psychologe, hat in einem Fragment von 1871 der griechischen Kunst »jenes *satte Lächeln*« bescheinigt, »welches wir *griechische Heiterkeit* nennen«. Etwas anderes hingegen sei: »In ungünstigen Verhältnissen ist das *sehnsüchtige Lächeln* das Höchst-Erreichbare, z. B. bei Wolfram von Eschenbach und bei Wagner.«

»In ungünstigen Verhältnissen«: das in der Tat waren Wagners Verhältnisse, vorsichtig ausgedrückt. Sie haben ein Werk hervorgebracht, das diese Verhältnisse spiegelt. Und weil es auch mehr oder weniger unsere Verhältnisse geblieben sind, besitzt das Werk Modernität, weit mehr als alle »satt lächelnde« Kunst. Die Sehnsucht des »Rings« ist aber eben auch die Sehnsucht nach einer anderen Welt, in der nicht mehr nur gelächelt werden dürfte, und zwar sehnsüchtig, sondern hellauf gelacht.

Wagner war der Rückzug ins sozusagen Unpolitische unmöglich. Wo er sich diesen anderen Weg geleistet hat, ist er bis zur Peinlichkeit schwach. Er war zu klug, um das nicht selbst zu sehen, aber auch zu eitel, um es einzugestehen. Daß sein erschreckend schlechtes »Lustspiel in antiker Manier«, das unter dem Titel »Eine Kapitulation« 1870 das geschlagene Frankreich billig verhöhnt, »gar nicht verstanden worden sei«, bemerkt er zwar, führt das aber zurück auf den »Mangel an Freiheit, welcher jetzt so empfindlich vorherrschte«. Die 1879 gesprochene Bemerkung, so falsch sie argumentiert, macht deutlich, worauf es ihm da ankam; denn er fährt fort, er würde gern noch einmal eine Komödie schreiben, in der alle Freunde mit Namen auftreten sollten, »alles unschuldig, aber voller Unsinn«. Es sollte ein Ausbruch sein aus dem Zwang, immer ernst bleiben, immer Wichtiges bewegen zu müssen – Flucht ins Private, in die Harmlosigkeit.

Als Wagner 1863 eine Schrift zur Reform der Wiener Hofoper verfaßt, da lobt er am Ende als »zwei der originellsten und liebenswürdigsten Erscheinungen auf dem Gebiet der öffentlichen Kunst: die *Raymundischen Zauberdramen* und die *Straußischen Walzer*«. Für die brauche man zwar keine Reform, aber das stehe doch »an und für sich bereits wahrlich nicht tief«; und er führt das für den Walzerkönig (gemeint ist vermutlich noch der Vater) näher aus, dessen Kompositionen alles mögliche andere überragten – ein Lob, das er einem musikalischen (Fast-)Zeitgenossen sonst kaum zukommen ließ.

So hätte er manchmal tatsächlich auch gern komponieren wollen. Aber so komponierte er nicht. Seiner Welt verbot sich das. Zu vieles in ihr stand dagegen, zu vieles blieb zu verändern, als daß er beschwingt zum Tanz hätte aufspielen können. *Seine* Tänze finden nicht im Ballsaal statt, sondern auf Felsenhöhen. Sie sind keine abgezirkelten Ringelreihen, sondern wilde Orgien, sie schlagen die Liebe nicht in gesellige Formen, sondern entfesseln sie zum Schrei der Lust.

Immer weiter laboriert Wagner an dem Problem, wie dem Menschen ernsthaft zur Liebe zu verhelfen sei – in einem Werk, das in einer lieblosen Welt spielt und in ihr entsteht. Und immer weiter problematisiert er dabei das Verhältnis von Mann und Frau, bis in die letzten Tage. Als der zweite Akt von »Parsifal« abgeschlossen ist, schreibt er diesen Gedanken ins »Braune Buch«: »Bei der Vermischung der Racen verdirbt das Blut der edleren Männlichen durch das unedlere Weibliche: Das Männliche leidet, Charakter geht unter, während die Weiber so viel gewinnen, um an die Stelle der Männer zu treten. (Renaissance) Das Weibliche bleibt somit die Erlösung schuldig: hier Kunst – wie dort in der Religion; die unbefleckte Jungfrau gebiert den Heiland.«

Das sind Parsifal-Gedanken, das ist die alte Angst vor der Emanzipation der Frau und ihre Abwehr, aufgepfropft auf die Rassentheorien des Grafen Gobineau, dessen Buchtitel »La Renaissance« er ausdrücklich nennt. Die »befleckte« Frau hat ihn in Wahrheit aber viel mehr interessiert, die unbefleckte Jungfrau kannte er im Leben gar nicht. Der letzte Aufsatz, Fragment geblieben durch seinen Tod, trägt dann auch nicht mehr den Titel vom Jahr zuvor: »Über das Männliche u. Weibliche in Kultur u. Kunst«, sondern programmatisch einen neuen: »Über das Weibliche im Menschlichen«. Danach hat er sich gesehnt, von da sollte die Erlösung kommen.

1.

Lieber eine Frau sein

Ein merkwürdiger Satz Nietzsches aus dem Epilog seiner Anti-Wagner-Schrift lautet: »denn Wagner war in alten Tagen durchaus feminini generis«. Feminini generis – weiblichen Geschlechts. Viele Interpreten haben das Stichwort aufgenommen und je nach Standort ausgewertet.

In der Wagner-freundlichen mythologisch-symbolistischen Schule wird daraus ein Wesens-Element, das er zu überwinden hatte. So meint Donington, in den Schlußszenen des »Holländers«, des »Tristan« und des »Rings« mit dem freiwilligen Opfertod von Frauen kehre »die verbrauchte Gestalt der Anima in ihr ursprüngliches Element des Unbewußten« zurück: »Durch jede dieser unvergeßlichen Szenen lernte Wagner vielleicht, ein wenig mehr von jenem unreifen Element seiner eigenen inneren Weiblichkeit fahrenzulassen, das ihn fesselte. Die letzte und vielleicht die am ehesten bewußt erlebte dieser Szenen ist Kundrys Verwandlungstod im ›Parsifal‹, und diese Oper wird im Gegensatz zu den anderen nach dem symbolischen Opfer weit genug fortgesetzt, um etwas von den fruchtbaren Konsequenzen aufzuzeigen, wozu auch eine stärkere Annäherung an die Ganzheit gehört.« Vernichtung der Frau also gewissermaßen, um die Frau in sich selbst zu überwinden – ein Konzept eher von C. G. Jung als von Richard Wagner.

Die Wagner-kritische und oft sympathisch respektlose Schule addiert dagegen allerlei Züge von Schwäche zu einer angeblich »weiblichen Komponente seines Charakters«: sein Selbstmitleid, seine Putzsucht, sein zänkisches Wesen. Ein männliches Klischee stilisiert unangenehme Eigenschaften zu typisch weiblichen Besonderheiten – wir erinnern uns an Theweleits Feststellung, wie link gerade auch »linke« Männer sich der Frau gegenüber verhalten.

Beide Interpretationen laufen letzten Endes aufs selbe hinaus:

solche bei Wagner festgestellten »weiblichen« Symptome gelten als minderwertig, verächtlich, überwindenswert für den ordentlichen Mann. Aber Nietzsches Satz sagt etwas ganz anderes, und der brillante Formulierungskünstler wußte, wie er ihn sagte: nicht Wagner habe weibliche *Züge* besessen, sondern er *sei* weiblichen Geschlechts gewesen. Da geht es nicht um Teile, sondern ums Ganze. Nietzsche sprach vom alten Wagner. Aber da er zu den wenigen gehörte, die Wagners Autobiographie hatten lesen dürfen (er betreute den Privatdruck der beiden ersten Bände), konnte er auch wissen, wo es her kam.

Mit halb ironischer Abwehr, aber doch immer noch heimlicher Zuneigung schildert Wagner 1865 seine ersten häuslichen Theaterspiele. Zwölf Jahre war er da: »während ich mit Altersgenossen Aufführungen des ›Freischütz‹ nachzuahmen suchte und mit großem Eifer hierbei mich der Herstellung der Kostüme und Gesichtsmasken durch groteske Malerei hingab, übten die zarteren Garderobengegenstände meiner Schwestern, mit deren Herrichtung ich die Familie häufig beschäftigt sah, einen fein erregenden Reiz auf meine Phantasie aus; das Berühren derselben konnte mich bis zu bangem, heftigem Herzschlag aufregen. Trotzdem daß, wie ich erwähnte, in unserem Familienverkehr keine, namentlich in Liebkosungen sich ergehende Zärtlichkeit herrschte, mußte doch die stets nur weibliche Umgebung in der Entwicklung meines Empfindungswesens mich stark beeinflussen. Vielleicht gerade, weil dieser Umgang meist unruhiger, ja heftiger Art war, übten die sonstigen Attribute der Weiblichkeit, namentlich soweit sie mit der phantastischen Theaterwelt zusammenhingen, einen fast sehnsüchtig stimmenden Reiz auf mich aus.«

Man kann das nicht nur vordergründig interpretieren, wie Wagner es offenbar suggerieren will: als frühe Sehnsucht nach der Frau. Zu sehr spielt die Geschichte auf den Gegensatz an zwischen der eigenen groben Männlichkeit und dem zarten, fein erregenden Weiblichen. Man meint, Bedauern darüber herauszuhören, daß er selbst nicht so eine Frau war. Die körperliche Empfindung dieses Zarten wird drei Seiten später noch einmal ausdrücklich aufgenommen: »Andere Male entsinne ich mich besinnungslose Schläfrigkeit geheuchelt zu haben, um von den Mädchen unter Bemühungen, welche dieser Zustand nötig zu machen schien, zur Ruhe gebracht zu werden, weil ich einst zu meiner aufregenden Überraschung bemerkt hatte, daß ein ähnlicher Zustand mich in eine mir schmeichelnde unmittelbare Berührung mit dem weiblichen Wesen brachte.«

Bis in die Wortwahl zeigt die Passage an, daß hier nicht die gewöhnlichen Empfindungen jedes x-beliebigen Knaben gemeint sind. Der Text will etwas verdecken und deckt es dabei auf. »Berührung mit dem weiblichen Wesen« ist weniger als »mit der Frau« und mehr zugleich: körperliche Identifikation beinahe anstelle von Hand-Anlegen. Mit »aufregender Überraschung« hat der junge Wagner das bemerkt und seine Folgerungen gezogen. Lebenslang.

Ein einziges Mal, soweit ich sehe, hat er dieses Gefühl offen ausgesprochen, mit 28 Jahren in einem Brief an die Mutter: »Ich bin gewiß keiner von den starren, unbeugsamen Characteren, im Gegentheile wird mir mit Recht eine zu weibliche innere Beweglichkeit vorgeworfen.« Es sei dahingestellt, ob seine Selbsteinschätzung richtig ist – jedenfalls belegt sie, daß er sich eher und lieber als Frau sah denn als Mann. Sie belegt auch noch einmal, mit welchen Attributen für ihn Männlichkeit versehen war: starr, unbeugsam – der erigierte Penis. Dagegen die Frau: Beweglichkeit, das Flüssige, Fließende, keine Härte.

Im Leben hat Wagner seine Weiblichkeit konkret durch das ausgedrückt, was seine Biographen Putzsucht nennen. Je älter er wurde, um so stärker wurde sein Bedürfnis nach kostbaren weichen Stoffen, die sich anschmiegten an den Körper, die wärmten, verhüllten, schmückten. Man kann wie Gutman kopfschüttelnd darüber lachen: »Sein Verlangen nach Seide, Satin, Pelzwerk und Parfums grenzte ans Fetischistische. Ein merkwürdiger Zwang trieb ihn an, sich auf das absurdeste zu verkleiden. Daß seine Haut äußerst empfindlich war, mag die Halstücher und Unterwäsche aus Seide erklären, aber kaum diese gesteppten, gekräuselten und gerüschten Roben mit Schleifchen, Spitzen, Blümchen, Fransen und Pelzbesatz, in denen er durch seine Privatgemächer schlurfte.«

Fetischismus ist für so was zwar der gängige Fachausdruck, aber er erklärt gar nichts. Alles, was Wagner da trug, womit er sich umgab, wonach es riechen sollte – all das diente ihm dazu, die Aura des Weiblichen verfügbar zu machen, in sie einzutauchen, um wenigstens so zu empfinden, als sei man eine Frau, wenn man schon nicht »wirklich« eine werden konnte. Seine »Briefe an eine Putzmacherin« – von Gegnern noch zu seinen Lebzeiten veröffentlicht (1877), um ihn lächerlich zu machen – waren ihm, etwas überspitzt gesagt, so wichtig wie Äußerungen zu seiner Kunst, wie die Kunst selbst. Denn in ihnen drückte er aus, was er brauchte, um sich als Mensch zu fühlen. Auch die Stoff- und Parfum-Bestellungen bei Judith Gautier: sie sind weder »merkwürdiger« Zwang noch dienen sie »absurdester« Verkleidung. Sie sollen ihm zu einem Körper verhelfen wie Judiths Körper, zum weiblichen Körper. Lange suchte er einen schwer zu findenden Farbton, ein »sehr blasses und zartes« Rosa; es ist die Farbe der Haut.

Der befreundete Maler Joukowsky teilte Wagners »Neigung für das Weiche«. (Joukowsky war bezeichnenderweise homosexuell und lebte mit einem italienischen Knaben namens Pepino zusammen; er konzipierte die »Parsifal«-Bühnenbilder.) Zu ihm scherzt Wagner einmal während der Arbeit am zweiten »Parsifal«-Akt, und es ist wieder nur vordergründig ein Scherz: »Das Unbegreifliche, hier wird's getan, das angenehm Weichliche zieht man gern an«. Daß Wagner ausgerechnet die ihm fast heiligen Schlußverse des »Faust« parodiert, zeigt, wie ernst ihm die Sache war, erst recht, wenn »das angenehm Weichliche« an der Stelle des originalen »Ewig-Weiblichen« steht. Einen Tag drauf verschärft er den Beziehungsreichtum noch und formt den Satz so um: »Das sanft Bestreichliche hat's uns getan, das angenehm Weichliche zieht man gern an!« Alles Vergängliche, wie wahr, ist nur ein Gleichnis. Was Wagner unbeschreiblich war und unzulänglich schien, zog ihn hinan, das Ewig-Weibliche, und sei es nur in Form seiner Kleidung.

Aber dabei blieb es nicht. Von der ersten Oper an sind es immer wieder die Frauen, die die Männer aus zaudernder Lethargie reißen. Das gilt für die »Feen«, für das »Liebesverbot« und für das nicht komponierte Libretto »Die Sarazenin« in ganz drastischer und vordergründiger Weise, subtiler schon für den »Fliegenden Holländer«, den »Tannhäuser«, den »Lohengrin«, für manche Vorgänge im »Ring«, schließlich bis hin zur düsteren Variante des »Parsifal«, wo erst die »schlimme« Kundry den Helden dazu bringt, seine wahre Bestimmung zu erkennen. Häufig sind es übrigens Geschwister, an denen Wagner die Überlegenheit der Frau zeigt, besonders in den frühen Stücken, wo die kindliche Biographie den Stoff noch sehr unmittelbar prägt, die Erinnerung an die geliebten und »ranghöheren« Schwestern, in die er sich so gern verwandelt hätte. Erst mit dem offenen Inzest des Wälsungenpaars in der »Walküre« löste Wagner sich von dem mächtigen Thema.

Sogar in dem ausführlichen Entwurf »Jesus von Nazareth« spielt eine Frau eine besondere Rolle: Maria Magdalena; es scheint, als hätte sie so etwas wie die zweite Hauptfigur werden sollen. In Gutmans Worten: »Wagner mußte selbst Jesus ein Ewig-Weibliches an die Seite stellen.« Vielleicht war die Unmöglichkeit, das angesichts der überragenden Gottessohn-Gestalt dramaturgisch zu bewältigen, auch ein Grund für Wagner, den Stoff fallenzulassen, der ihm im übrigen 1849 politisch schließlich sehr entgegen kam. Der Entwurf verschwand in der Versenkung. Nur die politische Botschaft ging ins weitere Werk über. Und das neueste Motiv: die Umdeutung von Jesu Opfer in die Todessehnsucht des Mannes; sie färbt Wotan, Siegmund, Siegfried, Tristan, Amfortas. Aber die Kraft der Frau war am Jesus-Stoff kaum zu zeigen, *der* Mann war *zu* stark, und das interessierte Wagner nicht.

Er suchte weiter nach Frauen, die die Verantwortung trügen. Er selbst wollte für nichts verantwortlich sein. Es schien ihm zu schwer, was vom Mann erwartet wurde. Frauen waren nicht verantwortlich in dieser Gesellschaft, sie lehnten sich an die starke Schulter des Mannes, so wollte er es auch tun. Er hat »den Mann« gesucht, und weil er selbst einer war, mußte die Verantwortung für ihn von Frauen übernommen werden, von Julie Ritter bis zu Cosima.

Mit den Männern, die diese Rolle zeitweise spielten, hat er oft Streit bekommen: im Grund billigte er ihnen dieses Recht und diese Macht nicht zu. Die Ausnahme ist König Ludwig, aber nur scheinbar. Mit ihm durfte er keinen Streit bekommen, und das war auch nicht schwer; denn Ludwig wollte alles andere sein als ein Mann, in seiner Homoerotik wies er sich selbst die Rolle der Frau zu, seine Männer waren Stallknecht oder Offizier. Die sonderbare Existenz hat Wagner in den privaten vier Wänden zu heftigen Ausfällen gegen den König veranlaßt: der leistete sich ziemlich offen die Weiblichkeit, nach der Wagner sich nur sehnen durfte.

Sogar die Revolution, von der er sich die Lösung vieler seiner Probleme mit einem Schlag erhoffte, ist bei ihm Göttin, Mutter, also Frau – mit allen schon erörterten bedenklichen Konsequenzen. Auch dies aber, weil er sich alles von den Frauen erwartete, nichts von den Männern. 1863 schreibt er an die Freundin Mathilde Maier: »Im Ganzen bin ich nicht gut auf das Mannsvolk zu sprechen; es taugt heut zu Tag nicht viel, und rechten Ernst kennen so wenige, so wenige! – Ich fühle mich unsäglich einsam unter Männern, – und Frauen machen doch auch gleich schreckliche Noth – aber doch liebere!« Wagner war und blieb ein kaum verkappter Softie: er verachtete die herkömmlichen Attribute der Männlichkeit und erzwang sich damit förmlich die fürsorgliche Zuwendung der Frauen.

Ein Fragment des Frauenfeinds Nietzsche sagt es wieder einmal besonders hellsichtig: »Seine Fehler als Tugenden auszudeuten versteht niemand besser als Wagner. Eine tiefe *Verschlagenheit seines Künstler-Sinnes* zeigt sich hier. Alle Künstler haben etwas davon, die *Frauen* auch.«

Nietzsche hat seine Erkenntnis von Wagners weiblichem Geschlecht auch auf dessen Musik übertragen, und zwar in kritischem Sinn, nach seinem Abfall von Wagner. Und doch oder vielleicht gerade deshalb trifft er ihren Kern. In den »Vermischten Meinungen und Sprüchen« von 1879, später Teil des zweiten Bandes von »Menschliches, Allzumenschliches«, beschreibt er die »neuere Musik« mit dem Bild dessen, der »in's Meer geht, allmählich den sichern Schritt auf dem Grunde verliert und sich endlich dem wogenden Elemente auf Gnade und Ungnade übergiebt: man soll *schwimmen*«. Wagners sogenannte

»unendliche Melodie« sei bestrebt, »alle mathematische Zeit- und Kraft-Ebenmässigkeit zu brechen«: »Er fürchtet die Versteinerung, die Krystallisation, den Uebergang der Musik in das Architektonische«. Das sind Begriffe aus dem Bereich der Männlichkeit, während das »Schwimmen«, die Begrifflichkeit des Fließenden, Beweglichen, der Frau zugeordnet ist. Nietzsche spricht denn auch, während er die »Gefahr« solcher Musik leise andeutet, ausdrücklich vom »*allzu weiblichen* Wesen der Musik«, der das »Maass« fehle.

In der sieben Jahre später geschriebenen Vorrede schildert er seinen Vorbehalt dann offen: »Ich begann damit, dass ich mir gründlich und grundsätzlich alle romantische Musik *verbot*, diese zweideutige grossthuerische schwüle Kunst, welche den Geist um seine Strenge und Lustigkeit bringt und jede Art unklarer Sehnsucht, schwammichter Begehrlichkeit wuchern macht. ›Cave musicam‹ ist auch heute noch mein Rath an Alle, die Manns genug sind, um in Dingen des Geistes auf Reinlichkeit zu halten; solche Musik entnervt, erweicht, verweiblicht, ihr ›Ewig-Weibliches‹ zieht *uns* – hinab!«

Was Distanzierung sein will, bringt die Wahrheit hervor: ja, Wagners Musik ist »weibliche« Musik, vor der sich hüten muß, wer »Manns genug« sein will, »Reinlichkeit«, die der Sexualneurotiker Nietzsche meinte, ist ihre Sache nicht, auch nicht und schon gar nicht im »Parsifal«, wo so viel von Reinheit geredet wird. Diese Musik zieht »hinab«, und sie zielt hinab, in Körpergegenden, die lange tabuisiert waren, weil man sich vor ihren Ansprüchen fürchtete.

Eine kurze Abschweifung von Wagner weg sei an dieser Stelle erlaubt, weil sie möglicherweise aufschlußreich ist. Die beiden prominentesten Vertonungen der Goetheschen »Faust«-Schlußverse, in Robert Schumanns »Szenen aus Goethes Faust« (1844–53) und in Gustav Mahlers achter Sinfonie (1906), zeigen beim letzten Wort, »hinan«, interessanterweise eine musikalische Bewegung nach *unten*. Beide Komponisten waren Intellektuelle; sie wußten gewiß, was sie da taten: im hinabschreitenden Duktus ihrer Vertonungen fügen sie dem dunkel optimistischen Text eine realistischere Deutung bei, es geht nicht »hinan« zu idealen Höhen des Ewig-Weiblichen, sondern »hinab« zur wirklichen Frau.

Zurück zu Wagner. Es ist bemerkenswert, wie früh die erotischweibliche Komponente seiner Musik erkannt worden ist und dann sofort wieder verdrängt und nie fruchtbar gemacht für die Interpretation des Wagnerschen Werks. Schon anläßlich der »Meistersinger«-Uraufführung hat 1868 der bedeutendste Musikkritiker der Zeit, Eduard Hanslick, Wagners Musik eine »knochen- und muskellose Gestaltung« vorgeworfen; sie »fließe« »ins Unabsehbare fort«, »sich

immer wieder aus sich selbst erneuernd«; »wie in einer Spinnfabrik«
(da arbeiten vorwiegend Frauen), sagt er noch. Das sind allesamt wieder
Attribute des Un-»Männlichen«, wenn nicht des »Weiblichen«. Wäre
er nicht bei jeder Kritik so empfindlich gewesen, Wagner hätte sich
daran freuen müssen. Denn was Hanslick und Nietzsche beschreiben,
war seine Absicht: eine Musik für den Unterleib, für den weiblichen
und, wenn's geht, auch für den männlichen. Aber der müßte zuvor von
seinen Verklemmungen und Neurosen befreit werden, damit er nicht
weiter nur starre Paßform wäre für das weibliche Gegenstück, sondern
zu dessen Teil würde: nicht Gegensatz, sondern Einheit im Menschlichen durch Liebe.

2.

Musik des menschlichen Körpers

Kurz vor dem Ende des »Siegfried«-Schlußduetts erscheint ein neues musikalisches Motiv, zunächst nur im Orchester, dann von Siegfried übernommen zu den Worten:

> »Sie ist mir ewig,
> ist mir immer,
> Erb' und Eigen,
> ein und all«.

Im ersten Teil besteht das Motiv aus gleichen Vierteln, die Quartsprünge nach unten bilden, jeweils einen Ton tiefer beginnend. Im zweiten Teil steigt die Melodie in zwei Anläufen zur lang gehaltenen Dominante. Die Gestik des Motivs mit der stoßenden Bewegung seines Anfangs und dem nach Auflösung verlangenden Anhalten seines Schlusses ist die des Coitus.

Nach Wagners eigener Mitteilung kam ihm der Einfall 1859, als er an der Hirtenmelodie des dritten »Tristan«-Akts arbeitete. Dafür war die Stelle ursprünglich bestimmt, doch dann erkannte Wagner, »daß diese Melodie nicht dem Hirten Tristans zugehöre, sondern dem leibhaftigen Siegfried«. Es ist das einzige Mal, daß er während der langen Kompositionspause am »Ring« (1857–1868) von dessen Musik spricht. Der Eindruck muß so stark und eindeutig gewesen sein, daß er das Thema sofort der fernen Stelle zuordnete, unmittelbar vor dem Beischlaf Siegfrieds und Brünnhildes.

Feinfühligeren Interpreten wie Donington geht solche Drastik etwas zu weit; »ein wenig aufdringlich« nennt er diesen »Siegfried«-Schluß. Schon Marie Muchanoff, Wagners Verehrerin und gute Freundin, war einigermaßen fassungslos, als er ihr zum ersten Mal das Duett vorspielte. Es breche »in eine Art von leidenschaftlichem Jodeln«

aus, meinte sie, kein ganz genau passender Vergleich, aber doch ziemlich treffend, indem er die empfundene Peinlichkeit (gerade für eine Dame von Stand!) im Jux beiseite schiebt. Aber es ist kein Zweifel, wovon die Musik tatsächlich spricht.

Es gibt von da an mehrere Stellen, die solche sexuelle Drastik zeigen. Am Anfang der »Götterdämmerung«, als Siegfried und Brünnhilde sich verabschieden, sagt sie:

> »Willst du mir Minne schenken,
> gedenke deiner nur,
> gedenke deiner Taten!«

Dazu tragen die Bläser ein ziemlich neues Siegfried-Motiv vor, aber nun in einer als »zart gestoßen« bezeichneten Fassung, was hier nicht nur eine musikalische Spielanweisung darstellt, sondern im Wortlaut und im Klang an die Taten der Nacht erinnert, die hinter den beiden liegt.

Krasser noch ist die Szene Hagens und der »Mannen« im zweiten Akt gestaltet. Hagen ruft die Krieger herbei unter dem Vorwand, es drohe Gefahr. In Wahrheit geht es aber um die Begrüßung des zurückkehrenden Gunther und seiner gewaltsam geworbenen Frau Brünnhilde. Hagens Text wird dadurch doppelsinnig:

> »Wehe! Wehe!
> Waffen! Waffen!
> Waffen durchs Land!
> Gute Waffen!
> Starke Waffen,
> scharf zum Streit!
> Not ist da!
> Not! Wehe! Wehe!«

Der wahre Zusammenhang läßt das leicht zu männlichen Taten assoziieren, die nicht auf dem Schlachtfeld geleistet werden, sondern im Bett. Dazu spielen Stierhörner, häßlich und banal klingende Instrumente, scharf dissonierende Sekund-Intervalle (c-des und c-d) zu stampfenden Schritten der Streicherbässe und der Kontrabaßtuba. Eine Klangszene von äußerster wilder Männlichkeit: hier wird das Glied gereckt. Als Hagen dann den Auftrag erteilt, Schafe für die Göttin Fricka zu schlachten, »daß gute Ehe sie gebe«, setzt er auf das Wort »gebe« einen Triller und einen Vorschlag, wieder die Nachahmung von Coitus-Bewegungen.

Man mag das primitiv nennen, und gewiß zeigen alle diese Beispiele Wagner nicht gerade auf einem Höhepunkt von Subtilität. Es sind auch nur die krassesten Erscheinungen musikalischer Sexualität, die Wagner hervorgebracht hat. Seine Vorstellung davon oder eher: sein Gefühl dafür ist vielfältiger und differenzierter, als es auf den ersten Blick scheint. Es hat sich entwickelt an der Musik zu »Tristan und Isolde«, die wieder ihren Anlaß hatte in der heftigen Liebe zu Mathilde Wesendonk.

Wer »Tristan« hört, vergegenwärtigt sich bald nicht mehr, daß das Titelpaar gar keine Zeit findet, seine Liebe zueinander sexuell zu vollziehen. Im ersten Akt stört sie die Ankunft im Hafen, im zweiten werden sie vom zurückkehrenden König Marke unterbrochen, im dritten stirbt Tristan, als Isolde gerade eintrifft. Und doch meint man sicher zu sein, daß sie ihre Liebe bis zum letzten auskosten. Es ist allein die Musik, die diesen Eindruck bewirkt. Im zweiten Akt vor allem glaubt man einer fast ununterbrochenen Folge von Orgasmen beizuwohnen, musikalischen Dauer-Ekstasen. Nirgendwo sonst ist Wagners berühmter Ausdruck mehr gerechtfertigt, seine Dramen seien »ersichtlich gewordene Taten der Musik«. Die merkwürdige Bezeichnung »Handlung in drei Aufzügen«, für ein Stück, das ja kaum Handlung kennt, fehlt in der Buchausgabe – sie steht nur in der Partitur, und das bedeutet: die *Handlung* ist die Musik, diese erotisch hochgetriebene Erzählung von der Lust bis zum Tod.

Was die Musik überhaupt bedeutet, hat Wagner ausgerechnet während der Arbeit am zweiten »Tristan«-Akt an Mathilde Wesendonk geschrieben. Da vergleicht er sich mit früheren Dichtern, denen eben die Musik gefehlt habe, aber dafür seien sie »glücklicher ohne die Musik« gewesen: »Der Begriff gibt kein Leiden; aber in der Musik wird aller Begriff Gefühl; das zehrt und brennt, bis es zur hellen Flamme kommt, und das neue wunderbare Licht auflachen kann!« Wieder und wieder bestimmen sexuell gefärbte Bilder Wagners Beschreibung dessen, was seine Musik leisten soll, die »tiefe Kunst des tönenden Schweigens«, wie er den »Tristan« einmal nennt.

Wo seine Musik offener denn je geworden war, machte er sich die größten Sorgen, diesmal nicht um ihre Verständlichkeit, sondern gerade darüber, daß sie *zu* gut verstanden würde: »Dieser ›Tristan‹ wird was *Furchtbares!* Dieser letzte Akt!!! – – – – – Ich fürchte, die Oper wird verboten – falls durch schlechte Aufführung nicht das Ganze parodiert wird – : nur mittelmäßige Aufführungen können mich retten! Vollständig *gute* müssen die Leute verrückt machen, – ich kann mir's nicht anders denken.« Nach den vier ersten Vorstellungen will Wagner ein Verbot weiterer Aufführungen selbst erwogen haben, und zwar, wie er in seinem Gedenkaufsatz für den ersten Tristan-Darsteller, den früh verstorbenen Ludwig Schnorr von Carolsfeld, ausdrücklich sagt, nicht wegen der physischen Anstrengung für den Sänger des Tristan; er sagt nicht richtig, was sein Grund war: »Wohl dürfte es schwer sein, den Sinn meiner Empfindung hierbei klar verständlich auszudrücken«; aber es läßt sich nach allem denken, besonders wenn man eine Seite vorher seine Beschreibung der Musik liest: »die rastlos auftauchenden, sich entwickelnden, verbindenden, trennenden, dann neu sich verschmelzenden, wachsenden, abnehmenden, endlich sich bekämpfenden, sich umschlingenden, gegenseitig fast sich verschlingenden musikalischen Motive«. Es ist auch die Beschreibung eines Liebesakts. Es sei ihm ein Bedürfnis gewesen, sagt er viel später zu Cosima, »sich auszurasen musikalisch, weil er in den Nibelungen durch das Drama gezwungen gewesen war, sehr oft den musikalischen Ausdruck einzuengen«.

»Tristan« ist aber nicht einfach nur musikalische Raserei, so sehr man Wagners Eindruck teilen kann. Es ist auch ein Aufbruch in musikalisches Neuland, zu einer bis dahin ungeahnten »Sprach«-Fähigkeit der Musik, wofür es allenfalls bei Berlioz das eine oder andere Vorbild gibt. Diese Musik schwemmt in ihrem hemmungslosen Fluß alle abgezirkelte Künstlichkeit hinweg, die der mathematischsten der Künste immer ein wenig innewohnt. Es sei »die Musik für die Aufhebung aller Schranken«, hat Cosima einmal gesagt. Sie bezog das auf die Rassen, aber es sind auch die Schranken der Gesellschaft gemeint, der Konvention, selbst der Geschlechter.

Die Freiheit der »Tristan«-Musik ist vor allem eine erotische Freiheit, und der Widerstand gegen sie – in ihrer Entstehungszeit und bis weit in unser Jahrhundert – ist ganz begreiflich ein Widerstand aus »selbstgerechter Reinheit«, wie Adorno es in seinem bedeutenden Vortrag »Wagners Aktualität« dargelegt hat.

In der Autobiographie erzählt Wagner, daß eine russische Großfürstin das »Tristan«-Vorspiel sehr hoch schätzte. Und er zitiert zustimmend einen Freund, der daraufhin ausrief: »Diese Frau kennt die Liebe!« Nur wenn man die Liebe kennt, heißt das, kann man »Tristan« verstehen; denn es ist Liebesmusik und in ihrer Raserei Sexual-Musik, erotische Ekstase.

Der Begriff wurde wichtig für den alten Wagner. Am Tag, als er die Orchesterskizze des zweiten »Götterdämmerungs«-Akts beendet, sagt er: »mein Musik-Machen ist eigentlich ein Zaubern, denn mechanisch und ruhig kann ich gar nicht musizieren, da stört mich selbst der Sopran-Schlüssel in einer fünfstimmigen Sache Bach's, ich möchte es mir umsetzen, während ich in der Extase die tollsten Stimmführungen ohne eine Spur von Schwanken ausführe, es kommt wie aus einer Maschine so sicher heraus; ruhig aber kann ich nichts.« Zugleich kritisiert er aber auch den Begriff der Naivität für ein solches Schaffen und setzt ihm den Ausdruck »Besonnenheit« entgegen. Das ist jenseits der klassischen Genie-Vorstellung die Erlösung der Musik sowohl von der Mathematik wie von dem absurden Gedanken, sie ließe sich – mit all ihren Regeln, Kniffen und Zwängen – gleichsam unbewußt hervorbringen. Die Bedingung aber ist die Ekstase, der »entzückte Zustand des produktiven Künstlers«, wie Wagner das am selben Tag nennt. Musik also gewissermaßen aus dem Körper heraus, der dabei den Kopf regiert; der eine braucht den anderen, aber es verhält sich so herum, nicht umgekehrt.

Das hat nichts mehr zu tun mit der reaktionären Behauptung, Musik müsse »gefühlt« werden – was meist nichts anderes meint als: man verstehe sie nicht. Fühlen und verstehen fallen in Wagners Vorstellung aber zusammen, weil sein »Gefühl« nicht eine vage Empfindung ist, sondern auf intensivste Weise Körperlichkeit besitzt. Als er einmal den Plan entwickelt, Beethovens Missa solemnis aufzuführen, da verbindet er das mit räumlichen Überlegungen zur Körperlichkeit der Musiker und der Hörer: »er wolle das Orchester in der Mitte des Saales aufstellen und den Chor ringsherum circusartig, alles müsse mitsingen . . ., denn diese Musik sei nicht zum Zuhören, den eigentlichen Eindruck habe nur, wer mit rase, er habe das bei der 9ten Symphonie in Dresden erfahren; überhaupt sei alle Musik für die Ausübenden gemacht«.

Musik als Teil des eigenen Befindens, nicht mehr Unterhaltung, sondern Naturereignis. Die Musiker stünden der Natur näher als die Maler, erklärt er dem überraschten Malerfreund Kietz, denn: »bevor das Kind sieht, schreit es, und wir hören diesen Schrei«. Ursprung der Musik im Naturlaut, und zwar in einer krassen menschlichen Gestalt: nicht Künstlichkeit ist ihr Wesen, sondern der Schrei, die ungetrennte Äußerung von Angst, Jubel, Sehnsucht, Befreiung.

Der Ausspruch stammt aus der Zeit, als er mit der Komposition der »Götterdämmerung« begonnen hatte, des noch fehlenden »Ring«-Schlusses. Es liegt nahe, eine Verbindung zu sehen zwischen der Betonung des Schreis und dem von den Zeitgenossen (auch noch von vielen unserer Zeitgenossen) als fremdartig und merkwürdig empfundenen Deklamationsstil des »Rings«, vor allem in seinen späten Teilen. Wagner hat offenbar versucht, die ihm in ihrem konsonantischen Klang hinderlich erscheinende deutsche Sprache musikalisch so zu artikulieren, daß ihre Nachteile sich in Tugenden verkehren; das gerät dann leicht in die Nähe des Schreis, der die wenigen Vokale überbetont, oder des Sprechgesangs, dessen Gefahr Wagner durchaus gesehen hat. Manchmal meint man, bei Wagner eine Sehnsucht nach dem italienischen Melisma herauszuhören, selbst wenn er den »energisch sprechenden Akzent« des deutschen Gesangs als »ganz vorzüglich für den dramatischen Vortrag geeignet« preist. Schließlich hat er es anfangs sogar für möglich gehalten, den »Tristan« als italienische Oper zu komponieren.

Natürlich stellte sich das schnell als Irrtum heraus. Aber es ist bezeichnend, daß es gerade dieses Stück war, mit dem er den Gedanken verknüpfte. In ihm hatte Wagners Melodie eine zuvor nur in den Liebesliedern der »Walküre« gekannte Freiheit gewonnen. Ansonsten hatte seinen melodischen Künsten bis dahin immer etwas Nachgemachtes angehaftet, etwas Gewaltsames auch, ein Gestus des »Nunwollen-wir-uns-einmal-aufschwingen«. Nach »Tristan« erst feierte er in seiner kleinen Schrift zu Beethovens hundertstem Geburtstag dessen »Melodie«, der dieser »die höchste Natureinfachheit wiedergewonnen« habe, und dann kommt der Kernsatz: »die Melodie ist durch Beethoven von dem Einflusse der Mode und des wechselnden Geschmackes emanzipiert, zum ewig gültigen, rein menschlichen Typus erhoben worden.«

Ausdrücklich steht es da: *emanzipiert*. Und das erhebt zur Menschlichkeit. Die Melodie, die frei schwingende Linie des Gesangs, vokal oder instrumental, die Stimme, die sich hinwegsetzt über Mode und Geschmack, ungebunden sich selbst ausspricht: das ist das Herzstück der Wagnerschen Musik-Ästhetik von nun an. Immer aber hängt das auch mit dem Gegenstand zusammen, dem sie sich anschmiegt – sogenannte absolute Musik konnte Wagner nie schreiben. Immer mußte sie einen »Inhalt« haben, auch mit Worten formulierbar sein – über die paar Gelegenheitsstücke, Albumblätter fürs Klavier ihm geneigter Damen zumeist, hat er nur gespottet; aus dem Cosima versprochenen Streichquartett und aus den am Lebensende erträumten Sinfonien ist nichts geworden.

Die Befreiung der Melodie zielt auch auf den menschlichen Körper. Wagner fühlte sich darin bestätigt, seit das Publikum bei der Münchner »Walküren«-Uraufführung 1870 seiner anstößigsten Passage, dem Geschwister-Inzest des ersten Akts, jubelnd applaudiert hatte, »während, wo die Moralität der Sache vorgetragen wird, es sich gelangweilt hätte«. Und dann: diese Vereinigung von Siegmund und Sieglinde erscheine »wie eine Naturnotwendigkeit«. Wo die Natur das Sagen hat, wird es interessant für die Menschen, begreifen sie plötzlich, wie gut es tut, wenn Musik mit dem Körper denken lernt.

Denn auch das ist eine der »ersichtlich gewordenen Taten der

Musik«: der erste »Walküren«-Akt. Noch vor der Kompositionspause am »Ring« geschrieben, erklingt hier zum ersten Mal Wagners neuer Ton, vereinzelt noch vor dem »Tristan«, aber biographisch mit diesem verbunden durch die Liebe zu Mathilde Wesendonk. Im Gespräch des sich allmählich erkennenden Paars trumpft die Musik nie heldisch auf, sie ist sanft, äußerst sparsam instrumentiert, fast ganz ohne Beteiligung des schweren Blechs, die Gesangsbögen schwingen sich mit vielfältigen triolischen Vorschlägen verziert über die Grenzen des scheinbar noch vorhandenen Metrums hinweg: die Taktstriche scheinen manchmal nur dazustehen, damit die Musik für die Musiker leichter spielbar ist. Tatsächlich aber ist das starre Gerüst, an dem fast alle vorher geschriebene Musik sich festhielt, zerbrochen.

Nietzsche hat das als erster bemerkt, auch die Gefühle, die sich damit verbinden. Als Wagner-Freund noch schreibt er sich 1871 die Stichworte auf »Rhythmische Befreiung durch Wagner« und »Entfesselung des Rhythmus«. Im Kampf um seine Freiheit von Wagner heißt es dann 1874: »Das Aufhören der grossen rhythmischen Perioden, das Übrigbleiben der Taktphrasen, macht allerdings den Eindruck der Unendlichkeit, des Meers: aber es ist ein Kunstmittel, nicht das reguläre Gesetz, zu dem es Wagner stempeln möchte. Wir haschen zuerst darnach, suchen uns Perioden, werden immer wieder getäuscht, und endlich wirft man sich in die Wellen.« Und dann 1878, als heimlicher Gegner schon, ein fragmentarischer Satz: »Das Wogende Wallende Schwankende im *Ganzen* der Wagnerischen Musik«.

»Endlich wirft man sich in die Wellen«: das beschreibt das Erlösende dieser Musik und ihre Verführungskraft. Sie will zur Freiheit überreden, und davor hatte nicht nur Nietzsche Angst. Die Wagner-Kritik hat aus dem Fließenden, sich immer neu Anpassenden, aus der »Konkretheit des Unregelmäßigen«, wie Adorno sagte, den Vorwurf der Formlosigkeit hergeleitet, ein Vorwurf, der gern gegen jegliche Freiheit gerichtet wird. Aber es ist die Unregelmäßigkeit des Körperhaften, die Form seines Atmens, seiner Gesten und seiner Bewegung, noch einmal Adorno: »jenes eigentümliche Gefühl des Schwebenden, daß die Musik gleichsam keinen festen Boden unter den Füßen hat«.

Das ist natürlich keine Frage eines unbestimmten Gefühls, sondern bestimmter technischer Mittel, die sich analysieren lassen. In der anderen Siegmund-Sieglinde-Szene der »Walküre«, als sie im zweiten Akt auf der Flucht erschöpft innehalten, findet sich eine Stelle, die durch Instrumentierung die Formelemente absichtlich unkenntlich macht, aus denen sie gefügt ist. Die Regieanweisung, auf die die Musik sich bezieht, heißt: »Sieglinde blickt ihm mit wachsendem Entzücken in die Augen; dann umschlingt sie leidenschaftlich seinen Hals und verweilt so.« Ein kleines sich aufschwingendes Streichermotiv ist dazu abwechselnd so in die Stimmen der beiden Violinen und der Bratschen gelegt, daß es wie eine Linie wirkt, ohne daß die immer andere orchestrale Quelle heraushörbar würde. Am Schluß der Passage führt eine steigernde und wieder abnehmende Geste der einstimmigen Violinen zu einem Nachsatz, der wiederum ein kurzes Motiv auf mehrere Stimmen verteilt, und zwar so, daß das neue Instrument (nacheinander: Violinen, Klarinette, Oboe, wieder Klarinette) jeweils auf dem dritten Viertel des über vier Viertel gehaltenen Schlußtons des vorigen eintritt und immer mit dem gleichen Ton. Der Satz steht formal im Dreivierteltakt, was durch die Überbindung der Taktgrenzen jedoch völlig verwischt wird, ebenso wie die unterschiedliche Instrumentalfärbung durch die Art des Einsatzes wie schon zuvor bei den Streichern beinahe verschwindet.

Wagner betreibt einen hohen Aufwand an Instrumentierungskunst, um die Intensität der Melodie zu entfalten und zugleich ihren sozusagen technischen Ursprung zu verbergen. Die Musik soll leben wie ein Körper, damit sie atmen kann, frei schwingen. Ja: sie und die sie hervorbringenden Stimmen und Instrumente sind selbst ein einziger großer Körper, dessen Glieder sich wie unwillkürlich bewegen, nacheinander und miteinander, ohne daß es »künstlich« wirkt.

Dem Körper seine Natur zurückzugeben, eben seine Körperlichkeit, seine Erotik, seine Sexualität – das ist das gleiche, wie der Musik solche Natur zu gewinnen. Die Verfeinerung von Wagners musikalischem Stil zielt darauf ab, bis in die subtil-spröden Klänge des späten »Parsifal«. Der kluge Eduard Hanslick, von Wagner zur Feindschaft gereizt und dann mit einer nervösen Mischung von Abwehr und Bewunderung jedes neue Stück betrachtend, hat die Szene zwischen Parsifal und Kundry im zweiten Akt nach der Uraufführung »im tiefsten Grunde unwahr« genannt, »die Musik äußerlich glühend, innerlich kalt«. Da hat ihn sein kritisches Vermögen verlassen, und er ist ins Klischee geflüchtet: innere Kälte kann man einer äußerlich glühenden Musik gewiß nicht anhören.

Aber Hanslick hat noch ein Bild dafür nachgeschoben: »gebackenes Eis«. Im Zusammenfall der Gegensätze deckt er ein wenig auf, warum er das für »im tiefsten Grunde unwahr« hielt: ihn störte die offene Körperlichkeit dieser Musik, die in ihrer ganzen Gestik dem Menschen gilt, seinen Nöten und Sehnsüchten.

In seiner Musik hat Wagner tatsächlich das menschliche Eis backen wollen. In der Hoffnung, ihm damit die Wärme zuzuführen, die ihm gut tut und die er zum wirklichen Leben braucht.

3.

Liebe als Zentrum

In seinem leider unvollendet gebliebenen Kommentar zum »Ring« hat
Deryck Cooke nachgewiesen, daß das seit Ernst von Wolzogen »Flucht-
motiv« genannte Thema der Göttin Freia im »Rheingold« überhaupt
nichts mit Flucht zu tun hat, sondern alles mit Liebe. Es kehrt unter
anderem als Hauptmotiv in den Siegmund-Sieglinde-Szenen wieder
und mehrmals bei der Verbindung Siegfrieds mit Brünnhilde, »einer
der zentralen und fruchtbarsten Gedanken im ›Ring‹«.

Daß so viele Wagner-Interpreten das Motiv falsch bezeichnet haben, liegt natürlich an der szenischen Situation, in der es zum ersten
Mal erscheint: Freia auf der Flucht vor den Riesen. Erstaunlicher ist
schon, daß sie es bei seinem späteren Auftauchen nicht identifizieren
konnten und ihm da deshalb neue Namen gaben. Der Grund dafür liegt
darin, daß das Motiv keine sehr ausgeprägte Gestalt besitzt; es besteht
nur aus vier Noten: ein Sekund- und ein Quartschritt abwärts und
dann eine Terz nach oben, in einem punktierten Rhythmus. Ein
Minimum an Melodie, die beinahe floskelhaft wirkt, belanglos, unauffällig, würde sie nicht den ganzen »Ring« über an Stellen der Erregung
wiederholt, in den verschiedensten rhythmischen Formen, aber eben
immer im selben »Wortlaut«. Es ist ein musikalischer Atomkern
sozusagen, um den die »Ring«-Musik kreist und der dem Atomkern der
Menschlichkeit entspricht. Und das war für Wagner die Liebe.

Sein Denken bewegt sich von Anfang an um diesen Begriff und
seine Sache. Sie hat vielfältige Erscheinungsweisen und Ausdrucksfor-
men, die Wagner immer wieder beschäftigten. Beschwörend verwendet
er den Begriff, als er Minna durch ihre Tochter Natalie bittet, nach
seiner Flucht zu ihm nach Zürich zu kommen: »nur die Liebe kann
Alles das überwinden, was jetzt zu überwinden ist, nur die Liebe kann
vertheidigen, entschuldigen, erkennen u. versöhnen.«

Das klingt etwas konventionell und ist es wohl auch. Aber die

Formulierung enthält schon fast alle Elemente, die Wagner am Begriff der Liebe wichtig sind: gemeinsamer Kampf nach außen gegen die lieblose Umwelt, Mitleid, Geschlechtlichkeit (die schamhaft im Wort »erkennen« unterkriecht, bei Minna war ihm das nicht mehr *so* wichtig). Cookes aus dem »Ring« abgeleitete Formel dafür heißt: Liebe ist für Wagner »eine aktive *soziale* Kraft, zugleich sexuell, mitleidend, sich aufopfernd und schöpferisch«.

Natürlich mußte ihn auch dieser Kern im Christentum interessieren, mit dem er im übrigen recht wenig im Sinn hatte. Aber daß da die Liebe als Zentrum des Lebens und einer Religion zum ersten Mal so radikal gefordert worden war, das bewegte ihn schon. »Das eine Gebot Jesus: liebe Deinen Nächsten wie Dich selbst« hebe alle anderen Gebote auf, die somit weltlich und nicht göttlich seien, im Unterschied eben zu diesem einzigen Gebot – so sagt es ein später Aphorismus von 1881. Den »Nächsten« dachte er dabei sehr konkret und setzte das so für sich um: »Daß man die Menschheit als solche nicht lieben könne, man müsse bei der Familie anfangen.«

Wagner war kein geschwätziger Prophet einer hehren Abstraktion, sondern ein Realist der Liebe, der sie mit ihren Höhen und Tiefen kannte und der wußte, daß sie immer eines konkreten Anderen bedarf, der dabei mitmacht: »Was man andren sein kann, das sind sie einem; von der und der möchte ich geliebt sein, möchte ich Einfluß üben, das ist eigentlich die Liebe, in einem Schönes zeugen, sagt Diotima, d. h. den andren von sich erfüllen; aber um jeden Preis begehren, auch wenn man nicht geliebt wird, da sind bestialische Leidenschaften.«

Der letztere Bereich ist am stärksten Angst-besetzt; wir wissen, »wie das ward«. Denn es ist der intensivste, in dem Liebe sich äußert und in dem die Gefahr ihrer Deformation am größten ist. Dabei hat Wagner gerade diesen Bereich, die Geschlechtsliebe, immer ausführlich gepriesen. Sie ist die Triebkraft des ganzen »Rings« und eigentlich auch aller anderen Stücke, sogar in der prüden Brechung des »Parsifal«. Ohne die sexuelle Liebe zwischen Mann und Frau bewegt sich nichts, von der ersten Oper bis zur letzten, wo nur die ausdrückliche Verweigerung dieser Liebe den guten Schluß herbeiführt (wobei sich aber bekanntlich sehr fragt, ob es ein guter ist). 1854, »Rheingold« mit seiner Verfluchung der Sexualität – was alles Unheil in Gang setzt – ist gerade komponiert, schreibt Wagner an den Freund Röckel als Teil der Interpretation des entstehenden Hauptwerks: »Die Liebe in vollster Wirklichkeit ist nun bloß innerhalb des Geschlechtes möglich: nur als *Mann* und *Weib* können wir Menschen am wirklichsten lieben, während alle andere Liebe nur eine von dieser Liebe abgeleitete, von ihr herrührende, auf sie sich beziehende, oder ihr künstlich nachgebil-

dete ist . . . allein der wirkliche Mensch ist Mann und Weib, und nur
in der Vereinigung von Mann und Weib existirt erst der wirkliche
Mensch, erst durch die Liebe wird daher der Mann wie das Weib –
Mensch.«

Alberichs Fluch am Anfang des »Rheingolds« gilt eben dieser Liebe,
was die Voraussetzung dafür ist, daß er das Gold rauben und ungeheure
Macht gewinnen kann. Der Verzicht auf Menschwerdung durch Liebe
setzt einen universalen Schrecken frei, zum ersten Mal hat Wagner
eine geradezu panische Musik komponiert, zu Alberichs Versen:

> »Das Licht lösch' ich euch aus;
> entreiße dem Riff das Gold,
> schmiede den rächenden Ring:
> denn hör' es die Flut –
> so verfluch' ich die Liebe!«

Die Liebesverfluchung genügt Wagner, um die ganze ungeheuerliche
Handlung des »Rings« in Gang zu setzen. Es ist die denkbar größte
Untat, *seine* »Sünde wider den Heiligen Geist«. Daß Alberich die Flut
zum Zeugen anruft, das Fließende, Strömende, Schwebende, das nicht
nur Wagnerische Medium der Liebe, steigert noch das Ausmaß des
Verbrechens.

Wagner war stolz auf die Erkenntnis, daß es die sexuelle Liebe ist,
die die Welt bewegt. Damit, so meinte er, erweitere und berichtige er
sogar die Philosophie Schopenhauers, die er doch so tief verehrte. Denn
der »Heilsweg zur vollkommenen Beruhigung des Willens durch die
Liebe« sei »von keinem Philosophen, namentlich auch von Schopenhauer nicht« erkannt worden. Dabei rede er aber nicht von »einer
abstrakten Menschenliebe, sondern der wirklich aus dem Grunde der
Geschlechtsliebe, d. h. der Neigung zwischen Mann und Weib keimenden Liebe«. »Der Gegenstand ist ungemein wichtig«, setzt er noch
hinzu, und: »Die Darstellung führt sehr tief und weit«.

Er hat sie nicht geschrieben, was vielleicht gut war; denn die
eindringlichen Situationen seiner Opern hätte er mit Schopenhauer-
scher Begrifflichkeit kaum einholen können, zumal in seinem schwer
lesbaren Stil, der in immer neuen Verschachtelungen gern immer das
gleiche sagt. Es sind eher die privaten Verhältnisse, in Cosimas Tagebuch festgehalten, die blitzartig den Wert, den er der Liebe beimißt,
beleuchten und ihre Probleme. Zum Beispiel: Fünf Jahre nach der
heißen Liebesaffäre mit Judith Gautier ist diese zu Besuch in Wahnfried. Sehr zu Cosimas Mißbehagen, das er mit der vorgeschobenen
Behauptung, Judith sei ihm eher »peinlich«, kaum auszuräumen ver-

mag. Das Ehepaar gerät in Differenzen, und Wagner sagt dann: »Kunst und Liebe gehen nicht zusammen.«

Das kann er nicht ernst gemeint haben; denn bei ihm gehen Kunst und Liebe in Wahrheit immer zusammen, sowohl im Werk wie auch in dessen biographischen Auslösern. Der Satz soll in dem Zusammenhang wohl etwas anderes sagen, was Cosima nicht ganz nachvollziehen konnte: er war an diesem Tag nicht fähig, an der »Parsifal«-Partitur zu arbeiten, weil die neu entflammte Liebe zu Judith oder wenigstens die Erinnerung an die alte ihm bewußt machte, wie die (Liebes-)Ehe mit Cosima ihn bei der Verwirklichung seines momentanen Liebesgefühls behinderte – eine Verwirklichung, die sonst nahtlos ins kompositorische Werk eingegangen wäre, wie es im Fall der Mathilde Wesendonk bei der »Walküre« und beim »Tristan« geschehen war.

Denn das war – neben den »bestialischen Leidenschaften« – für ihn die andere große Bedrohung der Liebe: daß sie in der Gefahr ist, in Besitz überzugehen und damit ihren Wert als Befreiung zum Menschsein zu verlieren. Schon die Notizen zu dem Jesus-Drama umkreisen ständig das Thema des Gegensatzes von Liebe und Besitz: »Liebe deinen Nächsten wie dich selbst, d. h. auch: trachte nicht Schätze zu sammeln, dadurch du deinem Nächsten entziehest und ihn darben machst; denn so du durch der Menschen Gesetz dein Gut lässest hüten, reitzest du deinen Nächsten zu sündigen wider das Gesetz ... Thuet nach der Liebe Gottes, das heißt: liebet euren Nächsten, so wird euch alles übrige zufallen, denn Gott schuf die Welt zu eurer Ehre und zu eurem Reichthum, und was sie enthält ist zu eurem Genuß, einem jeden nach seinem Bedürfniß. Wo aber gegen die Menschenliebe Schätze gesammelt werden, da sammelt ihr auch die Diebe, gegen die ihr das Gesetz erlasset: so macht das Gesetz die Sünder, und der Mammon machet die Diebe.«

Besitz also ist der krasse Widerspruch zum Gebot der Liebe, ein Gedanke, den nicht nur der Wagner des revolutionären Jahrs 1849 formulierte, sondern den er bis in seine spätesten Tage bewahrte. Ein Aphorismus, den er am selben Tag notierte, als er noch einmal über das Liebesgebot Jesu nachdachte, lautet: »Negersklavenhalter u.s.w. als äusserste Consequenz des über das Thier weit hinaus verwilderten Eroberers ...«

Die unzähligen Träume, in denen er erlebt, daß Cosima ihn verlassen will, bezeugen, wie tief der Zusammenhang von Liebe und Besitz auch in ihm selbst wurzelte und wie er ihn als Bedrohung empfand: da Liebe und Besitz sich ausschließen, darf er Cosima, wenn er sie liebt, nicht besitzen; also muß er sie verlieren. Ein Traum dieser Art lautet in Cosimas Nacherzählung: »Wiederum ging ich fort, und Siegfried, der sich zu ihm drängte, sagte er: ›Geh! Ich mag euch jetzt alle nicht‹, worauf Siegfried, sich entfernend, zusammengesunken sei, er ihn aufgehoben, ganz federleicht gefunden, worauf er einen heißen Atem auf seinem Mund und ganzen Untergesicht gefühlt habe, das war Brange, die ihn leckte, worauf er zu ihr sagte: Marke ist ja tot!«

Der Traum hat viele Elemente. Zunächst den Entzug des Cosima-Besitzes; dann die liebende Zuwendung des Kindes Siegfried, die zurückgestoßen wird, weil der Knabe auch Teil Cosimas ist und deshalb nicht besessen werden darf; er wiegt jedoch leicht und kann deshalb wieder angenommen werden; die nächste Zuwendung geschieht durch Brange, den Hund, auch ein Wesen, das ihm als Besitz gehört und das er zugleich liebt; und dann »Marke ist ja tot« – Marke, der betrogene König aus »Tristan« (Brange ist übrigens eine Abkürzung für Brangäne, Isoldes Dienerin und Warnerin in der Oper): mit dem Namen Marke wurde früher Otto Wesendonk assoziiert, jetzt Hans von Bülow, Cosimas betrogener erster Mann, dem Wagner seinen »Besitz« weggenommen hat, um ihn in den eigenen zu überführen, was wiederum – schlechtes Gewissen – die Schuld des Besitzes an der geliebten Partnerin auslöste.

Es ist, das macht der Traum deutlich, eine nahezu unaufhebbare Bedrohung der Liebe, daß sie notwendig auch immer mit Besitz verbunden ist. Wer den anderen liebt, besitzt ihn auch und gehört ihm zugleich. Darin steckt Wehrlosigkeit. Bevor im Schlußduett des »Siegfried« Brünnhildes Angst vor dem starken Mann ausbricht, gestehen sich beide in einem rührenden Dialog ihre Ungeborenheit und Angreifbarkeit:

»SIEGFRIED: Eine selige Maid
             versehrte mein Herz;
             Wunden dem Haupte
             schlug mir ein Weib:
             ich kam ohne Schild und Helm!

BRÜNNHILDE: Ich sehe der Brünne
             prangenden Stahl:
             ein scharfes Schwert
             schnitt sie entzwei:
             von dem maidlichen Leibe
             löst' es die Wehr: –
             ich bin ohne Schutz und Schirm,
             ohne Trutz ein trauriges Weib!«

Die Musik stockt in den jeweils letzten Versen, signalisiert Furcht vor der Auslieferung als Besitz an den geliebten anderen, wogegen die Waffen fehlen. Was da jedoch fehlt, sind Waffen der Abwehr: Liebe macht ungeschützt, aber sie braucht auch gerade diese Schutzlosigkeit.

Das wiederum ermöglicht ihren Mißbrauch. Als Brünnhilde im zweiten Akt der »Götterdämmerung« Siegfrieds Verrat begreift, erkennt sie, daß sie alles um der Liebe willen weggeben mußte, was sie jetzt schützen könnte, und zwar an ihn, dessen Besitz sie damit geworden ist:

> »Wo ist nun mein Wissen
> gegen dies Wirrsal?
> Wo sind meine Runen
> gegen dies Rätsel?
> Ach Jammer! Jammer!
> Weh! ach wehe!
> All mein Wissen
> wies ich ihm zu:
> in seiner Macht
> hält er die Magd;
> in seinen Banden
> hält er die Beute,
> die, jammernd ob ihrer Schmach,
> jauchzend der reiche verschenkt!«

Auch hier zerreißen in den beiden letzten Versen wieder unregelmäßige Pausen die Musik. Es ist die gleiche Gestaltung wie bei der vorigen Passage. Aber jetzt ist das dort Befürchtete wirklich eingetreten: der Besitzende hat seinen durch Liebe gewonnenen Besitz mißhandelt. So nahe liegen Glück und Schrecken der Liebe beieinander, verbunden durch den politisch-moralisch schillernden Begriff des Besitzes.

Anders als der Besitz aber, den man teilend verringern kann, ist Liebe unteilbar. Sie ist ein auch nicht im Kleinsten antastbares Ganzes, ein Treueverhältnis, dessen Bruch endgültige Folgen hat. »Fluch u. Schande in alle Ewigkeit, wer die Treue bricht!« hat Wagner noch vor der Heirat an Minna geschrieben; die hat sich den Satz angekreuzt, weil sie wohl sagen wollte: das hat *er* später getan – seine theoretischen Überzeugungen nahm er in der Praxis nicht so besonders ernst.

Als der jahrelange Förderer und baldige Schwiegervater Franz Liszt 1865 in den geistlichen Stand trat, machte Wagner sich in einer wütenden Notiz des »Braunen Buchs« Luft: »[Ich] werde endlich den Freund vollständig hassen lernen! Ich glaube schon nicht an seine

Liebe. Er hat nie geliebt. Wer liebt, kann klagen, und tritt in kein besonderes Verhältnis zum lieben Gott. Der Fromme liebt nicht: ihm liegt nur am Herrschen.« Wagner konnte es nicht aushalten, mit anderen in der Liebe zu teilen, nicht einmal mit der Kirche und dem lieben Gott, obwohl die doch recht abstrakte Liebespartner sind und zur Eifersucht selten Anlaß geben, schon gar nicht beim alternden Weltmann Liszt.

Aber Liebe war für Wagner eben eine Einheit. Die Alternative zu dieser welt- und existenzumfassenden Super-Liebe hieß nicht: ein bißchen weniger Liebe, sondern Haß. Auch der liegt immer ganz dicht nebendran. In der frühen Zeit seiner Freundschaft mit Liszt schreibt Wagner ihm einmal: »Ohne uns so zu lieben hätten wir uns nur furchtbar hassen können!« Ein Drittes gibt es nicht. Schon in dem kindlichen Schauerdrama »Leubald und Adelaide« (da war er knapp fünfzehn) verliebt sich der Held in eine Frau, die zugleich seine Todfeindin ist, da sie zur verhaßten feindlichen Familie gehört. Als er das erkennt, tötet er sie und sich – Haß und Liebe fallen als eigentlich Gleiches zusammen. Sie sind die identische Kraft als Zentrum der Welt.

In seinen späten Jahren hat Wagner die alte Liebesvorstellung umgedeutet. Die überwältigende Rolle, die die Sexualität ursprünglich darin spielte, wird zwar nicht aufgegeben, aber durch ein neues oder zumindest stärker hervorgehobenes Moment ergänzt: Mitleid. Theoretisch hat er das im Umkreis der »Parsifal«-Komposition entwickelt, der ja mit vorgeblich christlichen Gedanken spielt. In einem Nachtrag zu dem Aufsatz »Religion und Kunst« von 1880 stellt er zunächst die christlichen Tugenden zu der Reihenfolge »Liebe, Glaube und Hoffnung« um. Das Gebot der Liebe aber sei eine »fast übermäßige Anforderung an den natürlichen Menschen«. Denn: »Woran geht unsere ganze Zivilisation zugrunde als an dem Mangel der Liebe?« Wie könne man deshalb diese Welt lieben? Nur indem man ihre Lieblosigkeit »als ihr *Leiden*« erkenne und »Mitleiden« erwecke; das heiße, »den Ursachen jenes Leidens der Welt, sonach dem Begehren der Leidenschaften, erkenntnisvoll sich zu entziehen, um das Leiden des anderen selbst mindern und ablenken zu können.«

Das ist, so sehr sich Wagner um den Nachweis des Gegenteils bemüht hat, eine Abkehr von früheren Vorstellungen. Mit ihr wird unausgesprochen die Szene zwischen Kundry und Parsifal erläutert, die – auf beiden Seiten – ihren Ausgang nimmt von der Sehnsucht nach sexueller Liebe. Als Parsifal Kundrys Absicht erkennt, ihn sexuell zu verführen und dadurch zu vernichten, stößt er sie zunächst von sich, zeigt ihr dann aber den neuen Weg:

»Auch dir bin ich zum Heil gesandt,
bleibst du dem Sehnen abgewandt.«

Doch seine Erlösungsverheißung endet in verzweifelten Versen:

»Oh, Elend! Aller Rettung Flucht!
Oh, Weltenwahns Umnachten:
in höchsten Heiles heißer Sucht
nach der Verdammnis Quell zu schmachten!«

Die alte Liebe mit ihren Nöten und Glücksgefühlen, nur programmatisch und vordergründig abgelöst durch das »Mitleiden«, steigt weiterhin von unten ins Bewußtsein. Parsifals und Wagners Mitleids-Ideologie ist eine Fassade, hinter der es bedrohlich gärt. Denn mit christlich-schopenhauerischer Ethik ließ sich die Liebe nicht verdrängen, die dem Menschen gut tut.

4.

Mitleid

Die Trennung von Mathilde Wesendonk im Sommer 1858 löste in Wagner tiefe Depressionen aus. Mit dem halb fertigen »Tristan«, an dem er nicht mehr recht vorankam, saß er in Venedig und schrieb sein Unglück in ein für Mathilde bestimmtes Tagebuch. Am 1. Oktober notiert er Seiten lang Gedanken über das Mitleid. Und die haben es in sich.

Sie gehen aus von einem Erlebnis auf der Straße. Wagner sah, wie ein Geflügelhändler einem lebenden Huhn den Kopf abriß: »Der gräßliche Schrei des Tieres ... drang mit Entsetzen in meine Seele.« Die Beobachtung führt Wagner zu der Überlegung, »auf welchen bodenlosen Abgrund des grausamsten Elendes unser, im ganzen genommen, doch immer genußsüchtiges Dasein sich stützt!« Er geht nun zu seiner eigenen Existenz über und meint den »gerechten Grund aller meiner Leiden« darin zu erkennen, »daß ich Leben und Streben immer noch nicht mit Bestimmtheit aufgeben kann«. Das ist Schopenhauer, mit dem er sich seit ein paar Jahren und von da an immer intensiv beschäftigte.

Der Dichterfreund und Exil-Schicksalsgenosse Georg Herwegh hatte ihn 1854 auf den Philosophen aufmerksam gemacht, dessen Jahrzehnte altes, aber fast ungelesenes Hauptwerk »Die Welt als Wille und Vorstellung« plötzlich in Mode gekommen war. Fasziniert entdeckte Wagner, der das Buch gleich viermal hintereinander las, wie viele Gedanken des längst fertig gedichteten »Rings« Parallelen bei Schopenhauer fanden. Durch dessen Philosophie erst habe er sein Stück richtig verstanden, schrieb er später in der Autobiographie.

Der Schopenhauersche Gedanke von der Notwendigkeit, sein »Leben und Streben« aufzugeben, ist jedoch bei Wagner pure Theorie, wo immer er als angeblich notwendiges Prinzip für das eigene Leben auftaucht, und das tut er oft. In Wirklichkeit dachte er nicht im entferntesten an so etwas, sondern trieb im Gegenteil die Vollendung seines Werks samt den beachtlichen Voraussetzungen seiner Aufführung zielstrebig vorwärts. Heuchelei kann man es auch nennen oder positiv: den Versuch, wenigstens philosophisch mit sich ins Reine zu kommen und die Problematik im Werk zu gestalten. Wagner selbst jedoch hat nie ernsthaft an einen Schaffens-Verzicht gedacht oder gar an Selbstmord.

Der venezianische Text fährt zunächst fort mit derartigen Beispielen einer zumindest unbewußten Selbsttäuschung. Sein »nicht selten dem Liebsten bitter begegnendes Benehmen« etwa oder sein »instinktiver Haß gegen Reiche« beruhten darauf, daß er »entschiedenes Behagen oder die Tendenz, sich ein solches zu bereiten«, aus diesen philosophischen Gründen ablehnen müsse; denn das, um mit Schopenhauer zu sprechen, ist Bejahung des Willens zum Leben und somit falsch. Er hingegen fühle sich »zu jener andren Seite« des Elends hingezogen. Und nun kommt das entscheidende Stichwort: das erwecke in ihm »Mitgefühl, das ist Mitleiden«: »Dieses Mitleiden erkenne ich in mir als stärksten Zug meines moralischen Wesens, und vermutlich ist dieser auch der Quell meiner Kunst.«

Das ist starker Tobak. Auf die Idee konnte nur Wagner selbst kommen. Von Cosima vielleicht abgesehen hätte wohl jeder Zeitgenosse ihm alle Eigenschaften eher zugetraut als ausgerechnet Mitleid – und auch noch als »stärksten Zug«. Wenigstens hat er hinzugesetzt: seines *moralischen* Wesens; das war offenbar aber in seinem anderen Wesen selten anwesend.

Seine Beispiele, die eigene Lieblosigkeit und der Reichtum, zielen übrigens offen auf die Adressatin. Sie sollen sein Verhalten rechtfertigen gegenüber der Geliebten und ihrem reichen Mann. Beide, ihn vor allem, hat er auch später noch schäbig genug behandelt und das hier im voraus und ein für allemal erklärt. Immerhin muß man festhalten, daß der Gedankengang für Wagner nicht ganz neu ist. Schon fast zehn Jahre früher, vor der Bekanntschaft mit den Wesendonks und mit Schopenhauers Philosophie, hat er in den »Ausführungen« zu dem »Jesus«-Entwurf bereits ähnlich argumentiert. Da ist es noch nicht das Mitleid, sondern die Liebe selbst, die sogar einen moralisch scheinbar so unantastbaren Begriff wie Dankbarkeit kritisch aufhebt: »Dankbarkeit ist keine Liebe, sondern eine durchaus unbefriedigende, in sich unwahre Empfindung; sie kann nur Belobigung der Liebeshandlung eines Andren sein, die Rechtfertigung einer mir erwiesenen Wohlthat: selbst Liebe könnte sie nur sein, wenn sie das Empfangene erwiderte, denn die Liebe ist gebend, nicht empfangend: eine vollgültige Erwiderung des Empfangens könnte aber nur eine Zurückgabe des Empfangenen sein, mithin also die Aufhebung der mir erwiesenen Liebesthat: die wirkliche Befriedigung des Dankgefühles müßte also in der Vernichtung der Ursache der Dankesverpflichtung liegen: sie wäre also das reine Gegentheil der Liebe, nämlich die Verneinung ihrer That . . . Dankbarkeit ist daher einer der leeren Begriffe, welche in einer egoistischen Gemüthsschwäche beruhen und in ihrer Unproductivität die mannichfaltigsten Täuschungen herbeiführen, denn sie hebt zugleich die Freiheit des Handelns auf, ohne welche die Liebe undenkbar ist.«

Man kann sich dieser sophistischen Suada kaum entziehen. Aber es läßt sich durchschauen, daß auch hier Wagners raffinierte Dialektik am Werk ist: indem er dem Geben das Wort redet, rechtfertigt er das eigene Nehmen.

Zurück zum 58er Text. Nach seinem überraschenden Selbstbekenntnis als eines Mitleidigen enthüllt Wagner den Grund dafür, warum dieser Begriff so wichtig für ihn ist. Charakteristisch für die Liebe sei die Mit*freude*, und dazu bedürfe es der Sympathie und Homogenität mit dem anderen. Das Mit*leid* dagegen könne sich auch dem »gemeinsten und geringsten Wesen« zuwenden, denn: »Es handelt sich hier nicht darum, was der andere leidet, sondern was ich leide, wenn ich ihn leidend weiß.« Je tiefer man anderes Leid fühle, um so tiefer sei man selbst. Deshalb könne man mit »niedreren Naturen« mehr Mitleid haben als mit höheren, weil diese selbst schon etwas mit ihrem eigenen Leid anfangen könnten, jene jedoch nur »das absolute, erlösungslose Leiden, ohne jeden höheren Zweck« kennen, das der höhere Beobachter »mit eigener, qualvoller Verzweiflung« betrachte. Deshalb auch habe er mehr Mitleid mit dem Tier als mit dem Menschen – womit sich der argumentative Kreis zum Anfangserlebnis schließt.

Das ist ein eindrucksvolles Beispiel für Selbstbefriedigung. Liebe, die stärkste Form der Mitfreude, ist außerordentlich anstrengend. Mitleid dagegen bestätigt einem den eigenen Wert, ohne daß der Gegenstand des Mitleids irgendeine Forderung stellen dürfte. Mitleid wird zum resignativen Schmerz, in dem man seiner selbst gewahr wird und sich seiner eigenen Gefühle angenehm versichert. Je stärker des anderen Leid, um so stärker das eigene Selbstgefühl.

Der hier konstruierte Begriff des Mitleids ist geradezu das Gegenteil der Liebe, was der Text ja auch ausdrücklich bestätigt. Und so ist der Ersatz der sexuellen Liebe durch Mitleid in der Szene zwischen Kundry und Parsifal eben auch keine Weiterentwicklung dieser Liebe, sondern die Abkehr von ihr, ihre Verneinung. Es wird begreiflich, warum diesem Erlöser am Ende Erlösung gewünscht werden muß. Der Schluß des Tagebuch-Eintrags bekräftigt mit seiner Anrede an Mathilde und mit einer nochmaligen Wendung ins Autobiographische, wie sehr das

Wagnersche Mitleid Lieblosigkeit ist: »So schmähe mein Mitleiden nicht, wo Du mich es ausüben siehst, da ich Dir nun nur noch Mitfreude schenken darf! O, diese ist das Erhabenste; sie kann nur bei vollster Sympathie erscheinen. Dem gemeineren Wesen, dem ich Mitleid schenkte, muß ich mich schnell abwenden, sobald es von mir Mitfreude fordert. Dies war der Grund der letzten Zerwürfnisse mit meiner Frau.«

Mitleid als eigenes Geschenk, Mitfreude (= Liebe) als fremde Anforderung und *auch* als Geschenk, wo man ihr nachkommt: Wagner hat seine krasse Selbstsucht selten so deutlich formuliert. Die Welt und ihr Leid als Objekt seiner eigenen Gefühle: das ist auch der »Quell« seiner Kunst. Und somit hat er mit dieser »Vermutung« in dem Text anders als er wollte Recht: er beschreibt, wie die Menschen dieser Welt sich verhalten, indem er ihnen seine eigenen Beweggründe einverleibt. Wo sie Wagners Theorie des Mitleids folgen, mißachten sie den anderen als geringeres Wesen. Ihr Mitleid ist Hochmut wie das ihres Schöpfers. Die Bedeutung seines Werks besteht nicht zuletzt darin, daß es diesen Widerspruch bewahrt hat, den Wagner sich selbst gar nicht bewußt machen konnte. In den dunklen Worten gegen Ende der Parsifal-Kundry-Szene und am Schluß des letzten Akts meldet sich die Menschlichkeit, die gegen das Mitleid als Handlungsprinzip protestiert. Sie deuten an, was Wagner nicht wegdisputieren konnte, weil er es nicht glaubte: seine Mitleids-Lehre ist menschenfeindlich.

Wagner muß das aber doch manchmal gespürt haben. Während er in den Mitleids-Orgien des »Parsifal« schwelgt, erzählt er Cosima einmal von der Verzweiflung des ersten Pariser Aufenthalts, als er vergeblich versuchte, mit Liedkompositionen Geld zu verdienen. Dabei habe Minna sich so verhalten: »Ach Gott; sie sorgte wohl für Radieschen oder so etwas; sie hatte Mitleid mit mir.« Soll heißen: sie hatte keine Liebe, wie Wagner sie in dieser Situation gebraucht hätte. Im Mitleid erhebt der Mensch sich über den anderen und gibt ihm in Wahrheit nicht das, was er braucht. Vielleicht ist es kein Zufall, daß der Sohn Siegfried *nicht* Arzt geworden ist, wie es die Eltern ihm lange zugedacht hatten: »helfen, helfen, dies sei der Beruf unsres Sohnes in dieser furchtbaren Welt«. Statt des Mitleidsberufs, dem auch ein Element von Herrschaft über Menschen innewohnt, wählte er wie der Vater den des Komponisten.

Vielleicht ist es *auch* kein Zufall, daß Wagner den Mitleidigen gelegentlich in Verbindung mit dem Begriff Gottes bringt, also dessen, der über die Menschen herrscht. Gott erschien ihm immer als ein eher negatives Gebilde; und so hat es auch einen negativen Nebensinn, wenn er vom »Menschen, ›der Mitleid hat‹«, einmal sagt, »da fängt der

Gott an«. In den Aphorismen vom Oktober 1881 hat er notiert: »Nicht
das Licht, welches von aussen die Welt beleuchtet, ist Gott, sondern das
Licht welches wir aus unserem Inneren auf sie werfen: d. i. Erkenntniss
durch Mitgefühl.« Der Mensch macht sich zum Gott, indem er mitlei-
det, statt zum Menschen zu werden, der liebt: das ist eine Interpretation, die Wagner zu dieser Zeit sicher so nicht geteilt hätte; aber aus
seinem Unterbewußtsein drängen eben doch Assoziationen nach oben,
die die eigene offizielle Theorie heimlich ins Unrecht setzen.

Dieses sich göttlich wähnende Hinweggehen über menschliche
Gefühle erscheint in den sonderbaren Toten-Gedenkzeilen, die Cosima
manchmal in ihr Tagebuch schreibt. Da stehen Mensch und Tier, nahe
Freunde und unbekannte Handwerker unterschiedslos nebeneinander:
indem die Trauer vorgibt, zwischen Hund, Maurer und Pfarrer nicht zu
unterscheiden, hebt sie sich über alle hinweg, setzt an die Stelle der
Zuwendung zum anderen das eigene »edle« Gefühl – Mitleid enthüllt
sich als selbstgefällige Egozentrik.

Von hier fällt ein Licht in den dunkelsten Schacht der Wagnerschen
Biographie: auf seinen Antisemitismus. Es ist der wirkungsgeschicht-
lich heikelste Komplex seines Werks. Dessen Kern sei eben der Antisemitismus, haben seine alldeutsch-völkischen Verehrer, angeführt von
seinem Schwiegersohn Houston Stewart Chamberlain (den er aber
selbst nicht mehr gekannt hat), schon früh behauptet. Hitler hat die
These aus begierigem eigenen Interesse aufgenommen, und sie hat
viele Nazi-Feinde, vor allem in der Bundesrepublik und in Israel, auch
zu rigorosen Wagner-Gegnern gemacht.

Es wäre albern zu behaupten, Wagner sei kein Antisemit gewesen,
und die milde Entschuldigung, das alles beruhe auf biographischen
Übertragungsmechanismen (Stichwort: der Haß auf die erfolgreiche-
ren Kollegen Meyerbeer und Mendelssohn), und so schlimm sei es ja
auch gar nicht gewesen, weil Wagner schließlich einmal eine bösartige
antisemitische Resolution nicht unterzeichnet habe – diese Entschuldigung wohlmeinender Fans geht an dem Thema einigermaßen vorbei.
Ohne wenn und aber also: Wagner *war* ein Antisemit, und zwar ein
vehementer.

Doch die neuere Wagner-Kritik begibt sich auf einen Holzweg, wo
sie vor lauter Juden Wagner nicht mehr sieht. Die Behauptungen, das
Judenproblem sei »*das* zentrale Problem seines Lebens«, sein Geldbe-
griff sei »ohne den Begriff des Juden« nicht zu denken, der Brand von
Walhall beziehe sich »nicht auf den Kapitalismus, nicht auf den
Imperialismus, sondern auf sein Bild vom Juden« – diese Behauptungen Hartmut Zelinskys sind so fragwürdig wie andere seiner Mitstrei-
ter unhaltbar sind, etwa: Wagners Antisemitismus sei »wohl nahezu

einzigartig auch in dieser Zeit«. Vielmehr lohnt sich vor der raschen
Katalogisierung ein zweiter Blick; denn die Sache ist in Wahrheit
verhältnismäßig kompliziert. Sie kann hier nicht gründlich oder gar
erschöpfend dargestellt werden, aber doch womöglich ein wenig aufge-
hellt.

Wagners Antisemitismus ist aufs engste verknüpft mit seiner um
den Begriff des Besitzes sich rankenden Philosophie. Berücksichtigt
man nicht nur die offiziellen Schriften zum Thema (vor allem das
gräßliche Pamphlet »Das Judentum in der Musik«), sondern auch die
privaten Äußerungen, so erkennt man, daß Wagners Juden-Feind-
schaft keineswegs primär auf rassistischen Vorstellungen beruhte,
sondern zunächst auf soziologischen. »*Die* Juden«: das war für ihn der
Inbegriff der Besitzenden und damit der zu Unrecht Macht Ausübenden. Alle Maßnahmen gegen die Juden, so erläutert der alte Wagner es
einmal Cosima, seien unnütz, »so lange der Besitz da sei«. Und in
seiner bekannten Dialektik von Verachtung und Bewunderung des
Besitzes fährt er fort: »Sie [die Juden] seien die einzigen wirklich
Freien«. Zwei Jahre später dann, ein paar Monate vor seinem Tod,
zitiert er einen ungarischen Minister, der gesagt habe, »der Kampf der
Juden sei der der Nicht-Besitzenden gegen die Besitzenden«; aber dann
kehrt Wagner diesen anti-jüdisch gemeinten Ausspruch ins Positive
und sagt: »als ob dieser Kampf nicht der allergerechtfertigtste sei«.

Wagners von frühsozialistischen und anarchistischen Vorstellun-
gen beeinflußte Besitz-Kritik im weitesten Sinn suchte sich nachträg-
lich eine reale Verkörperung: eben *den* Juden – was ganz offensichtlich
nur scheinbar eine konkrete Figur ist, in Wahrheit aber eine neue
Abstraktion. Neben dem Neid auf jüdische Erfolgskomponisten wie
Meyerbeer, dem er sich zu allem Überfluß auch noch zur verhaßten
Dankbarkeit verpflichtet fühlte, gingen in diese Abstraktion tiefe
Ängste ein. Da er lange für möglich hielt, Ludwig Geyer, der zweite
Mann seiner Mutter, sei sein leiblicher Vater, konnte er befürchten,
selbst jüdischer Abstammung zu sein, was übrigens ein Irrtum gewesen
wäre: Geyer war trotz seines Namens kein Jude.

Es hat fast beschwörenden Charakter, wenn Wagner bei abendli-
chen Hausmusiken gelegentlich gern die Partie des Mime übernimmt.
Das ist voller Pikanterie: der alte Wagner stellt den geld- und machtgie-
rigen Mime dar, in dem der Inbegriff des Juden karikiert werden soll. In
der Schicht der Musik hebt die Karikatur sich übrigens schnell im Ernst
auf: der reife Wagner konnte da keine Unterschiede machen, seine
kompositorischen Mittel übersteigen die albernen Witzeleien in der
Schicht des Textes, verschmelzen Ernst und Spaß ununterscheidbar in
eins. An Wagners anderer Juden-Karikatur, dem Beckmesser in den

HITLER AM FENSTER DES
BAYREUTHER FESTSPIELHAUSES
Wagners Antisemitismus (neben seinem scheinbaren
Germanentum) hat ihn zu dem Komponisten der Nazis
werden lassen. Hitler war schon vor 1933 und danach erst
recht in Bayreuth ein gern gesehener Gast.

»Meistersingern«, ließe sich demonstrieren, wie dessen Musik in die Nähe der neuen gerät, mit all ihrem grell zerbrochenen Überschlag, wie sonst nur noch wenige Passagen der spätesten Stücke.

Nietzsche, der sich am intensivsten und schmerzlichsten mit Wagner eingelassen hat, hat in einem Fragment – niedergeschrieben bereits nach dem Zerwürfnis – Wagner geradezu zum Komponisten für Juden gemacht; die Stelle ist nicht kritisch, sondern eher positiv gemeint: »Furchtbare Wildheit, das Zerknirschte Vernichtete, der Freudenschrei, die Plötzlichkeit, kurz die Eigenschaften, welche den Semiten innewohnen – ich glaube, semitische Rassen kommen der Wagnerischen Kunst verständnissvoller entgegen als die arische.«

Wagners gebrochener und für ihn selbst problematischer Antisemitismus erhält seine schlimmsten Züge im Zusammenhang mit seiner späten Mitleidstheorie. Die programmatische Schrift »Das Judentum in der Musik« von 1850 ist im wesentlichen noch eine Ansammlung nachgeredeter Vorurteile. Ihre Wiederauflage 1869 mit einem neuen Vorwort steht bereits unter einem anderen Zeichen. Wagner, seit langem von begeisterten Jüngern jüdischer Rasse umgeben, hat sich aufgemacht zur Erlösung dieser Rasse. Was vorher der banale Ausdruck unsinniger Ängste war, wird nun zur angeblich fundierten Lehre. Er wendet den Juden sein »Mitleid« zu, schwingt sich damit zu ihrem edlen Herren auf und begründet jetzt erst eigentlich den rassistischen Charakter seines Antisemitismus. »Juden« werden wie alle »niedrigeren« Wesen, Tiere eingeschlossen, zu »erlösungslos Leidenden«. Ihnen wird das »höhere« Menschsein verschlossen; sie werden zugleich aber von den »höheren« Menschen dringend benötigt, damit diese ihre besseren Gefühle empfinden können. Man darf, man muß sie geradezu schlecht behandeln, damit sie sich des Abstands bewußt bleiben; man muß ihnen aber auch immer wieder tröstendes Mitleid zuwenden, weil man nur dadurch ja seinen eigenen höheren Wert sichtbar machen kann. Das Spiel, das Wagner mit dem Münchner Kapellmeister Hermann Levi aufführte, den er beleidigte, tröstete, davontrieb und wieder als Uraufführungs-Dirigent des »Parsifal« einsetzte, ist ein beispielhafter Ablauf solchen Denkens und zeigt Wagner auf der Höhe seines Mitleids-Sadismus.

Zwar: nie wäre Wagner auf den Gedanken gekommen, alle Juden müßten buchstäblich vernichtet werden. Vielmehr wollte er sie »taufen«, von ihrem Judentum »erlösen«. Den Begriff des Volksschädlings hat er nicht erfunden, und er hätte ihn sogar ablehnen müssen, da er die Juden als menschliche Vertreter der niederen Wesen (wie seine Tiere) für seine Mitleids-Ideologie brauchte. Aber durch den Bezug auf rassische Merkmale hat er Ausreden für andere Endlösungen bereitgestellt. Wagner hat Auschwitz nicht geschaffen und nicht verlangt, er hätte es auch nicht gebilligt; in einem moralischen Sinn bleibt er jedoch mit-verantwortlich für die Konsequenzen, die seine schrecklichen Erben und Epigonen aus dem trüben Gebräu dann destilliert haben.

Daß Mitleid die Leiden der Welt nicht heilt, ist ihm in seinen späteren Jahren doch einmal wieder aufgegangen. Zusammen mit Cosima sieht er, wie ein Hund auf der Straße überfahren wird: »ein Schrei, ein Zusammenkauern, dann ein rasendes Schnellen in die Luft und ein Zurückfallen, um dann bei Seite weggeworfen zu werden . . . wie ein alter Fetzen . . . Wir sind sehr trübgemut; ›der Mensch soll gar nicht mitleidig sein‹, – sagt R. – ›die Natur will es nicht, er soll grausam sein wie die Tiere; der mitleidige Mensch paßt nicht in die Welt‹. Ich meine [das ist Cosima], daß man das Mitleiden nicht aussprechen, nur betätigen müsse. R. ist sehr gedrückt, er kann diesen Sprung in die Luft des sterbenden Tieres nicht vergessen.« Am selben Tag noch nennt Wagner den »Faust« und die Neunte Sinfonie und die Matthäus-Passion »barbarische Werke«. Es sind für ihn die höchsten Beispiele literarischer und musikalischer Weltanalyse, und da ist er wieder beim eigenen Werk, dem »Kunstwerk der Zukunft«, das die Wahrheit der zu verändernden Welt nicht verrät an den falschen Schein des Mitleids. »Barbarisch« hat das Werk zu sein, damit es wirklich ausdrückt, wie diese Welt beschaffen ist, und damit es der Welt den richtigen Weg zeigt.

Er wußte es eben doch und hat es im Werk formuliert: diese Welt bedarf der Kritik, der Kritik aus Liebe, und nicht des erbärmlichen Mitleids.

5.

Heldentod und Liebestod

Seit seinen frühesten Opern spielt Wagner mit dem Gedanken des Todes als Opfer, das den erlöst, für den man sich opfert, und zugleich einen selbst. Andeutungsweise taucht das schon in den »Feen« und im »Liebesverbot« auf, in voller Klarheit und tatsächlich ausgeführt dann im »Fliegenden Holländer« und im »Tannhäuser«. Senta und Elisabeth erlösen durch ihren Tod den Holländer und Tannhäuser, auf denen ein Fluch lastet, aber sie werden selbst auch zu selig Entrückten: Senta erscheint am Schluß »in verklärter Gestalt«, und »Heilige Elisabeth, bitte für mich!« heißt es ausdrücklich am Ende des »Tannhäuser«.

Den unüberbietbaren Höhepunkt dieser thematischen Linie bildet »Tristan und Isolde«. Hier ist der Tod zunächst als Isoldes Rache an ihrem Entführer Tristan gedacht, der ihren Verlobten getötet hat. Vergiften will sie ihn und dann am selben Gift sterben. Doch die Dienerin Brangäne vertauscht absichtlich die Mittel und reicht nicht den Todes-, sondern den Liebestrank. Der hat zur Folge, daß beide von nun an gemeinsam sterben wollen, in Liebe statt wie vorher geplant aus Haß. Die absichtliche Verwechslung ändert also nichts am schließlichen Ergebnis, aber das Motiv hat sich völlig verändert, und das ist das Entscheidende. Im Liebesduett des zweiten Akts stellt die Todessehnsucht sich heraus als eine Geste des Vergessens:

> »O sink hernieder,
> Nacht der Liebe,
> gib Vergessen,
> daß ich lebe;
> nimm mich auf
> in deinen Schoß,
> löse von
> der Welt mich los!«

Der gewünschte Liebestod soll alle Angst aufheben:

>>Nun banne das Bangen,
holder Tod,
sehnend verlangter
Liebestod!<<

Der Schluß des Duetts, vor der Entdeckung durch den Ehemann und sein Gefolge, verkündet in schwer verständlichen und wohl auch absichtlich nicht ganz verstehbar formulierten Versen die Einheit von Tod und Lust:

>>Du Isolde (Tristan du),
Tristan ich (ich Isolde),
nicht mehr Tristan,
nicht mehr Isolde;
ohne Nennen,
ohne Trennen,
neu Erkennen,
neu Entbrennen;
endlos ewig
ein-bewußt:
heiß erglühter Brust
höchste Liebeslust!<<

Im Zweikampf mit dem Freund und Verräter Melot schafft Tristan dafür die Voraussetzungen: er läßt sich ohne Gegenwehr verwunden und siecht im dritten Akt an der Verletzung dahin. Als die sehnlich erwartete Isolde eintrifft, stirbt er in ihren Armen. Eine Art Selbstmord also, herbeigeführt, um im Tod eins zu werden, was im Leben nur unvollkommen gelingen kann.

Ist Tristans Tod noch durch die Wunde realistisch gerechtfertigt, so bringt Isolde erst den eigentlichen Liebestod zustande. Ähnlich wie Kleists Penthesilea verschafft sie sich ein tödliches Gefühl; doch ihre letzten Verse sagen auch, daß sie sich im Tod, der keine äußere Ursache hat, nicht nur mit dem geliebten Tristan vereinigt:

>>In dem wogenden Schwall,
in dem tönenden Schall,
in des Weltatems
wehendem All –
ertrinken –
versinken –
unbewußt –
höchste Lust!<<

Die Liebes-Assoziationen des Fließens und Schwebens verbinden sich
mit der hier erklingenden Musik (Wagner hat den ursprünglichen Text
»in der Duftwellen tönendem Schall« dafür bei der Komposition
sinnreich verkürzt) und mit der Welt als Ganzem: Liebe, Musik und
Welt, Tristan, Wasser und Lust – das alles verschmilzt zu einem
untrennbaren Gemenge, dessen Zusammensetzung den Liebestod ausmacht.

Wagner hat diese Oper »einen Ergänzungsakt des großen, ein
ganzes Weltverhältnis umfassenden Nibelungenmythus« genannt.
Die Verhältnisse Tristan-Isolde und Siegfried-Brünnhilde, so sagt er in
seinem »Epilogischen Bericht« zum »Ring«, seien von den Männern
her in ihren Voraussetzungen, die zum jeweiligen Untergang führen,
gleich: nämlich das Freien einer Frau für einen anderen. Aber: »Während der Dichter des *Siegfried,* den großen Zusammenhang des ganzen
Nibelungenmythus vor allem festhaltend, nur den Untergang des
Helden durch die Rache des mit ihm sich aufopfernden Weibes in das
Auge fassen konnte, findet der Dichter des *Tristan* seinen Hauptstoff in
der Darstellung der Liebesqual, welcher die beiden über ihr Verhältnis
aufgeklärten Liebenden bis zu ihrem Tode verfallen sind. Hier ist nur
breiter und deutlicher gefaßt, was auch dort unverkennbar sich ausspricht: der Tod durch Liebesnot, welche in der einseitig des Verhältnisses sich bewußten Brünnhilde zum Ausdrucke gelangt.«

Wer sich über alles im klaren ist, sagt diese Passage, der sucht den
Tod als höchste Form der Liebe: Tristan, Isolde, Brünnhilde. Nur der
die Zusammenhänge nicht durchschauende Siegfried sucht diesen Tod
nicht – er muß einfach ermordet werden, um dann den nachträglichen
Liebestod der Frau zu ermöglichen. Aber ganz stimmt das nicht.
Tristan und Isolde versprechen sich zwar sozusagen den gemeinsamen
Selbstmord, aber sie begehen ihn gar nicht. Daß Tristan sofort stirbt,
als Isolde erscheint (worüber sie sich übrigens heftig beklagt), ist doch
auch eine Art Flucht vor der gemeinsamen Verantwortung im Tod.
Tristan sucht sich eine leicht zu erhaltende Wunde und überläßt Isolde
die ganze Arbeit. Zum Liebestod ist in Wahrheit bei Wagner immer
nur die Frau fähig, gerade auch hier, in seiner eindringlichsten Gestalt.

Um den Sinn des Liebestods besser zu verstehen, muß man auf
einen viel früheren Text zurückgreifen, wieder einmal auf die Ausführungen zu »Jesus von Nazareth«. Dort wird der Tod zunächst definiert
als »das letzte Aufgehen des Einzellebens in das Gesammtleben«, als
»letzte und bestimmteste Aufhebung des Egoismus«. Der »Proceß des
Lebens« sei »der unaufhaltsame Fortschritt zum Tod«. Dann wird die
Verbindung hergestellt zur Liebe: »Die Liebe ist die nothwendigste
Äußerung des Lebens: wie in ihr aber materiell der selbstige Lebens-

stoff sich seiner entäußert, so geht in ihr auch der sittliche Proceß der Entäußerung des Egoismus vor, und die vollendete Entäußerung desselben ist der Tod, das Aufgeben des Leibes, der eigentlichen Heimat des Egoismus, des letzten Hindernisses meines Aufgehens in die Allgemeinheit.«

Die Liebe, und gemeint ist ausschließlich die geschlechtliche, ist also der unmittelbare Gegensatz zum Egoismus. Dieser *nimmt*, während jene *gibt*. Das Geben aber ist »Entäußerung«, letztlich der Tod. Liebe und Tod hängen so direkt zusammen, die eine führt notwendig zum anderen. Das alles muß jedoch gewollt sein; gemeint ist nicht der banale Zufall des Sterbens, sondern der bewußt in Liebe angestrebte Tod, mit dem man sich vom egoistischen Weltzusammenhang löst.

Das alles hat auch etwas mit Rückzug zu tun ins Private, ist doch die Folge von »Entäußerung« eben Verinnerlichung. Es ist kein Zufall, daß Wagner diese Gedanken Anfang 1849 formuliert hat, mitten im Gären der Revolution, deren Scheitern sich abzeichnete. Die Folgen des Scheiterns werden hier unterbewußt vorweggenommen. Die Unmöglichkeit, die Welt, wie sie ist, politisch zu verändern, wird ideologisch zum eigentlichen Wert erhoben: man muß sich radikal aus der Welt zurückziehen, um moralisch gerechtfertigt zu sein. Wagners Motiv des Liebestods ist so eine der frühesten Erscheinungen der bürgerlichen Rückzugsbewegung ins Innerliche, wie sie für die Zeit nach 1849 typisch wurde. In Analogie zu Goethes Feststellung, die christliche Religion sei eine »intentionierte politische Revolution, die, verfehlt, nachher moralisch geworden ist«, hat Gregor-Dellin das so formuliert: »Wagners Krypto-Theologie ist eine intentionierte politische Revolution, die, verfehlt, nachher kunstphilosophisch geworden ist.«

Denn Wagner wendet seine Liebestod-Lehre tatsächlich nur auf sein Werk an, nicht etwa aufs reale Leben von Menschen – sicher nicht nur deshalb, weil Liebestod-fähige Situationen im 19. Jahrhundert nur noch selten vorkommen. Vielmehr ist es ein hoch-symbolisches Motiv, das nur in der Form von Kunst vollständig und verständlich darstellbar ist. Es hängt wiederum eng zusammen mit Wagners gesamter Liebesvorstellung und also mit dem Verhältnis von Mann und Frau.

Über »Tristan und Isolde« hinaus reicht das Motiv sogar bis in den »Parsifal«. Wenn Kundry am Ende des Stücks »mit dem Blicke zu ihm auf, langsam vor Parsifal entseelt zu Boden« sinkt, so ist das auch ein Tod um der Liebe willen, die Parsifal ihr gegenüber nicht erfüllt hat – weshalb er ja am Leben bleibt, und das spricht (Wagnerisch) nicht unbedingt für ihn. Jedenfalls ist Kundry durch ihren Tod erlöst, während für den Erlöser Parsifal die Erlösung dem Text zufolge durchaus noch nicht gewiß ist. Wagner bildet da die gleiche Situation

nach, die schon der »Lohengrin«-Schluß darstellte: Elsa in unerfüllter
Liebe »entseelt«, Lohengrin unerlöst »in der Ferne«, lebend.

Der Liebestod ist das Endgültige, das Sichere, vor allem aber: die
Befreiung der Welt. Nach dem Tod dieser Frauen kann die Welt nicht
mehr so sein wie vorher. Senta im »Fliegenden Holländer« hat bewiesen, daß die Ehe keine auf Gold und Perlen errichtete Zweckgemein-
schaft ist; Elisabeth im »Tannhäuser« hat das erbarmungslose Verdam-
mungsgesetz der Kirche widerlegt; Brünnhilde im »Ring« hat die
machtbesessenen Götter vernichtet und den Menschen die Freiheit zur
Zukunft geöffnet; Isolde im »Tristan« hat den Absolutheitsanspruch
der Liebe gegenüber den Normen der Gesellschaftsmoral errichtet;
Kundry im »Parsifal« hat gezeigt, daß man trotz scheinbar hoffnungs-
loser Verstrickung in ein sündiges Dasein sich selbst retten kann. Die
diese Vorgänge erlebt haben, werden ihr Leben ändern müssen, um den
neuen Erkenntnissen gerecht zu werden, die der Liebestod der Frauen
vermittelt. Insofern behauptet Wagners Werk entgegen der politischen
Realität auch die Möglichkeit, ja Notwendigkeit der politischen Veränderung. Es sind immer die Frauen, die diese Einsicht bewirken. Ihnen
wird die Verantwortung übertragen, die Welt durch Liebe zu erlösen,
Liebe, die zum befreienden Tod führt, aber eben auch zu jenem Tod, der
die Welt befreit.

Bei den Männern ist das ganz anders. Sie bleiben am Leben
(Lohengrin, Parsifal), oder sie sterben auf ungeklärte Art (Tannhäuser), werden erschlagen (Siegfried) oder lassen sich töricht verstüm-
meln (Tristan). Das Modell des Heldentods spielt untergründig hinein
in solche Handlungskonzepte. Der Gegensatz von weiblich und männlich wird gespiegelt im Gegensatz von Liebestod und Heldentod.
Wagner wertet die Werte um, die seine Alltagswelt bestimmen: nicht
der Heldentod des Mannes ist das vorbildliche Ideal, sondern der
Liebestod der Frau. Dieser ist Stärke, jener Schwäche. Dieser bewirkt
etwas, jener ist eine Torheit.

Wagners daraus konsequent folgender Antimilitarismus ist von
seinen Freunden und Feinden gleicherweise geflissentlich übersehen
worden. Beide Gruppen hielten sich lieber an seine Tiraden aus der Zeit
des 70/71er Kriegs und machten ihn damit zum deutschnationalen
Chauvinisten. Dabei sind diese Stellen nichts anderes als monomanischer Ausdruck seines auf fatale Weise ästhetischen Verhältnisses zum
Land Frankreich und zu dessen Hauptstadt Paris. Beide haßte er als Ort
einer verachteten Kultur, aber zugleich liebte er sie sehnsüchtig als
Metropole der Musik.

Aus dieser Zeit – das neue Kaiserreich war noch nicht drei Wochen
alt und Deutschland im Begeisterungstaumel von Ruhm, Ehre und

Stolz – berichtet Cosima folgende Episode: »Luise Bülow schreibt einen schönen gefaßten Brief an Loulou. Ihr Sohn fiel, indem er rief: ›Lieb Vaterland magst ruhig sein‹, so muß denn immer das Erhabene mit einem Gran von Albernheit vermischt sein, sagt R.«

Bemerkenswert: kaum ein deutscher Sozialdemokrat mag im Februar 1871 so gedacht haben wie der großbürgerliche Komponist und Freund des Königs von Bayern. Seine Abneigung gegen das »Soldatische« reichte bis hinein in die Musik. »Diese Blechmusik«, sagt er beim Anhören einer Schweizer Militärkapelle, »ist mir die allerunerträglichste, sie ist die welttragende Gemeinheit.« »Welttragende Gemeinheit« – das Wort hat sein Gewicht erst recht dadurch, daß es vom Autor des »Rings« stammt, der ein Epos ist über den Charakter dieser Welt. Von Wagners vorletztem Abend berichtet die Stieftochter Daniela, er habe zu Cosima gesagt, nach dem Artikel, an dem er gerade arbeite – er heißt »Über das Weibliche im Menschlichen« –, wolle er »höchstens noch über italienische Kirchenmusik und deutsche Militärmusik« schreiben – Daniela, der wohl nicht gegenwärtig war, wie er beides verachtete, mußte die Ironie des Zusammenhangs verborgen bleiben.

Als er des Sohnes Siegfried Befreiung vom Wehrdienst erwog, scheint ein Zuhörer mit dieser Überlegung nicht einverstanden gewesen zu sein, denn Cosima erzählt: »wie einer sagt, für den Ruhm stürben die Soldaten, ruft er aus: ›Weil sie sich mehr vor dem Unteroffizier als vor der Kugel fürchten, eine Kugel ist manchmal gnädig. Fragen Sie mal, ob die Soldaten bei Spichern für den Ruhm gestorben sind.‹« Die gleiche Vermutung äußerte er schon einmal zwei Jahre vorher, und da bringt er die Angst der »Helden« auch gleich in einen militärtechnischen Zusammenhang: »R. erinnert an Garibaldi, welcher sich nicht genug habe wundern können, daß unter den Granaten die Deutschen im ›passo di scuola‹ [Gleichschritt] vorwärts gingen, ›mit solchen Eseln kann man keinen Krieg führen‹, muß er sich gesagt haben, ›die sind gar nicht nervös‹.«

Daß Wagner hier ausgerechnet Garibaldi, den italienischen Freiheitskämpfer, zum Zeugen ruft für seine Abneigung gegen das pseudoheldische Gebaren des Militärs, hat seinen tieferen Hintersinn. Denn mit der Abneigung gegen das Soldatische verband er die gegen das national Deutsche. Auch dies sei gesagt, um dem anderen beliebten Mißverständnis zu widersprechen. Schon in der 1850/51 entstandenen Schrift »Oper und Drama« argumentiert er, daß das »Nationale« in der Musik nicht Revolution bedeute, sondern Restauration. Mag das noch erklärbar sein als die Kritik des Emigranten an den gegenwärtigen deutschen Zuständen, so verhält sich doch auch der zurückgekehrte und von einem König hofierte Wagner nicht anders.

Für das 1871 errichtete neue Deutsche Reich hatte er zumindest in seinen privaten Äußerungen nur Spott übrig, und die oft zitierte Tagebuch-Notiz »ich bin der deutscheste Mensch, ich bin der deutsche Geist« ist im Zusammenhang tiefer Depression über die politische Entwicklung geschrieben und ganz offensichtlicher Sarkasmus. Andere Länder fand er viel schöner als Deutschland, Italien vor allem, wo er in seinen letzten Jahren so lange lebte, wie es sich eben einrichten ließ. Von dort aus rät er seinem königlichen Gönner, dem bayerischen Ludwig, das Land zu besuchen, schon allein um »des Einathmens dieses germanischen Unteroffizier-Dunstes enthoben zu sein«. Und von dem in den »Meistersingern« als Inbegriff deutschen Landes scheinbar so verklärten Nürnberg meint er: »Alles schön und gut, aber es sagt einem nicht viel, wenn man italienische Städte gesehen hat.«

Daß Wagner schon zu Lebzeiten und später dann immer schlimmer für den »germanischen Unteroffizier-Dunst« in Anspruch genommen wurde, hängt allein am thematischen Stoff seiner Stücke. Aber seine Götter und Helden haben mit Germanen weiter nichts gemein als die Namen, die sie führen. Und so unterscheidet sich die von Wagner als lächerlich empfundene Bitte, er möge die Musik zu einem pantomimischen »Germanen-Zug« komponieren, höchstens durch den entschuldbar frühen Zeitpunkt von den Absurditäten, die 1976 der damalige Bundesinnenminister Maihofer anläßlich des Wiederaufbaus von Haus Wahnfried von sich gab: »Das Werk Richard Wagners ist ein nicht nur urtümliches, sondern urgewaltiges Ereignis unserer Musikgeschichte, entsprungen aus dem Drang, sich des germanischen Ursprungs unserer Kultur als der einzigen in den eigenen und nicht fremden Boden getriebenen Wurzeln unserer nationalen Kultur bewußt zu werden.«

Ein später ähnlich wie Wagner Mißbrauchter, Friedrich Nietzsche, hat im Unterschied zu solchem Ur-Geraune Wagners Abneigung gegen das Germanische geteilt, das er definierte als »Gehorsam und lange Beine«, und er hat Wagner gegen die frühe nationalistische Besitzergreifung in Schutz genommen: »So wie ich bin, in meinen tiefsten Instinkten Allem, was deutsch ist, fremd, so dass schon die Nähe eines Deutschen meine Verdauung verzögert, war die erste Berührung mit Wagner auch das erste Aufathmen in meinem Leben: ich empfand, ich verehrte ihn als *Ausland,* als Gegensatz, als leibhaften Protest gegen alle ›deutschen Tugenden‹ . . . Wagner ist das Gegengift gegen alles Deutsche par excellence, – Gift, ich bestreite es nicht«. Das hat der zum Gegner Wagners gewordene Nietzsche geschrieben, und er hat auch schon anläßlich der ersten Bayreuther Festspiele den Übergang dargestellt, der von Wagner zu seinen Folgen führte: »Ich erkannte Nichts wieder, ich erkannte kaum Wagner wieder . . . *Was war geschehn?* –

WAGNERS SCHWESTER ROSALIE
*In ihrer Zeit wurde jemand wie sie eine alte Jungfer
genannt, weil sie erst mit 33 Jahren heiratete. Sie starb
dann auch bald darauf: ihre Rolle ist die einer
Schwester, nicht die einer Ehefrau.*

Man hatte Wagner ins Deutsche übersetzt! Der Wagnerianer war Herr
über Wagner geworden! – Die *deutsche* Kunst! der *deutsche* Meister! das
deutsche Bier!« Und schließlich, in einem späten Fragment, bereits nach
Wagners Tod: »Jenen Richard Wagner, welchen man heute in
Deutschland verehrt und mit all dem prahlerischen Plunder der
schlimmsten Deutschthümelei verehrt: jenen Richard Wagner kenne
ich nicht, ja – daß ich einen Verdacht ausspreche – den hat es nie
gegeben: das ist ein Phantom.«

Was als Abschweifung erscheinen könnte, gehört in Wahrheit eng
zu unserem Thema. Denn fast immer und überall gehen Nationalismus
und Militarismus eine tiefe Verbindung ein, sind Stolz und Stärke nicht
zwei Seiten, sondern die selbe Seite einer Medaille. In seiner Distanz zu
beidem bekennt Wagner wieder den Vorrang des anderen: der Liebe
und der »Schwäche«, die sich endlich aber als die wahre Stärke erweist.
Das Aufsatz-Fragment »Über das Männliche u. Weibliche in Kultur u.
Kunst« vom Frühjahr 1882 läuft in eine stichwortartige Notiz aus:
»Genau: vorsichtige Ausbeutung der Gewalt-Macht zum Genuss des
Besitzes. (Männlich). Scheinbar: Correction der – wiederum doch nur
anscheinend – zwecklos bildenden Natur; zugleich aber Unverständ-
niss des wahren Zweckes der Natur, der auf Befreiung aus sich selbst
zielt: (Weiblich.)«

Hier wird es noch einmal gegenübergestellt: die männliche gewalttätige Naturausbeutung unter dem Vorwand, es gebe gar keine Absicht
in der Natur, und das weibliche wahre Naturverständnis zum Zweck
der »Befreiung aus sich selbst.« Nicht durch Stärke werden Menschen
glücklich, sondern durch die Öffnung für das natürlich Fließende. Der
sogenannte Heldentod bedeutet fortdauernde Knechtschaft, der Liebestod Freiheit, die durch bewaffnete Gewalt nicht zu gewinnen ist. Was
den Menschen gut tut, muß gewonnen werden im Widerstand gegen
das, von dem uns allen eingeredet worden ist, es sei die natürliche
Ordnung der Dinge, während es in Wahrheit die Unnatur ist. Wagners
Werk lehrt die Liebe als Fingerzeig künftigen Glücks.

6.

Sieglinde

Am 12. Oktober 1837 stirbt Wagners älteste Schwester Rosalie im Kindbett, fünf Tage nach der Niederkunft, nicht einmal 35 Jahre alt. Ein halbes Jahr später schreibt Wagner das Textbuch des »Rienzi«. Darin sagt Rienzis Schwester Irene sich von ihrem Geliebten Adriano los, um mit dem Bruder zusammen im römischen Kapitol zu verbrennen, nachdem sie ein veritables Liebesduett gesungen haben.

Irene ist ein Denkmal, das Wagner der eigenen Schwester gesetzt hat. Rosalie hatte erst ein Jahr vor ihrem Tod geheiratet; bis dahin war sie seit Ludwig Geyers Tod der eigentliche Ernährer der Familie gewesen, von ihren Gagen als Schauspielerin hatten Wagner und seine Geschwister und seine Mutter überwiegend gelebt. Und sie war der gute Geist des jungen Richard; sie hatte mit mildem Spott seine ersten Arbeiten gelesen, aber auch Verbesserungsvorschläge gemacht, an ihn geglaubt, wenn die anderen sich kopfschüttelnd abwandten. Die Heirat mit Minna und die ersten Eheprobleme hatten Wagner in seiner abgöttischen Verehrung für Rosalie eher bestärkt: die Schwester war die bessere Frau, Rienzi und Irene trennt am Ende nicht mehr viel vom gemeinsamen Orgasmus, der Inzest ist ganz nahe.

Erst fünfzehn Jahre später hat Wagner aus der versteckten Andeutung die offene Handlung gemacht. Sieglinde in der »Walküre« vereinigt sich mit ihrem Bruder Siegmund. Als einzige von Wagners Heldinnen bekommt sie ein Kind, Siegfried, und sie stirbt kurz nach dessen Geburt. Doch nicht der biographische Bezug ist es, dessentwegen die Figur der Sieglinde Interesse beansprucht. In ihr entfaltet sich vielmehr eine Frau, die anders als die nahezu übermenschliche Brünnhilde (und die ist ja auch tatsächlich göttlicher Herkunft) dem wirklichen Menschen seine Möglichkeiten vermitteln kann, zeigen kann, was ihm gut tut.

Sieglinde ist die Tochter Wotans mit einer Menschenfrau, mit ihrem Bruder zusammen gezeugt. In ihrer Kindheit wurde sie geraubt und dann Hunding geschenkt, der sie zur Ehe zwang. Als die Handlung der »Walküre« einsetzt, kommt der ihr inzwischen unbekannte Bruder Siegmund auf der Flucht vor Feinden in ihr Haus und bricht in Ohnmacht zusammen. Sieglindes erstes Interesse wird durch Siegmunds Schwäche geweckt:

> »Müde liegt er
> von Weges Mühn: –
> schwanden die Sinne ihm?
> wäre er sich? – «

Mit den beiden letzten Zeilen wandelt sich in der Musik die d-moll-Szenerie nach Dur, auf das letzte Wort »siech« fällt der stärkste musikalische Akzent: die Stimme steigt zum cis, ihrem bisher höchsten Ton. Der Takt hat nach ¾ gewechselt, was von nun an Sieglindes und Siegmunds rhythmisches Maß ist, in weiten Bögen fließend anstelle des gleichförmig schreitenden »männlichen« Viervierteltakts.

Daß Sieglinde nicht den gewohnten »starken« Mann antrifft, sondern einen erschöpften, verschafft ihr einen bisher kaum gekannten Reiz. In ihrer Welt gab es zuvor nur die starken und das hieß zugleich: die brutalen und grausamen Männer. Vor ihnen hat sie sich kalt und finster verschlossen; erst die Schwäche eines Mannes bewirkt die in der Musik sich ausdrückende Aufhellung ihrer Gefühle. Sie bewertet diesen Fremden nun gerade auf Grund seiner Schwäche:

> »mutig dünkt mich der Mann,
> sank er müd auch hin.«

Das meint einen anderen Mut als die ihr sonst vertraute männliche Kampflust: an der Müdigkeit liest sie ihn ab, nicht am üblichen waffenklirrenden Getue.

Mit Wasser erfrischt sie den Erwachenden, der sie fragt, wo er denn hier hingeraten ist. Für ihre Antwort kehrt die Musik in den Viervierteltakt zurück; die auch schon bisher in sanftem Gesang begleitenden mehrfach geteilten tiefen Streicher rücken in gezupften Einzelakkorden mit der Singstimme wieder nach Moll – mit Stockungen, wie sie uns von manchen problematischen Stellen bekannt sind, die sich auf gewalttätigen Besitz beziehen. Sieglindes Text dazu heißt:

> »Dies Haus und dies Weib
> sind Hundings Eigen«.

Bei der Erinnerung an die Realität kehrt in Sieglinde die Starre zurück, die die männliche Besitzwelt ihr beigebracht hat.

Als Siegmund aber dann von seiner Waffenlosigkeit und von seinen Wunden spricht, bricht die Hoffnung und die Sehnsucht erneut aus ihr hervor: »Die Wunden weise mir schnell!« Es ist nicht nur Sorge, sondern auch »Hast«, wie die Regieanweisung in der Partitur gegenüber dem Urtext ausdrücklich ergänzt. Sie will die Wunden nicht nur pflegen, sondern gerade auch *sehen*, sie sich sinnlich vergegenwärtigen. Die heftige Erregung in hoher Stimmlage zeigt an, daß gerade die Verletzlichkeit des Mannes ihr Zuflucht verspricht, Hoffnung signalisiert, daß hier nicht einer der Starken und Starren vor ihr liegt. Doch Siegmund springt auf und bagatellisiert seine Verletzungen:

> »Gering sind sie,
> der Rede nicht wert;
> noch fügen des Leibes
> Glieder sich fest.«

Mit bemerkenswerter Konsequenz hat Wagner in der ganzen Passage die gegensätzlichen Gefühlswerte musikalisch formuliert. Der ständige Wechsel der symbolischen Taktarten zeigt an, wo wir uns jeweils befinden: ¾ bei Siegmunds Dank für das Wasser, ¼ bei Sieglindes Angaben über die Besitzverhältnisse von Haus und Weib, ¾ wieder bei Siegmunds Erwähnung von Wunden und Waffenlosigkeit und bei Sieglindes Frage nach den Wunden, ¼ bei Siegmunds Herunterspielen der Verletzungen, bei der Betonung der Festigkeit seiner Glieder und der Beschreibung seines Kampfs und seiner Flucht. Hier erhält die Musik auch wieder den in kurzen Notenwerten und Pausen stockenden Duktus, der die männliche Härte charakterisiert. Erst als Siegmund von der jetzt gewonnenen Ruhe spricht, kehrt der Dreivierteltakt zurück, um bis zu Hundings Auftritt zu bleiben, und die Musik gerät wieder ins Fließen.

Einmal noch rafft Siegmund sich auf »wie ein Mann« und will nun nach gehabtem Trunk gehen. Da greift Sieglinde zum ersten Mal energisch ein: »So bleibe hier!« »In heftigem Selbstvergessen«, sagt die Regieanweisung, ruft sie ihm das nach, zum ersten Mal hält die Stimme das hohe f, das sie nur in den späteren Ekstasen und Ängsten gelegentlich überschreitet. Was Sieglinde hier »selbstvergißt«, das sind die moralischen Zwänge, denen sie ausgesetzt ist in der Welt, in der sie lebt: verheiratet ist verheiratet, auch wenn es unter Gewaltanwendung geschah; Recht muß Recht bleiben, und sei es nur das Recht des Stärkeren. Das alles vergißt sie nicht nur: sondern in ihrem Ausruf,

Siegmund solle bleiben, übernimmt sie die Initiative. Wenn der Mann die Zeichen der Hoffnung nicht begreift, dann muß eben die Frau ihm den Weg zum Glück zeigen. Es ist nicht Mitleid mit dem Verletzten, sondern eine Forderung an ihn, Liebe, und die ist in höchstem Maß aktiv und vergißt eben sich selbst, indem sie dem anderen sich zuwendet.

Die erste Möglichkeit, die so neu gewonnene Kraft zu beweisen, erhält Sieglinde, als Hunding erscheint. Der ist so etwas wie eine Karikatur des starken Mannes, ohne Wotans Skrupel, ohne Siegfrieds Tölpelhaftigkeit, ohne Hagens düstere Trauer: ganz geradeaus dumm und bösartig. Aber mit der häufigen Hellsicht der Bosheit erkennt er schnell so einiges: die Ähnlichkeit zwischen Sieglinde und Siegmund und die Feindschaft, die ihn von dem Zufallsgast trennt. Sieglinde gegenüber benimmt er sich, wie man es vom Mann erwartet: er scheucht die Ehefrau, das Essen aufzutragen: »Rüst' uns Männern das Mahl!« Er jagt sie ins Schlafzimmer, wo sie ihm den Nachttrunk bereiten soll: »und harre mein zur Ruh'.« Doch zum ersten Mal wohl in ihrer Ehe wagt Sieglinde Hunding zu widersprechen. Der Anblick eines anderen, eines unbewaffneten und schwachen Mannes hat sie mutig gemacht. Als Hunding Siegmund versteckt droht, unterbricht sie – unerhört! – »etwas lebhaft«:

> »Feige nur fürchten den,
> der waffenlos einsam fährt!«

Die Musik setzt ihre unbegleitete kurze Melodie zwischen die Blech- und Pauken-bewehrte, rhythmisch akzentuierte und abgehackte Sprache Hundings.

Der verbalen Auflehnung läßt Sieglinde die Tat folgen: sie betäubt Hunding mit einem Schlafmittel, entzieht sich so dem angekündigten ehelichen Verkehr (der – siehe den verlangten »Nachttrunk« – von Hunding im allgemeinen wohl besoffen ausgeübt wird) und kehrt zu Siegmund ins Wohnzimmer zurück. Wie vorher, als sie seine Wunden sehen wollte, spricht sie nun mit »Hast«, und zwar mit »geheimnisvoller«: »Nütze die Nacht dir zum Heil!« Zum zweiten und dritten Mal also ergreift sie die Initiative: sie räumt Hunding aus dem Weg und fordert Siegmund offen auf zur sexuellen Verbindung. Deren symbolischer Ausdruck ist das Schwert, das in einer mitten im Raum stehenden Esche steckt. Dort hinein hat es Wotan vor einiger Zeit gestoßen, in sorgsamer Vorbereitung der kommenden Ereignisse. Nur Siegmund und kein anderer kann es herausziehen – was zeigt, daß es hierbei nicht um körperliche Kraft geht, sondern um das richtige Bewußtsein. Wenn

Sieglinde den Wert dieses Schwerts beschreibt, dann handelt es sich um
andere Stärken als die von Männern normalerweise ausgeübten:

> »Eine Waffe laß mich dir weisen –:
> O wenn du sie gewännst!
> Den hehrsten Helden
> dürft' ich dich heißen:
> dem Stärksten allein
> ward sie bestimmt.«

Das Heil der Nacht liegt für Siegmund sowohl im Gewinn der Waffe,
mit der er sich verteidigen kann, als auch im Gewinn Sieglindes, wozu
er die Waffe benutzen soll – und die ist überdeutlich sein Penis. Das
wird am Schluß des Akts zu allem Überfluß noch einmal versichert,
wenn Siegmund das Schwert tatsächlich aus dem Stamm zieht (»heraus
aus der Scheide zu mir!«) und es als »Brautgabe« bezeichnet. Sieglinde
antwortet ihm da:

> »die eigne Schwester
> gewannst du zueins mit dem Schwert!«

Siegmund stürzt sich mit den Worten »so blühe denn Wälsungenblut!«
in den Coitus, von dem die Musik noch bis ins Vorspiel des nächsten
Akts tönt.
    Gehen wir noch einmal ein Stück zurück. Wotans und nun bald
Siegmunds Schwert ist also Waffe des wahrhaft starken Mannes und
körperliches Organ seiner Liebe zugleich. Nachdem Sieglinde die
Geschichte des Schwerts erzählt hat, bricht sie ekstatisch in den
Wunsch aus, in Siegmund den Mann zu finden, für den die Waffe
bestimmt ist. Denn in der Liebe dieses Partners würde alles ausgelöscht,
»was je ich gelitten . . . was je mich geschmerzt«. Das Verlangen nach
»süßester Rache« an den anderen, den falschen Männern, verschmilzt
mit dem Liebesantrag an den richtigen:

> »fänd' ich den heiligen Freund,
> umfing' den Helden mein Arm!«

Wieder ist es *sie*, die den aktiven Part spielt: *sie* findet, *sie* umfängt, nie
wäre Siegmund von sich aus darauf gekommen. Sieglinde treibt ihn
geradezu in die Liebe.
    Eine merkwürdige Konstellation: nicht der Mann, der schon einiges
von der Welt gesehen hat, sondern die abgeschirmt und isoliert lebende

Frau entwickelt aus sich heraus das Gefühl, das die Liebe erzeugt. Sie
geht weit hinaus über die Konventionen, die sie in ihre herkömmliche
Rolle gezwungen haben; aus eigener Kraft gewinnt sie die Menschlichkeit, die von dieser Welt zum Unkenntlichen entstellt wurde. Der
ungeheure Schritt nach vorn macht aber auch Angst. Als die Tür
aufspringt und den Blick nach draußen frei gibt, auf die »herrliche
Frühlingsnacht« und den Vollmond, als die Natur hereindrängt und
den umgrenzten Raum sozusagen zur Welt weitet, als das Paar »so sich
plötzlich in voller Deutlichkeit wahrnehmen kann«, da erschrickt
Sieglinde vor dem Ausmaß ihrer Tat. Wie ein Wortspiel mit dem
Vorgang des beinahe begonnenen Coitus klingt ihr Ruf: »Ha, wer
ging? wer kam herein?«

Doch die Angst dauert nur Sekunden. Die folgende Idylle von
Siegmunds Liebeslied bestimmt noch einmal den neuen Charakter,
den diese Liebe annimmt gegenüber der alten Gewaltsamkeit: von
»zarter Waffen Zier« ist die Rede, mit der der »Lenz« als Bild der
Liebe die Welt »bezwingt«; dieser »starken Wehr« mußten »Winter
und Sturm« weichen, die symbolischen Formen der männlichen Kälte
und Starrheit; die Enge des Raums der Konvention ist gesprengt, die
Tür geöffnet, die »trotzig und starr« von der freien Natur draußen
trennte.

Der sich daran knüpfende Dialog ist angefüllt mit Textbezügen zu
anderen Stellen des »Rings«, ja sogar des »Tristan«, Querverweise, die
hin und her charakteristische Momente der liebenden Verbindung
betonen: Sieglinde spricht vom »tönenden Schall« (»Tristan«), der an
ihr Ohr schlug, als sie Siegmund zuerst erblickte; »mein Auge sah dich
schon!« sagt sie wie später Brünnhilde zu Siegfried und:

> »Im Bach erblickt' ich
> mein eigen Bild«

– davon wird dann Siegfried reden. Sogar das Motiv des Liebestods
taucht schon auf, wenn Siegmund singt:

> »Heiligster Minne
> höchste Not,
> sehnender Liebe
> sehrende Not
> brennt mir hell in der Brust,
> drängt zu Tat und Tod!«

Aber diese beiden sind ein anderes Paar. Sie nehmen weder Brünnhilde
und Siegfried vorweg noch Isolde und Tristan. Ihre von Sieglinde ins

Werk gesetzte Liebe bedarf nicht des Todes, sie ist nicht Auslöschung der Welt, sondern ihre Verwandlung. Zwischen Menschen ist etwas geschehen, das Menschlichkeit ermöglicht. Sie haben ihre halb göttliche Herkunft abgeschüttelt, sie sind nicht mehr Wotans Kinder, sondern nur noch Kinder einer menschlichen Mutter. Sie sind Mann und Frau, indem sie einander Bruder und Schwester sind.

Es bleibt ihnen keine Zeit, um die Welt mit dieser neuen Wahrheit anzustecken. Siegmund lebt nur noch ein paar Stunden, Sieglinde noch neun Monate. In der dritten Szene des zweiten Akts wird sie sich der wirklichen Ungeheuerlichkeit bewußt. Die besteht nicht in dem inzwischen vollzogenen Ehebruch, dessen Frucht sie bereits in sich trägt, sondern umgekehrt in der vorigen Ehe:

>   »Grauen und Schauder
             ob gräßlichster Schande
             mußte mit Schreck
             die Schmähliche fassen,
             die je dem Manne gehorcht,
             der ohne Minne sie hielt! –
             Laß die Verfluchte,
             laß sie dich fliehn! –
             Verworfen bin ich,
             der Würde bar! ...
             Schande bring' ich dem Bruder,
             Schmach dem freienden Freund!«

Die Scham dieser Frau entsteht daraus, daß sie so spät erst die Liebe als einzige Voraussetzung der gegenseitigen sexuellen Hingabe erkannt hat, als einzige, aber auch unbedingt notwendige. Ihre »Sünde« ist, daß sie sich zur körperlichen Liebe zwingen ließ, nicht daß sie sich jetzt dem Beischlaf mit dem amtlichen Ehemann verweigert. Sieglinde ist moralisch geworden, das gesellschaftliche Gesetz, um dessentwillen Fricka Hundings Sieg fordert und Wotan ihn beschließt, ist unmoralisch. Die Musik angesichts dieser Erkenntnis rast vor Aufregung.

Der nun anhebende Zweikampf mit den konventionellen Waffen der Männer, in den sich auch noch Wotans übermächtiger Speer des starren Gesetzes mischt und der deshalb zu Siegmunds Tod führen muß, ruft bei Sieglinde helles Entsetzen hervor. Es ist der Rückfall in Praktiken, die sie durch Liebe überwunden wähnte. Doch noch immer sind die Männer auf ihr schreckliches Spiel verpflichtet, nur in ihr hat sich die Welt verändert, im übrigen ist sie geblieben, wie sie vorher war:

>Haltet ein, ihr Männer!
Mordet erst mich!«

Der richtige Begriff für das angeblich männlich-ehrliche Duell: Mord,
herausgeschrien mit dem ganz seltenen hohen a, das sie bald nur noch
aus wichtigstem Grund um einen halben Ton übersteigen wird.

Nachdem Siegmund tot und Sieglinde von Brünnhilde gerettet
worden ist – vor Wotan, der voller Verzweiflung über seine Zwänge
nun sein ganzes Wälsungengeschlecht ausrotten will –, verlangt Sieglinde den Tod, den sie mit Siegmund zusammen nicht finden durfte.
Brünnhilde soll sie erstechen. Es ist das Liebestod-Motiv, aber doch
nicht ganz. Denn als Brünnhilde ihr mitteilt, daß sie von Siegmund
schwanger ist, weicht die Todessehnsucht sofort dem Lebenswunsch.
Zu den Worten »schirmt (mich)« und »rette« erklingt der höchste Ton
von Sieglindes Partie: b (beziehungsweise das gleiche ais). Schirm und
Rettung sind wichtiger als der Liebestod, damit die Liebe unter den
Menschen weitergegeben werden kann. Es ist nicht Sieglindes Schuld,
daß der in ihr entstehende Siegfried diese Hoffnung nicht erfüllen
können wird, daß es schließlich der Zerstörung der Welt durch den
Liebestod Brünnhildes bedarf, um das Prinzip Liebe gegen die alten
Mächte wirklich durchzusetzen.

Aber mit Sieglinde ist das Prinzip zum ersten Mal ins Leben
getreten. Es ist die »Schwester«, die den »Bruder« geliebt hat, und es
ist, so sagt der Text, die »Mutter«, die gerettet werden soll. Begriffe die
nicht nur vordergründig Wagners eigene geschlechtliche Sehnsüchte
spiegeln, sondern auch den übertragenen menschlichen Sinn ausdrük-
ken: alle Menschen als Brüder und Schwestern verbunden in der Liebe,
die als Mutter sie alle bewahrt. Zur Rettung dieser Liebe hat Sieglinde
aufgerufen. Sie hat den Weg zur Freiheit eingeschlagen, sie hat die
Emanzipation gesucht; aber es bleibt ihr keine Zeit, sie zu finden. Sie
stirbt an Siegfried, dem Mann, nachdem sie trotz aller vorausgegangenen Schmach mit Siegmund, dem anderen Mann, leben gelernt hat.
Zum Beginn ihrer letzten Worte:

>Du hehrstes Wunder!
Herrliche Maid!«

ertönt zum ersten Mal im »Ring« das sogenannte Erlösungsmotiv –
und zum einzigen Mal, bevor es am Schluß der »Götterdämmerung«
dann die Befreiung der Welt verkünden wird. Es ist Sieglindes letzte
Musik, ihr Vermächtnis. Ihr kurzes Leben hat gezeigt, daß den Menschen die Befreiung von ihren Zwängen möglich ist. Sieglinde ist
Wagners menschlichste Frau.

SIEGLINDE (BAYREUTH 1979–1980:
JEANNINE ALTMEYER)
*Ein Opfer der Männer und mit einem aufkeimenden
Bewußtsein davon, daß Frauen nicht nur Opfer sein
müssen: Chéreaus Sieglinde verkörpert Wagners Entwurf
einer »einfach« liebenden Frau.*

WAGNER AM 12. FEBRUAR 1883

*Paul von Joukowsky, der Freund (und erste »Parsifal«-
Bühnenbildner), hat Wagner am Vorabend seines Todes
so skizziert: Bildnis eines alten Mannes, der von vielem
befreit ist – auch von den eigenen Problemen?*

V.

Emanzipation

Wie man ein Mensch wird

Weilt' ich bisher *in trügerischen Räumen,*
brach des Erwachens *Tag heut an?*

Der fliegende Holländer,
2. Aufzug, 3. Szene

ZWEI TAGE VOR SEINEM TOD beginnt Wagner den Aufsatz »Über das
Weibliche im Menschlichen«. Vielleicht wollte er ihn auch »Das Ewige
im Weiblichen« nennen. Jedenfalls fand er den Anfang »so stark
gepfeffert, daß wohl Wolz[ogen] es wohl nicht würde drucken wollen«.
Darin wird zunächst ein alter Gedanke aufgenommen, daß nämlich die
»auf Eigenthum und Besitz berechneten Konventions-Heirathen« Ursache für den »Verfall der menschlichen Racen« seien – die Ehe also
wieder als Verbrechen gegen die Natur. Als »sündliches Uebel« wird sie
bezeichnet, »welches im Geleite der zur Civilisation fortschreitenden
Kultur uns von den Vortheilen ausschloß, welche die thierischen
Geschlechter in ihrer Fortsetzung unentstellt erhalten«. Was aber beim
Tier auf den Gattungserhalt gerichtete »gegenseitige Brunst« sei, richte
sich beim Menschen »als leidenschaftliche Zuneigung auf das Individu-
um« und verringere dadurch den »Gattungs-Instinkt«. Nur in der Frau
und zwar in der Mutter sei der Instinkt noch erhalten, beim Mann
jedoch ganz verändert: seine »Leidenschaft« werde »der gefesselten
Mutter-Liebe gegenüber jetzt zur Treue«.

Versteht man die gewundenen und zum Teil ja noch nicht fertig
formulierten Gedankengänge richtig, so taucht hier erstmals bei Wagner ausdrücklich der Gedanke auf, daß der Mann in der geliebten Frau
immer nur die Mutter sucht und die (gefesselte!) Liebe zu ihr durch
Treue zur Ehefrau ersetzt. Wagner preist nun diese Treue, indem er die
Monogamie zur Voraussetzung der Zeugung eines »bedeutenden Indi-
viduums« erklärt. Aber schwach klingt das, und mühsam setzt er sich
mit der These auseinander, die Vielweiberei sei der »natürlichere
Zustand«. Es fällt ihm nicht mehr dazu ein, als daß »bei Eroberern
sogleich Polygamie (Besitz)« auftrete.

Darauf wollte er wohl hinaus: Vielweiberei und Untreue sind zwar
natürlich, nehmen beim Menschen jedoch die Form des Besitzdenkens
an; Einehe und Treue stellen »die Macht des Menschen über die Natur«
dar, dürfen jedoch nicht in die derzeitig gängige Form der konventionellen Ehe münden, die selbst wieder Besitzdenken repräsentiert.

Das Fragment verliert sich dann in skizzenhaften Stichwörtern, die
immer interessanter werden, deren Absicht und Stellenwert aber nur
noch zu ahnen ist: »Idealität des Mannes – Naturalität des Weibes –
(Buddha) – nun – Entartung des Mannes – u. s. w.« Das soll anscheinend
eine Entwicklungslinie sein, die einen Weg von der Natur zur menschlichen Gegenwart beschreibt. Und dann der letzte Satz seines Lebens,
danach hat er nichts mehr geschrieben und kein Wort mehr gesagt:
»Gleichwohl geht der Prozeß der Emanzipation des Weibes nur unter
extatischen Zuckungen vor sich. Liebe – Tragik.«

Sonderbar dunkel – was heißt das? Von der Erhebung der Frau

»selbst über das natürliche Gattungsgesetz« ist kurz davor die Rede,
Emanzipation also von ihrer Natur, die Fortpflanzung heißt? Ist Liebe
tragisch, weil der emanzipierten Frau das rechte Gegenstück fehlt, der
emanzipierte Mann? Weil der »entartet« ist? Sind die »extatischen
Zuckungen« etwas Positives, Rausch? Oder etwas Negatives, Torheit?
  Es scheint, als habe Wagner in seinen letzten Tagen doch noch der
Emanzipation das Wort reden wollen, und nicht nur der Emanzipation
der Frau: Emanzipation von einem Naturgesetz, das beim Menschen
skandalös verkommen mußte, weil er ein anderes Wesen hat als das
Tier. Das meint nicht mehr den von Wagner früher so häufig kritisier-
ten Emanzipations-Begriff, mit dem sich für ihn die Vorstellung
einförmiger Massenhaftigkeit verband, sei es in der Gesellschaft, sei es
in der Kunst. Schon 1850/51 heißt es in dem Aufsatz »Oper und
Drama«: »In dem heutzutage so berühmt gewordenen ›Unisono‹ enthüllt sich ganz ersichtlich der eigentliche Kern der Absicht der Massen-
anwendung, und *im Sinne der Oper* hören wir ganz richtig die Massen
›emanzipiert‹, wenn wir sie, wie in den berühmtesten Stellen der
berühmtesten modernen Opern, die alte, abgedroschene Arie im hun-
dertstimmigen Einklange vortragen hören. So hat unser heutiger Staat
die Masse ebenfalls emanzipiert, wenn er sie in Soldatenuniform
bataillonsweise aufmarschieren, links und rechts schwenken, schultern
und präsentieren läßt: wenn die Meyerbeerschen ›Hugenotten‹ sich zu
ihrer höchsten Spitze erheben, *hören* wir an ihnen, was wir an einem
preußischen Gardebataillon *sehen.* Deutsche Kritiker nennen's – wie
gesagt – Emanzipation der Massen.«
  Emanzipation jetzt, 32 Jahre später, heißt für Wagner statt dessen
Vielstimmigkeit, Freiheit von Zwängen, die einmal »naturgemäß«
gewesen sein mögen, aber es längst nicht mehr sind. Nicht Emanzipation der Massen – was immer das heißen mag, es wird im nächsten
Kapitel noch einiges dazu zu sagen sein –, sondern Emanzipation des
einzelnen, des Menschen, der dadurch erst ein Mensch wird.

1.

Der »Ring« als feministische Geschichte

Am Anfang der Welt steht das Matriarchat, die Herrschaft der Mütter. Die in ihrem Namen die Herrschaft ausüben, sind ebenfalls Frauen. So erlebte es der junge vaterlose Wagner, der nur die mächtige und ziemlich unnahbare Mutter kannte und seine ihn »bemutternden« Schwestern. Tief hat sich ihm diese Erfahrung eingegraben, die auch eine Erfahrung ist von der Bedeutungslosigkeit des Vaters und des Mannes überhaupt.

Seine Geschichte des »Rings«, die eine Geschichte der Welt ist, beginnt deshalb auch bei den Müttern, lange bevor sich der Vorhang zum »Rheingold« hebt. Dieser Zug der nordischen Mythologie muß Wagner besonders fasziniert haben, als er sich dem Nibelungen-Stoff näherte. Erda ist die Urmutter, die alles weiß, die da ist seit undenklichen Zeiten, alterslos, nicht geboren und nicht sterblich, aber mit der entscheidenden Eigenschaft der Frau: sie kann Kinder kriegen. Eines bekommt sie noch, während der »Ring« handelt, Brünnhilde. Sie besitzt aber auch schon andere, die ihr offenbar ähnlicher sind: die drei Nornen, die an der Weltesche das Seil des Schicksals weben. Und noch eine Drei-Schwestern-Gruppe taucht im »Ring« auf: die Rheintöchter. Wie ihre Verwandtschaftsverhältnisse sind, wird nirgendwo gesagt. Sie sprechen in ihrer ersten Szene vom »Vater«, der ihnen den Auftrag gegeben hat, das Gold zu bewachen – womit auf keinen Fall Wotan gemeint sein kann, denn der ist für sie ja nicht der Besitzer des Goldes, sondern später sein Räuber, den sie am Schluß anklagen. Bei ihrem Vater ließe sich eher an Erdas Mann denken, den sie ja zumindest für die Zeugung der Nornen brauchte – wie man überhaupt immer ein bißchen das Gefühl hat, die Rheintöchter seien *auch* Erdas Töchter. Ähnlich gilt das für den Waldvogel, der weiblich ist (er singt Sopran), auch alles weiß und dessen Musik eng zu der der Nornen und der Rheintöchter paßt.

Jedenfalls gehören sie alle in den Bereich der vorgeschichtlichen Natur, der nur Frauen als herrschend und agierend kennt. Als der »Ring« beginnt, hat sich das schon seit einiger Zeit geändert: Wotan hat die Macht übernommen, indem er die Weisheit des Welteschen-Urquells sich einverleibte. Der »Ring« spielt also unter dem Patriarchat. Zwar weben die Nornen noch immer, aber das Seil reißt ihnen schließlich; den Rheintöchtern wird das Gold geraubt, was nur durch Verfluchung der Liebe möglich ist, also durch einen offenen Verstoß gegen das mütterliche Ur-Prinzip; Erda ragt wie ein Fossil aus dem Boden, dem sie nur »bis zu halber Leibeshöhe« entsteigt, und weiß keinen rechten Rat mehr außer düsteren Warnungen.

Unter dieser Vater- und Männerherrschaft haben die Mütter nichts mehr zu bestellen. Ein paar Reste des Matriarchats leben immerhin weiter: in Fricka, die in der Ehe den weiblichen »Gattungs-Instinkt« verteidigt; in Freia, deren goldene Äpfel den Göttern die ewige Jugend garantieren; in den Walküren, die den Männern Sieg oder Niederlage im Kampf bescheren. Aber sie alle sind untergeordnete Wesen, den Männern und vor allem dem Über-Familienvater Wotan verpflichtet, der Richtung und Tempo der Entwicklung bestimmt. Die neue patriarchalische Gesellschaft stellt nichts Urtümliches dar, sondern sie ist eine geschichtlich gewordene Stufe des Weltgeschehens, in vielfacher Weise zwar abhängig vom alten Matriarchat, aber ihm nicht mehr unterworfen. Ihre Macht haben die Männer durch ein Ur-Verbrechen errungen: Wotans Beschädigung der Weltesche. Was zugleich den Keim ihres Untergangs schon enthält: mit dem Beginn ihrer Herrschaft ist klar, daß sie sie wieder verlieren müssen.

Aber an wen? Diese für die Weltgeschichte entscheidende Frage ist das eigentliche Thema des »Rings«. Die Handlungen, die er vorführt, sind vor allem Handlungen von Männern: Alberich raubt das Gold; Wotan läßt sich eine Burg bauen von den männlichen Riesen; Loge kommt auf die Idee, sie dafür mit dem Rheingold statt mit Freia zu bezahlen; Wotan und Loge nehmen Alberich den Schatz ab; Fafner ermordet im Streit um den Ring seinen Bruder Fasolt; Wotan verhilft Hunding zum Sieg über Siegmund; Siegfried schmiedet sich sein Schwert, mit dem er Fafner und Mime tötet und Wotans Speer zerschlägt; Siegfried erweckt Brünnhilde und freit sie dann für Gunther; Hagen ermordet Siegfried;

> »Männertaten
> umdämmern mir den Mut«,

summiert Erda die finsteren Geschehnisse, die sie da noch nicht einmal alle kennt, voller Resignation.

Immer stehen die Frauen »umdämmert« dabei, fassungslos darüber, was die Männer sich alles leisten; oft sind sie sogar die Opfer. Die Rheintöchter können den Raub des Goldes weder verhindern noch können sie irgendetwas tun, um es wieder zurückzugewinnen. Fricka ist hilflos gegenüber dem Bauherrn Wotan. Freia kann sich, obwohl die Götter von ihren lebenserhaltenden Äpfeln eigentlich abhängig sind, nicht dagegen wehren, Spielmaterial beider männlichen Seiten zu sein beim Feilschen um den Baupreis. Sieglinde wird Hunding mit Gewalt zur Frau gegeben, Brünnhilde von Wotan in hilflosen Dauerschlaf versenkt. Siegfried erobert sie dann im Sturm und verschachert sie gleich wieder an Gunther. Seine zweite Frau Gutrune versteht rein gar nichts von dem, was sich um sie herum tut.

Doch das alles ist nur die oberste Schicht, die Fassade des Patriarchats: Männer handeln, Frauen dulden, diese ein bißchen zornig, jene ein bißchen töricht, aber es bleibt, wie es ist. So sähe ein Gesellschaftsstück aus, das die Geschlechterrolle im 19. Jahrhundert zum Thema hätte oder meinetwegen die bürgerliche Geschlechterrolle bis in unsere bürgerlichen Tage. Wagner beschreibt das zwar auch so, aber er bricht damit nicht ab. Sein Stück geht weiter, und es enthält Störungen, die kenntlich machen, daß es nicht so bleiben kann, wie es ist.

Von Anfang an ist moralisch klar, daß die Männertaten im »Ring« überwiegend Verbrechen sind. Sogar und gerade die Götter werden von vornherein offen als Verbrecher gezeigt. »So rate, wie?« fragt Wotan, als er wissen will, auf welche Weise er in den Besitz des Rings kommen könne; und Loge antwortet:

> »Durch Raub!
> Was ein Dieb stahl,
> das stiehlst du dem Dieb:
> ward leichter ein Eigen erlangt?«

Sprechen hier die Täter selbst noch deutlich davon, wie sie dem männlichen Ziel der Vermögensbildung näherkommen wollen, nämlich durch Raub und Diebstahl, so ist ihnen später nicht so sehr bewußt, welche schrecklichen Folgen das Festhalten an anderen männlichen Werten hat. Aus Ehre wird Zweikampf und Totschlag (Siegmund) aus Gehorsam Folter (Wotan am Ende der »Walküre«), aus Stolz Menschenverachtung (Siegfried gegenüber Mime), aus Blutsbrüderschaft Frauenraub (Siegfried-Gunther) aus Furchtlosigkeit Mord (Siegfrieds Tod). Rundum wird alles, was Männern heilig zu sein hat, als dumm,

böse oder gefährlich gebrandmarkt. Die traditionellen männlichen
Ziele: Besitz, Macht, Stärke, Ruhm, erscheinen als trügerische Irrtü-
mer, wenn nicht als Verlogenheit, die Unmoral zur Tugend fälscht.

In einer hoch-ironischen Szene des »Siegfried« hat Wagner den
Gegensatz zwischen männlichen Schein-Idealen und der Wirklichkeit
des Lebens auf engem Raum zusammengezogen. Ausgerechnet Mime
ist es, die Karikatur eines Mannes (aber deshalb so ernst zu nehmen),
der den Standpunkt des Lebens vertritt gegen den törichten Knaben
Siegfried. Mime hat von Wotan erfahren, daß nur der das Schwert
Notung schmieden könne, der das Fürchten nicht kennt, und der werde
ihn dann auch töten. So einer, das weiß er, ist Siegfried, und folglich
richtet sich seine ganze Mühe nun darauf, Siegfried das Fürchten
beizubringen. Das fällt ihm aber enorm schwer, da er selbst gar nicht
begreift, wie man sich nicht fürchten kann:

>   »Zu weise ward ich
>   für solches Werk!«

Gerade Weisheit hindert also sowohl am Schmieden des Schwerts, des
verhängnisvollen: dazu braucht man rohe Kraft; als auch am Nicht-
Fürchten: dazu braucht man Dummheit. Mime gibt auch zu, daß er
selbst *dem* ausweichen würde, aus Klugheit, »der's Fürchten kennt«:
ihm geht es immer um seinen Kopf, und sicher ist sicher.

Wagner hat das nicht als Feigheit diffamiert. Mimes lebenskluge
Bemerkungen kommen in der Musik trocken, selbstverständlich, in
einem einfachen Sinn tatsächlich »weise«. Siegfrieds Einwürfe dagegen
sind »lachend«, »heftig«, »ungestüm«, »ungeduldig« – rechte Mannes-
art, wie Wagner sie verachtete. Mimes Weisheit geht so weit, daß er das
fundamentale Wagner-Thema formuliert, wenn auch natürlich auf
seine Art – und man erinnere sich, wie gern Wagner den Mime
gesungen hat:

>   »Ich Dummer vergaß,
>   was einzig gut:
>   Liebe zu mir
>   sollt' er lernen; –
>   das gelang nun leider faul!
>   Wie bring' ich das Fürchten ihm bei?«

Hätte Siegfried die Liebe gelernt, so läßt sich das auch formulieren,
dann wüßte er, was Furcht ist. Oder anders herum: nur wer sich
fürchtet, also eine der wesentlichsten Männertugenden nicht besitzt,

ist zur Liebe fähig. Mime findet dann schließlich die Formel, die immer
im symbolischen Ineinander von Waffe und Sexualorgan ans Zentrum
des Mannes rührt:

»Was frommte das festeste Schwert,
blieb dir das Fürchten fern?«

Siegfried, der tumbe Tor, begreift hier natürlich nichts davon. Aber er
wird erfahren, was Mime gemeint hat, wenn er bald darauf seiner
ersten Frau begegnet. Da wird er erschrecken und wissen, was fürchten
heißt. Allerdings wird er es auch kaum verstehen und schnell wieder
vergessen, und damit ist ihm sein Untergang dann endgültig gewiß.

Es steckt eine gehörige Portion Ironie darin, daß Wagner die
verzweifelt-kühle Attacke auf die männliche Dummheit von Mime
vortragen läßt, der im herkömmlich männlichen Sinn eben eine Mem-
me ist, von seiner Funktion und seinem Gehabe her eher ein Weib:
Siegfrieds »Amme«, ängstlich und immer besorgt um sich und seine
»Brut«. Doch das alles ist kein Zufall.

Die Moral im »Ring« ist immer bei den Frauen, bei den Rheintöchtern, bei Fricka (zum Teil wenigstens) und Freia, bei Sieglinde, Gutrune
und Brünnhilde, bei der alten Erda. Sie beschwören die Männer, von
ihrem Getue abzulassen, endlich zu erkennen, daß die wahren Werte
eher in der Schwäche liegen, im Wegwerfen des Panzers eher als in
seinem Umschnallen, in der Liebe zum anderen und nicht im Vorteil
über ihn.

Man kann dieses durchgängige Handlungs- und Verhaltensmuster
des »Rings« getrost feministisch nennen. Damit soll nicht etwa gesagt
sein, die »Ring«-Frauen seien Feministinnen; sie sind im Gegenteil oft
genug wahrhaftige und gläubige Produkte des Patriarchats, die sich
ihrer eigenen Möglichkeiten deshalb überhaupt nicht erst bewußt
werden können (Fricka, Freia, vor allem Gutrune). Gemeint ist vielmehr, daß ihr Schöpfer Wagner so etwas wie eine feministische
Position zu seinen Geschichten einnahm, ohne daß er auch nur das
Wort gekannt hätte. Aber er hat die Sache gekannt. Das heißt: er hat
gewußt, daß die Frauen in Wahrheit klug sind und die Männer dumm,
wenn auch die ganze Welt um ihn herum das Gegenteil behauptete,
worin er manchmal lauthals einstimmte. Im Werk aber hat er eben
diese andere Sicht der Dinge verwirklicht: die Frauen sind den Männern voraus; überließe man ihnen die Geschichte, alles wäre bald besser
und die Menschen vor allem menschlicher.

Wagner hat mit dem Schluß des »Rings« auch schon die letzte
feministische Konsequenz beschrieben: wo die Männer nicht hören

wollen, wo sie auf ihren gewohnten Lebensmustern beharren, müssen sie umgebracht werden, um die Menschlichkeit voranzubringen. Brünnhilde wirft den Brand ihres eigenen Scheiterhaufens »in Walhalls prangende Burg« und vernichtet so die Götter. Aber was auf den ersten Blick wie die Geste eines besonders aggressiven Feminismus aussieht (den gibt es ja *auch*), ist doch differenzierter zu interpretieren. Brünnhilde, immerhin die »feministischste« Frau des »Rings«, verbrennt sich selbst – um der Liebe willen, die keine abstrakte ist, sondern eine zwischen Männern und Frauen. Sie verbrennt mit den Göttern auch zwei mehr oder weniger schwache Frauen: Freia und Fricka; und sie ist mitleidlos gegenüber Gutrune, der anderen schwachen Frau. Die übrig bleiben sind wiederum Männer *und* Frauen; es werden *beide* noch gebraucht, aber beide als andere.

Brünnhilde ist die Drahtzieherin des Schlusses, die Frau bestimmt, wie alles weitergeht. Rückkehr zum Matriarchat also? Das ließe sich denken, und der Psychoanalytiker Peter Dettmering hat diesen Schluß so gedeutet: als »die konservative Weisheit des Matriarchats, die statt des Fortschritts den ewigen Kreislauf will«. Die matriarchalische Tiefe, die »regressiv« sei, verhindere die »progressive« männliche Emanzipation. Es wird noch zu zeigen sein, daß diesem Urteil auch eine musikalisch-dramaturgisch fragwürdige Interpretation der letzten »Götterdämmerungs«-Szene zu Grunde liegt. Hier ist zunächst die Folgerung wichtig und kritikwürdig. Denn in Brünnhildes Tat kehrt keineswegs das Matriarchat zurück, das prinzipiell nichts anderes wäre als das Patriarchat, nämlich Herrschaft. Eine solche Rückkehr kann allein schon deshalb nicht möglich sein, weil die Mütter ja auch nichts mehr zu bieten haben: Erdas Analyse der Situation stellt sich als falsch heraus, den Nornen reißt ihr Seil:

> »Zu End' ewiges Wissen!
> Der Welt melden
> Weise nichts mehr«.

Das Matriarchat hat mit dem Patriarchat zusammen abgedankt.

In Brünnhildes Tat wird Herrschaft überhaupt aufgehoben und durch Liebe ersetzt. Das ist ihre Botschaft, die Emanzipation nicht verhindert, sondern gerade erst ermöglicht, auch und vor allem die Emanzipation des Mannes. Die Männer und Frauen des letzten Regieanweisungs-Satzes schauen dem Untergang der alten Welt ganz und gar gleichberechtigt zu. Für sie wird es Herrschaftsverhältnisse nicht mehr geben, weder von Frauen noch von Männern getragene. Die Bewegung des »Rings« führt vom Matriarchat über das Patriarchat zur

Emanzipation; sie ist keine Bewegung im Kreis, sondern nach vorn.
Das beantwortet auch die Frage, an wen die Männer ihre Herrschaft
verlieren: an alle und an keinen. Denn Emanzipation zum Menschen
heißt eben Freiheit von jeder Herrschaft naturwidriger Zwänge.

Als Nietzsche noch an seiner Propagandaschrift *für* Wagner arbeitete, 1875, hat er sich notiert: »Mährchen für Kinder und Weiber«. Da
drängt schon hervor, was der gestörte Mann Nietzsche nicht akzeptieren mochte: daß die Werte der Männlichkeit in diesem Werk ins
Unrecht gesetzt würden. Märchen sind das in der Tat, weil sie auf etwas
Künftiges zielen. Für Kinder und Weiber, weil die am ehesten begreifen
können, was ihnen die Männergesellschaft vorenthält: die Möglichkeit,
emanzipatorische Weichheit zu entwickeln. Ein anderes Nietzsche-
Fragment aus dieser Zeit heißt: »Wie W[agner] der Musik erst die
Zunge löst und die Glieder bricht.« Nietzsche, dem »die Glieder« selbst
gebrochen waren, hat sich dagegen gewehrt, daß Wagner so etwas auch
noch als Programm verkündete. Im Widerstand dessen, der gern »ein
Mann« sein wollte, wird sichtbar, was der andere Mann Wagner mit
seinem Werk beabsichtigte: Aufhebung der falschen Männlichkeit
durch das Wirken der Frau, Emanzipation auch des Mannes durch
Feminismus.

2.
Die Utopie des Zwitters

Im Jahr 1903 erschien ein Buch mit dem auffälligen und gewiß auch anstößigen Titel »Richard Wagner und die Homosexualität«. Zwanzig Jahre nach Wagners Tod wagte ein Autor namens Hanns Fuchs zum ersten Mal (und für lange Zeit folgte ihm niemand mehr) eine ausführliche Sammlung von Stellen, die – auf zum Teil rührende Art – eine homosexuelle »Aura« bei Wagner nachweisen sollen. Da ist, wie wir bald sehen werden, vieles dran, wenngleich Fuchs in seiner Sympathiewerbung für die Homosexualität Wagner recht sonderbare Vorstellungen nachsagt, etwa: er habe »in der körperlichen Liebe, in der Sinnlichkeit, stets die Sünde« gesehen, während Fuchs für die »Reinheit des körperlichen Liebesverkehrs« plädiert. Das ist nach Kernseife riechende Freikörperkultur anno 1903 und hat wenig zu tun mit dem komplizierten Sachverhalt bei Wagner.

Aber bei Fuchs gibt es auch eine Stelle, deren Tragweite ihm selbst kaum bewußt gewesen sein kann. Wagner habe sich nämlich nicht mit dem »rein homosexuellen« Mann beschäftigt, »sondern mit dem *bisexuellen* Manne, also mit dem Manne, der fähig ist, sowohl den Mann wie das Weib sinnlich zu lieben«. Das ist so, wie es da steht, stark übertrieben. Mit einigem Recht könnte es allenfalls auf Tannhäuser und Tristan passen, die neben ihren heterosexuellen Beziehungen noch intensive Männerfreundschaften (zu Wolfram beziehungsweise Melot) unterhalten. Aber die Fuchs'sche These trifft einen tieferen Zusammenhang, an dem Wagner jahrzehntelang herumbastelte. Es ist die Austauschbarkeit von Mann und Frau oder, wie Wagner wohl lieber gesagt hätte, die Aufhebung der Geschlechter-Teilung.

An einer versteckten Stelle der Schrift »Das Kunstwerk der Zukunft«, entstanden bald nach der Flucht in die Schweiz, taucht der Gedanke zum ersten Mal auf, und zwar tatsächlich im Zusammenhang mit der Homosexualität. Wagner erörtert da die angebliche Entstehung

der »Männerliebe« bei den Spartanern »aus der wirklichen Freude an
der Schönheit des vollkommensten menschlichen, des *männlichen* Leibes«. Im Gegensatz zu dieser Liebe, die die »edelste und uneigensüch-
tigste Äußerung des menschlichen Schönheitssinnes« sei, stelle »die
Liebe des Mannes zum Weibe« nur egoistische Genußsucht dar. Die
Männerliebe sei die »bei weitem höhere Neigung«: »eben weil sie *nicht*
nach einem bestimmten sinnlichen Genusse sich sehnt, sondern der
Mann durch sie mit *seinem ganzen Wesen* in das Wesen des geliebten
Gegenstandes sich zu versenken, in ihm aufzugehen vermag«.

So viel zu den Griechen. Aber Wagner war ja keiner, er liebte die
Frauen. Deshalb mußte er einen Übergang finden zur Rechtfertigung
der eigenen Situation, und der kommt nun ganz überraschend: »genau
nur in dem Grade, als das Weib bei vollendeter Weiblichkeit, in seiner
Liebe zu dem Manne und durch sein Versenken in sein Wesen, auch das
männliche Element dieser Weiblichkeit entwickelt und mit dem rein
weiblichen in sich zum vollkommenen Abschlusse gebracht hat, somit
in dem Grade, als sie dem Manne nicht nur *Geliebte*, sondern auch
Freund ist, vermag der Mann schon in der Weibesliebe volle Befriedigung zu finden.«

Wagner macht dazu eine Anmerkung: den Griechen sei »der
psychische Prozeß edler entsprechender Vermännlichung des Weibes
unbekannt« gewesen; diese »Erlösung des Weibes in die Mitbeteili-
gung an der männlichen Natur« sei erst »das Werk christlich-germani-
scher Entwickelung«.

Aus all dem spricht der seiner Männlichkeit unsichere Mann. Er
muß sie zum höchsten stilisieren, weil ihm die frauliche Frau so fremd
und unheimlich ist. Und er muß ihr, damit diese Fremdheit aufgehoben
werden kann, »Vermännlichung« anraten, Verringerung der Distanz
also, wodurch dem Mann die Liebe zur Frau erst möglich werde. Nur
im Gleichen, im Vertrauten kann er sich heimisch fühlen. Da er aber
Männer nicht offen lieben darf und das auch wirklich gar nicht will,
muß die Frau in der Liebe zum Mann werden.

Was immer das heißen mag: der Gedanke hat Wagner in dieser
Zürcher Zeit nicht losgelassen. Das wird auch zusammenhängen mit
seinem problematischen Verhältnis zu Minna, die zwar Geliebte war,
aber nicht so recht Freund: dafür nörgelte sie zu viel an ihm herum,
stellte »als Frau« Ansprüche, die er nicht erfüllen wollte. Sein theoreti-
sches Konzept von der Vermännlichung der Frau hat er jedenfalls
schnell konkretisiert. Ein paar Wochen nach dem »Kunstwerk der
Zukunft« schreibt er zwei Prosaentwürfe zu einem Drama »Wieland
der Schmied«, das dann aufgegeben wurde, weil viele seiner Motive in
den inzwischen sich abzeichnenden »Ring« eingehen konnten. Eine der

Hauptrollen in diesem Dramen-Plan spielt Bathilde, die Tochter von Wielands Feind Neiding. Sie liebt den erfolglosen Heerführer ihres königlichen Vaters und fordert dessen Hand mit den Worten: »Laß mich die Mächtige sein: ich brauche nur ein Weib zum Manne.« Sie ist nämlich selbst schon der Mann, der alle Fäden in der Hand hält, der alles besser weiß, stärker ist und deshalb keinen »Mann« braucht, sondern ein »Weib«. Das Motiv erhält also eine raffinierte Verdopplung: die Frau wird zum Mann und der Mann zur Frau. Die Geschlechter nähern sich einander. Es handelt sich nicht mehr nur um die Vermännlichung der Frau, sondern zugleich auch um die Verweiblichung des Mannes: der Mensch schließlich als eingeschlechtliches Wesen.

In der nächsten – wieder theoretischen – Schrift, »Oper und Drama«, macht Wagner das in einer Bemerkung über Beethoven deutlich. Dessen »Melodie« erscheine »keinesweges als etwas von vornherein Fertiges«, sondern Beethoven lasse »sie aus ihren Organen heraus gewissermaßen vor unseren Augen *gebären*«. In der Neunten Sinfonie fühle er dann als Musiker die »Notwendigkeit, sich in die Arme des Dichters zu werfen, um den Akt der *Zeugung* der wahren unfehlbar wirklichen und erlösenden Melodie zu vollbringen«. Wir sind also Zeugen eines »Gebärens« und »Zeugens« in ein und demselben Menschen Beethoven. Damit man es auch ja richtig versteht, faßt Wagner das ausdrücklich so zusammen: »Um *Mensch* zu werden, mußte Beethoven *ein ganzer*, d. h. gemeinsamer, den geschlechtlichen Bedingungen *des Männlichen und Weiblichen* unterworfener Mensch werden.«

Weiter konnte Wagner nicht gehen. Bis hierhin war gerade noch als symbolisch ausdeutbar, was er sich ganz »real« erträumte. Denn an sich mußte ja den Zeitgenossen (und nicht nur ihnen) sowohl die Vermännlichung der Frau wie die Verweiblichung des Mannes gräßlich scheinen. Das eine hat sich im Begriff des Mannweibs negativ zusammengezogen, und das andere hat gar nicht erst zum Begriff gefunden, da es undenkbar war: allenfalls hinter vorgehaltener Hand durfte man sich amüsieren über den verweiblichten Mann. Mokieren wir uns nicht: noch immer ist der männliche Transvestit etwa Gegenstand bösartiger Witze und darf höchstens von komischen Bühnenshows leben, die von den anderen, den »Normalen«, kulinarisch genossen werden als hoch-perverser Kitzel. Und selbst angeblich akzeptierte Hosenrollen wie Mozarts Cherubino leben vom Reiz des eigentlich Unzulässigen, mit dem Hofmannsthal und Richard Strauss im »Rosenkavalier« dekadent absichtsvoll spielen.

Der frühe Wagner hat selbst eine solche Hosenrolle geschrieben: Adriano im »Rienzi« ist ein Mezzosopran. Das war nicht ganz unge-

wöhnlich für die Zeit und hatte auch einen äußeren Anlaß: er brauchte
eine Hauptpartie für die gefeierte und von ihm verehrte Wilhelmine
Schröder-Devrient, die, mit 38 Jahren, ihm für die junge Nebenheldin
Irene nicht mehr geeignet schien. Aber die Besetzung einer Männerrol-
le mit einer Frau ist doch auch da schon eine Verwischung der
überkommenen Geschlechtergrenzen, die geheime Sehnsucht, die die
späteren Texte offenlegen: nicht mehr Mann und Frau zu kennen,
sondern nur noch den Menschen mit allen »edlen« Zügen von beiden in
einer Person. Gerade an Frau Schröder-Devrient, die im Leben eine
veritable Frau war mit allerlei Männer-Affären, hat Wagner noch
Jahrzehnte später ihre Darstellung des Romeo gerühmt: »es ist gar
nicht so dumm, eine Frau für solch eine Rolle zu nehmen, denn diese
Stöpsel von Männern und namentlich Tenoristen können nie dieses
schöne Rasen von Liebkosungen haben; es müßten ein Bruder und eine
Schwester sein, welche der Vater einzig darauf erzöge ...«
    Der Nachsatz hat es in sich. Bruder und Schwester als das ideale
Liebespaar, das sich durch Abkunft und Erziehung so ähnlich ist, daß in
ihm die Unterschiede von Mann und Frau gleichsam aufgehoben wären
und Liebe pur erscheinen könnte: der Inzest erhält neben der biologischen seine anthropologische und ästhetische Komponente. Davon
einmal zunächst abgesehen (das Thema wird ausführlich Gegenstand
des nächsten Abschnitts sein) bezeichnet die Äußerung eine Wieder-
aufnahme der alten Vorstellung, wie sie beim älteren Wagner selten
vorkommt. Offen hat er nie mehr davon geschrieben. War ihm das
Thema insgesamt peinlich geworden, ihm, der schließlich selbst inzwischen in eher weiblichen Gewändern herumlief und einem König
diente, der sich weiblich fühlte? Ging also die mögliche Assoziation bei
Außenstehenden oder bei Lesern zu sehr an die eigene Existenz? Oder
hatte Wagner den Gedanken längst so verinnerlicht, daß er nicht mehr
ausgesprochen werden mußte, daß er selbstverständlich geworden
war?
    Vermutlich trifft beides zu. Jedenfalls arbeitete die Vorstellung vom
doppelgeschlechtlichen Zwitter als dem Inbegriff des Menschlichen in
Wagner weiter. Einmal fühlt er sich anscheinend dem von ihm so
beschriebenen Beethoven ähnlich. Er hört »sehr ergriffen« den eigenen
»Tristan«, »teilt uns mit«, schreibt Cosima, »wie er mit jeder Gestalt
empfände, mit Marke, mit Kurwenal, es sei, wie wenn er jeder wäre«.
Daß sie nur diese beiden Männer nennt, ist scheue Verdrängung: jede
Gestalt, das heißt auch Brangäne, das heißt auch Isolde und Tristan.
Der Gebärer und Zeuger Wagner *ist* das Liebespaar in einem, unter-
schiedslos Mann und Frau.
    Gelegentlich kommt das Ziel im phantastischen Bild heraus: »Er

träumte von einer Klarinette, die sich selbst spielte«. Ein eindrucksvolles Gleichnis für das, was dem Instrument in Wirklichkeit so wenig möglich ist wie dem Menschen, den es meint, und was doch so wichtig wäre. Überhaupt hat sich ihm in der Unzulänglichkeit der Musikinstrumente konkret dargestellt, wie unzulänglich der geschlechtsgeteilte Mensch ist. Als er mit der Arbeit an der Partitur des »Parsifal« beginnt, klagt er einmal, »daß er Instrumente brauche, die er gar nicht hätte, müßte welche erfinden, und zwar nicht etwa, um mehr Lärm zu machen, sondern auszudrücken, was er wollte«.

Das kann leicht in das andere Thema übersetzt werden: das braucht man, aber das gibt es nicht; mit dem Vorgefundenen läßt das sehnlich Gewünschte sich nicht bewerkstelligen, also muß man »erfinden«. Daß ihm gerade für »Parsifal« die »richtigen« Instrumente fehlen, wundert nicht – handelt es sich doch um die höchst komplizierte Geschichte von der Eigenliebe und ihren Anfechtungen und irgendwie auch von ihrem Sieg. Denn Parsifal, der die fremde Kundry verschmäht, findet in dieser Abwehr der Frau sich selbst. Vielleicht läßt Nietzsches spöttische Frage, wie der reine Parsifal denn zu seinem Sohn Lohengrin gekommen sei, sich von Wagners Zwitter-Vorstellung her »einfach« beantworten: Parsifal brauchte dafür gar keine Frau, denn er konnte Lohengrin nicht nur zeugen, sondern auch empfangen und gebären. Die Aufspaltung Parsifals in einen Mann und eine Frau in Hans Jürgen Syberbergs Parsifal-Film von 1982 ist, so betrachtet, ein sehr sinnreicher Einfall.

Der Zwitter-Gedanke hat Wagner bei »Parsifal« tatsächlich auch buchstäblich beschäftigt. Als er mit der Komposition gerade begonnen hatte, überlegte er, wie er die Abendmahls-Worte Christi in Musik setzen sollte. Um »das Losgelöste von jeder Materie zu verwirklichen«, wolle er »eine Mischung von Stimmen bringen, ... es muß nicht Mann, nicht Weib, Neutrum im höchsten Sinne des Wortes sein«. Neutrum, »keins von beiden« heißt das, und zu verstehen »im höchsten Sinne des Wortes«!

Ganz spät hat Wagner noch einen schriftlichen Versuch zum Thema unternommen. Ein knappes Jahr vor seinem Tod begann er den Aufsatz »Über das Männliche u. Weibliche in Kultur u. Kunst«. Aber er kam über die erste Seite nicht hinaus, brach ab, setzte ein paar Monate drauf noch einmal an, vergeblich. Doch in der einen Sache ist das Fragment so klar wie die Formulierungen der früheren Kunstschriften. Es beginnt mit der alten Scherzfrage: »Ist der Mann oder das Weib ›eher‹?« Die Frage sei »müssig«, da Empfängnis ohne Zeugung so unvorstellbar sei wie das umgekehrte: »demnach uns nur eine Getheiltheit der, wiederum nur als Einheit fasslichen, Gattung vorliegt, welche durch die That der Aufhebung dieser Getheiltheit ihre Wirklichkeit, sowie ideale Würde, gewinnt.«

Überraschend ist die Hartnäckigkeit, mit der daran festgehalten wird, daß die Aufhebung der Geteiltheit der Gattung Mensch nicht nur »ideale Würde« bedeute, sondern auch »Wirklichkeit«. Das soll nichts anderes heißen, als daß die Teilung nur Schein ist, nicht der Wahrheit des Menschen entspricht. Es wird als Problem unserer Erkenntnisfähigkeit dargestellt, daß wir den Menschen nur als Mann und Frau erblicken. Was wir nicht sehen können, was aber wirklich ist: das ist seine Einheit als Mensch. Dann kommt die Folgerung: »Auch eine Kultur und eine Kunst könnten nur vollkommen sein, wenn sie ein Ergebniss der That jener Aufhebung der Getheiltheit der Einheit des Männlichen und Weiblichen wären.«

Die abscheulich schlechte Formulierung darf nicht daran hindern, die Intensität zu erkennen, mit der Wagner über dreißig Jahre lang den Gedanken ohne besondere Veränderung bewahrt hat. Er hat keine Lösung gefunden, natürlich nicht, denn sie läßt sich »natürlich« nicht finden, weil die Erkenntnisweise des Menschen nicht beliebig zu ändern ist. Aber die Bemerkung über die vollkommene Kunst gibt einen Hinweis, wie Wagner sich das gedacht haben mag. *Seine* Kunst erschien ihm ja zumindest annäherungsweise vollkommen. Das heißt, daß in ihr sich sehen läßt, wie der geschlechtlich ungeteilte Mensch beschaffen wäre, der Mensch, der nicht mehr dem scheinhaften und Übles schaffenden Gegensatz von Mann und Frau unterworfen ist. Wagner bestätigt so sein Werk als utopisches Modell einer neuen Menschheit, die zum ersten Mal menschlich lebt.

Auf einer Theaterbühne aber stehen immer konkrete Menschen, nicht utopische. Und selbst Opernhandlungen müssen so aussehen, als handelten Menschen und nicht der Erkenntnis entzogene Abstraktionen. Wagner hat deswegen in seinem Werk Formen sexuellen Verhaltens gezeigt, die von der Gesellschaft verachtet und tabuisiert werden und an denen er gerade deshalb demonstrieren konnte, wie man sich dem Geschlechter-Gegensatz entzieht und Mensch wird. Es sind symbolische Vorformen gewissermaßen des Zwitters. Sie waren ihm so wichtig, daß er selbst sie dem Werk vor- und nachlebte. Damit ist der Sachverhalt allerdings etwas schief beschrieben. Denn die Neigung zur sexuellen »Abnormität« sitzt wohl jedem so unter der Haut, daß Ansichten darüber, Verhalten darin oder (zum Beispiel) ihre Gestaltung im Kunstwerk fast untrennbar ineinander fließen.

Auch bei Wagner bleiben sie immer ein und dasselbe – ob im Leben oder im Werk. Aber weil er so redselig und schaffensfreudig war, lassen sie sich im einzelnen feststellen. Auch: weil er ein Genie war.

3.

Inzest und Homosexualität

Der Beginn der letzten Szene des »Siegfried« wirkt in allen Aufführungen immer etwas komisch. Siegfried hat das Feuer durchschritten und die Höhe des Felsens erreicht. Er sieht die schlafende Brünnhilde, deren Besitz der Waldvogel ihm deutlich genug verheißen hat, und um den Zugang zu ihr hat er sogar erfolgreich mit Wotan gekämpft. Trotzdem kann er nicht gleich identifizieren, was er nun sieht: »Was strahlt mir dort entgegen?« Die neutrale Form des Frage-Pronomens drückt seine vorsichtige Distanz aus, obwohl er eigentlich ja wissen sollte, »was« ihn hier erwartet. Zunächst deutet er den Anblick stattdessen auch noch ganz irrig: »Ha! in Waffen ein Mann«. Es folgt ein langes Liebesbekenntnis, unterbrochen durch Handlungen, die diesen vermeintlichen Mann entkleiden:

> »Ach! – wie schön!
> Schimmernde Wolken
> säumen in Wellen
> den hellen Himmelssee:
> leuchtender Sonne
> lachendes Bild
> strahlt durch das Wogengewölk!
> Von schwellendem Atem
> schwingt sich die Brust«.

Siegfrieds Neigung gehört einem Wesen, das er für einen Mann hält. Doch als er dieses Wesen mit Hilfe seines Schwerts enthüllt, erkennt er die Wahrheit, die sich in einem Schreckensschrei löst: »Das ist kein Mann!« Was alle Zuschauer längst wissen, wird ihm überraschend bewußt, und das ist die Komik der Situation. Obwohl ihm eine Frau versprochen war, hatte er sich auf einen Mann eingestellt und ist bis zum Entsetzen enttäuscht.

Was hier wie geheime Homosexualität wirkt, ist, nahezu im gleichen Wortlaut, einen Abend vorher schon einmal passiert. Da erwarten
die Walküren, daß ihre Schwester Brünnhilde einen toten Krieger
herbeischleppt, wie es Walküren-Brauch ist; aber diesmal handelt es
sich irritierenderweise um eine Frau. Und der Ausruf »Das ist kein
Held!« hat den gleichen musikalischen Gestus mit dem Aufschwung
zur Sext wie später Siegfrieds Angstschrei.

Beide Situationen sind ganz ähnlich gestaltet, obwohl einmal hete-
rosexuelle, das andere Mal homosexuelle Erwartungen »enttäuscht«
werden. Beides scheint somit gleichgesetzt: Verwirrspiel der Geschlechter. Man kommt Wagner nicht nahe genug, wenn man in
manchen seiner szenischen Konstellationen einfach eine homosexuelle
»Aura« diagnostiziert. Sicher kann man aus Markes Worten zu Tristan Homophiles heraushören, sicher kann man die Atmosphäre der
Gralsburg Montsalvat im »Parsifal« homosexuell nennen, und bei den
Blumenmädchen kann einem mit Hanns Fuchs dieses einfallen:
»Erinnert Parsifal in dieser Szene nicht an einen jener Homosexuellen, die sich sehr gern in der Gesellschaft von Frauen bewegen, gern
mit den Frauen scherzen und lachen, ja vor tändelnden Küssen nicht
zurückschrecken und erst fliehen, wenn – mehr von ihnen verlangt
wird?«

Ja: es »erinnert« daran, das ist aber auch alles. Wagner hatte ganz
anderes im Sinn als vordergründig den Hauch von Homosexualität zu
erzeugen. Es ging ihm um die Irritation der überkommenen Geschlech-
terrollen, und dafür waren homoerotische Situationen ziemlich geeignet, weil sie in ihrer pikanten Unzulässigkeit von den gewohnten
Liebesbeziehungs-Mustern abwichen. Wagner hat sich damit auch
selbst dem Verdacht ausgesetzt, homosexuell zu sein, und tatsächlich
könnte man eine solche These belegen, wenn man oberflächlich genug
bliebe. In München wurde er im Volksmund »Lolotte« genannt, eine
Anspielung auf Lola Montez, die Mätresse des vorigen Königs Ludwig I. – so galt Wagner also jetzt als »Mätresse« des homosexuellen
zweiten Ludwig.

Das Verhältnis der beiden ist jedoch viel komplizierter als es sich in
dem Schimpfnamen ausdrückt. Daß Ludwig homosexuell war, gilt als
ausgemacht. Die Sprache etwa, in der sein Adjutant Fürst Paul von
Thurn und Taxis zu ihm redete, ist auch deutlich genug. Und doch
zögere ich ein wenig mit dem einfachen Etikett. Ludwig, gewiß, mochte
Männer mehr als Frauen. Doch manchmal scheint es, daß er zu den
Männern flüchtete, weil er so große Angst vor den Frauen hatte. Seit
der fünfzehnjährige Kronprinz den »Lohengrin« gesehen hatte, hatte
er sein Lebensthema gefunden. Er muß ihn so gesehen haben, wie alle

ihn sehen: die Geschichte eines reinen Mannes, der der Frau verbietet, nach seinem Namen zu fragen – er verbirgt sich also vor der Frau und zieht davon, als sie sich nicht an das Verbot hält. So müßte man mit Frauen umgehen können, was aber auch und erst recht ein König nicht durfte. Der vor der Sexualität als etwas Schmutzigem fliehende Jüngling (wer hat dem Kind das beigebracht?) schauderte zurück vor dem Gedanken, einmal eine Frau heiraten zu müssen, um die Dynastie zu erhalten.

Wagners komplizierte Liebesgeschichten, durchtränkt von der Abwehr des Mannes gegenüber der Frau, faszinierten ihn. Hier konnte er sich träumen, wie er nicht sein durfte. Er realisierte den Traum, so gut es ging. Nur neun Monate seines Lebens war er verlobt, mit einer Kusine. Noch zwei Tage vor der Verlobung schrieb er ihr: »Der Hauptinhalt unseres Verkehrs war stets, Du wirst es mir bezeugen, R. Wagners merkwürdiges, ergreifendes Geschick.« Das muß ein Verkehr gewesen sein! So unerträglich schließlich, daß er sich wieder entlobte und nie mehr eine Frau an sich heranließ. Er stilisierte sich selbst zur Frau, verkleidete sich in abenteuerliche Kostümierungen, verwandelte sich und seine Umgebung in Teile einer Theaterdekoration.

Es gibt zwischen Ludwig und Wagner viel Verwandtes. Das hat sie gegenseitig angezogen. Aber der König in seiner isolierten Lebenslage war menschlich viel einsamer als der Komponist; er brauchte viel stärker die Kompensation, da ihm der Rausch des Schaffens nicht zugänglich war. So berauschte er sich am Produkt des Schaffens, er war süchtig nach Wagner und seiner Musik. Wagner hat das natürlich auch ausgenutzt. Er hat dem Affen Zucker gegeben. Und doch ist es nicht einfach schamloser Egoismus. Zu sehr berührte Ludwigs Art etwas Gleichgestimmtes in ihm. Sein Realismus ließ ihn allerdings nie in ein solches Ausmaß an Künstlichkeit geraten, wie Ludwig es pflegte. Aber es ist nicht nur pathetisches Spiel, sondern auch rauschhafter Überschlag, wenn sie sich im Anfang ihrer Beziehung brieflich duzen – wie Ekstase bricht das hervor und wird mühsam und widerwillig auf die konventionell gebotene Form zurückgenommen.

Wagners Berichte an Freunde über seine Begegnungen mit dem König (sie trafen sich am 4. Mai 1864 zum ersten Mal, Wagner war 51, Ludwig 19) verwenden immer wieder die Vorstellung einer wirklichen Liebesbeziehung. Am 5. Mai an Mathilde Maier: »Unsere gestrige Zusammenkunft war eine große, nicht enden wollende Liebesszene.« Am 16. Mai an Peter Cornelius: »Täglich schickt er wiederholt nach mir; er ist unersättlich im Lernen und Lieben.« Am 26. Mai an Eliza Wille: »Ach! endlich ein Liebesverhältniß, das keine Leiden und Qualen mit sich führt! Wie mir es ist, diesen herrlichen Jüngling so vor mir zu haben!... Täglich schickt er ein- oder zweimal. Ich fliege dann immer wie zur Geliebten. Es ist ein hinreißender Umgang ... Und dann diese liebliche Sorge um mich, diese reizende Keuschheit des Herzens, jeder Miene, wenn er mir sein Glück versichert, mich zu besitzen; so sitzen wir oft Stunden da, Einer in den Anblick des Andren verloren.« Einige Tage später: »Ob ich dem ›Weiblichen‹ ganz entsagen werde können? mit einem tiefen Seufzer sage ich nein, daß ich es fast wünschen müßte! – Ein Blick auf sein liebes Bild hilft wieder! Ach, dieser Liebliche, Junge! Nun ist er mir doch wohl Alles, Welt, Weib und Kind!« Am 30. Juni: »Von der Herrlichkeit dieses Verhältnisses haben Sie doch gewiß noch keinen vollen Begriff ... kurz – das männliche Geschlecht hat sich durch diesen Vertreter vollständig bei mir rehabilitirt.« Am 9. September: »Nun habe ich einen jungen König, der mich wirklich schwärmerisch liebt ... Er sagt mir, er glaube es noch immer kaum, daß er mich wirklich habe! – Seine Briefe an mich kann Niemand ohne Staunen und Entzücken lesen. Liszt meinte, er stehe darin an Receptivität mit meiner Productivität auf vollkommen gleicher Höhe. Es ist ein Wunder!« Schließlich am 17. Dezember wieder an Mathilde Maier: »Du siehst, wie es mit uns Beiden steht: – Einmal mußte es mir doch ganz glücken in der Liebe!«

Die Zitate zeigen, daß Wagner in Ludwig nicht nur den reichen und einflußreichen Förderer sah. Zwar stellte der für ihn den Idealfall eines Publikums dar: begeistert, genial »rezeptiv« und zugleich mächtig. Aber er ist doch auch überdeutlich der Liebespartner, der den Liebenden selbst zu Höhenflügen inspiriert. Und auch wieder das geschlechtliche Verwirrspiel: Ludwig rehabilitiert »das männliche Geschlecht«, ausgerechnet er, der Nicht-Mann. Ungesagt steht dahinter, wie Wagner dem sattsam bekannten »Mann« ausweicht, den Ludwig andererseits auf seiner Frauen-Flucht sucht, weshalb Wagner wiederum der »Weiblichkeit« entsagen soll, der Konkurrenz für den Liebespartner.

Die komplizierte Vielfalt dieses Verhältnisses hat Wagner in den sonderbarsten Bildern ausgedeutet. Sie war wohl auch für ihn verwirrend. Im Sommer 1864 schreibt er »Dem Königlichen Freunde« ein Widmungsgedicht, das im Klavierauszug der »Walküre« 1865 veröffentlicht wurde. Eine Strophe beginnt: »Du bist der holde Lenz, der neu mich schmückte«. Das ist die Umformung eines Satzes, den in der »Walküre« Sieglinde zu Siegmund sagt:

>»Du bist der Lenz,
>   nach dem ich verlangte«.

Wagner also ist Ludwig-Siegmunds Sieglinde. Dann aber wieder: »Er ist göttlich! Bin ich Wotan, so ist er mein Siegfried« (der ja aber im Unterschied zum Voll-Gott Wotan nur halb-göttlich ist). Ein andermal nennt Wagner sich Columbus und Ludwig seine Isabella. Und schließlich ein heikles Spiel mit den Bedingungen dieses Verhältnisses in einem Brief an den König selbst: »Hätte ich eine Geliebte, so würde ich ihr sagen: lass mich in Deiner Liebe sterben! *Leben* kann und darf ich nur in und für meinen König!«

Was also ist der König? Keine Geliebte, sondern ein Geliebter? In dem und für den man leben kann, während man in jener sterben muß? Die Komplikation des Verhältnisses verwirrt Wagner sogar die Grammatik des letzten Satzes. Jedenfalls sollte ihr Verhältnis anders sein als das, normalerweise, zwischen Mann und Frau. Vor Frauen warnt er ihn auch: »eine Wiener – Dame war Ihnen bestimmt.« Und: »man sinnt darauf, Sie dem entnervenden Einflusse frivoler Weiblichkeit zu überliefern.« Ludwig reagierte entsetzt. Aber war das nur Wagnersche Machtpolitik, die Furcht, seinen Einfluß auf den König zu verlieren? Oder doch auch »wirkliche« Eifersucht? Und der reale Versuch, in der Beziehung zu Ludwig ein wenig die »Geteiltheit der Geschlechter« aufzuheben, indem er ihn zu allem macht: zum Weib-Mann, zu »Welt, Weib und Kind«, wie es in einem der zitierten Briefe heißt und was dann wirklich *alles* umfaßt, was Ludwig tatsächlich nicht war?

Wie immer bei Wagner steckt darin von alledem ein bißchen: Neid, Ehrgeiz, Stolz, Liebe, Begeisterung. Die schwierige Rolle hat ihn im Leben überfordert, aber er hat zumindest versucht, sie zu spielen. Sie ist auch von Ludwig mißverstanden worden, den Wagners Stücke (vor allem der »Parsifal«, nach dem er sich im Privatbereich nannte) als Reinheitsdramen interessierten, als Abkehr vom Schmutz des Geschlechtlichen. Während Wagner etwas ganz anderes wollte: *hin* zum Geschlechtlichen, dem durch Befreiung von der Konvention nur der unnatürliche Schmutz genommen werden mußte.

Bevor er Ludwig traf, hat Wagner schon einmal versucht, eine solche Beziehung herzustellen, mit Peter Cornelius, dem elf Jahre jüngeren begabten Komponisten, der seine Fähigkeiten schließlich dem sehnsüchtigen Dienst an Wagner opferte. Der verlangte 1862 von ihm, daß er zu ihm ziehe. Die Worte sind bezeichnend: »Ich verstehe es dann so, daß Du mir zugehörst, wie meine Frau, . . . immer wie zwei Menschen, die eigentlich, wie ein Ehepaar, zusammengehören.« Noch nach der ersten Begegnung mit Ludwig fordert Wagner Cornelius gewissermaßen zur Ehe auf: »Entweder Du nimmst jetzt unverzüglich meine Einladung an, und richtest Dich dadurch für alle Lebenszeit etwa zu einem wirklichen häuslichen Lebensbunde mit mir ein. Oder – Du

verschmähst mich, und entsagst dadurch ausdrücklich dem Wunsche
mit mir Dich zu vereinen.«

Die Begriffe stammen aus dem gemeinsamen Wortschatz von
Mann und Frau. Oder von Mann und Mann, wenn ihre Beziehung
homosexueller Natur ist. Aber Wagner war eben nicht homosexuell,
sondern – wenn der Ausdruck erlaubt sein mag – polysexuell. Er suchte
die »volle« Beziehung und suchte sie überall, am liebsten da, wo sie
nicht als sexuelle Banalität mißverstanden werden konnte. Das – neben
allerlei sonstigen Störungen, die wir schon kennen – brachte ihn zu den
Männern, die aber nicht die »Starken« sein durften, sondern die von
ihm abhängigen Schwachen: er suchte die Frau im Mann, das zweige-
schlechtliche Wesen.

Das gilt wohl sogar schon für eine andere, viel ältere Freundschaft,
die zu dem Maler Ernst Benedikt Kietz. In der Not seines ersten Pariser
Aufenthalts hatte Wagner ihn 1840 kennengelernt und alles mit ihm
geteilt. Kietz blieb zeit seines Lebens arm und wandte sich immer
einmal wieder an den allmählich berühmt werdenden Freund, wenn er
Hilfe brauchte. Der aber bot stattdessen häufig an, Kietz solle ganz zu
ihm ziehen, als »Haus- und Familiengenosse«, von ihm und Minna gar
als Kind »adoptirt«. Noch 1869, im Zusammenleben mit Cosima schon
längst, erneuert Wagner das Angebot, einen sonderbar verräterischen
Satz einstreuend, in dem ein Unterton von Eifersucht anklingt: »Aber
ich weiß, Du hast immer ein ganz bestimmtes Verhältniß, welches Du
glaubst poussiren zu müssen«. Ein paar Tage nach der Hochzeit zieht
Cosima dann die Offerte kühl zurück: Richard sei »von Arbeit über-
häuft«, und Kietz solle nicht kommen, das Gastzimmer sei besetzt, und
sie verreisten bald. Letzteres zumindest stimmte nicht; Cosima waren
Wagners ausschweifende Liebschaften wohl unheimlich geworden, *ein*
König reichte ihr.

Wagner hat das sicher verstanden, warum sonst hätte er sie den
Brief schreiben lassen, der den alten Freund empfindlich kränken
mußte. Er verstand, daß sie seine Liebe nicht teilen wollte, auch wenn
er damit auf die ganze Welt aus war. Schließlich war er selbst so. Ihre
(wenigen) Streitigkeiten nahmen oft ihren Ausgang von Wagners
Kritik an Cosimas Verhältnis zu ihrem Vater Franz Liszt. Und das
gewiß nicht nur, weil Liszt vor Jahren gegen die Verbindung seiner
Tochter mit Wagner war. Sondern weil auch *er* Cosimas Liebe nicht
geteilt wollte: der Vater, den er zu allem Überfluß selbst liebte, war
zugleich sein Konkurrent.

Und doch brauchte er die komplizierten Verschachtelungen von
Liebesgefühlen. Ein Mann – eine Frau, das war zu wenig, zu banal, zu
normal, zu weit entfernt von der Utopie der allumfassenden Liebe. Es

mußte ihm bedeutsam erscheinen, daß seine Lieben zu Ludwig und zu Cosima, zu Mann und Frau (oder zu Frau und Mann?), ungefähr gleichzeitig in sein Leben traten. Im »Braunen Buch« konstruieren seine Tagebuch-Gedanken denn auch ein Dreiecksverhältnis, das anders als das der Konkurrenz – etwa zu dem Vater Liszt, etwa zu dem Ehemann Hans von Bülow – eines der erfüllten Liebe sein sollte: »O, meine Cosima! Wir werden glücklicher sein, als es je Sterbliche waren, denn wir Drei sind unsterblich ... Der Lenz des Dreilebens steht in vollster Blüthe ... Wir sind nicht von dieser Welt, – Du, Er – und Ich. Wir können nur staunen, uns so zu finden, weil wir uns eben in der Welt finden. Aber nun hat auch das Staunen keinen Sinn mehr: jetzt wissen wir, schweben, und beglücken uns gegenseitig.« Fünf Tage später: »O Cosima! O Ludwig! Ihr seid schön! – Vereint mit Euch, wie mächtig, wie schön bin ich!«

Es ist nicht wichtig, ob das Wunschtraum ist oder Realität. Deutlich genug ist es jedenfalls die Beschreibung einer Liebe, die frei ist von Konventionen. Sie hat die Form des Ehebruchs sowohl wie der Homosexualität wie der Polygamie. Eine andere Beziehung als die gewöhnliche ist immer dazugemischt. Das schafft die Voraussetzung, in einer neuen Liebe die alten Zwänge zu zerbrechen und zum Menschsein durchzustoßen: »wie mächtig, wie schön bin ich!«

Später, als der König solchen Anforderungen nicht mehr gewachsen war, als Reibereien um Geld und Politik das Verhältnis »normalisiert« haben, kehrt Wagner zu einem anderen Modell zurück, das von seinem frühesten Werk an die Irritation des sexuell Normalen bezweckte: er träumt, Cosima sei seine Schwester. Bis zum heftigsten Ausbruch in der »Walküre« schwelt die Glut des Geschwister-Inzests verborgen und manchmal nicht mehr verborgen in Wagners Opern.

Schon in den »Feen« deutet sich das an: Freund und Bruder nennt Lora immer in einem Atemzug, als könne sie sich nicht für einen entscheiden oder als seien beide das gleiche. Die einzige Liebesszene des »Liebesverbots« spielt zwischen Bruder Claudio und Schwester Isabella. Im Prosaentwurf »Die hohe Braut« liebt die Heldin ihren Pflegebruder. Vom Liebesduett Rienzis und seiner Schwester Irene war schon die Rede; ihm zu Liebe verläßt sie ihren Freund und sucht zusammen mit Rienzi den Tod in den Flammen. Rienzi übrigens ist anders als in der Roman-Vorlage Bulwer-Lyttons nicht verheiratet, ihn interessiert nur Rom – und die Schwester. In dem Prosa-Libretto »Die Sarazenin« verliebt sich der Hohenstaufe Manfred in eine arabische Prophetin, die seine Halbschwester ist. Undeutlich meint man selbst in dem sonderbaren Verhältnis der »Lohengrin«-Elsa zu ihrem (nur am Schluß stumm auftretenden) Bruder Gottfried Inzestuöses zu ahnen. Selbst ohne die

offene Tat des ersten »Walküren«-Akts wäre an der Feststellung des
Freud-Schülers Otto Rank nicht zu zweifeln, »daß dem Inzestkomplex
die größte Bedeutung in der dichterischen Produktion Wagners zukommt«.

Wo das herstammt, läßt sich leicht entdecken. Dem zärtlichkeitsbe-
dürftigen Kind waren die Schwestern alles. Die beiden lebenden Brüder
waren viel älter (neun und vierzehn Jahre), in der Familie gaben neben
der Mutter die Schwestern den Ton an, vor allem Rosalie, weil sie nach
dem Tod des Stiefvaters am meisten verdiente. In der Autobiographie
hat Wagner kaum verschlüsselt beschrieben, was sie ihm war. Schon
bei seinen ersten grotesken Schreibversuchen habe ihm daran gelegen,
ihr zu beweisen, »wie viel ich auf *sie* gebe«. Die »mütterliche Schwester« nennt er sie dann beziehungsreich, deren zeitweise »Entfremdung
gegen mich von lebhaftem Eindrucke« auf ihn gewesen sei. Ihre
Achtung zu finden sei ihm »zu einem besondren Sporn des Ehrgeizes
geworden«: »Unter solchen Umständen bildete sich endlich eine zarte,
ja fast schwärmerische Neigung zu Rosalie in mir aus, welcher an
Reinheit und läuternder Wärme wohl nur die edelsten Beziehungen
zwischen Mann und Weib zur Seite gestellt werden können.« Wagner
teilt dann sein Erstaunen mit, daß sie so lange keinen Mann gefunden
habe, worüber sie in Augenblicken vermeintlichen Alleinseins »in
banges Seufzen und Klagen« ausgebrochen sei, worauf er wieder »von
da an mit gesteigerter, zärtlicher Hochachtung in allem ihr zu Willen«
gewesen sei.

Es läßt sich an den Formulierungen unschwer ablesen, daß Wagner
sich als einzig angemessenes Liebesobjekt für Rosalie empfand; ihre
Männerlosigkeit war ihm auch geheimer, wenn nicht schadenfroher
Genuß. Wo sie mit anderen zu tun gehabt habe, so fügt er noch hinzu,
hätte »in solchen Umgang« nie eine »Affektation irgendwelcher Art
sich gemischt«. Man muß bedenken, daß diese Erinnerung 1865
aufgeschrieben wurde, zur gleichen Zeit, als Wagner im »Braunen
Buch« vom Dreiecksglück mit Ludwig und Cosima redete. Und die
Autobiographie galt dem König als dem zunächst einzigen Adressaten.
Ihm also stellte er die Lieblingsschwester dar als den Inbegriff eines
reinen Liebesobjekts, ohne »Affektation« – will heißen: ohne den
sexuellen Schmutz, den Ludwig fürchtete. Eine Schwester als einzig
geliebtes Wesen, das wich so ab vom ekelhaft Normalen, daß man in
solcher Liebe sich menschenwürdig bewegen durfte – wie in der Liebe
des edlen Mannes zum edlen Mann.

Doch das war nicht nur zum König gesagt, sondern auch zu sich
selbst. Schließlich blieb es nicht bei der kindlichen Liebe zur Schwester. Das drängte ins Werk, erst recht nach Rosalies frühem Tod. Es

blieben auch die anderen Schwestern, Luise, Klara, Ottilie, Cäcilie, denen er sich immer tief verbunden fühlte. Und es kam eine neue hinzu, Minna, die Frau, die sich doch auch als Schwester ausgab, um die uneheliche Geburt ihrer Tochter Natalie zu verschleiern. Wie bei ihr Mutter- und Schwesternrolle durcheinander gingen und zu welchen Problemen das führte, beschreibt Wagner ebenfalls in der Autobiographie. Die seltsamen Mischverhältnisse schwesterlich-weiblichen und mütterlich-weiblichen Verhaltens strahlen aus bis zu Brünnhilde und Kundry, und sie prägen wohl auch zutiefst die aufbrechende Liebe zu Cosima.

Daß Wagner dem jungen Freund Hans von Bülow die Frau wegnahm, ist nach den klassischen Kategorien Sigmund Freuds die Durchsetzung einer infantilen Liebeseinstellung, gerade nämlich des Inzestwunschs. In dieser Tat kommt alles zusammen: vom brüderlichen Freund gewinnt man die Schwester, vom männlichen Konkurrenten die Frau, vom Sohn die Tochter, und die nimmt man dazu auch noch ihrem eigenen Vater Liszt weg. Ein Super-Inzest gewissermaßen, dessen schon lange vorher entworfene künstlerische Gestalt die Geschichte der Zwillinge Siegmund und Sieglinde in der »Walküre« ist.

Wagner mag kaum bewußt gewesen sein, wie viel kultureller Sprengstoff in den mythologischen Inzest-Phantasien steckt, von denen seine Nibelungen-Quellen voll sind. Aber seine eigenen fiebernden Erfahrungen haben ihn offen gemacht für den Reiz solcher Situationen. Die Selbstverständlichkeit, mit der er in der Zwillingsliebe das gewaltige Inzest-Tabu brechen läßt, nimmt dem Vorgang jedoch bis heute eigentlich überraschend jede Frivolität. Wagner ist es gelungen, ein unerhörtes Ereignis so darzustellen, als müsse es einfach so sein, ein Ereignis, das ihm als Symbol der wirklichen Menschwerdung so enorm wichtig war. Indem er Schranken der konventionellen Liebe und ihrer Regeln niederreißt, gewinnt er der Liebe selbst die Freiheit zurück. Die verwandtschaftlich eng verflochtene Gesellschaft des »Rings« wird gerade durch diese Verflechtung eine hoch-erotische Gesellschaft. An ihr nur war die Befreiung zum Menschen darstellbar, weil die scheinbar skandalösen Sexualbeziehungen den wahrhaften Skandal der sexuellen Konvention enthüllten.

Ein Autor mit dem Pseudonym Hugbald hat sich vor einigen Jahrzehnten die Mühe gemacht, das Sexual-Chaos des »Rings« zu beschreiben. Das liest sich so: »Siegfried ist der Sohn seines Onkels und der Neffe seiner Mutter. Er ist sein eigener Vetter als Neffe und Sohn seiner Tante. Er ist der Neffe seiner Frau, folglich sein angeheirateter Onkel und sein angeheirateter Neffe. Er ist Neffe und Onkel in einer Person. Er ist der Schwiegersohn seines Großvaters Wotan, der Schwa-

ger seiner Tante, die zugleich seine Mutter ist. Siegmund ist der
Schwiegervater seiner Schwester Brünnhilde und der Schwager seines
Sohnes, er ist der Mann seiner Schwester und der Schwiegervater der
Frau, deren Vater der Schwiegervater seines Sohnes ist.«

Das stimmt alles und klingt außerordentlich komisch. Aber es ist
nicht komisch. Es repräsentiert vielmehr Wagners kompliziertes Konzept einer Liebe, die sich in gesellschaftlich geächteten Formen ausdrückt, um die Ächtung der Liebe in dieser Gesellschaft aufzuheben.
Liebe kann nur entstehen und bestehen zwischen Menschen, von denen
jeder mit jedem »verwandt« ist: als Mensch. Angesichts der vorhandenen Gesellschaft aber setzt das noch etwas weiteres voraus: Aufruhr
gegen die Götter um der Menschlichkeit willen. Und mit den Göttern
sind die Götzen dieser Zeit gemeint.

4.

Menschen gegen Götter

Es ist für den geistigen Zustand einer nationalen Kultur auch bezeichnend, durch wen sie sich ihre Genies beschreiben und interpretieren läßt. Die Wagner-Literatur wurde in Deutschland jahrzehntelang bestimmt durch die Zensur-Politik der Bayreuther Familie; Dokumente kamen, wenn überhaupt, nur häppchenweise an die Öffentlichkeit, und die Häppchen waren so vorgekaut, daß sie »edel« schmecken sollten; die den originalen Geschmack kannten, hüteten sich, davon zu reden. Da war nichts zu machen: über Fälschungen ließ sich nur spekulieren.

Aber auch Verfügbares wurde in Deutschland nicht zur Kenntnis genommen. Während deutschtümelnde bis faschistische Hofgeschichtsschreiber wie Wolzogen, Glasenapp oder Chamberlain bestimmten, was man von Wagner zu wissen und wie man über ihn zu denken habe, blieb die ab 1933 erscheinende vierbändige Biographie von Ernest Newman bis heute unübersetzt, vor Gregor-Dellin die einzige gründliche Darstellung Wagners und auch danach noch wegen ihrer Materialfülle unentbehrlich. Ein ähnliches Schicksal traf einen der ältesten und intelligentesten »Ring«-Kommentare, George Bernard Shaws »The Perfect Wagnerite«; der erschien zwar 1908 auf deutsch, aber seine Interpretation wurde hierzulande ein halbes Jahrhundert lang praktisch nicht zur Kenntnis genommen. Hätte man das getan, man hätte sich manche mühsamen Umwege des Wagner-Verständnisses sparen und noch mehr Irrwege gar nicht erst betreten müssen.

Shaws »Wagner-Brevier« ist nun 85 Jahre alt, und doch wird es wohl für die meisten Wagner-Anhänger noch immer Überraschungen bieten. Zum Beispiel: »In der althergebrachten Rangordnung der Schöpfung sind die übernatürlichen Wesen stets größer als die Menschen gedacht, im Guten wie im Bösen. In der von Wagner aufgestellten modernen menschenfreundlichen Rangordnung ist der Mensch das

höchste Wesen ... Die Gefahr besteht darin, daß Sie zu der Überzeugung kommen könnten, Götter seien zumindest Wesen einer höheren
Ordnung als die Menschen. Das Gegenteil ist der Fall: die Welt wartet
auf den Menschen, der sie aus der unbefriedigenden und beengenden
Herrschaft der Götter erlösen soll.« Shaw nennt die »Ring«-Götter
dann eine Allegorie für »die intelligenten, moralischen und begabten
Menschen, die Staaten und Kirchen ersinnen und verwalten«.

Shaw ist die Interpretation der Hierarchie im »Ring« nicht sozusagen durch überirdische Eingebung vermittelt worden. Im Unterschied
zu den meisten seiner deutschen Zeitgenossen und ihren Nachfahren,
die bloß mythologisch schwafelten, hat er Wagners theoretische
Schriften aus der Zeit der »Ring«-Dichtung tatsächlich gelesen. Denn
da steht das alles schon – als Verständnishilfe gewissermaßen für die
gigantische Bühnenhandlung. Heute allerdings muß man Wagners
49er Gedanken erst wieder freilegen, die inzwischen durch historische
Begriffsveränderungen mißverständlich und bis ins Gegenteil entstellt
erscheinen.

Im zweiten der großen Zürcher Aufsätze, »Das Kunstwerk der
Zukunft«, spricht Wagner vom Gegensatz zwischen dem »Volk« und
den »Intelligenten«, wobei er unter diesen die durch Zwang Herrschenden versteht, unter jenem die Unterdrückten, die in Wahrheit die
Herrscher durch ihre Arbeit ernähren. Da ist das »Völkische« der Nazis
ganz weit weg und Marx sehr nahe. Die »Intelligenten« – das sind die,
die dann im Werk selbst als die »Götter« erscheinen. Ihnen gegenüber
hat das Volk, sprich: der Mensch, die eine entscheidende Aufgabe:
»Das *Volk* also wird die Erlösung vollbringen, indem es sich genügt und
zugleich seine eigenen Feinde erlöst. Sein Verfahren wird das Unwillkürliche der Natur sein: mit der Notwendigkeit elementarischen Wal-
tens wird es den *Zusammenhang* zerreißen, der einzig die Bedingungen
der Herrschaft der Unnatur ausmacht ... Das Volk braucht aber nur
das durch die Tat zu verneinen, was in der Tat *nichts* – nämlich unnötig,
überflüssig, nichtig – ist«.

Das Volk »indem es sich genügt«: das ist der Mensch, der nicht
mehr auf eine angebliche göttliche Jenseitigkeit fixiert ist, sondern
Schluß macht mit solchen ihm aufgezwungenen Scheingebilden, die
bloß zu seiner unnatürlichen Einengung erfunden worden sind. In der
nächsten Schrift, »Kunst und Klima«, ein paar Wochen später, wird der
Gedanke noch einmal erläutert: die Menschen hätten nicht nötig, »so
zu sein, wie sie unseren willkürlichen, immer nur von der Vergangenheit abstrahierten Begriffen nach sein *sollten*«. Vielmehr brauchten sie
nur so zu sein, »wie sie ihrer Natur nach sein *können*, und *deshalb* sein
sollen und – *werden*. Nicht *Engel,* sondern eben *Menschen!*«

Das ist die Formel, die dem Göttlichen den minderen Rang zuweist: der Mensch mit seinen Bedürfnissen ist das Maß aller Dinge und nicht der Gott mit seinem widermenschlichen Gesetz. Wagner hat das zu einer Zeit formuliert, als er »Siegfrieds Tod«, die spätere »Götterdämmerung«, fertig hatte und an die Ausweitung zum universalen »Ring«-Drama noch nicht dachte, obwohl der Entwurf zu »Wieland der Schmied« bereits da war mit seinen Motiven, die in diese Richtung drängen. Aber schon hat Siegfried diese wichtige Funktion: er ist der Mensch als Sieger über die Götter, unmythologisch gesprochen: der Revolutionär mit der Waffe in der Hand – die erste, zerstörerische Etappe auf dem Weg zur Freiheit. Denn die muß erst einmal erreicht werden – so historisch-materialistisch denkt Wagner, als hätte er Marx studiert. Vernichtung der Götter also – und die müssen gehörig symbolisch genommen werden: sie stehen für alle Mächte, die die Gegenwart bestimmen: Staat, Gewalt, Gesetz, Besitz. Nicht Gott zu werden ist das Ziel, sondern Mensch. Ein zu Wagners Lebzeiten nicht veröffentlichtes Fragment aus dem Umkreis der Revolutionsschriften formuliert es noch präziser als die kanonisierten Aufsätze: »Der mensch ist die vervollkommnung gottes. Die ewigen götter sind die elemente, die erst den menschen zeugen. In dem menschen findet die schöpfung somit ihren abschluß. Achilleus ist höher und vollendeter als die elementare Thetis.«

Die Götter sind der Menschlichkeit so fern, daß sie nicht wirklich begreifen, was mit ihnen geschieht und notwendig geschehen muß: ihre Entmachtung durch die ihnen in Wahrheit übergeordneten Menschen, übergeordnet nach den Kriterien natürlicher und nicht »gesetzlicher« Moral. Der aus den Revolutionsschriften heraus sich formende »Ring« belegt das in seiner ganzen Handlungsstruktur. Wotan kämpft bis fast zum Ende ums Überleben seiner Herrschaft, die er natürlich (wie alle Herrscher) für gut und nützlich hält. Er ist so knochenkonservativ, daß er für naturgegeben hält, was er der Natur aufgezwungen hat.

In der Anfangsszene des zweiten »Siegfried«-Akts, dem großen Gespräch mit seinem Gegenspieler Alberich, behauptet Wotan trotz seiner inzwischen eigentlich hinreichend gerechtfertigten Skepsis immer noch die angebliche Notwendigkeit der starren Unnatur:

> »Alles ist nach seiner Art;
> an ihr wirst du nichts ändern.«

Dann verhöhnt er Alberich auch noch: dumm und primitiv sei er, unwürdig und unfähig zu so tiefsinnigen Erörterungen. Aber der weiß, daß seine Zeit kommen wird. In seiner Antwort, die der abgereiste Gott allerdings nicht mehr hören kann, spricht der von allen »Hohen« verachtete Zwerg die Wahrheit des Revolutionärs Wagner aus:

> »Da reitet er hin
> auf lichtem Roß:
> mich läßt er in Sorg' und Spott!
> Doch lacht nur zu,
> ihr leichtsinniges,
> lustgieriges
> Göttergelichter:
> euch seh' ich
> noch alle vergehn!
> Solang' das Gold
> am Lichte glänzt,
> hält ein Wissender Wacht: –
> trügen wird euch sein Trotz.«

Alberich fällt hier sozusagen aus der Rolle: daß das leichtsinnige, lustgierige Göttergelichter vergehen muß – das ist *Wagners* Botschaft. Aber Alberich irrt sich da nicht: er wird am Ende Recht behalten. Sein Trotz ist der des unteren Menschen gegen die oberen Götter, ein verzweifelter Trotz, denn noch ist es nicht so weit.

Wagner hat die Stelle nicht als grellen Aufschrei vertont, wie man ihn bis dahin bei Alberich gewohnt war, sondern ganz verhalten, gequält, zuletzt fast unbegleitet im pianissimo verdämmernd. In der Musik geschieht zudem etwas Merkwürdiges: nach »mich läßt er in Sorg' und Spott« ertönt in Englischhorn und Trompete ein Motiv, das aus Wotans Abschied von Brünnhilde stammt, als er deren Augen besingt, die er zum letzten Mal sieht. Hier, in »Siegfried«, kann es aber ja kaum wieder Wotans Abschied betreffen, diesmal von Alberich. Der Sinn der Motiv-Verwendung wird deutlicher, wenn man die einzige andere Stelle betrachtet, an der es inzwischen noch einmal aufgetaucht ist: in Wotans erster Rätselfrage an Mime im ersten »Siegfried«-Akt. Der Text heißt da:

> »welches ist das Geschlecht,
> dem Wotan schlimm sich zeigte,
> und das doch das liebste ihm lebt?«

Das Motiv erscheint hier bei der letzten Zeile in den Violoncelli. Es handelt sich natürlich um das Wälsungengeschlecht, von Wotan absichtlich mit einer Menschenfrau gezeugt, damit es nicht mehr göttlich ist und dadurch frei.

Das Motiv bezeichnet also einen Zusammenhang, wo die Göttlichkeit der Menschlichkeit weicht. Denn auch beim Abschied von Brünnhilde geht es ja darum, daß sie als göttliches Wesen eingeschläfert wird, um erst als Mensch wieder zu erwachen. Wolfgang Wagner hat zu Recht davon gesprochen, daß Wotans Kuß hier »den Makel der Gottheit« von Brünnhilde nehme, und André Glucksmann hat das so zusammengefaßt: »Der Tod der Götter bringt die Geburt des Menschen!« Daß das Motiv bei Alberichs Klage über sein Zurückbleiben in »Sorg' und Spott« wieder ertönt, das vermittelt also etwas wie Trost: nicht die Götter werden schließlich überleben, nicht die Herrscher, sondern die Menschen, die bisher Unterdrückten. Es ist sehr tiefsinnig, daß der Gedanke hier mit Alberich in Verbindung gebracht wird: ein erster Hinweis darauf, in ihm nicht einfach den primitiven Bösewicht zu sehen, sondern auch einen Menschen, übrigens einen der am meisten geschundenen.

Die Menschen stehen dann höher als die Götter, wenn sie lieben gelernt haben. Der »Ring« verkündet diese Botschaft in immer neuen Ansätzen. Er verdeutlicht, daß dies der eigentliche Mangel der Götter ist: ihre Lieblosigkeit. Umgekehrt gilt es auch: Mensch kann nur sein, wer die Liebe hat. Sie verändert alles, sie läßt selbst Symbole von Macht und Gewalt zu Zeichen der Menschlichkeit werden.

Im ersten Akt der »Götterdämmerung« kommt Waltraute, eine der Walküren, zu Brünnhilde auf ihren Felsen, wo die auf Siegfried wartet, der »zu neuen Taten« ausgezogen ist. Waltraute schildert das Unglück der Götter, seitdem Wotan resigniert nur noch an sein Ende denkt. Die Erlösung für »Gott und Welt«, so hat er zu Waltraute gesagt, läge darin, daß Brünnhilde den Rheintöchtern den Ring zurückgäbe, dieses Werkzeug böser Gewalt. Aber die Mensch gewordene Brünnhilde weigert sich; ihr ist der Ring etwas ganz anderes: Symbol der Liebe zwischen ihr und Siegfried. Und während sie davon redet, fließt die Musik über von den schwelgerischen Klängen der früheren Liebesszenen:

> »Wie kannst du's fassen,
> fühllose Maid! –
> Mehr als Walhalls Wonne,
> mehr als der Ewigen Ruhm –
> ist mir der Ring:
> ein Blick auf sein helles Gold,
> ein Blitz aus dem hehren Glanz –

gilt mir werter
als aller Götter
ewig währendes Glück!
Denn selig aus ihm
leuchtet mir Siegfrieds Liebe«.

In Musik und Text bricht die vom Ring bestimmte Herrschafts-Kulisse
zusammen unter dem Ansturm menschlicher Liebe. Und diese Liebe –
der Zuschauer weiß es seit dem hier zitierten großen Schluß-Duett des
»Siegfried«, das selbst wieder die ekstatische Liebesnacht des ersten
»Walküren«-Akts aufnimmt – diese Liebe ist keine abstrakt-platoni-
sche zum Menschengeschlecht, sondern eine konkrete zwischen Menschen: sexuell aufgeladene Erotik.

Das ist es, was ein »Gott« nicht begreifen kann. Er ist wie Wotan
allenfalls zu häufig wechselndem Geschlechtsverkehr im Stand, nicht
aber zu der Kopf und Körper ungetrennt erfassenden Raserei der Liebe.
Gerade diese Art von neuem Bewußtsein muß schließlich auch den
Untergang der Götter herbeiführen. Brünnhilde:

»Geh heim zu der Götter
heiligem Rat;
von meinem Ringe
raune ihnen zu:
die Liebe ließe ich nicht,
mir nähmen nie sie die Liebe –
stürzt auch in Trümmern
Walhalls strahlende Pracht!«

Brünnhildes Bekenntnis, daß sie sich von den Göttern ihre Liebe nicht
nehmen lasse, ist musikalisch identisch mit dem Motiv der Liebesverfluchung durch Alberich vom Anfang des »Rheingolds«. Aber der Text
sagt jetzt zur gleichen Musik das Gegenteil: Beharren auf der Liebe
statt Verzicht auf sie. Der damals verzichtete, Alberich, wollte dadurch
Macht gewinnen, »göttlich« werden; die jetzt beharrt, Brünnhilde, will
dadurch Mensch bleiben, und das schließt den Machtverzicht ein für
allemal ein, was bedeutet: Vernichtung auch der vorhandenen Macht
(»stürzt auch in Trümmern ...«), weil die eine ständige Bedrohung der
gerade gewonnenen Menschlichkeit bedeutet.

Durch die musikalische Identität der beiden gegensätzlichen Hal-
tungen hebt Brünnhilde, die Frau, aber auch den Fluch auf, mit dem
Alberich, der Mann, zu Beginn der Weltgeschichte der Menschlichkeit
Gewalt angetan hat. Im Zitat zum Zweck des Gegenteils »erlöst« sie die

Musik von ihrer Lästerung der Liebe. Wagners komplizierte Schachtel-Philosophie von Fluch, Vernichtung und Erlösung ist hier auf engstem musikalischem Raum zu entschlüsseln.

Charakteristischerweise ist es wieder eine Frau, die diesen großen utopischen Schritt schafft. Dabei ging es dem Mann Wagner natürlich um die Männer, die ihm so etwas wie konkrete Abbilder der symbolischen »Göttlichkeit« sind, und um die Frage, wie *sie* erlöst werden können. In der »Mitteilung an meine Freunde« hat er seine drei bis dahin letzten Opern unter diesem Gesichtspunkt analysiert. Der Holländer »aus der Meerestiefe seines Elendes« und Tannhäuser »aus den Wollusthöhlen des Venusberges« hätten sich nach dem »Weib« gesehnt, das ihnen »als Himmelsstern den Weg nach oben wies«. Nun aber habe sich etwas geändert: nun ziehe dieses Weib »aus sonniger Höhe *Lohengrin* hinab an die wärmende Brust der Erde«. Lohengrin nämlich von allen dreien ist quasi göttlich, er kommt aus der himmlischen Ferne des Gralstempels, er ist in der Gefahr, daß ihm von verblendet gläubigen Menschen »anbetungsvoll demütig gehuldigt würde, wo es ihn eben *nicht* nach Bewunderung und Anbetung, sondern nach dem einzigen, was ihn aus seiner Einsamkeit erlösen, seine Sehnsucht stillen konnte, – nach *Liebe*, nach *Geliebtsein*, nach *Verstandensein durch die Liebe* verlangte«.

Wagner hat in diese sehnsüchtige Schilderung alles hineingeschrieben, was der Gott-Mann entbehrt. Er will nämlich – woran ihn alle Konvention hindert, alle Tradition, alle Moral, alle Geschlechter-Rollenverteilung – er will »nichts anderes werden und sein, als voller, ganzer, warmempfindender und warmempfundener Mensch, also überhaupt *Mensch*, nicht Gott«. Das Leid des Mannes quillt über in diesen Formulierungen: wer hilft mir nur, mir armem Mann, der ich verflucht bin, ein Gott zu sein?: »So ersehnte er sich das Weib, – das menschliche Herz.«

Aber Wagners Ängste, die ihm das männliche Leid bewußt gemacht haben, das das menschliche Leid ist, fanden in »Lohengrin« noch nicht den Weg. Die Oper war fertig *vor* dem Höhenflug der Revolution. Erst die Interpretation bald danach konnte den Grund des Scheiterns in die Worte fassen, die Lohengrin im Stück noch nicht kennt: »Aber an ihm haftet unabstreifbar der verräterische Heiligenschein der erhöhten Natur; er kann nicht anders als wunderbar erscheinen; ... Zweifel und Eifersucht bezeugen ihm, daß er nicht *verstanden*, sondern nur *angebetet* wurde, und entreißen ihm das Geständnis seiner Göttlichkeit, mit dem er vernichtet in seine Einsamkeit zurückkehrt.«

Abermals die Not des Mannes, der als Gott gehandelt wird, obwohl er alles andere sein möchte als das. Einsam ist er und in dieser

Einsamkeit »vernichtet« – wie wahr. Aber vielleicht muß er so vernichtet werden, um seine unmenschliche Einsamkeit zu begreifen. Die Einsamkeit des Gottes – wer hat ihn dazu gemacht? – kann jedoch nicht der Gott selbst bekämpfen, jedenfalls nicht so lange er glaubt, tatsächlich ein Gott zu sein. Erst wenn er sich von den ihm schon mit der Muttermilch eingeflößten göttlichen Normen löst, hat er die Chance, Mensch zu werden. Die Erfolgsaussichten sind ungefähr so groß wie beim Versuch, sich an den eigenen Haaren aus einem Sumpf zu ziehen. Dennoch hat Wagner an einer Figur des »Rings« gezeigt, wie solche Befreiung geschehen könnte.

5.

Siegmund

»So grüße mir Walhall,
grüße mir Wotan,
grüße mir Wälse
und alle Helden –
grüß' auch die holden
Wunschesmädchen: –
zu ihnen folg' ich dir nicht.«

Das ist Gotteslästerung. Und in einem Aufwasch auch gleich eine
Absage an alle hehren Werte, die den bürgerlichen Zeitgenossen
Wagners heilig sein mußten. Eine Absage in folgender Reihe: an die
himmlische Seligkeit, an Gott persönlich, an den leiblichen Vater, an
die männlichen Vorbilder des Mannes, an die weiblichen Gespielinnen
des Mannes. Und solche Werte zu verwerfen ist gottlos, auch wo es
Gott selbst nicht unmittelbar betrifft. So hat man das bei den Germanen wohl verstanden, jedenfalls im Mittelalter, im 19. Jahrhundert und
heute mancherorts nicht anders. Aber es kommt noch schlimmer:

»Muß ich denn fallen,
nicht fahr' ich nach Walhall –
Hella halte mich fest!«

Ein offenes Bekenntnis also zum Leibhaftigen: lieber in die Hölle als in
diesen euren Himmel.

Es hat immer wieder solche unerhörten Äußerungen gegeben in der
Literatur: als entsetzliche Beispiele für die tragische Vermessenheit des
Menschen, die erbaulicherweise zum Untergang führt oder katastro-
phisch in die Umkehr lenkt. Doch diesmal stürzt kein Himmel ein; und
was auf dem Fuß folgt, der Tod nämlich, ist im mythologischen

Zusammenhang von Wagners »Ring«-Kosmos natürlich gar keine
rechte Strafe. Denn vorher wie vor allem nachher wird vom Urheber
derart umstürzlerischer Ansichten mit äußerster Sympathie gesprochen: sein Tod ist nur die Folge tragischer Verkettungen, unausweichlich wie etwa ein Autounfall auf eisglatter Fahrbahn – eher dies als
»gerechte« Sühne für ungeheuerliche Läster-Reden.

Der sie hält, Siegmund, ist eine Figur des Einspruchs. Des Protests
gegen eine mit dem Zirkel der gesellschaftlichen Moral sorgsam abge-
grenzte Welt des Einverständnisses mit eben dieser Moral. Dieser
Siegmund verweigert sich den Schein-Erlösungen, die für die Helden
der alten Welt vorgesehen sind.

Bei seinem ersten Auftritt kennt er schon den Schritt, den der
Mensch als ersten zu gehen hat: er weiß keine Götter mehr über sich,
und er weiß, daß sie vernichtet werden müssen, so weit sie sich über
ihm stehend wähnen. *Sein* Wert-System ist ein noch nicht real vorhan-
denes, ein nur erst geträumtes. Und das Ziel dieses Traums heißt:
Freiheit.

Wagner hat die Szenen, in denen Siegmund auftritt – der erste Akt
der »Walküre« und die zweite Hälfte ihres zweiten Akts, nicht einmal
ein Zehntel des ganzen »Rings« – angefüllt mit einer Musik, die die
dramatische Episode aufs höchste adelt. Selten sonst besitzt Wagners
Musik durchgehend solchen geschmeidigen Fluß, solchen Charakter
von Freiheit. Zum Beispiel: Siegmunds Liebeslied »Winterstürme
wichen dem Wonnemond«, gelegentlich als die einzige Arie im »Ring«
bezeichnet, ist nicht nur dies: Nummern-Opern-Stück wie von alters
her, sondern Sprach-Stück zugleich: Rezitativ also im klassischen Sinn,
das die Handlung vorantreibt – aber eben alles in einem: das Leben, das
sich seine Musik schafft. Schon im Vorspiel zum Gesang, wo ein
flirrender Bläsersatz aus Flöten, Klarinetten und Hörnern die thematisch hervortretende Linie der Violoncelli begleitet (»weich, doch ausdrucksvoll«) – über einer gehaltenen Grundierung durch geteilte Violinen, Oboen und Englischhorn, Baßklarinette und Fagotte, von Harfen-
Akkorden akzentuiert – schon da öffnet sich plötzlich eine neue Welt:
eine nie gehörte Dimension von Wohlklang, weil ihm auch der Stachel
des Schmerzes eingefügt ist. Dieser Duktus der Musik, der den Rest des
ersten Akts der »Walküre« und die Todesverkündigungs-Szene zwischen
Brünnhilde und Siegmund im zweiten beherrscht, reicht selbst noch
über den Tod des Helden hinaus: als Brünnhilde Wotan erklärt, warum
sie, infolge von Siegmunds Überzeugungskraft, das Gebot des obersten
Gottes gebrochen habe, gewinnt die Musik wieder dieses Melisma – mit
einem überwältigenden neuen Thema, das von nun an ganz selten
wieder erscheint, und zwar immer dann, wenn vom Ungehorsam

gegenüber der göttlichen Vorschrift die Rede ist. Einmal nur noch erklingt das Motiv in der »Walküre« selbst: nach Wotans Worten

> »denn einer nur freie die Braut,
> der freier als ich, der Gott!«

beherrscht es das Orchesterzwischenspiel vor dem folgenden Schlummerlied für Brünnhilde, ein Kommentar also gerade zum Stichwort Freiheit. Wotan meint hier übrigens natürlich nicht Siegmund, sondern dessen noch ungeborenen Sohn Siegfried. Da täuscht er sich aber, wie wir wissen: Siegfried bringt diese Freiheit nicht, und in seiner Musik wird dieses Motiv auch nie auftauchen – es gehört eben zu Siegmund und seinem wider-göttlichen Ungehorsam, seiner bewußten Aufstachelung zur Freiheit.

Die Musik sagt mehr als Wagners viele tausend theoretischen Worte: hier wird entgegen der vorgefundenen Realität eine menschliche Utopie entworfen – vielmehr: die Utopie vom Menschlichen. Da flackert etwas auf, was Wagner im Ganzen seines Werks und erst recht seines Lebens (noch) nicht einzulösen vermochte: der Traum vom emanzipierten Menschen.

Im geringen Umfang, im Episodischen der Siegmund-Handlung liegt auch ein gehöriges Quantum von Resignation. »Das ist der germanische Don Quixote«, sagt Wagner einmal über Siegmund, als er dessen Musik spielt (wozu man wissen muß, daß Don Quixote eine von Wagners Lieblingsfiguren war), und gleich darauf wünscht er eine Bach-Fuge zu hören, und als er die dann gehört und selbst ein Bach-Präludium gespielt hat, meint er, »daß so viel Weibliches in diesen gewaltigsten Werken ist, so viel Zartes, rührend Klagendes!«

Man muß sich das so lebhaft wie möglich vergegenwärtigen: ein Gespräch, das von Siegmunds Musik ausgeht und über Bach zu einer Reflexion über das »Weibliche« führt – samt solchen Assoziationen wie »zart« und »klagend«. Werte sind das, auf die seinerzeit kein Mann stolz sein konnte. Und bis heute hat sich daran fast nichts geändert. Noch ein so kluger Kopf wie Theodor W. Adorno (ein entschieden gesellschaftskritischer Kopf dazu) hatte gerade mit der Siegmund-Figur seine Schwierigkeiten. Im gleichen Text von 1937/38 nennt er ihn einmal ein »schmeichelndes Muttersöhnchen«, das »durch den Appell ans Mitleid die Herrschenden anerkennt und mit ihnen sich identifiziert«, aber dann auch wieder den »ohne Hoffnung Sterbenden«, der »dem Traum von Freiheit die Treue« halte. Was denn nun davon?

Es ist weniger interessant, daß es für Adornos erste Interpretation keinerlei Beleg im Text der »Walküre« gibt. Sondern viel mehr, daß der junge Mann Adorno eine offenbar spontane Abneigung gegen jene

»zarten«, »klagenden« Züge Siegmunds empfand, gegen das, was
Wagner »so viel Weibliches« nannte. Der schon eher kuriose Vorgang
wirft ein symptomatisches Schlaglicht auf den erotischen Vorsprung
Wagners gegenüber den vielen Männern, auch wenn sie noch einmal
ein Jahrhundert jünger sind.

Denn er: dieser Wagner wäre gern Siegmund gewesen. Den privaten Äußerungen, die Cosima in ihrem Tagebuch festgehalten hat, läßt
sich entnehmen, daß er sich abwechselnd in drei männlichen Protagonisten des »Rings« wiedererkannte: Wotan, Siegfried und Siegmund.
Während aber die Vergleiche zu den beiden ersteren eher literarischer
Natur sind, stellen sich die Beziehungen zu Siegmund sozusagen
untergründig und damit um so wirkungsvoller her.

Da träumt er bekanntlich einmal, daß Cosima »seine Schwester sei
und er auf [ihre] Ehre zu wachen hätte«. Bei anderer Gelegenheit – bei
einer der Geburtstagsfeiern, wo die kinderreiche Familie Wagner oft
»lebende Bilder« darzustellen pflegte – erscheint Cosima als Sieglinde,
mit dem gemeinsamen Sohn auf dem Arm, was Richard sehr freut, und
dieser Sohn war schließlich vor Recht und Gesetz Siegfried genannt
worden – was ein für allemal festhält, daß der Vater Siegmund heißt.
Bald nach der aufschlußreichen Szene hat Wagner auch die ausdrückliche Formel für diese Beziehung gefunden. Cosima schreibt auf: »Fidi
macht uns viele Freude, R. sagt, ›er wird der Rechte sein, ich bin so eine
Art Siegmund, dem alles schwer wird, er wird das Goethe'sche Welter-
obernde haben‹. Wie er sich über die Stirn mit der Hand fährt, frage ich
ihn, ob er etwas habe: ›Die Gedanken juckten mich.‹«

Klarer läßt es sich kaum formulieren – liest man nur ordentlich
zwischen Cosimas Zeilen: Wagner sah sich als Siegmund, und er
wußte, was das hieß: im Widerspruch zur Welt stehen, ohne Glück
leben, von den Herren der Welt gegebenenfalls geopfert werden. Er
verstand Siegmunds Schicksal als sein eigenes. Und er hat ihm Züge
verliehen, die er selbst besaß, ohne sie in seiner realen Welt bekennen
zu können, er: Richard Wagner mit all seinen Ängsten, Kleinlichkei-
ten, Vorurteilen, Obsessionen.

So wird Siegmund an Wagners Stelle der utopische Entwurf vom
freien Menschen, vom emanzipierten Mann: das Traumbild, das sich
vom »wirklichen« Mann aus Wagners und aus unserer Gegenwart
erheblich unterscheidet. Für Siegmund ist Mut keine Alternative zur
Furcht. Er weiß vielmehr – anders als sein tölpischer Sohn Siegfried –,
daß man Angst haben darf, haben muß angesichts der furchtbaren
Bedrohungen in dieser Götter-bestimmten Welt. Aber die Angst
prägt nicht sein Leben, er muß sie nicht wie konventionelle Helden
durch Aktivismus betäuben – er nimmt sie vielmehr an und vergegen-

wärtigt sie als irritierend, aber zugleich doch auch als existentiell belanglos.

Es ist Siegmunds Bewußtheit, die ihn so überwältigend macht. Nicht nur für Wagner, der gern *so* hätte sein wollen und es nicht war. Sondern auch für alle, die ihm seitdem auf der Bühne zusehen, für uns, die gern *so* sein möchten und es nicht sind. Siegmund repräsentiert die Möglichkeit von Ekstasen, die alle wollen, und zugleich – was seine Freiheit ausmacht – die Bedingung solcher Ekstasen: die Rücksichtslosigkeit nämlich darauf, was im Leben als Preis zu zahlen ist.

Wagner hat das in seine Musik zu den ekstatischen Erlebnissen des Mannes Siegmund hineinkomponiert, und zwar zunächst in einem ganz auffällig negativen Sinn: er hat diese Musik nämlich verschwinden lassen; ihre Motive kehren nur noch vereinzelt wieder und nur als Zitate, wenn von der alten, lange zurückliegenden Geschichte die Rede ist. Sie werden – nachdem sie doch immerhin den ganzen ersten »Walküren«-Akt beherrscht haben – gewissermaßen verzehrt vom Fortgang der finsteren Geschichte und der zu ihr passenden Musik. Wagner hat die Themen Siegmunds und Sieglindes nicht produktiv gemacht für die musikalische Entwicklung seiner Partitur, wie er es mit vielen anderen Motiven getan hat, die über die vier »Ring«-Abende hin, zitiert, verwandelt, umgestellt, die jeweils neuen Situationen kommentieren – rote Fäden durch den komplizierten Kosmos des Werks. Das prominenteste und geschmeidigste dieser Themen, das zu Siegmunds Lied »Winterstürme wichen dem Wonnemond«, verschwindet gar ganz: Siegmunds Sprache findet keinen Raum mehr in dieser Welt, nachdem er mit Wotans Hilfe umgebracht worden ist.

Wagner hat so auch musikalisch den episodischen Charakter der Siegmund-Handlung klar gemacht. Das ist ferne Idylle, glückselige Insel – um mit dem Titel des Heinse-Romans zu sprechen, den Wagner von der Jugend bis ins späte Alter immer wieder mit Begeisterung gelesen hat. Utopie also, nicht von dieser Welt. *Noch* nicht, jedenfalls.

Aber die Utopie ist doch einmal beschrieben worden, in jenem ersten Akt der »Walküre« – die Insel der Liebe, auf der wenigstens zeitweise die Ekstase der Freiheit stattfinden kann. Das andere Liebesduett im »Ring«, das zwischen Brünnhilde und Siegfried am Schluß des nächsten Abends, erreicht nicht entfernt den hinreißenden Überschwang jenes ersten »Walküre«-Finales, jene eruptive Hitze, die keine andere Musik vorher oder nachher wieder geboten hat – Wagners eigenen »Tristan« eingeschlossen, der immerhin ein Liebesdrama im Zustand der Dauer-Erregung ist.

Die Ekstase am Schluß des ersten Akts der »Walküre« ist so gewaltig, daß sie über die Theaterpause vor geschlossenem Vorhang

hinausreicht: das Vorspiel zum zweiten Akt beginnt da, wo der erste
aufgehört hat. Die Musik tut so, als bestehe die alte Situation weiter –
sie beschreibt noch immer den Coitus Siegmunds und Sieglindes, die
Pause als Teil einer andauernden Begebenheit gewissermaßen verge-
genwärtigend. Nahezu unmerklich wandelt die Musik sich dabei zu
derjenigen der gleich zum ersten Mal auftretenden Brünnhilde, ein
Übergang, der es wahrhaftig in sich hat. Denn diese Verknüpfung der
Siegmund-Sieglinde-Ekstase mit der Figur der Brünnhilde signalisiert
eine hintergründige Botschaft Wagners: die nun neu erscheinende und
bis zum Ende des »Rings« ins Zentrum tretende Frau ist Siegmunds
wahre Partnerin. Sie begegnen sich nur für die paar Minuten der
Todesverkündung, aber die genügen, um ihr Leben, ihre ganze Existenz zu ändern: das Zusammentreffen mit dem einzigen emanzipierten Mann macht Brünnhilde zur einzigen emanzipierten Frau im
»Ring«. Sie sind das »ideale Paar« Wagners.

Biographische Parallelen subtilerer Art lassen sich zum Indiz heran-
ziehen. Wagners inzest-nahe Hinneigung zu seinen zärtlich geliebten
Schwestern kennen wir schon. Aber es kommt hinzu, daß er lange (und
bis heute ohne sicheren Beweis für das eine oder das andere) vermutete,
selbst nicht der Sohn des offiziellen Vaters Friedrich Wagner zu sein,
sondern Ludwig Geyers, des zweiten Mannes seiner Mutter. Die
allesamt älteren Schwestern und er hätten dann nur die Mutter gemeinsam gehabt, sie wären Halbgeschwister gewesen. Siegmund und
Brünnhilde stehen – mit gebührend verschleiernder Geschlechts-Va-
riation – im gleichen »halben« Inzest-Verhältnis: sie haben einen
gemeinsamen Vater, aber verschiedene Mütter, während Siegmund
und Sieglinde »vollkommene« Geschwister sind, Zwillinge sogar.
Dann hätte Wagner also in der hoffnungslos idealisierten Siegmund-
Brünnhilde-Beziehung seine gesellschaftlich ganz und gar unmögliche
Liebe zu seinen Schwestern abgebildet, zu Rosalie vor allem, die früh
starb – wie Siegmund früh sterben mußte.

Wie dem auch sei: jedenfalls gehört die einzige kurze Szene zwischen Siegmund und Brünnhilde musikalisch zu den fortgeschritten-
sten Passagen des gesamten »Rings«. Die Verbindung der beiden, des
freien Mannes und der freien Frau, wäre das emanzipatorische Ziel.
Daß es dazu nicht kommen kann, daß Siegmund sterben und Brünnhilde sich mit dem schwachen weil durch seine Naivität nicht wirklich
freien Stellvertreter Siegfried begnügen muß – das versteht sich: der
noch utopische Charakter des Idealbilds verlangt das. Dabei muß es
denn bleiben – der Traum ist geträumt, das Ziel beschrieben, die Figur
entworfen: an Siegmund ist einmal gezeigt, wie man ein Mensch wird.
Und alles andere – ist eben alles andere.

SIEGMUND (BAYREUTH 1979–1980:
PETER HOFMANN)
*Chéreaus Siegmund-Interpretation ist in ihrer erotischen
Intensität die Schilderung eines Mannes, der sich seiner
Zwänge bewußt wird und sie gerade dadurch zerbricht:
Emanzipation durch Liebe.*

RICHARD WAGNER 1882,
DIE LETZTE PHOTOGRAPHIE
*Weisheit ist keine Frage des Alters. Aber politische
Weisheit kann im Alter sogar in Photographien
sich ausdrücken.*

VI.

Erlösung dem Erlöser

Die Freiheit von unten

PARSIFAL:
Ich schreite kaum, –
doch wähn' ich mich schon weit.
GURNEMANZ:
Du siehst, mein Sohn,
zum Raum wird hier die Zeit.

Parsifal, 1. Aufzug

PARSIFALS ERSTER AUFTRITT ist der eines Verbrechers. Er hat gegen eines der zentralen Gesetze des Gralsreichs verstoßen: er hat ein lebendiges Wesen getötet, einen Schwan. Gurnemanz stellt ihn zur Rede:

>> Unerhörtes Werk!
Du konntest morden? Hier im heil'gen Walde,
des stiller Frieden dich umfing?<<

Dann schildert er ihm die »menschlichen« Empfindungen des Schwans, zeigt ihm dessen blutige Wunden, und Parsifal, seine Tat begreifend, zerbricht seinen Bogen und wirft die Pfeile weg. Die kurze Szene mündet in einen aufschlußreichen Dialog:

>> GURNEMANZ: Sag', Knab'! Erkennst du deine große Schuld?
                Wie konntest du sie begehn?
PARSIFAL: Ich wußte sie nicht.
GURNEMANZ: Wo bist du her?
PARSIFAL: Das weiß ich nicht.
GURNEMANZ: Wer ist dein Vater?
PARSIFAL: Das weiß ich nicht.
GURNEMANZ: Wer sandte dich dieses Wegs?
PARSIFAL: Das weiß ich nicht.
GURNEMANZ: Dein Name denn?
PARSIFAL: Ich hatte viele,
                doch weiß ich ihrer keinen mehr.<<

Unwissen, Vaterlosigkeit, Unkenntnis des eigenen Wegs und Namenlosigkeit (gleich menschliche Ungeborgenheit) verbinden sich zum Mord, zur Tat der Unmenschlichkeit. Und der sich alles dessen plötzlich bewußt wird, zerstört sofort seine Waffen.

»Parsifal« ist auch ein Stück über Gewaltlosigkeit. Außer dem Schwan wird in der ganzen Oper niemand getötet. Selbst gegen die einzige andere Gewaltgeste (Klingsor schleudert den Speer gegen Parsifal) wird nicht zurückgeschlagen: Klingsors Reich bricht durch diese Tat in sich selbst zusammen, Parsifal wird nicht durch wirkliche Waffen geschützt, sondern durch die moralische Waffe seiner »Reinheit«.

Der Pazifismus des »Parsifal« ist vom Publikum und in der Literatur kaum wahrgenommen worden. Er verschwand hinter pseudo-christlichen Spekulationen, die Wagner selbst allerdings mit angestiftet hat. Er förderte sogar noch den religiösen Ästhetizismus, der sich über dem Werk ausbreitete und zwar viele frühere Freunde (wie Nietzsche)

abstieß, aber auch andererseits wieder eine verschworene Gemeinde
bildete, der alles an »Parsifal« auf genüßlerischste Art »heilig« ist.
Diese Gemeinde entnahm dem Werk schon immer nur das keimfrei
Frömmelnde, in der Musik siegten die eher peinlichen Blechbläserchoräle über den spröden Duktus des Spätstils.

Wagners schillernde Zwiespältigkeit wirkt auch hierin. Er will das
verklärte »Bühnenweihfestspiel« (so die offizielle Gattungsbezeichnung des »Parsifal«), aber in die bewußte Absicht schleicht sich das
bessere Wissen: daß diese Welt nicht der religiösen Feier bedarf,
sondern der Analyse, damit sie verändert werden kann. Was er im
Werk längst erkannt hatte, dem versuchte er sich bis zuletzt wieder zu
entziehen – aber es gelang ihm nicht. Die verdrängten Ängste schaffen
sich in den Alpträumen Luft, und das Unterbewußtsein davon fließt in
die Stücke und ihre Musik. Der seit Jahrzehnten die Gesellschaft seiner
Zeit mit politisch geschärftem Blick beobachtende Wagner schließlich
ist hin und her gerissen zwischen der Rücksicht auf seine neuen
Freunde, die Mächtigen, und der ihm lange bewußten Notwendigkeit,
sie um der Menschheit willen zu bekämpfen.

Kein Wunder, daß er sich furchtbar ärgerte, als der alte Revolutionär und Exil-Kollege Herwegh 1873 ein Gedicht »An Richard Wagner«
veröffentlichte, das den Adressaten in seiner Situation verspottete: er
dirigiere vor dem Kaiser, der jedoch kein Geld für ihn übrig habe;
Wagner sei eben nur ein Künstler und kein General. Das Gedicht
schließt mit der Strophe:

>»Ertrage heroisch dies Mißgeschick,
>Und mache Dir klar, mein Bester,
>Die einzig wahre Zukunftsmusik
>Ist schließlich doch Krupp's Orchester.«

Krupps Orchester: die Kanonen der Armee. Wagner wußte, daß
Herwegh Recht hatte; aber es empörte ihn, daß er sich öffentlich den
Wechsel auf die falsche Seite vorwerfen lassen mußte. Er ist der
getroffene Hund; denn daß diese Seite die falsche war, wußte er ja
auch.

Er hat das oft gesagt, aber wir wissen es: nur noch *hinter* der
großbürgerlichen Fassade des Hauses Wahnfried. Da war er, meistens,
auf der richtigen Seite. Einmal vergleicht er das Theaterstück von
Beaumarchais mit der Oper, die Mozart im »Figaro« daraus gemacht
habe: »dort sind es schlaue witzige, berechnende Menschen, die geistvoll miteinander handeln und reden, bei Mozart sind es verklärte,
leidende, klagende Wesen.« Der Gegensatz macht klar, worauf es ihm

ankam: auf Menschlichkeit wie immer, die sich nicht in kluger Berechnung äußert, im gesellschaftlichen Erfolg, sondern eher in seinem Gegenteil.

Aber die lobende Addition der Mozartschen Menschen-Eigenschaften bringt auch plötzlich zusammen, was scheinbar getrennt ist und was das Problem vor allem seines Spätwerks ausmacht: verklärt, leidend, klagend – das steht als Gleiches nebeneinander. Man kann es auch so sagen: nur wer leidet und klagt, ist zur Verklärung fähig. Man muß »unten« sein, um wirklich nach »oben« zu dürfen. Der alte Revoluzzer hat sich in seinen seidenen Gewändern nur verkleidet, wie sehr er sie auch braucht, um sich wohlzufühlen.

1.

Symbolische Orte

Die erste Musik des »Rings«, das Vorspiel zum »Rheingold«, soll das
Wogen des Rheins schildern, der nach Wagners Szenenbeschreibung
im oberen Teil der Bühne »rastlos von rechts nach links zuströmt«.
Aber die Musik ist weit davon entfernt, einfach nur ein gleichförmiges
Strömen darzustellen, wie es die szenische Situation nahelegen würde;
dieses »Rheingold«-Vorspiel ist vielmehr eine fortwährende Bewegung
zwischen »oben« und »unten«.

Das Orchester umschreibt vom tiefsten Kontra-Es der Bässe, das als
Orgelpunkt über das ganze Stück gehalten wird, bis zum dreigestriche-
nen g der Flöte fast den gesamten zur Verfügung stehenden Tonraum.
Die melodieführenden Instrumente (wenn man das Auf und Ab von
nur drei Tönen des Es-Dur-Akkords überhaupt Melodie nennen darf),
Hörner zunächst, dann Streicher und Flöten, später Klarinetten und
Oboen, ganz zuletzt Trompeten, drängen in immer kürzer werdenden
Phrasen über mehrere Oktaven nach oben und fallen von dort wieder
nach unten zurück, um erneut den Aufstieg zu beginnen.

Die nun einsetzende Handlung bringt diesen Gegensatz von oben
und unten in ein geradezu moralisches Wertsystem. Der »aus einer
finsteren Schluft« dem Abgrund entsteigende Alberich wirbt um die in
der Höhe schwimmenden und sich ihm immer wieder entziehenden
Rheintöchter. Was er will, daran läßt er keinen Zweifel; sie aber
verhöhnen seine sexuellen Süchte, geben ihnen Hoffnung und zerstören sie sogleich wieder. Dabei spielen »oben« und »unten« als symbolische Orte eine bedeutende Rolle.

>»Steig nur zu Grund:
>   da greifst du mich sicher!«

sagt eine der Rheintöchter zu Alberich, und der antwortet: »Wohl
besser da unten!« Doch sie spottet seiner, indem sie sich mit dem Satz
»Nun aber nach oben!« aufwärts bewegt. Alberich wendet sich der
nächsten zu und ihren Versprechungen. Aber er verlangt zuerst:

>   »Nur tiefer tauche,
>   willst du mir taugen!«

Auch sie entzieht sich ihm, indem sie nach oben schwimmt. Skeptischer
geworden, aber noch immer nicht frustriert, stellt Alberich auch der
dritten die Bedingung:

>   »Soll ich dir glauben,
>   so gleite herab!«

Erwartungsgemäß wird er wieder hereingelegt; die da oben machen
sich ihren Spaß mit dem da unten, und dieses einmal angeschlagene
Motiv beherrscht Wagners Nibelungen-Kosmos bis zum Ende.
    Oben: das ist der Ort, wo Lug und Trug regieren; von dort, von
oben, glänzt der Schein des Goldes, um dessen Besitz von nun an
gekämpft wird, während es »unten« keinerlei machtpolitischen Wert
besitzt:

>   »Ein Tand ist's
>   in des Wassers Tiefe,
>   lachenden Kindern zur Lust« –

so beschreibt der skeptische Halbgott Loge den Tatbestand, und am
Schluß von »Rheingold« wird das Thema in aller Deutlichkeit offenge-
legt: die Rheintöchter beklagen den Verlust des ihnen anvertrauten
Goldschatzes, Loge als von Wotan beauftragter Sprecher legt ihnen
nahe, wie sie die Situation künftig zu verstehen haben:

>   »Ihr da im Wasser!
>   was weint ihr herauf?
>   Hört, was Wotan euch wünscht.
>   Glänzt nicht mehr
>   euch Mädchen das Gold,
>   in der Götter neuem Glanze
>   sonnt euch selig fortan!«

»Die Götter lachen laut«, sagt die Regieanweisung, und die Rheintöchter klagen:

> »Rheingold! Rheingold!
> Reines Gold!
> O leuchtete noch
> in der Tiefe dein lautrer Tand!
> Traulich und treu
> ist's nur in der Tiefe:
> falsch und feig
> ist, was dort oben sich freut!«

Auf die melancholische Klage, die im Vorwurf an die oben (diesmal die Götter) heftig zu einem dissonanten Quartenakkord anschwillt, folgt der orchestrale Prunk des Götter-Einzugs nach Walhall. Wer diesen »Rheingold«-Schluß als pure Festmusik versteht – und Generationen von Hörern und Opernbesuchern haben ihn so verstanden –, der verkennt seine Voraussetzung: denn das letzte Wort davor hatten eben die Rheintöchter: »falsch und feig / ist, was dort oben sich freut«. Die dem folgende Musik trägt also von vornherein den Makel trügerischen Scheins (was übrigens jede Bühnenaufführung klar zu machen hätte).

Daß Wagners Sympathie ausdrücklich dem Fazit der Rheintöchter gilt und nicht dem festlichen Zug der Götter, ergibt sich nicht nur aus dem Zusammenhang des Textes. Dessen Befund wird vielmehr geradezu geadelt durch die letzten Sätze in Cosimas Tagebuch, niedergeschrieben am Vorabend von Wagners Tod: »Er geht an das Klavier, spielt das Klage-Thema ›Rheingold, Rheingold‹, fügt hinzu: ›Falsch und feig ist, was oben sich freut.‹ ›Daß ich das damals so bestimmt gewußt habe!‹ – – Wie er im Bette liegt, sagt er noch: ›Ich bin ihnen gut, diesen untergeordneten Wesen der Tiefe, diese[n] sehnsüchtigen.‹«

Der Protest der Rheintöchter nach oben hat für Wagner außerordentliche Bedeutung gehabt, seit er ihn einmal formulierte. Nicht nur, daß er ihm bis an seinen letzten Lebensabend folgte: auch auf dem Höhepunkt seiner Liebe zu Mathilde Wesendonk zitiert er sinngemäß daraus, und zwar (ein aparter Zufall?) in dem berühmten Brief, den Minna abfing – was der Anfang von den Enden beider Beziehungen war: »Nur Innen, im Innern, nur in der Tiefe wohnt das Heil!«

Was hier noch wie poetische Symbolik klingen mag, war von Wagner durchaus auch in einem sozialen Sinn gemeint, als Bekenntnis zu denen unten. In Cosimas Tagebuch finden sich Belege dafür. Aus dem Jahr 1880 berichtet sie die folgende Episode: »Sein heutiger Eindruck von der Stadt war: eine sehr elegante reizende Dame, im Wagen hingegossen, schmachtend zum andren sprechend, während hinten krampfhaft ein Junge an den Wagen sich klammerte. R. meint, das sei das Charakteristische der eleganten Welt: dieses nicht Wissen, was daneben, unten vorgeht.« Und einige Jahre früher, mit selbstkritischer Ironie bei einem Besuch des Bauplatzes für das Bayreuther Festspielhaus:»Furchtbare Grabungsarbeiten; R. sagt mir: ›Die Leute müssen denken, ob der wahnsinnig ist, uns so tief unten hier arbeiten zu lassen, damit er da oben sein Stück aufführt.‹« Kein Zweifel: der symbolische Ort »unten« ist für Wagner deutlich positiver besetzt als »oben«.

Sein Werk, der »Ring« vor allem, ist voller Hinweise auf diese Symbolik. Nach der vorhin beschriebenen Szene, Alberichs vergeblichem Werben um die Rheintöchter, nach seinem Raub des Goldes dann, verwandelt sich die Bühne, indem ein »schwarzes Wassergewoge ... eine Zeitlang immer noch abwärts zu sinken scheint«. (Nebenbei: alle »Rheingold«-Verwandlungen wirken wie für die Mittel des noch lange nicht erfundenen Films entworfen.) »Aus dem untersten Grunde« hat man noch »Alberichs gellendes Hohngelächter« im Ohr, das Gelächter dessen, der sich mit seinen Möglichkeiten gerächt hat am Hochmut der Oberen. Nun taucht »eine freie Gegend auf Bergeshöhen« auf, nicht aber als Befreiung von einem Schreckensbild, sondern im Gegenteil: hier geht der Ärger erst richtig los, wir erleben Wotan im banalen Ehestreit mit Fricka.

Wagner hat die moralischen Beziehungen zwischen Oben und Unten im »Ring« beinahe systematisch durchgehalten. Noch im »Rheingold« rät Loge, wie man mit dem von ihm und Wotan heimtückisch betrogenen Alberich verfahren soll:

»Nun schnell hinauf!
Dort ist er unser.«

Die alle Weisheit besitzende Urmutter Erda bleibt bei ihrer Prophezeiung der Zukunft bis zum Bauch im Boden stecken – ein so kurioses wie eindringliches Bild der Verknüpfung von Wahrheit und Tiefe. Siegfried in der »Götterdämmerung« steigt von der realitätsfernen Höhe des Walkürenfelsens hinab in die Welt, wo er an den wahren Verhältnissen scheitern wird, und Brünnhilde blickt ihm »in die Tiefe nach«. Der in Gunthers Gestalt sich Brünnhilde nähernde Siegfried weicht den »aus der Tiefe« heraufleuchtenden Flammen aus, indem er »auf einen hochragenden Felsstein empor« springt – dort also ist sein Betrug sicher. Siegfried ruft seinen baldigen Mörder Hagen und das Jagdgefolge herunter: »Kommt herab! Hier ist frisch und kühl.« Da unten wird gleich die Wahrheit ans Licht kommen, während man Hagen nach dem Mord »über die Höhe ... von dannen schreiten sieht«.

Am Anfang des dritten Akts der »Götterdämmerung« wird die Oben-Unten-Symbolik besonders deutlich entschlüsselt. Da beklagen wieder die Rheintöchter den durch den Raub des Goldes eingetretenen Zustand:

>»Frau Sonne
sendet lichte Strahlen;
Nacht liegt in der Tiefe:
einst war sie hell,
da heil und hehr
des Vaters Gold noch in ihr glänzte!
Rheingold,
klares Gold!
Wie hell du einstens strahltest,
hehrer Stern der Tiefe!«

Gäbe jemand ihnen das Gold zurück, so fahren sie fort, dann strahlte wieder der »freie Stern der Tiefe«.

Die Tiefe als Ort von Wahrheit und Freiheit also ist verdunkelt durch die Untat des Macht- und Besitzstrebens. Droben kämpfen alle nur um das seiner natürlichen Form beraubte Gold: es wurde gewaltsam zum Ring geschmiedet. In diesem Wort übrigens, das zwar vor allem und ganz handgreiflich einen Reif meint, hat der Sprach-Fetischist Wagner gewiß auch den anderen Sinn vor Augen gehabt, als er seinen Zyklus so nannte: Ring — das klingt schließlich auch nach Umkreis, Bereich, Schauplatz. »Der Ring des Nibelungen« also — die Welt des Nibelungen, Alberichs verdorbene, denaturierte Welt. Wenn Waltraute ihrer ehemaligen Walküren-Kollegin Brünnhilde im ersten Akt der »Götterdämmerung« vom traurigen Gott erzählt, der nur noch den einen Wunsch habe, daß die Rheintöchter den Ring wieder zurückerhielten, dann heißt das eben auch, daß diese Erlösung für »Gott und Welt« eine Rückkehr der Welt zur Urnatur bedeuten würde. An dieser Stelle bewegt sich die Musik in sehr tiefer Lage, für die Singstimme ist es die tiefste der ganzen Partie. Und das — wir wissen es nun schon — signalisiert Wahrheit.

Der »Ring« enthält sicher die am gründlichsten systematisierte Wert-Beziehung von oben nach unten. Wie wichtig für Wagner dieses Verhältnis aber überhaupt war, wie tief es ihn berührte, kann man aus flüchtigen Vorformen in den früheren Opern erkennen. Im »Fliegenden Holländer« erzählt Erik, der um Senta wirbt, von einem Traum, den er »auf hohem Felsen« hatte. Unter sich, in »des Meeres Flut«, sah er ein Schiff ankommen, dem der bleiche Mann entstieg, jener verfluchte Seefahrer, von dessen Erlösung Senta seit langem träumt und den Erik als Konkurrenten empfindet. Zu Recht, wie sich herausstellt; denn um dessentwillen wird Senta Erik verlassen. Seine Position »oben«, auf dem hohen Felsen, ist die falsche, die Liebe wendet sich der unteren Position zu. Nach unten ins Meer stürzt sich Senta denn auch am Schluß, um dem Holländer ihre Treue zu beweisen. Erst das bringt die Erlösung: »In weiter Ferne entsteigen dem Wasser der Holländer und Senta, beide in verklärter Gestalt; er hält sie umschlungen.« Die Liebe, die Bedingung und Folge der Erlösung zugleich ist, hat selbst wieder den Gang nach unten zur Bedingung. Gerade diese Abwärtsbewegung, die Solidarität (um es modern zu sagen) mit dem Unten, die Nachfolge ins Leid, bedeutet die Erfüllung aller menschlichen Sehnsucht und Liebesfähigkeit.

Aber das hat auch seine andere Seite. Schon in der nächsten Oper, »Tannhäuser«, präsentiert sie Wagner gewissermaßen als Gegenbild. Da ist unten Venus, die Göttin der Liebe, die den Helden zur »bloßen« Sinnenlust verlocken will. Ihr Ort ist eine betäubend luxuriöse Höhle; warum sie ausgerechnet da wohnt, das erklärt sie ausdrücklich, als sie sich gegen Tannhäusers Ausbruchsabsichten wendet:

>»Hin zu den kalten Menschen flieh,
>   vor deren blödem, trübem Wahn
>   der Freude Götter wir entflohn
>   tief in der Erde wärmenden Schoß.«

Die Venusberg-Musik ist von glühender Leidenschaftlichkeit – und das auch schon ohne das Anfangs-Bacchanal, das Wagner 1860 für die Pariser Aufführung hinzukomponierte, angereichert mit den ekstatischen Erfahrungen der »Tristan«-Partitur. In den Worten der Venus und in ihrer Musik äußert sich zum wiederholten Mal Wagners Zwiespalt: einmal verkünden sie seine lebenslange Weisheit von der Menschlichkeit der sinnlichen Liebe, die den sehnsüchtig gesuchten Widerpart spielt zu den unmenschlich kalten »Menschen«; andererseits zieht die Geschichte des »Tannhäuser« sich voller Angst zurück vor solch überwältigendem Anspruch. Was da unten wirklich lauert, ist wahrhaftig nie geheuer, denn unten ist natürlich auch der eigene Körper, und unten ist die Mutter und die Frau überhaupt, die dem Mann zusetzt.

Unten ist Wahrheit und Freiheit und Sehnsucht und Hoffnung, unten ist Anspruch und Angst und Bedrohung und Vernichtung. Aus einer späten Bemerkung zu Webers »Freischütz«, den Wagner seit frühester Jugend liebte, klingt das noch heraus: »wie schön das sei, daß Caspar (in der Wolfsschlucht) unten spräche, während Max oben sänge, es sei diese Wirkung nicht vielleicht von Weber beabsichtigt, aber es läge im Ganzen, daß das ganz wunderbar wirke«. Es ist ihm klar gewesen, daß Caspar eine faszinierendere Figur ist als der fade Max – dem unten galt sein Interesse und nicht dem blutleeren Anpasser oben. Daß der unten spricht, ist das Sensationelle in der Oper, während der oben singt: wie in irgendeiner Oper, banal, konventionell, verlogen, unwahr. Das war Webers »vielleicht« nicht beabsichtigte Wirkung, aber da fühlte Wagner sich ihm nahe.

Nach unten zog es ihn, zur Wahrheit des eigenen Körpers, und diese Sehnsucht jagte ihm die alte Angst ein. Wagner ist das Trauma der Kindheit nie losgeworden. Aber er hat es nicht verdrängt, wie es überlicherweise die meisten tun; er nahm seine Chance wahr, es in eine Form zu bringen. Die zu verstehen, ist auch unsere Chance.

2.

Sünde, Erlösung, Sexualität

Als Wagner im Spätsommer 1877 mit der Komposition des »Parsifal« begann, hatte er starke Zahnschmerzen. Ein befreundeter Arzt kam eigens von Dresden nach Bayreuth, um zwei Tage lang in Wagners Mund herumzuoperieren. »Während dem« habe er komponiert, am weihevollen Vorspiel, sagte Richard zu Cosima: Klänge der Verklärung, die buchstäblich also mit offenem Mund erdacht worden sind, unter Schmerzen und bei gänzlicher Hilflosigkeit des Körpers.

So geht das weiter. Die Musik, die »rein« sein soll und die eine Handlung begleitet, deren Gegenstand der Durchbruch zur sexuellen Reinlichkeit ist, entsteht unter fortwährender Bedrängung durch quasi Unreines. Wagner studiert nebenbei Rossinis »Barbier von Sevilla« und bekennt sich plötzlich zur »unbedingten Bewunderung dieses Werks«, des Inbegriffs leichtfertiger Opern-Tradition, wie Wagner sie eigentlich so sehr verachtete. Ein Jahr später, er ist jetzt im zweiten Akt, träumt er, er hätte bei Kundry ein »Ballett-Divertissement angebracht, unter andrem ein[en] Bolero«; das habe er (immer noch im Traum) Minna vorgespielt, die geglaubt habe, es sei aus der »Stummen von Portici«, einer französischen Erfolgsoper der zwanziger Jahre. Bald darauf wird er von anderen banalen Melodien verfolgt: aus Adolphe Adams »Postillon von Lonjumeau« und aus Boieldieus »Jean de Paris«. Er möchte »am liebsten Symphonien schreiben . . ., heitere, freundliche, in welche er sich gar nicht hoch versteigen würde, er fühle aber förmlich das Bedürfnis, dieses Element in ihm sich ausgießen zu lassen«.

Das Thema der späteren Sinfonien hat ihn immer während der »Parsifal«-Arbeit beschäftigt: »Ich hasse das Pathos, . . . sie werden sich wundern, wenn ich meine Symphonien herausgebe, wie einfach die sein werden«. Und: »Abends schreibt er an der Partitur, indem er immer wieder sagt, wieviel lieber er Symphonien schreiben würde«.

Einmal sagt er auch, »im Parsifal sei alles jäh, der Heiland am Kreuz, da sei alles blutig«, dem müsse etwas folgen, was »sanfter« sei – gemeint ist der alte Plan des Buddha-Dramas »Die Sieger«.

Wagner hat gelitten unter dem selbstgesetzten Ziel des reinen und durch die Abwehr der körperlichen Liebe verklärten »Parsifal«. Deshalb sind die unterbewußten Widerstände dagegen immer so stark bis ins Absurde hervorgebrochen: die Sehnsucht nach dem lächerlich Einfachen, auch nach dem »Inhaltslosen« und deshalb Unproblematischen der nie zustandegekommenen Sinfonien. Wagner mußte sich Luft schaffen, mindestens in den Träumen, mindestens in Worten. Von der letzten »Parsifal«-Vorstellung der Uraufführungs-Festspiele 1882 berichtet Levi, der Hauptdirigent, daß Wagner, dem Publikum verborgen, den Schluß selbst dirigiert habe. Als am Ende der Jubel losgebrochen sei, habe »der Meister« sich nicht gezeigt, er »blieb immer unter uns Musikanten sitzen, machte schlechte Witze«. Man darf annehmen, daß hinter dem zurückhaltenden Ausdruck sich in Wahrheit Wagnersche Obszönitäten verbergen.

Im gewaltsamen Spott über das hehre Werk hat Wagner sich von dem befreit, was alle als seine Botschaft empfanden, was er auch selbst »oben« suggerieren wollte: Lust dürfe bestraft und müsse überwunden werden. Ludwig Strecker jr. hat ganz zu Recht darauf hingewiesen, daß »Parsifals Schuld und Parsifals Läuterung, welche im dramatischen Geschehen kaum sichtbar gemacht werden, ... so gut wie nicht vorhanden sind«. Strecker fragt also: »*Was* hat Parsifal zu büßen, *welche* Strafe zu erdulden und *was* entsündigt ihn und stellt ihn als ›Erlöser‹ über die Ritter, selbst über den anderen Reinen, den wir kennenlernen, Gurnemanz?«

Fragen können gar nicht einfach genug sein, wenn sie richtig sein sollen. Tatsächlich wird seit 1882 als selbstverständlich hingenommen, was überhaupt nicht selbstverständlich ist. Der ganze »Parsifal« macht an keiner Stelle klar, wieso gerade *dieser* Held zur Erlösung bestimmt ist.

>   »Durch Mitleid wissend,
>   der reine Tor,«

so heißt die prophetische Beschreibung für den erwarteten Erlöser. Doch Parsifal wird an reiner Torheit von den Gralsknappen überboten (sie töten immerhin keinen Schwan), und wissend wird er zwar, aber durchaus nicht durch Mitleid, sondern vielmehr durch den Schreck vor der von Kundry angebotenen Lust. Er versteht das Leid des Amfortas, als er begreift, daß dessen Verletzung eine Wunde der Lust ist. Genau das also kann nur der Punkt sein: das »Mitleid« der Erlöser-Formel ist

ganz buchstäblich zu nehmen, nicht im Sinn von tiefempfundenem
Bedauern, sondern als Mit-Leid. Parsifal erlebt selbst Amfortas' Wunde, sie ist die seine. Die Lust schafft für alle, heißt das, Verletzungen;
aber nur indem man sie an sich zuläßt und als Verletzungen begreift,
wird man zur Erlösung fähig. Die Suche nach der Lust ist also letzten
Endes ein notwendiger Schritt auf dem Weg zur Erlösung.

Die vordergründige Keuschheitspredigt des »Parsifal«, so bestens
geeignet für die Sexualaufklärung pubertierender Knaben im traditio-
nellen Religionsunterricht, wird auf gefährlich schwankendem Funda-
ment vorgetragen: sie enthält die Aufforderung, mit dem Feuer der
Lust so lange zu spielen, bis man fast verbrannt ist. Eine riskante
Geschichte, die Wagner da anpreist. Aber so meinte er sie wirklich.
Parsifal bedankt sich am Ende bei Amfortas, daß der durch seine
Lustsünde ihn dahin gebracht habe, wo er nun ist:

> »Gesegnet sei dein Leiden,
> das Mitleids höchste Kraft
> und reinsten Wissens Macht
> dem zagen Toren gab.«

Sünde und Erlösung hängen so auf vertrackte Weise zusammen: ohne
die eine gibt es die andere nicht. Nicht etwa ist gemeint, daß alles in
Ordnung wäre, wenn es die Sünde nie gegeben hätte. Sondern vielmehr: nur durch die Sünde als Voraussetzung der Erlösung kann alles
in Ordnung kommen. Nur die Sünde hat den Menschen hervorgebracht, sie ist seine Bedingung. Die Erlösung ergibt sich dann beinahe
zwangsläufig, sie scheint wie draufgesattelt. Noch einmal versteht man
von hier aus den bedenklichen Doppelsinn der Schlußworte »Erlösung
dem Erlöser«: Parsifal hat zwar dem sündigen Amfortas die Erlösung
gebracht, aber der hat sie nur durch seine Sünde erreicht, und Parsifal
selbst ist die Erlösung noch verschlossen, weil er sich nie der Sünde der
Lust hingegeben hat.

Bezeichnenderweise hat Wagner sich nie mit dem reinen Parsifal
identifiziert, wohl aber – wie mit so vielen anderen seiner sündigen
Gestalten – mit Amfortas, dem Sünder. Dessen Schmerzen waren ihm
vertraut, mit ihnen konnte er etwas anfangen, ihnen konnte er auch die
Musik geben, die auf der Höhe seiner künstlerischen Möglichkeiten
war. Die ungebrochene Musik der Reinheit hat ihm die größeren
Probleme gemacht, und die waren im Grund auch nicht zu lösen. Kein
Wunder, daß ihn währenddessen Themen von hoher musikalischer
Albernheit heimsuchten, die französischen Opernmelodien, die wie
Ohrwürmer den »Parsifal«-Komponisten bedrängten. Den Grals-

marsch hat er, während er daran arbeitete, als den »rechten Bademarsch« bezeichnet. Das sollte heißen: es sei ein Stück für Kurkapel-
len, aber auch: dort passe er hin, an die Orte, wo man sich körperlich
reinigt – von den Leiden des Unterleibs zum Beispiel, wie Wagner es
mit seinen vielen Wasserkuren so oft versucht hatte.

Als er »Parsifal« dichtete und komponierte, wußte er längst, daß die
Kuren nichts genutzt hatten. Nun bescherte er der Menschheit zwar die
Botschaft von der Reinheit, aber er teilte gleichzeitig als letzte Erkennt-
nis mit, daß die eigentlich gar nicht zu haben sei. Denn Sünden müsse
man eigentlich begehen, um die Erlösungsprozedur überhaupt erst in
Gang zu setzen.

Es ist ein weiter Umweg bis dahin. Denn das alles hatte er dreißig
Jahre früher schon einmal aufgeschrieben. In den 49er Notizen zu
»Jesus von Nazareth« heißt es bereits: »Die Unschuld ist der vollkom-
mene Egoismus, denn sie empfängt nur und giebt nicht: Adam lebte in
der Unschuld, so lange er nur empfing; die erste Entäußerung seines
Egoismus durch die zeugende Liebe, war der Sündenfall, nämlich das
Heraustreten des Einzelnen außer sich, somit der hierin bedungene
Fortschritt zur vollständigen Aufhebung des Egoismus im Tod, d. i.
Selbstvernichtung.«

Da ist schon festgelegt, wie verachtenswert »Unschuld« ist, Abwesenheit von Sünde also. Der Sündenfall ist der Beginn der Geschichte,
die Entstehung des Menschen – und von da an erst geht's bergauf. Die
angstvoll verschleiernde Kompliziertheit sagt im Grund nichts anderes:
legt die Unschuld ab, sündigt, damit ihr befreit werden könnt. Auch im
alten Entwurf »Wieland der Schmied« aus der gleichen Zeit stand es
schon genau so: »Liebe! Und von aller Schuld bist du frei.«

Daß Wagner dann auf die schwierigen Gedankengänge des späten
»Parsifal« verfiel, hat natürlich Gründe. Sie liegen in ihm selbst. Das
Problem war zeitlebens schließlich sein ganz persönliches. Ihm war so
viel Distanz zur uneingeschränkten Befriedigung seiner wirklich empfundenen Bedürfnisse eingebleut worden, daß sich über das Bewußtsein der Notwendigkeit, dieser falschen Moral zu widerstehen, das
andere Unterbewußtsein legte: wie bringt man Lust und Glück zusammen, wenn doch alle sagen, daß Glück etwas anderes sei als Lust?
Wagners Kampf gegen die Sexualität hat dieselbe Quelle wie sein
Loblied auf die geschlechtliche Lust: die angstbesetzte Verdrängung
der eigenen Sehnsüchte.

Unter seiner zwiespältigen Haltung zur Lust haben vor allem seine
Beziehungen zu Frauen gelitten. In der Autobiographie erzählt er
einmal von einem Ausflug mit Minna (sie waren noch nicht verheiratet) und ihrer Schwester in die Sächsische Schweiz. Das sei ihm »die

liebste, fast einzige Erinnerung an heiter beglücktes Dasein aus meinem ganzen Jugendleben«. Doch die Strafe für solches Glück muß auf dem Fuß folgen: »Mein ganzes späteres, so langes, von schmerzlichsten und bittersten Erfahrungen sorgenvoll durchwobenes Verhältnis zu Minna ist mir oft als die beharrlich andauernde Sühne für den harmlosen kurzen Genuß dieser Tage erschienen.« Diese Interpretation, die gewiß keine nachträgliche ist, redet das Unglück geradezu herbei: wenn es einem gut geht mit einer Frau, dann ist das schon so sündig, daß das böse Ende bestimmt nachkommen muß. Man hat für seine Lust immer zu büßen.

In ähnlicher Weise stilisierte er sein Verhältnis zu Mathilde Wesendonk. Als es infolge der bekannten äußeren Umstände geplatzt war, klagte Wagner über die »Katastrophe«, die da für ihn eingetreten sei, die Rache gewissermaßen für die vorausgegangenen Monate des Glücks. Aber er weiß auch schon die Lösung: »Ruhe! Ruhe der Sehnsucht! Stillung jedem Begehren! Edle, würdige Überwindung!« Er erinnert sich an den fliegenden Holländer, der auch nur Sehnsucht gehabt habe »nach – ›der Heimat‹ –, nicht nach üppigem Liebesgenuß!« Und er wiederholt noch einmal die Lösungsformel: »Laß uns diesem schönen Tode weihen, der all unser Sehnen und Begehren birgt und stillt! Laß uns selig dahinsterben, mit ruhig verklärtem Blick und dem heiligen Lächeln schöner Überwindung! Und – keiner soll dann *verlieren*, wenn wir – – *siegen*!«

Natürlich ist das auch nachgemachter Schopenhauer, aber der traf nur Wagners eigene Empfindung. »Siegen« bedeutet ihm wirklich die Überwindung unkeuscher Lust und »Tod« die endgültige Abkehr vom sexuellen Überdruck. Aber er hat das immer nur beschworen, dahin gekommen ist er nie. Deshalb hat das Thema ihn so bedrängt – da er nicht gelernt hatte, wie selbstverständlich damit umzugehen. Deshalb mußten hinter allem Glück Gefahren lauern, und wo sie wirklich abwesend waren, zog sein Unterbewußtsein sie herbei. Cosima berichtet aus dem Jahr 1876 Wagners Traum von ihrer Hinrichtung: »ich hätte mit meinem Vater abgemacht, daß, um meine Verheiratung mit R. zu büßen, ich mich hinrichten lassen müsse«. Wie stark hat das in ihm gewühlt – wie verständlich deshalb, daß »Erlösung« das große Thema seines Lebens wurde. Nietzsche hat darüber brillant gespottet und noch darin klar gemacht, wie hintergründig doppelsinnig alle diese Erlösungsgeschichten sind: »Wagner hat über Nichts so tief wie über die Erlösung nachgedacht: seine Oper ist die Oper der Erlösung. Irgend wer will bei ihm immer erlöst sein: bald ein Männlein, bald ein Fräulein – dies ist *sein* Problem. – Und wie reich er sein Leitmotiv variirt! Welche seltenen, welche tiefsinnigen Ausweichungen! Wer lehrte es uns, wenn nicht Wagner, dass die Unschuld mit Vorliebe interessante Sünder erlöst? (der Fall im Tannhäuser) Oder dass selbst der ewige Jude erlöst wird, *sesshaft* wird, wenn er sich verheirathet? (der Fall im Fliegenden Holländer) Oder dass alte verdorbene Frauenzimmer es vorziehn, von keuschen Jünglingen erlöst zu werden? (der Fall Kundry) Oder dass schöne Mädchen am liebsten durch einen Ritter erlöst werden, der Wagnerianer ist? (der Fall in den Meistersingern) Oder dass auch verheirathete Frauen gerne durch einen Ritter erlöst werden? (der Fall Isoldens) Oder dass ›der alte Gott‹, nachdem er sich moralisch in jedem Betracht compromittirt hat, endlich durch einen Freigeist und Immoralisten erlöst wird? (der Fall im ›Ring‹) Bewundern Sie in Sonderheit diesen letzten Tiefsinn! Verstehn Sie ihn? Ich – hüte mich, ihn zu verstehn . . .«

Der Psychologe Nietzsche, von Wagners Problem – man merkt es – selbst zutiefst betroffen, hat es auch am treffendsten dargestellt. Das Heilmittel Erlösung braucht die Erlösungsbedürftigkeit, braucht die Sünde, braucht also ein hohes Maß von »Menschlichkeit«. Das Nietzsche-Zitat bringt noch etwas anderes ans Licht: indem es den Vorgang der sogenannten Erlösung ironisch schillern läßt (die Fälle »Tristan« und »Meistersinger«), nimmt es dem Begriff seine religiöse Weihe. Nietzsche hat erkannt, wenn er sich auch in seiner »Parsifal«-Kritik noch so sehr gegen die Erkenntnis wehrte, daß diese Erlösung alles andere ist als im frommen Sinn christlich.

Sie hängt vielmehr eng zusammen mit Wagners Liebesvorstellung. Und da die wieder unmittelbar verknüpft ist mit Sexualität, ist seine Erlösung selbst ein geradezu sexueller Prozeß. In dem Aufsatz »Über die Aufführung des ›Tannhäuser‹« von 1852 hat Wagner das beinahe ausdrücklich formuliert. Die inbrünstige Buß-Sucht des Helden wird als Leiden bezeichnet, das er »mit Lust« erträgt. Die »höchste Wahrhaftigkeit seiner Empfindung« beziehe sich »nicht auf ihn und sein besonderes Seelenheil, sondern auf die Liebe zu einem anderen Wesen, somit auf dies geliebte Wesen selbst«. Dem entspricht die Intensität von Tannhäusers »Haß gegen diese Welt«, die vor solcher Liebe »aus ihren Achsen hätte geraten müssen«, aber ihn stattdessen verdammte. Die Welt also mit ihrem konventionellen Begriff der Buße für sexuelle Sünden (Tannhäusers Verkehr mit Venus) hat nichts begriffen, gerade eben nicht, daß wahre Erlösung den Charakter von Raserei haben muß und damit der Sünde und der Sexualität eng verwandt ist. Die Erlösung von Wagners Helden und Heldinnen ist also auch ein Protest gegen »diese Welt«, indem der Welt das Bild der sexuellen Liebe entgegen gehalten wird, die allein zur Erlösung führen kann: »*So* liebt er Elisabeth; und diese Liebe ist es, die sie erwidert. Was die ganze sittliche Welt nicht vermochte, das vermochte sie, indem sie der Welt zum Trotze den Geliebten in ihr Gebet schloß und, in heiligem Wissen von der Kraft ihres Todes, sterbend den Unseligen freisprach. Und sterbend dankt ihr Tannhäuser für diese empfangene höchste Liebesgunst. An seiner Leiche steht aber keiner, der ihn nicht beneiden müßte; und jeder, die ganze Welt, Gott selbst – muß ihn seligsprechen.«

Die Erlösung wird durch Liebe förmlich erzwungen, nicht durch bürgerliche Wohlanständigkeit. Sie richtet sich sogar nicht nur gegen die Welt, sondern gegen Gott. Je größer und intensiver die Sünde, so könnte man sagen, um so eher ist solche Erlösung möglich. Wer nicht sündigt, hat sie nicht verdient und bleibt damit eigentlich der wahre Sünder.

Wagner hat es immer schwer gehabt, sein Erlösungskonzept gegen die Reinlichkeit seiner prüden Anhänger abzugrenzen. Seine Neigung zu Obszönitäten haben sie – soweit sie sie nicht einfach übersahen – allenfalls als peinliche Marotte eines Genies gelten lassen; sie konnten nicht verstehen, daß das untergründig zusammenhing mit dem für sie so hehren Thema von Sünde und Erlösung. In der Autobiographie erzählt Wagner mit einem gewissen Behagen, daß der ursprüngliche Titel für »Tannhäuser«, nämlich »Der Venusberg«, Anlaß zu den »abscheulichsten Witzen« gewesen sei wegen der »Obszönität« der Assoziation zur Gegend des weiblichen Geschlechtsorgans; auf diesen Hinweis seines Verlegers habe er deshalb den Titel geändert. Bei den »Ring«-Proben 1876 forderte Wagner den Darsteller des Mime auf, sich nicht nur den Rücken zu streichen, wie es die Regieanweisung verlangt; er solle das vielmehr »schon weiter ausdehnen und sich herzhaft den Arsch streichen! Die Piccolo-Flöte hat ohnedies so verdächtige Trillerchen.« Cosima verließ auf diese Bemerkung hin pikiert den Zuschauerraum.

Überhaupt Cosima. Ihr problematisches Verhältnis zur Sexualität ist wohl zu einem erheblichen Teil schuld an Mißdeutungen des Wagnerschen Werks, Mißdeutungen auch mit Hilfe seiner eigenen Äußerungen, die häufig bestimmt scheinen durch so etwas wie Rücksicht auf Cosimas Prüderie. Sie war – wen wundert's? – anscheinend selbst nicht glücklich dabei; aber sie konnte nicht anders, auch sie war ein Opfer ihrer frühen Geschichte und ihrer Erziehung. Nachdem die ersten heimlichen Lusterlebnisse mit Wagner vorüber waren, hat sie ihr Verhältnis zu ihm bald auf eine andere Grundlage gestellt: sie wurde sein Impresario und sein Eckermann – ihr Tagebuch bezeugt an wenigen und dann noch verschleierten Stellen, wie sehr sie unter dieser selbsterzwungenen Distanz gelitten hat.

Aus den letzten Jahren berichtet Cosima über einen bemerkenswerten Dialog: »Nach dem Mittagessen kommt das Gespräch auf die überlegene Schönheit der Männchen über die Weibchen in der Tierwelt, R. sagt: ›Die Weibchen sträuben sich, das Männchen muß durch seine Schönheit es verrückt machen. Aus dieser Scheu entwickelte sich die weibliche Tugend der Schamhaftigkeit.‹ – Ich frage ihn, ob man nicht auch den Erlösungs-Gedanken in Zusammenhang mit diesem Sträuben des Weibchens bringen könne? R.: ›Wenn man sehr tief geht, ja.‹« Wenn man sehr tief geht: das muß wohl heißen, daß Cosimas prüde Vordergrund-Assoziation *nicht* das Richtige trifft. Sondern daß – »sehr tief« – die Erlösung darin bestünde, das Balz-Gehabe des Mannes aufzuheben, das die freie und natürliche Bewegung aufeinander zu behindert. Die Fassade – so Wagner – hätte wegzufallen, um den Weg zur gemeinsamen Menschlichkeit zu öffnen.

Der Musik hat er dabei eine besondere Rolle zugedacht. Immer wieder nennt er sie »die höchste, die erlösendste Kunst«. Er meint damit, daß sie eben beides ausdrücken kann: die Sünde *und* die Erlösung, weil nur im Medium der Musik das eine unmerklich ins andere übergeht und damit eine Art Identität von beidem zum Vorschein kommt. In einer späten Bemerkung über das Quartett aus dem ersten Akt des Mozartschen »Don Giovanni« erörtert er einmal diese Leistung der Musik. Die Situation (Elvira beschimpft den abgehauenen Liebhaber) sei »abstoßend«, wenn nur der Text gesprochen würde: »durch die Musik aber wird es zu Elviren's Klage. O die Musik! Alles Leiden der Welt wird bei ihr zur sanften Klage und alle Sünde erscheint als Leiden.« Am selben Tag hat er eine Stelle aus Beethovens Eroica-Sinfonie einen »Schrei der Wollust« genannt. Das alles vermochte für ihn nur die Musik: sie verwandelt Sünde in Leiden und Leiden in Klage, und alles bleibt doch eins. Das eben ist ihre erlösende Kraft: daß in der Erlösung der Gestus der Sünde und ihrer Lust beibehalten wird, was dann selbst eigentlich erst Erlösung ist.

Der enge Zusammenhang, ja die Gleichzeitigkeit und Gleichförmigkeit von Sünde und Erlösung wird besonders deutlich an der Figur, die beides geradezu im Übermaß besitzt beziehungsweise begehrt: Kundry. Ihre Beschreibung im ersten großen Prosa-Entwurf des »Parsifal« von 1865 besteht aus einem einzigen dialektischen Nebeneinander und Ineinander von Sündhaftigkeit und Erlösungssehnsucht. Zunächst wird gesagt, Klingsor, ihr Herr, bedürfe ihrer Hilfe; er sei »der Dämon der verborgnen Sünde«, und – eine ungemein interessante Formulierung – er sei »das Wüthen der Ohnmacht gegen die Sünde«. Klingsor ist die eigentliche Negativ-Figur – gerade weil er ohnmächtig ist gegen die Sünde? Weil er die »verborgne« Sünde darstellt und nicht wie

Kundry die offene? Und nun diese: sie sei »dazu verdammt, in neuen Gestalten das Leiden der Liebesverführung über die Männer zu bringen«; andererseits aber: nur ein Mann, der ihr widersteht, kann sie erlösen. Das heißt, daß Kundry zu ihrer eigenen Erlösung immer wieder hinein muß in die Sünde. Nicht Verzicht auf Sünde kann ihr Erlösung bringen, sondern die immer neue Wiederholung der Sünde.

Klingsors Macht über Kundry, der Text sagt es ausdrücklich, besteht nicht in seinen zauberischen Fähigkeiten, sondern in diesem Zwang, der Kundry dazu treibt, ihre Erlösung in der Sünde zu suchen. Weil sie bei den Gralsrittern am ehesten ihren künftigen Erlöser vermutet, sucht sie deren Umgebung. Aber sie ist dort »Büsserin«, und deshalb können gerade die Gralsritter ihr nicht helfen: »nie fällt in diesem Zustande ein Blick der Liebe auf sie; sie ist ganz nur dienende, verachtete Sclavin.« Wer so ist, kann nicht geliebt werden, er ist unfähig zur Verführung, folglich zur Sünde, folglich zur Erlösung; es ist Kundry – man versteht das nun schon sehr gut – »verwehrt, auf diesem Wege das Heil zu finden«. Es ist jedermann verwehrt: Sündhaftigkeit ist immer die Bedingung der Erlösung; wo sie fehlt, kann sich nichts entwickeln.

Noch vor der Ausführung des »Parsifal«, aber bereits nach diesem Entwurf, hat Wagner einmal so auch am »Lohengrin« erklärt, »in welcher Weise der Gral als die Freiheit gedacht werden könnte«. Nämlich: »Die Entsagung, die Verneinung des Willens, das Gelübde der Keuschheit trennt die Ritterschaft des Grals von der Welt des Scheines. Der Ritter darf das Gelübde brechen mit der Bedingung, die er dem Weib auferlegt, denn gleichsam, wenn ein Weib derart die Naturnotwendigkeit beherrschte und nicht früge, wäre sie wert, im Gral einzuziehen, um der Möglichkeit dieser Erlösung willen darf der Ritter freien.«

Die Möglichkeit welcher Erlösung? Und wessen? Der Frau? Oder des Ritters? Beider, heißt wohl die Antwort. Denn gerade an der Lohengrin-Figur hat Wagner ja erläutert, daß dessen Hinabsteigen ins Menschliche *seine* Erlösung ist. Auch der Gralsritter selbst kann also nur erlöst werden, wenn er sich der Sünde hingibt, dem Sex, wenn er auf seine Keuschheit verzichtet. Andererseits gehört zur Erlösung der Frau, daß sie nicht fragen darf, wer er ist. Es ist das Verhalten einer Prostituierten, das hier gefordert wird: mit dem unbekannten Mann ins Bett gehen – höchste Form der Sündhaftigkeit. Und der Gral kann also nur »als die Freiheit gedacht werden«, indem er den Weg in die Sünde frei gibt; ansonsten ist er ein nutzloser Fetisch, geeignet zur statischen Anbetung, aber bar jeder geschichtlichen und moralischen Dynamik.

Daß die Gralsburg ein Kloster für keusche Männer ist, hat zusätzlich besondere Bedeutung. Diese Männer nämlich können Kundry die Erlösung nicht bringen, eben weil sie keusch sind. Im Prosa-Entwurf setzt Wagner das mit »schwach« gleich. Kundry haßt die Männer, weil sie die »Erfahrung von der Schwäche dieser Männer« hat, aber zugleich weiß, daß nur ein Mann sie erlösen kann, und zwar einer, »der der Allgewalt ihrer weiblichen Anmuth widerstehen würde«. Dazu müßte er sich auf die aber erst einmal einlassen; und so einen hat sie nie kennengelernt, bevor Parsifal auftaucht. Das macht ihren »Hohn« und ihre »Verzweiflung« aus, »diesem schwachen Geschlechte [gemeint sind die Männer] unterworfen zu sein, ein auflodernder furchtbarer Hass, der sie zum Verderben der Männer stimmt, zugleich aber ihr wildes Liebessehnen auf verzehrende, furchtbar glühende Weise von neuem immer wieder zu dem extatischen Krampfe aufstachelt, durch welchen sie zaubern kann, zugleich aber auch dem Zauber verfällt«.

Die unauflösliche Verflechtung von Sünde und Erlösung in der sexuellen Vereinigung läßt sich kaum besser ausdrücken. Wagners Moral ist eine Moral der Sünde, was ihn bis zur Bestürzung verwirrt hat. »Furchtbare Geheimnisse« steht einmal mitten drin im Text. Und als sei das die Lösung (aber es ist sie auch tatsächlich), schließt er die Beschreibung von Kundrys Gefühlen mit einer auf den ersten Blick verblüffenden Betonung des Widerspruchs: »Endlich Zwiespalt in Kundry's Seele: Hoffnung auf Erlösung – durch ihre [Kundrys] Besiegung: – dann aber wahnsinniges Verlangen nach einem letzten Liebesgenuss.«

Der »Zwiespalt« ist der wirkliche Weg. Nur wenn man ihn hat, hat man auch die Chance einer Zukunft. Den Reinen ist alles rein, aber erlöst werden können nur die Unreinen. Wagners Dialektik von Sünde und Erlösung im Klima der Geschlechtlichkeit ist so moralisch, daß die Moral seiner Gesellschaft darüber ins Schleudern kommen muß.

3.

Der Untergang der Moral

Wagner hat mit seiner Umwertung aller Werte früh begonnen und nie aufgehört. Das Verblüffende ist, daß das zwar von seinen »rechten« Kritikern zu seinen Lebzeiten durchaus bemerkt wurde, von seinen staatserhaltenden Verehrern danach jedoch gar nicht mehr. Vermutlich liegt das daran, daß der noch nicht etablierte Komponist aufmerksamer gelesen wurde als der berühmte Klassiker – und einem solchen traut man in Deutschland ja bekanntlich nichts Schlechtes zu. Da erst, mit dem Ruhm, ging die Rechnung des jungen Bilderstürmers auf: die Mächtigen seien dumm genug, sich hinters Licht führen zu lassen, wenn man seine Vorstellungen nur im Gewand der Kunst präsentiere.

Als Wagner an den ersten Entwürfen der Anfangsteile des »Rings« arbeitete, hat er diesen Gedanken einmal in einen Brief an den vertrauten Freund Uhlig geschrieben: »Ich bin begierig, ob man uns einmal gänzlich auch bis auf das Gebiet der Kunst verfolgen werde, um dort alle neuerungssüchtigen Ideen zu verbieten: in der That haben sie uns da einen heillosen Spielraum gelassen, von dem sie doch wohl auch einmal begreifen werden, wie gefährlich er für sie gebraucht werden kann.«

Das bezieht sich auf den »Ring« und seine scheinbar heroische Handlung, die in Wirklichkeit eine revolutionäre ist. Das erhoffte Mißverständnis der Zensur ist später dann auch wirklich eingetreten und hat »Ring«-Deutungen von nationalistischem Schlag ermöglicht, als spielte das Stück unter unseren bärtigen und büffelgehörnten germanischen Vorfahren. Erst recht aber hat Wagner solche Techniken im noch heikleren moralischen Bereich angewandt. Seine Aufzeichnungen zu »Jesus von Nazareth« verwenden Begriffe mit ihren zugehörigen Wertungen, die scheinbar den herrschenden Vorstellungen entsprechen – eine Tarnung, die offenbar schon vollkommen verinnerlicht ist; denn die Notizen waren ja nicht zur Veröffentlichung bestimmt, wohl aber wurden sie geschrieben mitten im revolutionären Klima von 1848/49.

Da ist Liebe etwas Gutes und Kälte etwas Böses; der Egoismus wird kritisiert und das Aufgehen in der Allgemeinheit gelobt; Besitz sei unwichtig, Tätigkeit dagegen wichtig. So könnten alle konservativen Banausen formulieren, und so tun sie es bis heute. Der latente Faschismus hat sich solcher Formeln denn auch seit Wagners Tod gern bedient. Nur: man darf dann aus diesen Seiten nicht wirklich zitieren, weil dadurch plötzlich alles ganz anders wird. Denn die Begriffe bedeuten in Wahrheit nicht das, was »oben« darunter verstanden wird, sondern beinahe das genaue Gegenteil.

Vor allem gilt das für die Liebe. Wagner beschreibt sie in dem »Jesus«-Entwurf als die eigentliche Entäußerung des Egoismus. So lange man alles nur in Bezug auf sich selbst begreift, ist man Egoist; Liebe ist ein Ergebnis von Reife, nicht von Ungestüm, das über die Probleme hinwegsehen läßt. Entäußerung als erwachsene Haltung ist die Voraussetzung, sich überhaupt erst zu finden, und man findet sich »im Gegensatze wieder«. So muß man sich nicht aufgeben zugunsten eines diffusen Diensts an einer unbestimmten »Allgemeinheit«, sondern man tut es gerade, um seiner selbst bewußt zu werden. Die Ablösung vom Egoismus schwächt also nicht den einzelnen, sondern stärkt ihn; sie ist nicht in erster Linie Verzicht, sondern Gewinn, und was Allgemeinheit genannt wird, ist eine Ansammlung selbstbewußt starker Individuen, das Gegenteil der disponiblen »Volksgemeinschaft«, von der der anti-emanzipatorische Faschismus schwärmt.

Die Gesetze dieser Welt, das hat der jung gebliebene Revolutionär Wagner bis zuletzt festgehalten, müssen aber zerstört werden, wenn solche sich selbst befreiende Liebe ins Stadium der Praxis tritt. Die ersten Auswirkungen zeigen sich dabei auf dem Feld der überkommenen bürgerlichen Moral; sie wird hinweggespült unter dem Ansturm der Liebe. Der Anfang des »Rheingolds« – entworfen bald nach der gescheiterten Revolution und als Versuch, das einmal als richtig Erkannte im Bild auszudrücken – ist in der spielerischen Szene der Rheintöchter vor Alberichs Erscheinen angefüllt von Vorstellungen des Fließens. Schon das seitdem zu allerlei Witzen genutzte scheinbar sinnlose Silben-Gestammel hat allein diesen Sinn, das Fließen zu vergegenwärtigen:

> »Weia! Waga!
> Woge, du Welle,
> walle zur Wiege!
> Wagalaweia!
> Wallala weiala weia!«

Klaus Theweleit hat sehr schön dargestellt, welchen eminent befreienden Charakter die körperlichen Assoziationen des Fließens haben und wie gerade diese Assoziationen vom soldatischen Mann als bedrohlich empfunden werden, vom selben Mann, der der Inbegriff einer patriarchalisch-autoritären Gesellschaft ist, in unserer Zeit, aber auch schon in der Wagners. Der »Rheingold«-Anfang samt seiner überquellenden Fließ-Musik ist dazu das absichtliche Gegenbild: der Entwurf einer heilen Gesellschaft der Liebe und Zuneigung oder, utopisch ausgedrückt: einer Gesellschaft, wie sie aussähe, wenn sie erst geheilt wäre. Denn die danach gleich beginnende Handlung läßt schließlich keinen Zweifel daran, wie die Realität aussieht: jedenfalls ganz anders.

In dieser Realität wird das alles verachtet. Die Rheintöchter sind der Wotans-Gesellschaft bedenklich amoralische Figuren, weil sie offen ihren menschlich unbefangenen Gefühlen leben – sie sind allzu »flüssig«. Fricka, die Hüterin der typischen Unterdrückungs-Institution der gegenwärtigen Gesellschaft, also der Ehe, distanziert sich folglich entschieden von ihnen:

> »Von dem Wassergezücht
> mag ich nichts wissen:
> schon manchen Mann
> – mir zum Leid –
> verlockten sie buhlend im Bad.«

Der Ehe als Inbegriff der gesellschaftlichen Zwangs-Moral galt (wie wir wissen) Wagners Kritik, so lange er lebte, und das obwohl er sich gleich zweimal in diese Institution hineinbegeben hat – beim zweiten Mal hatte er sogar viele Jahre Zeit, sich das zu überlegen. Aber häufige Heiraten beweisen ja gerade nicht eine tiefe Zuneigung zur Monogamie, sie verraten eher die Verachtung einer gesellschaftlich schwerwiegenden Vorschrift. So auch bei ihm. Er geriet förmlich in Rage, wenn sich jemand auf solche Verpflichtungen berief. Als Mathilde Wesendonk ihn nach der Trennung über die gemeinsame Vertraute Eliza Wille wissen ließ, sie sei »gefaßt, ruhig und entschlossen, die Entsagung durchzuführen«, notierte Wagner mit bitterem Hohn in seinem Tagebuch den Grund dafür: »Eltern, Kinder – Pflichten«. Und er fährt fort: »Wie mich das in meiner heilig, ernst-heitren Stimmung doch fremd anklang! Dachte ich an Dich, nie kamen mir Eltern, Kinder und Pflichten in den Sinn: ich wußte nur, daß Du mich liebtest, und daß alles Erhabene in der Welt unglücklich sein muß. Von dieser Höhe aus erschreckt es mich, genau bezeichnet zu sehen, *was* uns unglücklich macht. Ich sehe Dich dann plötzlich in Deinem prächtigen Hause, sehe alles *das,* höre alle *die,* denen wir ewig unverständlich bleiben müssen, die fremd – uns nahe sind, um ängstlich das Nahe von uns fernzuhalten.«

Darin steckt zwar eine ganze Portion pathetische Wehleidigkeit. Aber das Motiv ist doch auch ernstlich sein eigenes: das »Nahe« – die Liebe also ohne konventionelle Rücksichten, weil das menschlich nahe ist – wird von der Gesellschaft zum Fernen gemacht, weil sie nur interessiert ist an ihren schematischen Regeln, naturwidrigen Regeln von Grund auf, aber dafür um so »moralischer«. Als er die andere Mathilde, Mathilde Maier, 1864 auffordert, zu ihm zu ziehen, und die das ablehnt, bricht es ganz ungefiltert aus ihm heraus: »Gott! Gott! immer diese elenden kleinbürgerlichen Rücksichten; – und dieß bei so viel Liebe! Was endlich liebt man denn mehr?«

Die Frage hat Gewicht. Denn Wagner hatte selbst gelernt, wie schwer es war, sich in der Konkurrenz von Liebe und Konvention zu entscheiden. Er wußte, wie bequem nahe der Kompromiß lag: ein bißchen lieben, aber immer die Grenzen beachten, die die Gesellschaft zieht, um sich nicht selbst zu gefährden. Die eigene Gefahr war immer diese Bequemlichkeit. Im Leben hat er sie nicht überwunden, nur im Werk und in ziemlich theoretischen Sätzen. Wenn er in Venedig war, hat er immer wieder Tizians Bild von der Himmelfahrt Mariä besucht. Er sah darin vor allem den »glühenden Kopf«, und der erinnerte ihn merkwürdigerweise an »seinen Gedanken wieder des Geschlechtstriebes; das einzig Mächtige, nun von allem Begehren befreit, der Wille entzückt und erlöst«. An einem solchen Tag fällt ihm dann auch erneut ein, daß dieses »Wichtigste, das Mächtigste, der Geschlechtstrieb, nur noch zu Standesehen verwendet würde!«

Es klingt so, als sei die Tizianische Maria ihm auch ein weiterer Inbegriff des Zwitters gewesen, die reinste Frau, die einen Gott gebar ohne Beteiligung eines Mannes, aus sich selbst heraus, nur mythologisch verschleiert im Bild des Heiligen Geistes. Und so jemand wird in den Himmel aufgenommen, jemand der sich den gängigen Moralbegriffen entzieht, ja: von ihnen aufs Entschiedenste abweicht.

Für Wagner war der Bruch mit dieser Moral – wenn nicht im konkreten Leben, so doch in seinen Ansichten und erst recht in seinem Werk – das Elixier, das er seiner Umwelt glaubte verabreichen zu müssen, damit sie sich erneuern könnte: eine Regeneration, die in Wahrheit eine moralische Revolution war.

»Sehr gern will ich aus der Weltordnung scheiden« – diesen Satz notiert Cosima in Wagners vorletztem Lebensjahr. Er hat das sehr entschieden moralisch gemeint; denn direkt davor ist die Rede von der Politik: »aus dem deutschen Reich« sei er sowieso schon geschieden,

warum also nicht auch aus den wahren Hintergründen einer solchen
Macht-Konstellation? Denn diese Hintergründe sind »moralisch«, sie
rechtfertigen durch scheinbare Natürlichkeit, was den Oberen beim
Herrschen nützlich ist: die Reduzierung des Menschen auf konventionelle Formeln.

Wagner hat diese Formeln bekämpft, wo immer er sie antraf. Er hat
das einfache Bild, daß es einen natürlichen Unterschied gebe zwischen
Gut und Böse, hartnäckig bestritten, indem er die »Guten« immer auch
böse sein ließ und die »Bösen« gut. Im »Parsifal«-Entwurf hat er die
Irritation der Gralsritter angesichts der amoralischen Kundry festgehalten: »Manche gerathen daher auch in Zweifel darüber, ob sie für
gut, oder für bös zu halten sei«. Für Wagner ist sie natürlich weder das
eine noch das andere, weil Gut und Böse, so betrachtet, keine Begriffe
sind, die sich ausschließen. Sie sind vielmehr bloße Konventionen, auf
die eine sich selbst nicht bewußte Gesellschaft sich einmal geeinigt hat.
Die Gralsritter als Abbild eines moralischen Stereotyps können sich
nur an Äußerlichkeiten halten: an Kundrys »Dienen« einerseits (das
gilt als etwas Gutes) und an ihre Nicht-Teilnahme an religiösen
Handlungen andererseits (das gilt als etwas Schlechtes). Weil sie beides
tut beziehungsweise nicht tut, verunsichert sie die Ritter und ihre
banale weil geradlinige Moral. Es paßt dazu, daß Wagner die Marcioniten schätzte, jene frühchristliche Gruppe, deren Ketzerei darin bestand,
»ein Urwesen nicht ganz gut und nicht ganz böse anzunehmen;
Bewunderung dieser sinnreichen Form der Erkenntnis«.

Die Aufhebung der Trennung von Gut und Böse ist der Untergang
jeder gesellschaftlichen Moral. Moralisten wie Nietzsche haben das
scharfsinnig erkannt und sich gewehrt dagegen, daß die Regeln des
menschlichen Zusammenlebens ins Wanken geraten vor dem höheren
Anspruch eines menschlichen Gefühls. Ein Fragment formuliert Nietzsches Angst, bei Wagner moralisch den Boden unter den Füßen zu
verlieren: »Wotan, wüthender Ekel – mag die Welt zu Grunde gehen.
Brünnhilde liebt – mag die Welt zu Grunde gehen. Siegfried liebt – was
schiert ihn das Mittel des Betrugs. Ebenso Wotan. Wie ist mir dies alles
zuwider!«

Aber der schillernde Moralist Nietzsche hat das doch auch wieder
bewundert. Um dieselbe Zeit schreibt er auf: »Völlige Abwesenheit der
Moral bei Wagner's Helden. Er hat jenen wundervollen Einfall, der
einzig in der Kunst ist: der Vorwurf des Sünders an den Schuldlosen
gerichtet: ›o König‹ – Tristan an Marke.« Das gerade ist Wagners
Umwertung der Werte: wer unter bürgerlichen Gesichtspunkten Sünder ist, ist es im System von Wagners Werk durchaus nicht. Es kennt
gar nicht den »Sünder« und den »Schuldlosen« im Sinn der gesell-

schaftlichen Moral. Es kennt nur den Sünder auf dem Weg zur Erlösung, und das rechtfertigt ihn im allgemeinen, während der Schuldlose eine fade Figur ist, befangen im Egoismus der Lieblosigkeit.

»Recht« haben bei Wagner immer die Störenfriede, die Irregulären, die Normwidrigen: Senta, Tannhäuser, Tristan, Walther, Siegmund, Brünnhilde. Er befreit sie vom gängigen Verdammungsurteil, sich gegen das Gesetz und die Moral vergangen zu haben. Auch da hat Nietzsche wieder bemerkt, unter welch ungeheurer Anstrengung diese Befreiung bewirkt wird, welche enorme Bedeutung sie also hat: »Das Prächtige Berauschende Verwirrende das Grandiose das Schreckliche Lärmende Hässliche Verzückte Nervöse Alles ist im Recht. Ungeheure Dimensionen, ungeheure Mittel.«

Wagners Überwindung der Moral, natürlich, kann nur maßlos sein, nicht edel abgewogen. Auch das haben seine zeitgenössischen Gegner besser gesehen als seine späteren Anhänger. Der Kritiker der (bürgerlichen) Vossischen Zeitung wirft ihm nach der Uraufführung des »Rings« 1876 ein »Streben nach Tiefe ohne Klarheit, nach Wahrheit ohne Schönheit, das Geltenlassen der losgebundenen Subjectivität ohne objective Schranke« vor. Das alles sei übrigens »undeutsch«, und schließlich: »Mit einem Wort: in Wagner's Schaffen ist etwas Gothisches, Barbarisches«.

Da hatte er Recht. Wagner hätte dem wohl zustimmen können. Denn wer in dieser Welt moralisch sein will, *muß* ihr geradezu unmoralisch erscheinen. »Wilde Menschen« brauche er für den »Ring«, hat Wagner im Jahr vor der Uraufführung gesagt, »keine kultivierten Barbaren«. Denn die neue Moral, die den Untergang der alten bringen sollte, mußte schließlich dargestellt werden. Das schuf Probleme – richtete sich die Botschaft doch an ein Publikum, das in völlig anderen Denkweisen zu Hause war und folglich szenische Situationen anders verstehen würde, als sie gemeint waren. Kundry müßte eigentlich »wie eine Tizianische Venus nackt da liegen«, meinte Wagner vor der Aufführung des »Parsifal«. Das würde ihr Wesen, ihre neue moralische Spannung zwischen Sünde und Erlösung am besten ausdrücken; aber das ging nun einmal nicht, es wäre von den prüden Bürgern als bloßer Skandal verstanden worden: »Nun muß das durch Pracht ersetzt werden.« Das Dilemma hat sich bis heute nicht verändert.

Der utopische Moralist hat zu rechnen mit dem Unterschied seiner Auffassungen zu denen der gleichzeitigen Gesellschaft. Wagner rechnete sogar noch mit der künftigen und machte sich darüber die größten Sorgen. Es könne eine »Puritaner-Zeit« kommen, fürchtete er, »und meine Kunst hat da nichts zu sagen«.

Wie aber läßt sich eine neue Weisheit verbreiten, wenn die alte noch nicht verloren ist? Für das Volk kann »die Religion nicht absurd genug sein« – mit dem »lieben Gott, der alles gut gemacht hat, wenn wir es auch nicht verstehen«. Wagner sieht ein, daß eine solche Religion »der einzige Trost« ist, »die einzige Anleitung zur Resignation für den gemeinen Mann«. Aber: »wenn der Glaube erschüttert ist, kann man ihn nicht wieder einimpfen.«

Wagners Werk ist jenseits dieses Glaubens angekommen, zu ihm gibt es kein Zurück mehr. Das ist ein Problem des Werks, jedes fortgeschrittenen Werks übrigens. Ganz spät hat Wagner im »Braunen Buch« das Dilemma als Stichwort notiert, ohne eine Lösung dafür zu haben: »Ästhetisiren auf Grundlage einer unmoralischen Welt.« Damit ist nicht die eigene Welt des Werks gemeint, sondern die andere draußen. Denn die ist nicht einfach zurückgeblieben, sondern ihre moralischen Kategorien repräsentieren Unmoral. Immer wieder hat Wagner das erläutert am Beispiel des Verhältnisses zwischen Männern und Frauen. Am »Hamlet« fiel ihm einmal auf, daß Laertes seiner Schwester Ophelia moralische Ratschläge gibt, die in Wahrheit seine eigene Unmoral zum Vorschein bringen: er nehme es nämlich »mit Ophelia's Keuschheit sehr ernst . . ., mit der seinigen aber sehr leicht, die Männer dürfen es«.

Wie also das Dilemma lösen? Provokation ist eine Möglichkeit, und Wagner hat sie verwendet in der amoralischen Struktur seiner Geschichten, die die bürgerliche Moral vor den Kopf stoßen. Die andere Möglichkeit ist die Veränderung des Bürgers hin zur neuen Moral. Das aber heißt Revolution. Bis ins hohe Alter stand Wagner deren Notwendigkeit vor Augen, und er hat beides parallel gesehen, wie ein Eintrag im »Braunen Buch« bezeugt, am selben Tag, als er über die unmoralische Welt nachdachte: »Die Kraft der moralischen Anstrengung zur Regeneration würde derjenigen der physischen Revolution zu gleichen haben, welche die Degeneration des menschlichen Geschlechtes veranlasste.«

Verkommen wie sie ist braucht die Menschheit beides, um ihre »Degeneration« los zu werden: die Befreiung von der gängigen Moral und von den politischen Zwängen. Beide Befreiungen sind gleich mühsam und gleich notwendig.

4.

Die emanzipatorische Revolution

Revolution ist ein Zentralbegriff des Wagnerschen Werks. Seine geistigen Nachlaß-Verwalter haben sich erschrocken bemüht, das vergessen zu machen – bis hin zu direkten Fälschungen. So hat zum Beispiel Cosima 1888 bei der Veröffentlichung seiner Briefe an Theodor Uhlig, die aus den entscheidenden Jahren 1849–1852 stammen, neben manchem anderen gerade Wagners Bemerkungen zum Thema Revolution getilgt. Man begreift warum: der inzwischen zum national-deutschen Staatskomponisten aufgestiegene liebe Tote sollte nicht in den Geruch kommen, ein anarchischer Umstürzler gewesen zu sein. Cosima setzte auf die Vergeßlichkeit der Menschen, und sie behielt für beinahe ein Jahrhundert Recht.

Dabei hätte auch damals jeder schon nachlesen können, was Wagner sich da so alles gedacht hat. Denn *er* nahm auf sich weniger Rücksicht: seit 1871 ließ er seine »Gesammelten Schriften und Dichtungen« erscheinen, und darin standen auch die revolutionären Aufsätze aus der Zeit des Schweizer Exils. Gleich der erste, »Die Kunst und die Revolution«, geschrieben im Sommer 1849 unmittelbar nach der Flucht, trägt das Thema im fortissimo vor. Er vergleicht die klassische griechische Kunst mit der heutigen oder besser: der heute notwendigen. Während bei den Griechen die Kunst »konservativ« gewesen sei, weil sie »dem öffentlichen Bewußtsein« entsprochen habe, verhalte sich das heutzutage natürlich anders: »bei uns ist die echte Kunst *revolutionär*, weil sie nur im Gegensatze zur gültigen Allgemeinheit existiert«.

Klingt das noch wie eine etwas theoretische Forderung nur an die Kunst, so wird Wagner sehr schnell konkret und fordert die Revolution selbst: »Nur die große *Menschheitsrevolution* ... kann auch dieses Kunstwerk uns gewinnen; denn nur die Revolution kann aus ihrem tiefsten Grunde *das* von neuem, und schöner, edler, allgemeiner gebären, was sie dem konservativen Geiste einer früheren Periode schöner,

aber beschränkter Bildung entriß und verschlang.« Wagner erläutert
dann noch ausführlich, wohin diese Revolution führen soll: nicht zum
»Geist einer schönen Nation« wie bei den Griechen, sondern zum
»Geist der freien Menschheit über alle Schranken der Nationalitäten
hinaus«. Nicht Restauration also von etwas schon einmal Dagewese-
nem, sondern etwas ganz Neues. Und das Prinzip dieses Neuen heißt:
»daß wir alle Menschen lieben müssen, um uns selbst wiederlieben, um
Freude an uns selbst wiedergewinnen zu können«.

Auf merkwürdige Weise gehen bei Wagner Kunst und Revolution
immer zusammen. Seine Kunst erfordert die Revolution, und diese
bringt wiederum das »freie künstlerische Menschentum« hervor. Untrennbar eins sind ihm politische und ästhetische Entwicklung. Das
läßt sich leicht als unpolitisch kritisieren, als unerlaubte Ästhetisie-
rung eines immerhin schmerzlichen sozialen Prozesses. Solche Kritik,
die sich besonders auch auf den ekstatischen Text »Die Revolution«
vom Frühjahr 1849 stützen könnte, ist nicht ganz von der Hand zu
weisen, aber doch etwas unfair. Es war die einzige nicht lebensgefähr-
liche Weise, wie ein Musiker (und Hofkapellmeister des Königs von
Sachsen) sich des heiklen Themas bemächtigen konnte; existenzge-
fährdend blieb es allemal. Dennoch hat die Verknüpfung von so weit
entfernt Scheinendem wie Kunst und Revolution für den heutigen
Leser durchaus auch komische Züge. Etwa wenn Wagner in einem
Brief 1847 schreibt: »Hier ist ein Damm zu durchbrechen und das
Mittel heißt: Revolution! . . . Ein einziger vernünftiger Entschluß des
Königs von Preußen für sein Operntheater und alles ist mit einmal in
Ordnung!«

Auf der Flucht dann, nach der Revolutions-Katastrophe von Dres-
den, schildert Wagner der zurückgebliebenen Gattin Minna (zurückge-
blieben im doppelten Sinn des Wortes) seine infolge dieser Ereignisse
durchgemachte Entwicklung: wiederum der Versuch, Politik und
Kunst zusammen zu sehen, aber auch die Einsicht, daß Politiker und
Künstler sich unterscheiden: »Die Dresdener Revolution u. ihr ganzer
Erfolg hat mich nun belehrt, daß ich keinesweges ein eigentlicher
Revolutionär bin: ich habe gerade an dem schlimmen Ausgang der
Erhebung ersehen, daß ein wirklicher siegreicher Revolutionär gänz-
lich ohne alle Rücksicht verfahren muß, – er darf nicht an Weib u. Kind,
nicht an Haus u. Hof denken, – sein einziges Streben ist: – Vernich-
tung . . . Aber nicht Menschen unsrer Art sind zu dieser fürchterlichen
Aufgabe bestimmt: wir sind nur Revolutionäre um auf einem frischen
Boden *aufbauen* zu können; nicht das *Zerstören* reizt uns, sondern das
Neugestalten, u. deshalb sind wir nicht die Menschen, die das Schicksal
braucht, – diese werden aus der tiefsten Hefe des Volkes entstehen; –

wir und unser Herz kann nichts mit ihnen gemein haben. Siehst Du! *So
scheide ich mich von der Revolution* . . .«

Er schied sich von der Revolution in der Tat – nicht aber von ihrem
Gedanken, und er konzentrierte den Begriff um so mehr auf den
künstlerischen Bereich. Wagner hat früh erkannt, daß der politische
Zustand, genauer: die Revolution von 1848/49, Voraussetzung seines
Werks ist. Als er in Zürich die Revolutionshoffnung formulierte, gab es
vom späteren »Ring« nur die erste Textfassung zu »Siegfrieds Tod«,
gedacht noch als Einzelstück des Typus »Große Oper«. Doch Wagner
wußte da schon, daß er diesen Weg nicht fortsetzen konnte. Schon
hatte er in einem Brief die Folgen der Politik für sein Werk angekün-
digt: »ich weiß, daß meine letzten erlebnisse mich in eine bahn gerückt
haben, auf der ich das wichtigste und bedeutungsvollste zu stande
bringen muß, was meiner natur zu produciren gestattet ist.« Ein paar
Monate später ist es dann so weit: »Ich habe einen opernentwurf im
kopfe, der, wenn ich ihn durchsetze, gewissermaßen der sieg meiner
radikalen bestrebungen sein würde«. Es handelt sich dabei um »Wieland der Schmied«. Das Stück ist über den Prosa-Entwurf nicht hinaus-
gekommen, aber es ist eine Keimzelle für den »Ring«, der von ihm die
ganze Liebes- und Befreiungs-Thematik übernimmt.

So entsteht das revolutionäre Kunstwerk des »Rings« als Frucht
politischer Realitäts-Erfahrung, ein Revolutionsstück für eine restaura-
tive Gesellschaft, aber gerade für sie, gerade für die Gegenwart.
Während diese Konzeption des »Rings« in Wagners Kopf sich heraus-
bildet, erläutert er die aktuelle Bestimmung des Kunstwerks in einem
Brief an Liszt: »was nicht *heute* wahr werden kann, wird auch für die
zukunft unwahr bleiben. Dem wahne, über die gegenwart hinaus für
die zukunft zu schaffen, gebe ich mich nicht mehr hin«. Noch ein
Vierteljahrhundert später bemerkt er gegenüber Cosima, er hätte ohne
die 48er Bewegung den »Ring« wohl nicht konzipiert. Nur die Hellsichtigsten unter seinen Zeitgenossen haben solche Zusammenhänge begriffen. Aber ein dumpfes Gefühl für das bedrohliche, ordnungsfeindli-
che, aufbrechende Gären im »Ring« muß das Stück denn doch auf
breiterer Front vermittelt haben, von dessen Wirkung bei der Uraufführung Gregor-Dellin sagt: »Die Oberklasse des Reichs sah das
einzige sozialistische Kunstwerk in Deutschland vor Anbruch des
Naturalismus – und war entzückt.«

Diese Charakterisierung bringt die Widersprüchlichkeit des ganzen
Vorgangs schön zusammen. Eine Widersprüchlichkeit, die Kunstwerke
nicht gerade selten trifft: man denke nur an den bürgerlichen Jubel
über Brechts »Dreigroschenoper«. Aber im Fall Wagner hat der Autor
eine Menge Mitverantwortung. Denn Wagners Revolutionstheorie,

vermischt mit den beschriebenen Ästhetisierungen, bietet auf den
ersten Blick für die Utopie des kommenden Glücks ein vieldeutiges
Gemisch von Möglichkeiten. Da wird, platt genug, »*der starke und
schöne Mensch*« als das gemeinsame Ziel von Revolution und Kunst
bezeichnet: »die *Revolution* gebe ihm die *Stärke*, die *Kunst* die *Schönheit*!« Ein paar Seiten später fügt Wagner hinzu, »der freie, starke und
schöne Mensch« werde »losgelöst von jeder Konvention und Etikette
. . . die Wonnen und Schmerzen seiner Liebe feiern«.

Man kann leicht überlesen, daß da nicht nur einem fragwürdigen
Ideal von Schönheit und Stärke (»die schöne Bestie«) das Wort geredet
wird, sondern daß das Bild zusammengeht mit Freiheit und Liebe. Doch
man kann sich eben auch nur das andere herausnehmen und die Rolle
der Revolution für die Befreiung des Menschen und seine Befreiung
zum Menschen geflissentlich übersehen. Damit ist schon eine Fülle von
Mißverständnissen begründet, die sich bald an Wagners Werk geheftet
haben und linken Kritikern wie rechten Anhängern willkommenen
Stoff lieferten.

Es ist pikant, daß dieses Mißverständnis wohl zurückgeht auf die
Wagner-Kritik des späten Nietzsche. Dieser, dem Wahnsinn nahe und
selbst herumdenkend an einer Konzeption des glücklichen, starken,
amoralischen Menschen, durchaus ohne Wagners Bezug auf Menschlichkeit durch Liebe, warf Wagner vor, den revolutionären Optimismus
verraten zu haben an den Pessimismus: »er übersetzte den ›Ring‹ in's
Schopenhauerische. Alles läuft schief, Alles geht zu Grunde, die neue
Welt ist so schlimm, wie die alte«. Die sonderbare Interpretation ist
inhaltlich so falsch wie übrigens auch historisch unmöglich: die
»Ring«-Dichtung war seit fast zwei Jahren fertig, die Komposition
schon mitten in der »Walküre«, als Wagner zum ersten Mal Schopenhauer las, und er hat danach fast nichts mehr geändert.

Aber die gesellschaftlich engagierten Kritiker Wagners haben
Nietzsches tendenziös schiefe Darstellung gern benutzt, und seine
reaktionären Anhänger haben sie ebenso gern für Wahrheit ausgegeben. Beiden paßte es sehr gut ins jeweilige Konzept, daß Wagner sich
von den revolutionären Vorstellungen früherer Tage abgewandt habe.

Doch daran ist kaum etwas richtig. Wagner hat dem kämpferischen
Ideal der Revolution die Treue bewahrt und gerade auch die politische
Revolution immer weiter für notwendig gehalten, auch wenn er sich
selbst längst nicht mehr dazu fähig fühlte. Denn schließlich konnte
seine künstlerische Revolution nicht einfach an die Stelle der politischen treten, weil sie diese ja voraussetzte und zum Teil vorwegneh-
men sollte. Diese Auffassung ist nicht nur eine Sache der Exilsjahre.
Dort allerdings wird sie am klarsten.

Die Briefe bald nach der Flucht reden immer wieder davon: »meine sache ist: revolution zu machen wohin ich komme ... das kunstwerk kann jetzt nicht geschaffen, sondern nur vorbereitet werden, und zwar durch revolutioniren, durch zerstören und zerschlagen alles dessen, was zerstörens- und zerschlagenswerth ist ... selbst ein werk, das ich für dort [gemeint ist Paris] schreibe und aufführe, wird nur ein moment der revolution, ein affirmationszeichen der zerstörung sein können. Nur zerstörung ist jetzt nothwendig, – aufbauen kann gegenwärtig nur willkürlich sein.« Das ist noch im Jahr der Flucht geschrieben, aber achtzehn Monate später hat sich die Tonlage kaum verändert: »Ich verlange mit leidenschaft nach der revolution, und nur die hoffnung, sie noch zu erleben und sie mitmachen, giebt mir eigentlich lebenslust.« Die Belege lassen sich fast beliebig vermehren.

Gut, das ist der Republikaner Wagner im Exil. Doch mit dem Günstling des bayerischen Königs steht es nicht viel anders. Er hat seinen alten Anarchismus weiter gepflegt, heimlich zwar, aber immerhin. Im ersten Kapitel habe ich einige Beispiele dafür angeführt. Man lese dazu noch, wie im Haus Wahnfried über die Attentate des Jahres 1878 auf den deutschen Kaiser geredet wurde: mit Verständnis und Spott nämlich, mit klammheimlicher Freude gar – und man gewinnt ein Bild von Wagner, das beinahe auch auf einen russischen Nihilisten seiner Tage gepaßt hätte. Er hat sich nicht getraut, das laut zu sagen, nicht einmal halblaut zum befreundeten König Ludwig. Eine Tagebuchaufzeichnung, die für ihn bestimmt war und in der Wagner Verständnis äußerte für »das niedere Volk«, das auch dann gegen die Polizei Partei nehme, wenn sie Verbrecher verhafte – diese Notiz hat er nicht an den König abgeschickt.

Wagners Vorstellung von der Revolution ist, wie wir gesehen haben, bestimmt von seiner Sehnsucht nach Liebe und Freiheit, die den Menschen ausmachen und die nur durch die Revolution hervorgebracht werden können, weil die alten Kräfte natürlich die Gefährdung ihrer Herrschaft eben durch Liebe und Freiheit nicht zulassen dürfen. Liebe und Freiheit aber sind bis zur Identität aufeinander bezogen. Im »Kunstwerk der Zukunft«, einer anderen der Zürcher Schriften, definiert Wagner das so: »Freiheit ist befriedigtes notwendiges Bedürfnis, höchste Freiheit befriedigtes höchstes Bedürfnis: das *höchste* menschliche Bedürfnis aber ist *die Liebe.*« Freiheit erscheint also als Befriedigung der Liebe: der Mensch ist um so freier, je mehr er liebt und der Liebe folgt.

In dem nur ein paar Wochen später geschriebenen kleinen Aufsatz »Kunst und Klima« wird dieser emanzipatorische Charakter der Liebe noch einmal besonders hervorgehoben, indem sie eindeutig bezogen

wird auf die politische Gemeinschaft der Menschen: »Es gibt keine
höhere Kraft als die *gemeinschaftliche der Menschen;* es gibt nichts
Liebenswerteres als die *gemeinschaftlichen Menschen.* Nur durch die
höchste Liebeskraft gelangen wir aber zur *wahren Freiheit;* denn es gibt
keine wahre Freiheit als die *allen Menschen gemeinschaftliche.*« Die Liebe
wird nun weiter definiert als »Mittlerin zwischen Kraft und Freiheit«,
als »Erlöserin, ohne welche die Kraft Roheit, die Freiheit aber Willkür
bleibt«. Diese Liebe sei jedoch nicht wie im Christentum die »anbefoh-
lene«, sondern die, »die aus der *Kraft* der unentstellten, wirklichen
menschlichen Natur hervorgeht«. Sie schreite »von der Geschlechtsliebe ausgehend« über »Kindes-, Bruder- und Freundesliebe *bis zur
allgemeinen Menschenliebe*« fort.

Ausdrücklich zielt das über die individuelle Privatheit hinaus auf die
Emanzipation der Gesellschaft dadurch, daß sie Liebe auf allen ihren
Stufen verwirklicht. Für Wagner war das 1850 leicht gesagt; in der
Realität ging es etwas komplizierter zu. Denn die Sache hat zu tun mit
dem für Wagner und seine Zeit neuen Phänomen der Massengesellschaft in einer sich industrialisierenden Welt. Zumindest der »Ring«
mit seinem Grundmotiv von der Natur und den Sünden wider sie hat
thematisch damit zu tun. In den Bildern von den zur Arbeit geknechte-
ten Nibelungen und von den anonymen »Männern und Frauen« des
Schlusses hat er zeichenhaft Symbole für Industrialisierung und für die
neuen Massen auf die Bühne gebracht.

Wagner war sich über diese Beziehungen seines Werks wohl klar,
erst recht als er die Veränderungen bemerkte, die in der Gesellschaft
um ihn herum vorgingen. Zu wenigen Einzelthemen hat er sich im
Alter so häufig und so engagiert geäußert wie zu der noch so unvertrau-
ten sozialen Figur des »Arbeiters«. Begierig hat er alles beobachtet und
kommentiert, was ihm da zugänglich war – aus den bürgerlichen
Zeitungen zumeist.

Als er 1872 von einem Arbeiter-Aufstand in Wien liest, empört er
sich, daß »die armen Verführten gezüchtigt und verfolgt« werden, sie
seien die »Opfer«, die Opfer allerdings ihrer »Anführer«, die »Dem-
agogen« seien, Volksverführer. Da schimmert seine Herrschafts-Kritik
durch: »Anführern« ist überhaupt nur Schlechtes zuzutrauen. Den
»Opfern« aber gab er eine große Zukunft: er glaubt noch 1879 an die
»Notwendigkeit des Unterganges der jetzigen Dinge« und findet dabei
»einzig den Arbeiter gleichsam lebensberechtigt«. Von ihm werde
»einst die neue Religion ausgehen«, nämlich »von dem Arbeiter (Indu-
striellen) aus, der Liebe für die Arbeiter haben wird«. Die Stelle ist
etwas schwer zu verstehen, und ich glaube, daß schon die berichtende
Cosima ihren Wagner nicht ganz verstanden hat. Es kann kaum der

(großgeschriebene) Industrielle, also der Unternehmer, gemeint sein, sondern wohl nur der (kleingeschriebene) industrielle Arbeiter, der die Arbeiter liebt, also seinesgleichen. Wagner setzt hier den Arbeiter an die Stelle seines früheren Begriffs des Menschen, der den Menschen liebt.

Wieder und wieder beschwört er in diesen Jahren das »immer dringendere Hervortreten der sozialen Frage«, interessanterweise mit dem Zusatz »aufgehalten durch Kriege«: eine bemerkenswerte Einsicht in die historische Mechanik, von inneren Problemen durch die Herstellung äußerer Konflikte abzulenken – eine Mechanik, die Diktaturen des 20. Jahrhunderts schließlich zur Perfektion entwickelt haben. Er lobt die neu entdeckte Elektrizität »und hofft ihre Anwendung auf die Eisenbahnen, um die Kohlenarbeiter zu vermindern«. Die Analyse der sozialen Ursachen der Trunksucht hält er für wichtiger als ihre juristische Bekämpfung.

Zu den Ländern der Zukunft hat er Deutschland schon allein deshalb nicht gezählt, weil seine sozialen und politischen Verhältnisse ihm zu traditionell erschienen, zu stark abgedichtet gegen die wirklichen Veränderungen, die sich in der zweiten Hälfte des 19. Jahrhunderts für scharfsichtige Beobachter abzeichneten. Er ließ sich nicht täuschen von Deutschlands machtpolitischem Vorrang in Europa. Denn er hatte andere Kriterien. Von zwei Ländern am Rand seiner Welt erwartete er die künftige Führungsrolle: Amerika und Rußland. Für das Jahr 1875 eine verblüffende Prophetie, die gewiß darauf beruht, daß ihm in der demokratischen Massengesellschaft der Vereinigten Staaten seine Vorstellung von einer herrschaftsfreien Menschheit vorgebildet schien – den dortigen Bürgerkrieg zur Befreiung der Negersklaven nennt er einmal den »einzigen Krieg zu einem humanen Zweck« –; und Rußland: da erwartete er die Revolution wegen des übergroßen Drucks des Volkes gegen einen extrem barbarischen Feudalismus, was dann eben auch zu amerikanischen Verhältnissen führen müßte. Die Entwicklung gab ihm Recht, auch wenn sie andere Folgen hatte: wie bei allen Propheten stimmt auch bei Wagner immer nur höchstens die Hälfte.

Für heutige Begriffe klingt manches an Wagners Äußerungen über Arbeiter, Industrie und Masse wirr und unbedacht, verständlich jedoch, wenn man sich vergegenwärtigt, daß Wagner – im fernen Bayreuth und sonst allenfalls in der Münchner Residenz und in Italien sich aufhaltend – kaum je Arbeiter zu Gesicht bekommen haben mag. Sie waren für ihn abstrakte Kunstfiguren wie die »gemeinschaftlichen Menschen« der Exilschriften. Salon-Kommunismus könnte man das im wahrsten Sinn des Wortes nennen. Einmal ist ihm das selbst

aufgefallen. 1879 zeigte er sich entsetzt darüber, daß Soldaten auf
streikende Bergwerksarbeiter in Schlesien geschossen hatten. Am
nächsten Tag plante er »eine Rundreise zu Gunsten der entlassenen
Arbeiter, dann aber: ›Wir sind zu müde‹, sagt er seufzend! ... Man
schießt! O Gott, o Gott – welche Welt. ›Und ich‹, ruft R., ›komme mir
wie der reinste Narr mit meinen Plänen vor.‹«

Wagner war nicht nur kein Sieger, er war nicht einmal ein Kämpfer.
Es macht ihm immerhin Ehre, daß er – mit zunehmendem Alter
zunehmend – die Fragwürdigkeit seiner bürgerlichen Situation thematisiert hat. Da finden sich halt doch Einsichten, die den meisten seiner
Klasse und seiner Denkfähigkeit im allgemeinen verschlossen sind –
damals wie heute. Er begriff zumindest, daß seine sonderbare Rolle als
Hätschelkind der höheren Stände ihm nach den Liebespredigten seiner
revolutionären Zeit und seines ganzen Werks auch besondere Verpflichtungen auferlegte. Er ist nicht einfach auf die bequeme andere
Seite gegangen, sondern blieb sich dessen bewußt, wofür er einmal
angetreten war. In einer der vielen Krisen mit dem esoterischen König
Ludwig ermahnt er den ganz ausführlich, er dürfe die Menschen nicht
verachten; und nach den ersten Bayreuther Festspielen, von Reichen
finanziert und überwiegend von Mächtigen besucht, entwirft er einen
Plan, wie die Plätze künftig zu einem Drittel kostenlos an »Unbemittel-
te« vergeben werden sollen.

Er wußte, was er sich schuldig war, obwohl ein unbehagliches
Gefühl seinem späten Sozialismus immer beigemischt ist. Das war ihm
alles irgendwie doch zu fremd. Das Werk mit seinen unterbewußten
Strömen ist weiter als der bewußte Wagner, der komfortabel lebt und
ein paar Monate des Jahres im kulturell reichen und sozial armen
Italien verbringt. Von dort, aus den letzten Tagen seines Lebens,
berichtet Cosima eine aufschlußreiche Episode. Sie geraten in den
venezianischen Karneval und fühlen sich in der vieltausendköpfigen
Menge sehr unbehaglich, in der »schwarzen Masse, in welcher fleisch-
farbene Flecke sich zeigen« – was für ein angstvolles Bild der Abwehr
gegen den »konkreten« Menschen. Aber dann Wagner auf der Heim-
fahrt: »und doch‹, sagt er, ›was nicht der Masse näherzukommen
versucht, ist nicht viel wert!‹«

Emotionale Abneigung gegen die amorphe Masse und innerlich
empfundene Verpflichtung, sie als Verkörperung des »gemeinschaftlichen Menschen« zu lieben: Wagner hat den Gefühls-Konflikt unentschieden mit sich herum getragen. Er hat sich »anständig« benommen,
wie ein Augenzeuge aus der venezianischen End-Zeit mit einem leisen
Anflug von Kritik überliefert: Wagner habe seine »Höflichkeit *gegen
Untergebene*« soweit getrieben, »daß er ... beim Aussteigen aus der

Gondel allemal Kehrtum machte und den Hut gegen die Gondoliers hin
lüftete, welche ihn geführt hatten«. Und Wagner hat, auch ganz spät,
das ewig leidige Problem der sogenannten Gleichheit so nüchtern
abgehakt, wie es der Sache angemessen ist: »Was für grössere intelektuelle Gleichheit der Menschen zu verhoffen ist, steht dahin: das Genie
wird immer selten sein. Dagegen grössere *moralische* Gleichheit ist zu
erwarten, und – hierauf kommt es an, selbst um dem Genie sein Wirken
zu erleichtern.«

Worauf sonst auch sollte es ankommen? Bemerkenswert, wie Wagner selbst hier noch das Problem zurückdreht ins eigene Werk: daß die
politische Revolution (die moralische Gleichheit) Voraussetzung für
das Verständnis des emanzipatorischen künstlerischen Genies ist.
Wagners politische Vorstellungen leben in der Tat aus zweiter Hand,
aber aus der ehrenwerten der Kunst. Hier hat er alles viel besser gesagt,
hier hat er die Befreiung viel deutlicher dargestellt als in seinen
geschriebenen Sätzen.

Das geht bis in scheinbar nur technische Probleme. Die Schrift von
1852 »Über die Aufführung des ›Tannhäuser‹ – Eine Mitteilung an die
Dirigenten und Darsteller dieser Oper« erläutert unter anderem, daß es
in seinen Opern (sie reichen da erst bis zum »Lohengrin«) keinen
Unterschied gebe »zwischen sogenannten ›deklamierten‹ und ›gesun-
genen‹ Phrasen, sondern meine Deklamation ist zugleich Gesang, und
mein Gesang Deklamation«. Eine Gleichstellung also – wenn man so
will – der »aristokratischen« Form der Arie mit der »plebejischen« des
Rezitativs. Diese beanspruche bei ihm die gleiche Aufmerksamkeit und
Genauigkeit wie jene. Deshalb müsse man sie auch genauso exakt
einüben, »scharf im Takte und in einem dem Charakter der Rede
entsprechenden Zeitmaße«.

Das ist gewissermaßen die Emanzipation der Prosa als der »normalen« Ausdrucksform des Menschen, eine Revolution für die Musik. Ist
das erst einmal erreicht, so kann alles anders werden, dann wolle er
»endlich auf fast gänzliches Aufgeben der Strenge des eigentlichen
musikalischen Taktes« drängen: »Der Sänger gebe von da ab, wo er
meine Intentionen für den Vortrag bis zum vollsten Mitwissen in sich
aufgenommen hat, seiner natürlichen Empfindung, ja selbst der physischen Notwendigkeit des Atmens bei erregtem Vortrage, durchaus
freien Lauf, und je selbstschöpferischer er durch vollste Freiheit des
Gefühles werden kann, desto mehr wird er mich zum freudigsten
Danke verbinden.«

Das liest sich wie eine ins Musikalische übersetzte Theorie der
Befreiung des Menschen von seinen Zwängen. Nachdem er diese
Zwänge verstanden hat, und erst dann: kann er sie zerstören und sich

nur noch seinen eigenen Bedürfnissen hingeben, denen seines »Atmens« sogar! Es ist die Emanzipation des Sängers vom Komponisten als Sinnbild geradezu für die Befreiung jedes Menschen von Herrschaft. Die Unteren werden in ihr natürliches Recht gesetzt, die Differenz von unten und oben erscheint aufgehoben in einem musikalisch utopischen Zustand, der auch der der Gesellschaft überhaupt sein sollte.

Vielleicht läßt sich von hier aus ein sonst nur wie poetisch wirkender und doch frappierender Vorschlag André Glucksmanns verstehen: »Alle marxistischen Interpretationen von Wagner sind schal . . . Und wenn man einmal umgekehrt versuchen würde, Marx durch Wagner zu interpretieren? . . . nicht ›Das Kapital‹ zu lesen ist wichtig, sondern seine Musik zu hören, dieses *Leitmotiv* vom ›Fluch des Rings‹, d. h. vom *Geld.*«

In Bayreuth gibt es – natürlich – eine Nibelungen-Straße. Sie mündet auf den Wilhelmsplatz (der den Kaiser meint). Danach heißt ihre Fortsetzung Karl-Marx-Straße. Diese Benennung geschah nach 1945 auf Weisung der Militärregierung. Man möchte meinen, da sei – Ironie genug – ein hintergründiger Wagner-Kenner in Uniform am Werk gewesen.

5.

Liebe am Ende der Welt

Als Nietzsche noch ein Anhänger Wagners war, hat er 1875 in einem Fragment dessen Vorstellung vom Tod als dem höchsten Gipfel der Liebe interpretiert. Er nennt da diesen Tod »ein Evangelium der *Liebe;* und die ganze Musik ist eine Art Metaphysik der Liebe; sie ist ein Streben und Wollen in einem Reich, welches dem gewöhnlichen Blick wie das Reich des Nichtwollens erscheint, ein sich Baden im Meere der Vergessenheit, ein rührendes Schattenspiel vergangener Leidenschaft«.

Nietzsches Interpretation entwickelt sich in mehreren Stufen: zum ersten ist der Tod das »Evangelium« der Liebe, er verkündet also fortdauernd ihre »gute Botschaft«; zum zweiten erscheint die Musik, die »Metaphysik der Liebe«, als das, was hinter ihr steht, sie ist sozusagen das Geheimnis der Liebe, in dem diese sichtbar (oder hörbar) wird; zum dritten hat die Musik insofern eine aktive Rolle, sie ist »Streben und Wollen«, was der »gewöhnliche Blick« leicht übersieht, weil er sich in ihr nur badet und sie als vermindertes Abbild der Liebe auffaßt: »Vergessenheit«, »Schattenspiel *vergangener* Leidenschaft«.

Die Bedeutung dieses Nietzsche-Texts – der offenbar nicht nur von seinen eigenen Überlegungen geprägt ist, sondern von den vielen Gesprächen mit Wagner selbst – besteht vor allem darin, daß er die Rolle der Musik für das Wagnersche Begriffspaar Liebe/Tod so sehr hervorhebt. Gelegentlich ist es notwendig sich zu erinnern, daß Wagner eben ein Komponist war und sich im Medium der Musik ausgedrückt hat; seine Bedeutung als »Philosoph« in der zweiten Hälfte des 19. Jahrhunderts ist denn doch vergleichsweise bescheiden. Er konnte am besten Konkretes formulieren, und sein Gegenstand ist Klang. Seine verbalen Äußerungen sind wichtig, weil sie das geniale Musik-Werk erläutern, nicht weil sie für sich genommen besonders originell und tiefsinnig wären.

Tiefsinnig ist seine Musik, die aus grausigen Handlungen erotische
Funken schlägt, die vergessen macht, wie trocken oder banal oder
pathetisch oder albern viele seiner Verse sind. Von den Textbüchern
läßt sich allenfalls das der »Meistersinger« passabel lesen – Wagner hat
immer, schon beim Texten, in Musik gedacht. Der Begriff des Gesamt-
kunstwerks rechtfertigt sich von der Musik her und von nirgendwo
sonst. Sie macht Wagners Botschaft aus; sie erzählt, wie die Menschen
sind und wie sie sein sollen; sie redet von ihrem Unglück und ihren
Hoffnungen; sie redet auch vom Zustand dieser Welt und von den
Hoffnungen, die sich an ihren Untergang knüpfen.

Vor allem redet Wagners Musik von der Liebe und von dem Glück
der Menschen, das die Liebe verheißt, wenn diese Menschen sich ihr
öffnen. Als sie einmal sehr heiter sind, fragt Cosima ihren Mann, »ob
Tristan und Isolde auch so viel gelacht« hätten. »Gewiß«, sagt Wagner,
»sonst wären sie am Tage nicht so traurig gewesen«. Tatsächlich stellt
die Oper das Paar, schaut man genau hin, immer nur in ganz außerordentlich traurigen Situationen dar. Die beiden werden gequält von
ihren mitgebrachten Problemen: Stolz und Ehre im ersten Akt, Skrupel
im zweiten, hoffnungslose Verzweiflung im dritten. Aber die Musik
vermittelt vom Anfang bis zum Ende einen völlig anderen Eindruck.
Ekstase, bedingungslose Zuneigung, Glück ohne jede Rücksicht auf die
möglichen gesellschaftlichen Folgen. Die Musik macht das Stück erst
zum Hohelied der Liebe, als das es seit 1865 verstanden wird, auch ohne
daß man je sieht, wie diese Liebe je realisiert wird oder je realisiert
werden könnte.

Nur in seiner Musik hat Wagner den Gedanken verwirklicht, daß
Liebe zugleich Weltvernichtung und Welterlösung bedeutet. Im »Tristan« hätte er das »bis zum äußersten« dargestellt, auch mit der
»verzehrenden Liebe, welche den Mann aufffrißt«, sagt er einmal
während der Arbeit an der »Götterdämmerungs«-Partitur. Diese Liebe
sei es, die auch Brünnhilde verherrliche. Aus einem »Naturergebnis«
mache sie die Liebe zur »Weltvernichtung, Welterlösung«, und »Tristan« sei davon eben die äußerste Steigerung: das muß den Mann ja
auffressen.

Gemeint ist da natürlich wieder der »gewöhnliche« Mann der
Gegenwart, der viel weiter als die Frau von seiner Emanzipation
entfernt ist, weil er die Liebe nicht als Ausdruck der Befreiung zum
Menschen begreift, sondern als pure gesellschaftliche Konvention,
sogar als bloßes Mittel zu einem völlig anderen Zweck, wenn er etwa
eine »Standesehe« eingeht. Das alles ist für Wagner anti-emanzipato-
risch, unfrei, widernatürlich und menschenfeindlich – es muß »aufge-
fressen« werden durch das Übermaß der Liebe selbst, das die Musik

ausdrückt. »Weltvernichtung« als sichtbar gewordene Tat der Musik ist so eine Tat der Liebe.

Wagners Weltvernichtungs-Vorstellung hat überhaupt nichts zu tun mit pessimistischen Endzeit-Wünschen nach dem Motto »es-hat-ja-alles-doch-keinen-Sinn«. Sie ist ganz im Gegenteil eine Gebärde utopischer Hoffnung. Tatsächlich wird in seinen Stücken ja auch nie die Welt überhaupt vernichtet, sondern nur die alte, konventionelle. verkommene Welt: die Welt von Ehe und Ehre im »Tristan«, die starre Regel-Welt der Meistersinger, die herrische Götter-Welt im »Ring«, die sündige Welt von Klingsor und Amfortas im »Parsifal«.

Bewirkt wird diese Weltvernichtung immer unter dem Zeichen der Liebe. Sie führt die Veränderung herbei, sie verhindert das Fortbestehen der Welt in ihrer bisherigen Form. Weil Walther Eva so sehr liebt, gelingt ihm sein Preislied, das die Gesetze der Meistersinger durchbricht und eine neue Kunst der Freiheit hervorbringt. Weil Isolde Tristan so geliebt hat und vor so viel Liebe sogar stirbt, erkennt König Marke, daß bürgerliche Treue ein trügerischer Schein ist gegen den unbedingten Ansturm des menschlichen Gefühls, und er »segnet die Leichen« für diese seine Erkenntnis. Weil Brünnhilde von Siegmund gelernt hat, was Liebe ist, und mit Siegfried die Erfahrung der Liebe gemacht hat, verbrennt sie die Götter samt ihrer Festung und zeigt den Menschen, daß sie in Zukunft frei sein können. Weil Parsifal bei Kundry blitzartig die Seuche der Liebeslust erfahren hat, versteht er das Leiden der anderen (sowohl des Amfortas wie Kundrys und Klingsors) und kann das Gralskönigtum übernehmen – mit allen schon dargestellten problematischen Einschränkungen ist auch dies ein Schritt zur Freiheit von einer verfehlten alten Welt der Unmenschlichkeit.

Jedenfalls: es ist die Liebe, die der alten Welt den Weg in ihren Untergang vorschreibt und der neuen Welt ihre Möglichkeiten öffnet. Schon der frühe »Rienzi« kennt in einer Text-Passage diese Gedanken-Struktur. Im Duett der beiden Liebenden singt Adriano:

> »Ja eine Welt voll Leiden
> Versüßt dein holder Blick;
> Von ihr mit dir zu scheiden
> Ist göttliches Geschick.
> Bräch' auch die Welt zusammen,
> Riss' jeder Hoffnung Band,
> Der Liebe Regionen
> Beu'n uns ein neues Vaterland.«

In der zweiten Zeile wandelt Irene den im übrigen gemeinsam gesunge-
nen Text ab: statt »versüßt dein holder Blick« heißt es bei ihr »versüßt
der Liebe Glück«. Und während der zahlreichen Wiederholungen
bricht auch Adriano einmal aus dem Text aus und ändert den Schluß in

> »Du läßt sie neu erstehen,
> Du wirst mir Vaterland.«

Schon in dem Jugendwerk also, das ja überhaupt allerhand Wagnersche
Zentralmotive vorformt, zeigt sich ein erheblicher Unterschied zwischen den Auffassungen des Mannes und der Frau: während jener ganz
auf die Person der Geliebten fixiert ist – »dein holder Blick«, »du wirst
mir Vaterland« – bezieht sich diese aufs übergeordnete »Allgemeine« –
»der Liebe Glück«, »der Liebe Regionen« als gemeinsames Vaterland.
Schon hier also ist die Frau sozusagen die gesellschaftlich Fortgeschrit-
tenere, während der Mann sich vorwiegend an seinen privaten Lust-
Neigungen orientiert. Mit der einen Ausnahme des »Meistersinger«-
Lustspiels betreiben bei Wagner immer nur die Frauen die Vernichtung
der alten Welt durch die Liebe.

Diese Vernichtung, wir wissen es, ist zugleich ihre Erlösung zur
neuen Welt. An ihrem Anfang steht die Liebe, wie sie am Ende der
alten steht. Wagners Opern zeigen die Situation des Schnittpunkts, wo
das Alte noch gilt und das Neue noch nicht, aber schon sichtbar
geworden ist: die typische Situation einer Utopie.

Es ist natürlich kein Zufall, daß die Liebe als verbindendes Glied –
zerstörend und erlösend zugleich – von Frauen ins Werk gesetzt wird.
Sie bieten Wagner (und welchem Mann nicht?) die Gewähr dafür, daß
Liebe Möglichkeiten außerhalb der Konvention besitzt, außerhalb der
eingefahrenen Gleise, auf denen sich das »normale« Geschlechtsleben
abspielt. Frauen sind anders als die gewöhnlichen Männer zum Ausbruch fähig, zur rückhaltlosen Hingabe, geschehe was da wolle. Nur sie
können in ihrer Unbedingtheit den Weg zur Freiheit gehen, weil sie
ihren Gefühlen mehr Platz einräumen als die Männer, die mit anerzo-
genen Ängsten und angeblichen gesellschaftlichen Erfordernissen be-
denkenvoll sich der eigenen Menschlichkeit versperren. Gefühle aber
kommen von unten, nicht aus dem Hirn, sondern aus dem Bauch.
Emanzipation ist – so meinte es Wagner, und so verhält es sich wohl
auch –, wenn man mit dem Bauch denken lernt statt mit dem Hirn
Gefühle einzuüben.

Freiheit kann buchstäblich nur von unten kommen, aus dem unteren Teil des Körpers, weil dort die Liebe fühlt, aber auch aus dem
unteren Teil der Gesellschaft, weil dort die Korruption durch das

Wertsystem der Herrschenden noch geringer ist. Übrigens hängt beides eng zusammen. Unter Wagners Personal begehren immer die auf, die nicht ganz oben sind, die abhängig sind von noch Höheren. Ihnen ist die Einsicht gegeben und schließlich der Weg zur Erlösung, ihnen, die beherrscht werden, und nicht denen, die die Welt des jeweiligen Stücks regieren. Da sie noch nicht so verdorben sind durch die menschenfeindlichen Machtstrukturen der Oberen, ist die Chance größer, daß auch ihr Gefühlsleben, ihr Unterleib, noch menschlicher reagiert.

Wagners Stücke spielen äußerlich allesamt in ziemlich feudalen Kreisen, selbst noch in der sonderbar hierarchisch geordneten Handwerker-Republik der Meistersinger. Wichtig ist dabei aber der relative Abstand: es gibt ein unten und ein oben, auch wenn die unten viel weniger unten sind als Millionen in Wagners eigener Gesellschaft. Diese, die er kaum kannte, hielt er nicht für bühnenfähig. Aber auf sie zielte er als auf die Gesellschaft der Zukunft. Wenige Monate vor seinem Tod kommt Cosima und ihm bei einem Frühstücks-Gespräch »das Bild künftiger Zeiten wieder«, und sie fragt ihn, »ob zu diesem friedsamen Wesen, welches er sich denkt, die unteren Bevölkerungsschichten, wie wir sie vor uns hier sehen, so ganz verschieden von der stolzen Race, welche Geschichte und Kunst hervorbrachte, ob diese Schichten nicht die eigentlich berufenen wären«. Wagner stimmt dem zu, hofft aber, daß die Erinnerung an »Shakespeare, Aischylos u. a.« bewahrt würde. Immerhin: der Bildungsbürger Wagner rechnet allein auf die ganz unten, weil nur sie genug Substanz haben, um das Versprechen der Liebe am Ende der Welt nach diesem Ende zu erwidern.

Unten im Körper und unten in der Gesellschaft – das hat für Wagner miteinander zu tun. Wer sich beider Lagen bewußt wird, kann für eine neue Menschheit überleben. Er ist nicht ihr Erlöser, aber er wird vielleicht zu ihr erlöst.

6.

Alberich

In der dritten Szene des »Rheingold« sind Wotan und Loge nach Nibelheim hinabgestiegen, um Alberich auf irgendeine Weise den Goldschatz abzunehmen; die Götter brauchen diesen unermeßlichen Reichtum, damit sie die Riesen für den Bau Walhalls bezahlen können. Zugleich wollen sie verhindern, daß Alberich durch den Ring, den er inzwischen aus dem Gold hat schmieden lassen, mächtiger wird als sie selbst.

Loge sucht nach einer Taktik, wie man den im Augenblick viel stärkeren Alberich überlisten könnte. Er fordert ihn auf, seine Macht einmal vorzuführen. Alberich teilt nun mit, er könne dank des ebenfalls aus dem Rheingold geschmiedeten Tarnhelms jede beliebige Gestalt annehmen; Loge solle sie bestimmen, und er werde den Beweis sofort antreten. Loge überläßt Alberich die Wahl:

> »In welcher du willst:
> nur mach' vor Staunen mich stumm!«

Alberich verwandelt sich darauf in eine »ungeheure Riesenschlange«. Loge spielt den Erschrockenen, aber Wotan lacht laut auf und äußert nur ironisch Bewunderung:

> »Wie wuchs so rasch
> zum riesigen Wurme der Zwerg!«

Er hat mit dem Spott auf seine Art Recht: da mimt ein Zwerg den Riesen, eine lächerliche und nicht wirklich ernst zu nehmende Bedrohung. Der Komponist Wagner unterstützt diese Einschätzung: die Einleitungsmusik zu Alberichs Verwandlung, das sogenannte Tarnhelm-Motiv, ist melodisch und rhythmisch dem Motiv der Götterburg nahe verwandt, in grotesker Verlangsamung allerdings: der verächtliche Zwerg benimmt sich, als sei er ein Gott. Als Alberich dann das tut, was ihm nach Meinung der Oberen angemessen ist, nämlich sich auf Loges Wunsch in eine kleine Kröte verwandelt, da haben sie dann auch ihr Ziel erreicht: sie fangen und fesseln ihn und können nun die Herausgabe des Schatzes und seiner Machtmittel erpressen.

Im ganzen »Ring« spielt Alberich den Emporkömmling, der in jeder Hinsicht unten ist und doch (oder gerade deshalb) nach oben will: er lebt tief unten, er hat als Zwerg die unterste Körperform eines menschlichen Wesens, er wird von allen, die in der einen oder anderen Hinsicht höher stehen, immer sofort als der Untere identifiziert: als häßlich, primitiv, verachtenswert. Seine Qualifikation als Unter-Mensch hat aber auch den Wagnerschen Doppelsinn des Begriffs. Nämlich: er ist bestimmt von seinen unteren Körperregionen.

Alberichs erster Auftritt am Anfang des »Rheingolds« ist ausschließlich charakterisiert durch seine sexuelle Lust nach den Rheintöchtern. Nichts anderes hat er im Sinn und im Unterleib, als eine von ihnen zu besitzen. Erst als seine Lust enttäuscht und dabei auch noch verhöhnt wird, zieht er die furchtbare Konsequenz: wenn man mich nicht will als körperliches Wesen, dann kann ich ja auch gleich dem Körper abschwören, die Liebe verfluchen, an ihrer Stelle und als Ersatz für sie Macht gewinnen, Herrschaft über die, die mich wegen meiner Körperlichkeit verhöhnen. Dennoch – und das ist wichtig – verliert Alberich während des ganzen langen Stücks nicht die Beziehung zu seiner Körperlichkeit. In Wahrheit ist sein Abschwören an die geschlechtliche Liebe eine Finte. Er hofft nämlich, sich die Lust anders zurückzuholen, da sie ihm auf menschliche Weise nicht zufällt. Er will Reichtum und Gewalt einsetzen, um sich Liebe zu erzwingen:

> »denn dient ihr Männer
> erst meiner Macht,
> eure schmucken Fraun –
> die mein Frein verschmäht –
> sie zwingt zur Lust sich der Zwerg,
> lacht Liebe ihm nicht.«

Da tritt das mythische Bild unvermittelt in die gesellschaftliche Wirklichkeit – da ist nicht mehr die Rede von einem sagenhaften Zwerg, sondern von einem Mächtigen der modernen Industriegesellschaft, der sich mit Geld kaufen kann, was ihm anders nicht erreichbar wäre.

Aber Alberich spielt die Rolle dieses Mächtigen höchst unzuläng-

lich. Wie sich schnell herausstellt, ist seine Überzeugung, er sei nun
tatsächlich mächtig, ein Irrtum. Die anderen, die Oberen, sind klüger
als er, sie haben mehr Erfahrung mit den Techniken der Macht, und
deshalb können sie ihn austricksen. Das resultiert auch daraus, daß er
sich nur nachahmend hineinbegibt in die Gestalt eines Herrschers; aber
dessen Gewand paßt ihm nicht, es ist ihm zu fremd, er wirkt darin bloß
lächerlich. Gerade deshalb aber hat seine Übernahme der »oberen«
Techniken so viel Dämonie: weil er, parodistisch, ihre miese Wahrheit
aufdeckt. Er sagt den zu ihm herabgestiegenen Göttern die Wahrhei-
ten, die sie als skandalöse Bedrohung empfinden müssen:

>   »Die in linder Lüfte Wehn
>   da oben ihr lebt,
>   lacht und liebt:
>   mit goldner Faust
>   euch Göttliche fang' ich mir alle!
>   Wie ich der Liebe abgesagt,
>   Alles, was lebt,
>   soll ihr entsagen:
>   mit Golde gekirrt,
>   nach Gold nur sollt ihr noch gieren.«

Die Musik webt in diese Passage bezeichnend das karikierte Motiv der
Liebesgöttin Freia: Alberich will eigentlich dasselbe wie diese oberen
Götter; aber was die als edle Gefühle verherrlichen, kommt bei ihm als
nackter Egoismus heraus, der die Götter wiederum als ebensolche
Egoisten entlarvt – die tarnen das nur besser. Alberich sagt den Göttern
auch, von wo das kommt, was sie und ihren Hochmut bedroht:

>   »Habt acht!
>   Habt acht vor dem nächtlichen Heer,
>   entsteigt des Niblungen Hort
>   aus stummer Tiefe zu Tag!«

Die Gefahr für die unmenschlichen Götter kommt, natürlich, von
unten, aus der Tiefe und aus der Nacht. Beides sind als Gegensätze zur
Höhe und zum Tag Wagners positive Bilder, wie wir inzwischen
wissen, Begriffe der Natürlichkeit und der Wahrheit gegen die Unnatur
und die Lüge. Aber – und das macht die Zweideutigkeit der Figur
Alberichs aus – diese gegen die falschen Götter behauptete Wahrheit
bedient sich in Alberich der gleichen fatalen Mittel zum alten Zweck:
Alberich, der Mensch von unten, will voller Protest gegen die wider-

wärtige Herrschaft der Götter und ihren Hochmut zunächst nichts anderes werden als ein anderer Wotan.

Wagner hat beide tatsächlich als parallele Figuren konstruiert: Alberich ist Wotans Spiegelbild – das dunkle Machtstreben von unten gegen des Gottes Macht-Ausübung im Hellen. Seit dem ersten Prosa-Entwurf des »Siegfried« werden die Nibelungen, das Volk der Tiefe, und ihr Repräsentant Alberich »Schwarzalben« genannt und die Götter »Lichtalben«. Sie unterscheiden sich nicht in ihren Machtgelüsten, und doch gibt es einen entscheidenden Unterschied: die Götter *sind* an der Macht, die Nibelungen nicht. Wagner hat deshalb die Aktivitäten dieser da unten und jener da oben verschieden bewertet, was zweifellos mit dem revolutionären Ursprung seines Stoffs zu tun hat.

In den frühesten Notizen zu »Siegfried« erscheinen die Nibelungen als Masse auf der Bühne und protestieren dagegen, daß Alberich sie unterdrückt. Dieser wie sein mit ihm verfeindeter Bruder Mime buhlen um ihre Unterstützung, versprechen ihnen die Freiheit, wenn sie nur helfen, den Ring zurückzugewinnen, den inzwischen Siegfried durch die Ermordung des Drachen besitzt. Da sollte also das Volk der Tiefe tatsächlich auftreten und seinen Einspruch artikulieren dagegen, daß einer der ihren, Alberich, sich benimmt, als gehöre er zur anderen Herrscher-Kaste. Wagner hat diese überaus realistische Version, die vieles klar gemacht hätte, schnell wieder verworfen und die Nibelungen später nur als passiv Leidende ins »Rheingold« eingefügt; danach erscheinen sie nie mehr. Er hat damit nicht gerade zur besseren Verständlichkeit des »Rings« beigetragen, denn die ursprünglich geplante Szene hätte die Gefahr verdeutlicht, in der ein Mensch sich befindet, der von »unten« versucht, an der Macht teilzuhaben.

Aber Wagners Änderung an dieser Stelle hat im Hinblick auf den »Ring« insgesamt einen besonderen Sinn: Alberich wird dadurch allein zur Stellvertreter-Figur der dumpfen »Basis«; sein menschliches Schicksal zieht alles Interesse auf sich. Der dramaturgische Kniff sollte nichts ändern an der eigentlichen Konzeption. Nämlich: daß »unten« das »Positive« ist, das Aufbegehrende gegen den Trug der Herrschenden, die Hoffnung auf die Zukunft. Sie knüpft sich nun eben an Alberich als den Repräsentanten des Volks »unten« – er wird zur positiven Figur.

Spätere Äußerungen Wagners belegen diese Absicht. Während der Arbeit am »Parsifal« hebt er einmal im Gespräch mit Cosima Alberich deutlich von Klingsor ab, der dem Nibelungen in der dramaturgischen Funktion und sogar in der Stimmlage direkt entspricht: »R. erzählt mir, daß er einst völlige Sympathie mit Alberich gehabt, der die Sehnsucht des Häßlichen nach dem Schönen repräsentiere. In Alberich die Naivität der unchristlichen Welt, in Klingsor das Eigentümliche, welches das Christentum in die Welt gebracht; er glaubt nicht an das Gute«.

Der Umkehrschluß heißt: Alberich glaubt also an das Gute – und wenn es nur der Protest gegen das Schlechte der bislang Herrschenden ist. Als Richard und Cosima ein Jahr davor bei einer Konzertreise einmal mit einem Schiff auf der Themse fahren, was Cosima »sehr geglückt« nennt und »großartiger Eindruck«, da referiert sie Wagners Satz: »Der Traum Alberich's ist hier erfüllt, Nibelheim, Weltherrschaft, Tätigkeit, Arbeit, überall der Druck des Dampfes und Nebel.« Da ist nichts Abwertendes, sondern da verschmelzen in der wenn auch ängstlichen Bewunderung für die moderne Industriestadt Gegenwart und Zukunft: »Weltherrschaft« und »Arbeit«. Das erinnert nachdrücklich an Wagners Prophezeiungen über die künftige führende Rolle der Arbeiterklasse (um einen Begriff der von ihm mit nervöser Aufmerksamkeit beobachteten Sozialisten zu verwenden). Wagner hat es genau so gemeint: Alberich repräsentiert für ihn die heraufkommende Klasse: die bisher Unterdrückten, die sich ihren Teil des Macht-Kuchens zunächst auch nicht anders abzuschneiden wissen als mit dem Messer der Herrschenden und die dabei genauso schuldig werden: weil sie die revolutionäre Umwälzung nur begreifen als eine Übertragung von Herrschaft auf sich. Und weil solche Herrschaft – so Wagner – überhaupt böse ist, scheitert eben auch Alberichs Macht-Streben: er kriegt den Ring *nicht*. Aber er bleibt als einziger vom Protagonisten-Ensemble am Leben. Muß man sagen: weil sein Irrtum moralisch noch am ehesten zu rechtfertigen ist?

Ja, man muß es so sagen. Denn die Text-Lage ist eindeutig: Wagner wollte, daß Alberich als Befreiter überlebt. So steht es schon in Brünnhildes Schluß-Ansprache in Wagners allererster Darstellung des »Nibelungenmythus – Als Entwurf zu einem Drama«: »gelöset sei der Nibelungen Knechtschaft, der Ring soll sie nicht mehr binden. Nicht soll ihn Alberich empfangen; der soll nicht mehr euch knechten; dafür sei er aber selbst auch frei wie ihr.« So ist es über mehrere Fassungen bewahrt. Erst bei der endgültigen Formulierung wird Alberich nicht mehr erwähnt. Aber da war eigentlich schon alles klar. Denn in vielfältiger Weise ist Alberich für Wagner eine zentrale Figur; sie *muß* überleben, weil sie für die Gegenwart und für die Zukunft der Menschheit steht, realistisch und utopisch zugleich.

Robert Donington hat darauf hingewiesen, daß der Zwerg mythologisch betrachtet ein Phallus-Symbol ist. Er bedeute die »ungebärdige Kraft männlicher Sexualität«, aber auch »den Logos, das typisch männliche Prinzip des Unterscheidungsvermögens und der Vernunft, im Gegensatz zu Eros, dem typisch weiblichen Prinzip des einigenden Gefühls«. Alberich, in der Tat, ist ein zerrissener Mann, unterdrückt, mißachtet, häßlich, im dunklen Inneren der Erde zu Haus. Richard Peduzzi, Chéreaus Bühnenbildner, hat sehr schön gesprochen von Alberichs »traurig-hilfloser Angst vor dem Alter und dem Häßlichsein«, von seiner Verzweiflung und von der »totalen Verwirrung eines Menschen, der mit der Unbarmherzigkeit, mit der Ungerechtigkeit, mit der Arroganz von Jugend und Schönheit konfrontiert wird«. Kein Wunder, daß da kein Eros entsteht, sondern nur ein gefährliches Gemisch von Schlauheit und Gewalt. Es explodiert, als Alberich in den Besitz des Hortes kommt. Da hat er auf einmal selbst alle Möglichkeiten, die bisher die anderen gegen ihn richteten, und er wendet sie bedenkenlos an. Er wird selbst zum Unterdrücker und Peiniger seines eigenen Volks.

In ihm zeigt sich die Macht offen als das, was sie auch in ihren feineren Formen immer ist: Gewalt über Menschen. Als er die Nibelungen anherrscht:

> »Zittre und zage,
> gezähmtes Heer:
> rasch gehorcht
> des Ringes Herrn!« –

da »stieben« sie »unter Geheul und Gekreisch« auseinander, und die Musik schreit ebenso auf in jagenden Tremolo-Skalen der Streicher und im hallenden Wirbel des Tamtams: Entsetzen über die nackte Brutalität von Herrschaft.

Die »ungebärdige Kraft männlicher Sexualität«, von der Donington spricht, kommt in den Gewalt-Gesten des Zwergs Alberich ebenso hervor, ja die sind geradezu sexuelle Handlungen. Sie ersetzen ihm den Mangel, nicht um seiner selbst willen geliebt zu werden. Alberichs Auftritte, vom Gezerre mit den Rheintöchtern bis zum nächtlichen Gespräch mit seinem Sohn Hagen am Beginn des zweiten »Götterdämmerungs«-Akts, sind geprägt von seiner körperlichen Sehnsucht nach Liebe, nach menschlicher Zuneigung. Aber niemand gibt sie ihm; und so wendet er auch seine Sexualität in die Gewalt.

Alberichs einziger Sexualkontakt, von dem im »Ring« berichtet wird, steht genauso unter dem finsteren Stern der Gewalt. Oder doch nicht ganz? Die Geschichte geht folgendermaßen: Alberich hat mit Grimhilde, der Mutter Gutrunes und Gunthers, im außerehelichen Verkehr Hagen gezeugt. Das ist zunächst wieder eine Parallele zu Wotan, der ja auch mit einer Menschenfrau die Wälsungenzwillinge hervorbrachte, damit Siegmund als Freier die Götter rette. Ebenso soll

Hagen für Alberich dessen höchstes Ziel verwirklichen, nämlich den
Ring und damit die Macht über die Welt zurückgewinnen. So weit so
klar. Aber wie hat Alberich Grimhilde sich gefügig gemacht? Durch
Gold, erzählt Wotan in der »Walküre«; doch das kann nicht stimmen,
denn zu dieser Zeit ist Alberich ja längst wieder arm. Wotans Behauptung ist eine haltlose Verleumdung; der Gott kann sich gar nicht
vorstellen, daß der häßliche Zwerg wirklich Liebe gefunden haben
könnte. Hagen dagegen spricht von einer »List« seines Vaters, der die
Mutter erlegen sei. Was immer das heißen mag: Alberich hat Grimhilde weder mit Gold gekauft (schließlich war sie eine Königin, da hätte es
schon sehr viel Gold sein müssen) noch mit Gewalt bezwungen. Auf
unerklärte Weise muß da so etwas wie Liebe im Spiel gewesen sein,
ähnlich wie bei Wotans jahrelangem Verhältnis mit der Menschenfrau
– auch wenn in beiden Fällen ein ganz bestimmtes Ergebnis heraus-
kommen sollte und nicht die Liebe zu den zwei Frauen Absicht und Ziel
der Männer war. Das mußte dann ja auch schiefgehen: weder Wotans
noch Alberichs Plan gelingt.

Wagner hat in dieser versteckten Geschichte angedeutet, daß auch
Alberich einmal von wirklicher Liebe berührt wurde. Das ist wichtig,
weil der Nibelung, wie wir gesehen haben, für ihn ein Träger der
Hoffnung ist über das Ende des »Rings« hinaus. Er mußte ihn also
ausstatten mit *allen* Eigenschaften und Möglichkeiten des Menschen,
Alberich mußte ein Ungeheuer sein *und* liebesfähig, grausam *und*
angstvoll, stark *und* schwach. Schließlich sah Wagner in Alberich auch
sich selbst, wie in allen seinen Figuren. Heinrich Porges, Wagners
Freund und Festspiel-Assistent, hat in seinem Bericht über die »Ring«-
Proben 1876 von Wagners »wahrhaft dämonischer Gabe« gesprochen,
»sich in alle möglichen Gestalten zu verwandeln« – was sehr nachdrücklich an den Alberich der dritten »Rheingold«-Szene erinnert.

Wagner hat sich über Alberich immer nur mit deutlichem Verständnis geäußert, fast voller Sympathie. Einmal vergleicht er ihn
sogar mit Brünnhilde, dem weiblichen Idealbild. Als er die Stelle
komponiert, wo Siegfried sie überwältigt und ihr den Ring entreißt,
denkt er an Alberich und dessen gleiches Schicksal: »das edelste Wesen
leidet dasselbe wie der Unedle, der Wille ist in jedem Geschöpf eins«.
Alberich, das unedle Wesen, ist eben doch das leidensfähige Geschöpf,
mit Sehnsucht begabt und der Erlösung bedürftig. Es gehört zu Wagners bedeutendsten musikdramatischen Leistungen, Alberichs Überleben als Hoffnung erscheinen zu lassen und nicht als Gefahr – bei allem
Üblen, das der angestellt oder geplant hatte. Brünnhildes Liebes-
Vernichtung der alten Welt befreit auch und gerade Alberich zur
Menschlichkeit.

Seine Auftritte im »Ring« zeigen bereits eine Entwicklung dahin. Nachdem Wotan ihm den Ring abgenommen hat, berühren Alberichs noch folgende drei Szenen von Mal zu Mal menschlich mehr – der Höhepunkt ist jenes Gespräch mit Hagen, das Alberich beinahe als besorgten Vater zeigt, der um die Liebe des Sohnes wirbt. Das reicht bis in seine Musik, in der sich wiederholt, was Nietzsche von der Musik des anderen gequälten Menschen im Wagnerschen Werk gesagt hat, nämlich Beckmessers: sie könne »keinen mehr ausdrücken, der mehr geprügelt und geschunden ist«. Nach dem karikierenden Charakter der ersten »Rheingold«-Szene gewinnt die Musik, die Alberich umgibt, über die tönende Dämonie der Gewalt in der Nibelheim-Szene wieder bis zum Höhepunkt des Hagen-Gesprächs immer mehr verzweifelten Ernst. Im Gegenüber der rasch fließenden Alberich-Passagen und der halb so schnellen, dunkel gefärbten Antworten Hagens besitzt die Musik des angeblichen Bösewichts fast so etwas wie Leichtigkeit, als sei ein Teil der Angst von ihm abgefallen, er singt beinahe im Stil eines italienischen Parlando. Die düstere Rolle ist an Hagen übergegangen, der ja dann auch mit der alten Welt versinken wird. Alberich dagegen ist bereits auf dem Weg der Umkehr, auch wenn er immer noch von dem phantastischen Gedanken redet, den Ring zurückzugewinnen.

Den Moment des Wechsels kann man genau festlegen: er ereignet sich, als Wotan Alberich den Ring weggenommen hat. Der verflucht darauf Wotan und alle künftigen Besitzer des Rings. Das ist aber nicht einfach die Antwort finsterer Rache, sondern vielmehr die »Entzauberung« des Macht-Symbols; im Fluch nimmt Alberich dem Ring praktisch seine Kraft:

> »Kein Froher soll
> seiner sich freun;
> keinem Glücklichen lache
> sein lichter Glanz;
> wer ihn besitzt,
> den sehre die Sorge,
> und wer ihn nicht hat,
> den nage der Neid!
> Jeder giere
> nach seinem Gut,
> doch keiner genieße
> mit Nutzen sein;
> ohne Wucher hüt' ihn sein Herr,
> doch den Würger zieh' er ihm zu!
> Dem Tode verfallen,

feßle den Feigen die Furcht;
solang er lebt,
sterb' er lechzend dahin,
des Ringes Herr
als des Ringes Knecht«.

Der Fluch, der zugleich eine reale Beschreibung der permanenten Angst-Situationen von Mächtigen ist, »ent-machtet« den Ring in menschlicher Hinsicht: seine scheinbare Macht wird gebunden an unmenschliche Angst. Und indem diese Angst als Ausfluß von Macht bestimmt wird, nimmt Alberichs Fluch einen Teil des Bösen aus der Welt. Das kann auch erklären, warum danach eigentlich nie mehr eine Tat der Macht gezeigt wird, die mit Hilfe des Rings erreicht worden wäre: er hat durch den »analytischen« Fluch wirklich keine Kraft mehr.

Das ist Alberichs Beitrag zur Erlösung: er verflucht die Menschen der alten Welt, einem Phantom nachzujagen, das ihnen nur den Untergang bringen kann – in der Jagd danach oder im Versuch, seinen Besitz zu bewahren. Diese undeutliche Erkenntnis verwandelt Alberich in einen erlösungsfähigen Menschen, einen Menschen, der in der neuen Welt weiterleben kann.

Es ist wichtig, daß einer der Unteren den Untergang überlebt, und zwar auch noch der charakteristischste Untere. Keine der heroischen Figuren kommt davon; sie führen nur den Untergang herbei, oder sie sind Opfer auf dem Weg zur Freiheit. Die Freiheit erreichen kann nur einer, der in der alten Welt immer schon Opfer war und der dann durch alle scheinbaren Höhen und tatsächlichen Tiefen gegangen ist. Alberich überlebt, damit die Mechanismen der alten Welt in der Erfahrung aufbewahrt bleiben können. Die Helden aber, die Götter, sind sterblich. Die Erlöser bedürfen selbst der Erlösung. Freiheit kann nur von unten kommen und nur die erreichen, die bisher unten waren.

ALBERICH (BAYREUTH 1976–1978:
ZOLTAN KELEMEN)
Ein gequälter Mensch statt eines Bösewichts:
Chéreaus »Ring« setzt auch Alberich
in sein Recht.

FINALE DER »GÖTTERDÄMMERUNG«
(BAYREUTH 1976–1980)
Menschen blicken uns an, blicken uns Menschen an:
Wagners Thema ist unser Thema.

Ein Schluß:

»Du hehrstes Wunder!«

Wach auf, es nahet gen den Tag,
ich hör' singen im grünen Hag
ein' wonnigliche Nachtigall,
ihr' Stimm durchklinget Berg und Tal:
die Nacht neigt sich zum Okzident,
der Tag geht auf von Orient,
die rotbrünstige Morgenröt'
her durch die trüben Wolken geht.

Die Meistersinger von Nürnberg,
3. Aufzug, 5. Szene
(nach Hans Sachs)

WAGNERS GÖTTER SIND STERBLICH, Wagners Menschen nicht. Am
Schluß des »Rings«, der Wagners eigentliches Werk ist, sein Bild von
der Welt, sein kompletter musikalischer Kosmos – trotz den Stücken,
die sich dazwischen schoben, »Tristan« und »Meistersinger«, und trotz
dem einen, das noch danach kam, »Parsifal« – am Schluß dieses
»Rings« hat Wagners Weltanschauung sich zu bewähren, in der Dramaturgie dieses Schlusses und in seiner Musik.

Der Anspruch eines solchen Unternehmens ist einigermaßen ver-
wegen, und die Probleme, die sich daraus ergeben, sind es auch. Es ist
natürlich kein beliebiger Zufall, daß Wagner für den »Ring« so lange
gebraucht hat: 26 Jahre von jenem ersten »Wibelungen«-Aufsatz, der
den Stoff ins Visier nimmt, bis zum Abschluß der »Götterdämmerungs«-Partitur – die Hälfte seines schöpferischen Lebens. Aber er hat
nicht die ganze Zeit wirklich daran gearbeitet. Fast acht Jahre lang,
nachdem das Stück bis zur Orchesterskizze des zweiten »Siegfried«-
Akts gediehen war, hat er überhaupt nichts daran getan, fast zwölf
Jahre vergingen, bis er tatsächlich von dieser Stelle an weiterkompo-
nierte. Das hat nicht viel mit äußeren Umständen zu tun – die
interessierten ihn auch sonst nicht besonders. Sondern: das war alles
einfach zu schwierig. Wohin sollte es zielen? Was war die Botschaft?
Oder: Konnte man die vorgesehene Botschaft aufrecht erhalten? Entsprach sie der gesellschaftlichen Komplexität, die darzustellen von
Anfang an die Absicht des gigantischen Stücks war? Selbst für Wagners
ziemlich unbescheidene Selbsteinschätzung lag das sehr hoch, für lange
Zeit zu hoch. Die Stücke dazwischen sind eher Ausflüchte, sie beschäf-
tigen sich mit Teil-Aspekten des Kosmos, den das Hauptwerk darstellen
wollte.

Sehr wesentlich hat das mit dem Ende des »Rings« zu tun, mit
seinem Ergebnis sozusagen, das das Ergebnis aller Wagnerschen Themen, Nöte, Hoffnungen zu sein hatte und das deshalb so schwer zu
fassen war. Dabei stand dieses Ende ganz am Anfang von Wagners
Konzeption. Sein erster Prosa-Entwurf von 1848 (»Der Nibelungenmythus. Als Entwurf zu einem Drama«) enthält zwar schon den Aufriß
der vollständigen »Ring«-Handlung, aber ausgeführt hat er noch im
selben Jahr als erstes Stück (und da war es noch als einziges gedacht)
»Siegfrieds Tod«, den Schluß also, für den er zunächst einen eigenen
Prosa-Entwurf schrieb, dem dann gleich die Dichtung in Versen folgte.

Schon hier machte die letzte Szene die größten Schwierigkeiten. Die
Situation ist die gleiche, wie wir sie auch aus der heutigen »Götterdämmerung« kennen: Brünnhilde spricht über ihr Verhältnis zu dem
erschlagen daliegenden Siegfried und verbrennt sich mit der Leiche des
Geliebten auf einem Scheiterhaufen. Aber die näheren Umstände und

vor allem Brünnhildes Worte variieren jeweils erheblich. Zunächst der
erste Prosa-Entwurf. Brünnhilde interpretiert Siegfrieds Tod: »So hat
ihn Hagen nun nicht *erschlagen*, nein, für Wotan zeichnete er ihn, zu
dem ich ihn nun geleiten soll. Jetzt hab' auch ich gebüßt; rein und frei
bin ich ... Hört denn, ihr herrlichen Götter, euer Unrecht ist getilgt:
dankt ihm, dem Helden, der eure Schuld auf sich nahm. Er gab es nun
in meine Hand, das Werk zu vollenden: gelöset sei der Nibelungen
Knechtschaft, der Ring soll sie nicht mehr binden. Nicht soll ihn
Alberich empfangen; der soll nicht mehr euch knechten; dafür sei er
aber selbst auch frei wie ihr ... Nur *einer* herrsche, Allvater, herrlicher,
du! Daß ewig deine Macht sei, führ' ich dir diesen zu: empfange ihn
wohl, er ist des wert!« Als sie dann verbrennen, erscheint »über einem
düstern Wolkensaume« eine Vision, die an den Schluß des »Fliegenden
Holländers« erinnert: Brünnhilde geleitet »im Waffenschmuck zu
Roß, als Walküre Siegfried an der Hand von dannen«.

Der zweite Entwurf bleibt im großen und ganzen bei diesem Ablauf
– mit einer wichtigen Variante: der Satz über die Tilgung des Unrechts
und der Schuld der Götter fehlt. Das ist bemerkenswert; denn damit
bricht die bisherige Argumentation auseinander, Siegfrieds Tod sei die
erlösende Tat für Götter und Welt. Die Anrede an Wotan bleibt, und sie
hängt nun ein bißchen in der Luft. Wagner wollte anderswo hin, sah
aber noch nicht recht den Weg.

In der Dichtung hat er dann die Wotan-Anrede inhaltlich unverän-
dert in Verse gesetzt und ihr einen Chor der »Mannen und Frauen«
folgen lassen, der als eine Art Apotheose die »große Heldenoper«, wie
das Stück ursprünglich untertitelt war, »würdig« beschließt:

> »Wotan! Wotan! Waltender Gott!
> Wotan, weihe den Brand!
> Brenne Held und Braut,
> brenne das treue Roß:
> daß wundenheil und rein,
> Allvaters freie Genossen,
> Walhall froh sie begrüßen
> zu ewiger Wonne vereint!«

Die Dichtung bringt noch einen weiteren Zusatz. Alberich, in den
Prosa-Entwürfen nur als ebenfalls »Befreiter« erwähnt, tritt nun selbst
auf. Er wendet sich an Hagen:

> »Mein Rächer, Hagen, mein Sohn!
> Rette, rette den Ring!«

Als Hagen jedoch von den Rheintöchtern, die hier noch »die drei
Wasserfrauen« heißen, »mit sich in die Tiefe hinab« gezogen wird,
»versinkt« Alberich »mit wehklagender Gebärde«. Besonders zufrieden war Wagner damit offenbar nicht; denn schon bei einer ersten
Umarbeitung Anfang 1849 – die den dritten Akt im übrigen fast
unangetastet läßt – hat er den »Rächer« gestrichen; Alberich sagt jetzt
nur noch: »Rette, Hagen, rette den Ring!«

An Brünnhildes Schlußtext hat er noch mehr herumkorrigiert.
Denn das Preislied auf Wotan konnte so nicht stehen bleiben, nachdem
die Beziehung zwischen Siegfrieds Tod und der Erlösung verschwun-
den war. In dem Manuskript von 1849 hat Wagner diese Zeilen (»Nur
einer herrsche ...«) bald gestrichen und durch die folgenden ersetzt:

> »Selige Sühnung
> ersah ich den hehren
> heilig ewigen
> einigen Göttern!
> Freuet euch
> des freiesten Helden!
> Göttlichem Brudergruß
> führt seine Braut ihn zu!«

Doch dadurch wurde die Sache nicht deutlicher. Offenbar später hat
Wagner diesen Versen deshalb noch folgende vorangesetzt:

> »Machtlos scheidet
> die die Schuld nun meidet.
> Eurer Schuld entsproß der froheste Held
> dessen freie That sie getilgt:
> erspart ist euch der bange Kampf
> um eure endende Macht:
> Erbleichet in Wonne vor des Menschen That,
> vor dem Helden, den ihr gezeugt!
> Aus eurer bangen Furcht
> verkünd' ich euch selige Todeserlösung!«

Der holprige Text kann kaum endgültig gewesen sein. Wagner holt
einerseits das ursprüngliche Motiv der Schuldtilgung durch Siegfried
wieder in die Dichtung, andererseits taucht zum ersten Mal der Gedanke des Untergangs der Götter und des Endes ihrer Macht auf. Und das
war endlich die Lösung, die er gesucht hatte: nicht mehr Heldenoper,
sondern Welt-Drama, keine Verherrlichung der Götter, sondern ihre

Vernichtung. Fragte sich nur noch, wodurch sie vernichtet werden und zu welchem Ziel.

An dieser Stelle, irgendwann zwischen Frühjahr 1849 und Frühjahr 1851, ist Wagner klar geworden, daß die alte Konzeption des Einzelstücks von »Siegfrieds Tod« sich nicht halten ließ. Vom Schluß her ist das gedacht, denn der mußte besser begründet werden. Nun formte er den alten Prosa-Entwurf des »Nibelungenmythus« im ganzen zum Drama um, und es wurden die vier Stücke des »Rings« daraus. Als sie fertig waren, mußte der älteste Text noch einmal gründlich überarbeitet werden. Bei dieser Gelegenheit, Ende 1852, schrieb Wagner dann auch für Brünnhilde eine ganz neue Schluß-Ansprache, die alle Motive und Konsequenzen klarlegt. Sie redet nun die zurückbleibenden Menschen an:

> »Ihr, blühenden Lebens
> bleibend Geschlecht«.

Sie teilt ihnen »Walhalls Ende« mit, und daß »wie Hauch der Götter Geschlecht« vergangen sei. Deren Herrschaft und ihre Gesetze bestünden nun nicht mehr, sondern nur noch eins:

> »selig in Lust und Leid
> läßt – die Liebe nur sein.«

Da ist die Botschaft, die einfache, die so schwer zu finden war. Nun verschwindet auch wieder Alberich samt der Mitteilung, daß er frei sei wie die von seiner Knechtschaft befreiten Nibelungen; und es verschwinden natürlich die Schlußgesänge des Chors. Aber dessen Menschen bleiben, denen der letzte Satz des Textbuchs gilt, bevor der Vorhang fällt: »Die Männer und Frauen schauen in sprachloser Erschütterung dem Vorgange und der Erscheinung zu.« Diese Erscheinung aber ist nicht mehr die »Holländer«-Vision des verklärten Liebespaars auf dem Weg nach Walhall, sondern: »Am Himmel bricht zugleich von fern her eine, dem Nordlicht ähnliche, rötliche Glut aus, die sich immer weiter und stärker verbreitet.« Die Welt verbrennt, die Götterwelt – die Menschen der Erde können Abschied von Walhall nehmen.

Sie treten mit ihren Hoffnungen an die Stelle ihres früheren Stellvertreters Alberich, sie werden zu seinem kollektiven Ersatz. In diesen Männern und Frauen verkörpert sich das Volk der Zukunft – nicht eine amorphe Masse also, sondern die bis dahin immer den Herrschaftsgesten der »Helden« hilflos ausgelieferten Menschen, die nun zum ersten Mal befreit sind von ihren historischen Zwängen.

Diese Situation am Ende des »Rings« ist aus Wagners Sicht alles andere als Resignation. Keineswegs bedeutet sie eine Rückkehr zum Anfang, wie manche Kommentatoren meinen. Im Untergang der Götter liegt vielmehr – so Wolfgang Wagner – »die aus der totalen Vernichtung erwachsene konkrete Chance und Möglichkeit eines Neubeginns«. Gewiß bleibt offen, wie man sich diese Chance vorstellen soll. Aber was offen bleibt, hat den Sinn eines Appells: die autoritären Beschränkungen sind dahin, nun seht selbst, was ihr anfangt. Hier geht eine Welt zu Grund, aber es beginnt auch eine neue. Ernst Bloch hat das sehr schön formuliert als das »Paradox einer Wiederholung hin ins Neue«.

Patrice Chéreau hat für seine Inszenierung von einem »Orakel« gesprochen und das Ende »ein einziges großes Fragezeichen« genannt. Er hat dabei auf das musikalische Schlußthema verwiesen, Sieglindes Thema, »mit dem sie die Geburt eines neuen, freien Menschen begrüßt hat« und das man nun nicht mehr »ganz unbefangen wieder hören« könne. »Mißtrauen« sei angebracht, weil die Menschen des »Rings« so oft getäuscht worden seien. Aber Chéreaus Folgerung heißt doch: »Es ist aus mit den Göttern, die Werte der Welt müssen neu gedeutet und neu erfunden werden: Die Menschen stehen da wie am Rande eines Abgrundes, und sie hören gespannt hinunter auf das Orakel, das sich aus den Tiefen der Erde entfaltet.« So hat er den Schluß in Bayreuth inszeniert, mit dem überwältigenden Bild der Menschen, die sich an die Rampe drängen und über das aufrauschende Orchester hinweg ins Publikum blicken: wir alle sind einbezogen, Wagners Aufforderung zum Neuen gilt nicht mehr nur auf der Bühne, sondern sie gilt uns.

Chéreaus Schlußbild kommt dem Sinn Wagners wohl am nächsten, weil es so wortlos sein kann, wie es Wagner selbst schließlich gestaltete. Um das genauer zu begreifen, müssen wir noch einmal zurück zur Entstehungsgeschichte der Szene. Denn dafür war die Umarbeitung von 1852 nur eine Etappe, wenn auch die entscheidende, weil sie den Brand Walhalls als nachdrückliches Ende der alten Welt einführte. Zusammen mit den neuen Versen, die die Liebe feiern, steht dieses theatralische Ereignis für die positiv-visionäre Vorstellung, die Wagner hier nach dem langen Umweg entwerfen wollte, den er seit 1848 gegangen war. Denn schon seine erste Quelle für den Stoff, Jacob Grimms »Deutsche Mythologie«, enthält diesen hoffnungsvollen Aspekt des »weltbrands«. Vielleicht wich Wagner dem Bild so lange auch deshalb aus, weil er es schon einmal verwendet hatte: »Rienzi« endet – tragisch – mit dem Brand des römischen Kapitols, das »mit einem furchtbaren Krach« zusammenstürzt und alle Hauptfiguren unter sich begräbt. Tatsächlich: das paßte nicht recht zur Hymne auf den Helden Siegfried. Erst als die Oper über ein Einzelschicksal hinaus sich unter dem Druck des gewaltigen Stoffs zu einem Drama über die ganze Weltgeschichte ausgeweitet hatte, gab der Brand wieder Sinn, weil es nun nicht mehr um die Tragödie Siegfrieds ging, sondern um das Schicksal der Welt, die den Untergang der göttlichen Trutzburg braucht, um sich neu entfalten zu können.

Aber Wagner machte noch einmal einen Umweg, und der verdeutlicht erst recht, was er meinte. 1854 lernte er die Philosophie Schopenhauers kennen, die ihn tief beeindruckte. Er glaubte so viel Verwandtes darin zu sehen, daß ihm das Trennende lange nicht bewußt war. Verzicht und Entsagung hießen nun seine Lieblings-Stichworte, Verneinung des Willens zum Leben, Buddhismus. Im Mai 1856 – der »Ring« ist inzwischen bis zum Ende der »Walküre« komponiert – schreibt er die Prosa-Skizze zu einem Drama »Die Sieger«, eine Episode aus dem Leben Buddhas; bis zu seinem Lebensende erwog Wagner immer mal wieder, den Entwurf auszuführen. Im selben Notizbuch, also aus derselben Zeit, steht auch ein kurzer Text mit der Überschrift »Schluß z. Siegfr.«. Darin heißt es: »Brünnhilde, nachdem sie den holzstoß entzündet, wendet sich zu den zurückbleibenden: sie wünscht den Gefallenen keine Wiedergeburt; dagegen weissagt sie Hagen langes Wiedergeborenwerden, bis zur Erlösung, der sie entgegengeht, denn sie weiß, daß [sie] nicht wiedergeboren wird. Den übrigen Lebenden giebt sie die Wahl zwischen ihrem und Hagens Loose: liebt ihr das Leben, so wendet den Blick von mir, und hängt ihn an jenen!«

Da sollte der »Ring« also im letzten Moment sozusagen eine buddhistische Wende erhalten. In einem um diese Zeit geschriebenen Brief, in dem übrigens zum ersten Mal der Titel »Götterdämmerung« auftaucht, kündigt Wagner seine Absicht an, Brünnhildes Schlußworte entsprechend neu zu dichten; außerdem würden »die Männer und Frauen – zum ersten Mal im ganzen Werke – ganz schließlich einen breiteren Antheil nehmen und äußern«. Er wollte also zurück zum Chor-Finale, wenn auch wohl mit anderem Text. Diesen Chor-Plan hat er schnell wieder aufgegeben, den anderen aber nicht. Er hat im Sommer 1856 neue Schlußworte à la Schopenhauer und Buddha gedichtet, was ihm schwer fiel: Das Manuskript zeigt mehrere übereinander geschriebene Fassungen. In der letzten teilt Brünnhilde mit, sie scheide nun von »Wunschheim« und »Wahnheim«, sie ziehe

> »nach dem wunsch- und wahnlos
> heiligsten Wahlland,
> der Weltwanderung Ziel,
> von Wiedergeburt erlöst«.

Und am Schluß läßt nun nicht mehr die Liebe »selig in Lust und Leid«
sein, sondern sie erhält eine andere Funktion, in der Schopenhauers
Pessimismus und Wagners Mitleids-Theorie die Ehe eingehen:

> »Trauernder Liebe
> tiefstes Leiden
> schloß die Augen mir auf:
> enden sah ich die Welt.«

Das blieb nun zunächst alles so liegen. Wagner war offenbar ziemlich
unentschieden, was daraus werden sollte. Den »Schopenhauerischen«
Schluß kann er jedenfalls nicht lange als definitiv angesehen haben. In
der ersten öffentlichen Ausgabe des »Ring«-Textes 1863 (nach einem
Privatdruck 1853) fehlen diese neuesten Verse; als Wagner bei der
Komposition Anfang 1872 beim Beginn des dritten Akts ist, denkt er
schon an den bald zu vertonenden Schluß und erzählt Cosima, »er wolle
etwas von der neuen Strophe aufnehmen«, also gewiß nicht die ganze.
Cosima bittet ihn, »Wunschheim und Wahnheim zu verändern, das
mir etwas künstlich dünkt«. Der Einwand muß ihn intensiver beschäftigt haben, als er gemeint war; denn zwei Monate später (nun ist er
beim Trauermarsch, und der Schlußtext kommt immer näher) kritisiert
er plötzlich wieder Schopenhauer – mit dem gleichen Argument, das
ihm schon einmal 1858 aufgegangen war: »R. rügt es an Schopenhauer
im allgemeinen, daß er das Männliche und Weibliche, worin alles auf
dieser Welt zerfällt, nicht genügend beachtet habe.«
     Das ist der endgültige Abschied von Wunschheim und Wahnheim
und die Rückkehr zum alten Schluß: zur Feier der Liebe als erlösende
Tat. Er hatte nun begriffen, daß der Durchbruch des Jahres 1852 mit
dem Untergang der Götter im Brand Walhalls, mit der »sprachlosen
Erschütterung« der Menschen vor der Möglichkeit eines neuen Anfangs seiner Vorstellung von der Geschichte des »Rings« als einer
erotischen Weltgeschichte am besten entsprach. Daß er da das Buddhi-
stisch-Schopenhauerische verwarf, rechtfertigt um so mehr das andere: die Botschaft der Liebe.
     Aber auch die hat er in letzter Minute gestrichen – im Text. Man
brauche das nicht wörtlich zu hören, sagt er ein paar Tage vor dem
Abschluß der ganzen »Ring«-Komposition zu Cosima: »bei der Lektüre würde ich es beibehalten, was soll aber diese Sentenz im Drama, man
weiß es ja, man hat es ja alles erlebt. Es würde beinahe kindisch sein,
wenn sie sich noch einmal zu den Leuten wendete, um ihnen ihre
Weisheit zu künden.« Er hat diese »Sentenz« dann übrigens doch noch
komponiert, 1876 als Geburtstagsgeschenk für König Ludwig, aber im

Stück hatte sie keinen Platz mehr. Da war inzwischen, wortlos, Musik an ihre Stelle getreten.

Diese Musik ist mithin der Schlüssel zum Verständnis des Schlusses vom »Ring« und so zum Verständnis Wagners. Sie beginnt in den Holzbläsern mit dem Thema der Rheintöchter, diesen – nach Wagners letzten überlieferten Worten – »untergeordneten Wesen der Tiefe, diese[n] sehnsüchtigen«. Dann tönt im tiefen Blech das herrische Motiv der Götterburg; aber über den hilflos klagenden Widerspruch der Unteren legt sich in den Geigen die befreiende Verheißung von Sieglindes Thema: Erlösung vom Joch der Macht durch Menschlichkeit. Es vereint sich kurz mit dem der unterdrückten Rheintöchter, aber die Verbindung wird zunächst ausgelöscht von einer heftig auftrumpfenden Passage des Walhall-Themas. Dann – nach einem knappen Motiv-Zitat aus der Welt Siegfrieds (als dem, der die endgültige Katastrophe ausgelöst hat) – setzt mit der Tempo-Bezeichnung »Etwas zurückhaltend« das verklärende Thema neu ein: die Hoffnung signalisierend, daß nicht alles so gewalttätig und herrschaftsbewußt bleiben müsse in dieser Welt.

Dieses Thema, das den Schluß setzt zu vierzehn Stunden Musik und eigentlich zu Wagners ganzer musikalischen Gesellschaftslehre, hat der Zunft der Kommentatoren einiges Kopfzerbrechen bereitet. Der kluge George Bernard Shaw fand, es liege »keinerlei dramatische Logik in der Wiederkehr dieses Themas«, es sei »die wohlfeilste Phrase der ganzen Tetralogie«, ohne »großen musikalischen Wert«. Thomas Mann dagegen hörte, daß da »in Tönen dasselbe verkündet« werde wie im »Schlußwort des anderen deutschen Lebens- und Weltgedichts: Das Ewig-Weibliche / Zieht uns hinan.«

Doch das alles ist keine Frage sympathischen oder antipathischen Geschmacks. Man kann einigermaßen genau feststellen, wie die Verwendung dieses Themas gemeint ist. Außer im »Götterdämmerungs«-Finale ist es im ganzen »Ring« nur ein einziges Mal vorgekommen: als in der »Walküre« Sieglinde sich bei Brünnhilde dafür bedankt, daß diese sie überzeugt hat, sie müsse um ihres ungeborenen Sohnes Siegfried willen selbst am Leben bleiben. Die Worte dazu heißen:

>»Du hehrstes Wunder!
>herrliche Maid!«

Sie verknüpfen also den Lobpreis auf Brünnhilde mit dem Gedanken an Siegfried, und die Musik hätte als Leitmotiv für die spätere Liebe der beiden verwendet werden können. Wagner hat das jedoch nicht getan; er hat vielmehr – am Tag, als er die Orchesterskizze der »Götterdäm-

merung« mit diesen Tönen beendete – davon gesprochen, daß er sich
das Thema »reserviert« habe, und zwar »gleichsam als Chorgesang auf
die Helden«. Auch wenn fast zwanzig Jahre zwischen der Komposition
des Themas für die »Walküre« und seiner einmaligen Wiederverwen-
dung liegen – bei Wagners beängstigender Fähigkeit, Musik über
enorme Zeiträume voraus- und zurückzudisponieren, ist seine Behauptung nicht ganz unwahrscheinlich. Der Hinweis auf den »Chorgesang«
unterstützt das; denn im ursprünglichen Text stand hier ja jener
Schlußchor der »Mannen und Frauen«, dessen Verse dem »hehrsten
Wunder« und der »herrlichen Maid« rhythmisch durchweg so verwandt sind, daß man meint, sie zu dem Thema singen zu können,
obwohl sie gar nicht komponiert worden sind:

> »Wotan! Wotan! Waltender Gott!
> Wotan, weihe den Brand!
> ... daß ...,
> Allvaters freie Genossen,
> Walhall froh sie begrüßen
> zu ewiger Wonne vereint!«

Der Chor, der (wie wir gesehen haben) noch aus der Konzeption ohne
den Untergang der Götter stammte, war längst gestrichen – die Sinn-
Assoziation aber blieb. Und sie heftete sich an den Ausruf der Stelle,
von der das musikalische Motiv stammt: »Du hehrstes Wunder!«
Diese Musik also rühmt sowohl am Ende der »Götterdämmerung« die
beiden »Helden« Brünnhilde und Siegfried, deren Geschick schließlich
den Untergang der Götter, den Untergang von Herrschaft, herbeigeführt hat; als auch bezeichnet sie die damit gewonnene Freiheit der
»Genossen«; und sie ist zugleich der Kommentar der »in sprachloser
Erschütterung« zuschauenden Männer und Frauen, die den Vorgang
als »hehrstes Wunder« empfinden. Das alles ist nur noch wortlos und
gleichsam als »sinfonische Dichtung« ausgedrückt. Aber die »sagt«
eigentlich alles, indem sie Wagners lebenslange Zentralthemen resümiert. Er fand selbst, er habe damit im Anspruch an die Zuhörer zu
hoch gegriffen; »so etwas Kompliziertes würde er doch nie wieder
machen«, sagt er 1880, viele Jahre später.

Das »Komplizierte« nämlich besteht gerade in der Offenheit dieses
Schlusses, der so viel an Unsicherheit einzubeziehen hat und dabei
notwendigerweise so wenig eindeutig gerät – was aber tatsächlich der
Komplexität der »Ring«-Geschichte entspricht und damit der Komple-
xität der Welt. »Es gibt keinen Schluß für die Musik«, sagt Wagner am
Tag ihrer Fixierung in der Orchesterskizze, »sie ist wie die Genesis der

Dinge, sie kann immer von vorne wieder anfangen, in das Gegenteil
übergehen, aber fertig ist sie eigentlich nie.«

Es ist die Bekräftigung eines utopischen Modells, das die Grundbe-
dingungen eines künftigen menschlichen Lebens formuliert, aber seine
Verwirklichung nicht garantieren kann. Es gibt keine wohlfeile Ge-
brauchsanleitung für die Zukunft, sondern nur Hoffnung. Nur? Im-
merhin eben: Hoffnung. Pierre Boulez, der Dirigent von Patrice
Chéreaus »Ring«-Inszenierung, hat im Zusammenhang mit dieser
Inszenierung und mit seiner eigenen musikalischen Interpretation
eindringlich erörtert, wie die utopische Funktion des »Ring«-Schlusses
begriffen werden muß: »Soll man am Ende der Götterdämmerung der
Musik Gehör schenken? Natürlich! Aber wie? Als unsicheres Orakel?
Die Musik ist zu einer sibyllinischen Sprache geworden: Vor allen
Dingen darf man sie nicht darstellen, man muß sie ›hören‹! Bilden wir
doch um diesen unsichtbaren Raum, welchem die musikalische Seman-
tik entspringt, einen Kreis, der die Bühne und den Zuschauerraum in
sich einschließt, wobei Bühne und Zuschauerraum sich gegenseitig in
derselben Zuhörerhaltung widerspiegeln ... Versuchen wir doch, diejenigen Dinge zu entziffern, bei denen der Autor selbst nicht mehr
sicher ist, ob er sie sagen will oder kann. Diese Aufgabe ist schwieriger
als sich irgendeiner visuellen Schmeichelei hinzugeben, die es uns
ersparen würde, über das nachdenken zu müssen, was uns die Sprache
der Musik von sich aus mitteilt. Wagner scheint uns allein durch die
Musik zu sagen, daß die letzte Askese darin besteht, auf die wohltuende
Illusion verzichten zu müssen und in uns die Leere zu schaffen, die
vielleicht eine neue Genesis ermöglicht.«

Schöner ist es kaum auszudrücken. Der Schluß des »Rings« mit
seinem Abschied von den Konventionen dieser alten Welt, deren
steinernes Abbild die Götterburg Walhall ist, öffnet die Möglichkeiten
für eine neue, die *Möglichkeiten* – nicht mehr, aber doch auch nicht
weniger. Wagners ganzes Werk und die damit einhergehenden
Schwankungen seines Lebens beschreiben die Nöte der gegenwärtigen
Menschen, und das Werk entwirft die Hoffnung auf das Glück der
zukünftigen. Ein Glück, das nicht mehr eingeschränkt ist durch die
Härte des Mannes und durch die erzwungene Unterordnung der Frau,
sondern das entsteht aus beider Befreiung zur natürlichen Menschlichkeit. Diese erotische Freiheit bewirkt die gesellschaftliche: Liebe wird
Politik, und Politik erscheint als Ergebnis von Liebe.

Ein paar Monate vor seinem Tod läßt Wagner sich von Josef
Rubinstein, seinem sklavisch ergebenen jüdischen Jünger, den Schluß
der »Götterdämmerung« vorspielen. »›Es ist so frei‹, sagt er, ›und dabei
doch zart.‹« Das Wort enthält noch einmal Wagners ganzes Pro-

gramm: die Freiheit der Welt hat die Zartheit ihrer Menschen zur
Voraussetzung. Wer den Abschied von Walhall will, kann ihn nur in
der frei werdenden Beziehung zum anderen Menschen finden.

Freiheit aber ist kein theoretischer Begriff, sondern eine Bewegung
des Menschen, die Bewegung seines Körpers. Wir müssen sie immer
noch lernen und wahrscheinlich immer wieder. Zum Beispiel von
Wagner.

Anhang

Quellennachweise und Anmerkungen

Vorbemerkung

Um die Lesbarkeit des Textes zu erleichtern, habe ich darin auf alle Anmerkungsziffern verzichtet, die sonst in die Hunderte gegangen wären. Man findet also alle Quellenangaben und sonstigen Hinweise unter der Seitenzahl des Textes, wobei die Stelle, auf die die Angabe sich jeweils bezieht, durch ein kurzes Zitat aus dem Text näher bezeichnet ist.

Texte aus Wagner-Opern werden grundsätzlich in der Fassung der »Gesammelten Schriften und Dichtungen« zitiert; soweit der komponierte Text im Wortlaut davon abweicht, wurde stillschweigend nach der Partitur korrigiert, falls diese nicht offensichtlich fehlerhaft ist. Dieses (unbefriedigende) Verfahren war unumgänglich, weil die kritische Ausgabe der »Sämtlichen Werke« noch weit von der Vollständigkeit entfernt ist und insbesondere die übrigen Partitur-Ausgaben unzuverlässig sind.

Wenn Werktitel mit Seitenzahlen angegeben werden, beziehen sie sich auf die Studienpartitur-Ausgaben in der Edition Eulenburg. Um der Einheitlichkeit willen wurden immer nur sie verwendet.

Literatur-Angaben sind nur mit dem Autoren-Namen und nötigenfalls zur Unterscheidung mit dem Titel angegeben. Die genauen Angaben enthält das Literaturverzeichnis, ebenso die der Quellen, für die folgende Abkürzungen verwendet werden:

Braunes Buch = Richard Wagner: Das Braune Buch.
Burrell = Richard Wagner: Briefe. Die Sammlung Burrell.
Dokumentarbiographie = Herbert Barth u. a.: Wagner. Sein Leben, sein Werk und seine Welt in zeitgenössischen Bildern und Texten.
GSD = Richard Wagner: Gesammelte Schriften und Dichtungen.
KB = König Ludwig II. und Richard Wagner: Briefwechsel.
ML = Richard Wagner: Mein Leben.
NSch = Richard Wagner: Nachgelassene Schriften und Dichtungen.
Ring-Skizzen = Richard Wagner: Skizzen und Entwürfe zur Ring-Dichtung.
SB = Richard Wagner: Sämtliche Briefe.
TB = Cosima Wagner: Die Tagebücher.
Wagner-Chronik = Martin Gregor-Dellin: Wagner-Chronik.

Die Brief-Ausgaben sind, soweit nicht schon (für die Briefe bis Herbst 1852) SB
verwendet werden konnte, mit den Namen der Empfänger bezeichnet (siehe Literaturverzeichnis I).

NACHTMAHRE: 16. NOVEMBER 1877

12 *»Die seinem Dienst ihr zugesindet«*: GSD X, S. 332
13 *schreibt Cosima den Traum auf*: TB I, S. 1086 (17. 11. 1877). Zum ganzen
    Zusammenhang vgl. die Eintragungen ab 15. 11. 1877 und die Wagner-
    Chronik S. 154 f.
    Angstträume in Fülle: Siehe den Überblick bei Gregor-Dellin S. 694 ff.
    »Feigheits-Träume«: TB II, S. 966 (20. 6. 1882)
    »große Vögel«: TB II, S. 205 (Randbemerkung zum 21. 10. 1878)
14 *»lauter Gießkannen und Blechzeug«*: TB II, S. 227 (12. 11. 1878)
    Anfang 1874 schreibt Cosima: TB I, S. 782 (17. 1. 1874)

I. KAPITEL: SEX AND CRIME

18 *»Das absolute Kunstwerk«*: GSD IV, S. 234
    ein paar Seiten später: GSD IV, S. 247
    verlegt er die Zäsur: ML S. 390

1. Besitz und Herrschaft: Staatsphilosophie

20 *Doch der antwortet*: GSD VI, S. 128 (Siegfried S. 516 f.)
21 *»Wer Schätze häufte«*: NSch S. 70
    »unser Gott aber ist das Geld«: GSD III, S. 28
    »als den Keim aller Verbrechen«: GSD IV, S. 65
    sagt er Ende 1880: TB II, S. 644 (22. 12. 1880)
    und ein Vierteljahr drauf: TB II, S. 721 (4. 4. 1881)
    Er lobt Heinse: TB II, S. 1011 (30. 9. 1882)
    Die Stelle beginnt: TB II, S. 1107 (Fußnote zum 5. 2. 1883)
    der Kampf der »Nicht-Besitzenden«: TB II, S. 1031 (24. 10. 1882)
22 *Notiz des Braunen Buchs*: Braunes Buch S. 241 (23. 10. 1881)
    »verhängnisvollen Ring des Nibelungen«: GSD X, S. 268
    »nach der Bedeutung des Goldes«: TB II, S. 715 (21. 3. 1881)
    Er verwendet darin: GSD II, S. 142 ff.
23 *Verschwörer-Terzett*: Götterdämmerung S. 906 ff. (GSD VI, S. 232 f.)
    »Ich bin anders organisirt«: Wille S. 104
    Rothschild ihm nicht eine Million: TB II, S. 1103 (30. 1. 1883)
    seine Tantiemen »futsch« seien: TB II, S. 45 (14. 2. 1878)
    die Angst, keines zu haben: vgl. auch die »stehenden Träume« (TB II, S. 966 –
    20. 6. 1882).

24 *der junge Romain Rolland*: zitiert nach Barth: Festspielhügel, S. 77
    mit Scheinen um sich wirft: TB II, S. 797 (22. 9. 1881)
    »bis auf's äußerste« verstimmt: TB II, S. 1081 (28. 12. 1882)
    Der groteskeste Vorgang: TB II, S. 990 (15. 8. 1882)
    nur zum Ausgeben: vgl. auch Liszt-Briefe II, S. 98 (Nr. 196 vom 3. 10. 1855). Es
    ist deshalb falsch, einen Gegensatz zu konstruieren zwischen Wagners Kapita-
    lismus-Kritik im »Ring« und seiner angeblichen Selbstbereicherung – so
    Donington S. 26 als *ein* Beispiel für viele Autoren, die diesen klassischen Topos
    pflegen.
    das Bettlertum buddhistischer Mönche: Wesendonk-Briefe S. 174 (22. 2. 1859)
25 *Der Hort bedeute*: GSD II, S. 119
    die Entstehung des Stammeskönigtums: GSD II, S. 116 ff.
    »Der Staat, einzig organisiert«: TB II, S. 105 (2. 6. 1878)
26 *»der Staat bedeute Garantie«*: TB II, S. 475 (13. 1. 1880)
    »der Name Bismarck«: TB II, S. 301 (1. 2. 1879)
    am sonst so geliebten Platon: TB II, S. 419 (2. 10. 1879)
    »Eigentlich ist ein jeder Staat«: TB II, S. 705 (4. 3. 1881)
    »Das zentrale Problem ist nicht das Gold«: Glucksmann S. 275
    sagt er vom Kaiser: TB II, S. 638 (13. 12. 1880). Die konservative Cosima hat mit
    einer geradezu klassischen Freudschen Fehlleistung »Reaktionäre« statt »Re-
    volutionäre« geschrieben, was dem Zusammenhang nach eindeutig gemeint
    ist.
27 *»daß die Kraft dieser Bewegung«*: TB II, S. 181 (23. 9. 1878)
    hielt dort eine krause Rede: siehe Gregor-Dellin S. 237 ff.
    unterwürfigen Brief an den König: Der Brief ist erst vor ein paar Jahren entdeckt
    worden; er ist wieder abgedruckt bei Metzger/Riehn: Musik-Konzepte 5,
    S. 77 f.
    Mitwirkung an dem Dresdner Mai-Aufstand: Die von reaktionären Wagnerianern
    wie von linken Kritikern gern berichtete Geschichte, Bakunin habe sich von
    Wagner distanziert und bezeugt, daß dieser an dem Aufstand nicht ernstlich
    beteiligt gewesen sei, ist eine Legende. Sie beruht auf Bakunins polizeilicher
    Vernehmung, wo die Äußerungen des russischen Anarchisten aber ganz
    offenkundig die Absicht verfolgen, den entkommenen Mitstreiter zu entlasten
    (siehe Dokumentarbiographie S. 176).
    1856 ein Gnadengesuch: veröffentlicht im Anhang der Liszt-Briefe II, S. 328 ff.
    (Nr. 15 vom Juni 1856).
    »Es hat mich viel gekostet«: Liszt-Briefe II, S. 120 (Nr. 211 vom Mai/Juni [?]
    1856). In diesen Zusammenhang gehört natürlich auch das Herunterspielen
    seiner Beteiligung an der Revolution in der für den König bestimmten Autobio-
    graphie (siehe ML S. 375 ff. und 425).
    daß er den Sieg des Sozialismus erwarte: TB II, S. 358 (2. 6. 1879) und S. 422
    (8. 10. 1879)
    die Pariser Commune: TB II, S. 447 (20. 11. 1879)
    verteidigte die russischen Anarchisten: TB II, S. 716 (24. 3. 1881)
    höhnt er über Bismarcks Sozialistengesetze: TB II, S. 98 (24. 5. 1878), S. 102 (30. 5.
    1878), S. 103 (31. 5. 1878)

»Dir steht es zu«: KB IV, S. 194 f. (Nr. 161 vom 17. 11. 1868)

28   *»Kühn wie Sie sind«*: KB I, S. 232 (Nr. 178 vom 27. 11. 1865)

bot Ludwig seinen Rücktritt an: KB II, S. 34 f. (Nr. 244 vom 15. 5. 1866) und S. 74 f. (Nr. 294 a vom 21. 7. 1866)

er wehrte erschrocken ab: KB II, S. 76 ff. (Nr. 295 vom 24. 7. 1866)

Wagner der Wiener und Münchner Jahre: siehe Cornelius I, S. 698 (Tagebuch vom 3. 2. 1863), S. 784 (Brief vom 4. 9. 1864) und II, S. 25 f. (Brief vom 24. 1. 1865)

»Wer nicht für mich ist«: Cornelius II, S. 560 (Tagebuch von Pfingsten 1868)

»unser König«: TB II, S. 698 (20. 2. 1881)

Pracht seines letzten Wohnraums: siehe die Beschreibung bei Perl S. 92 ff.

»Es ist ein Glück«: Nietzsche VII, S. 765

2. Das Verbrechen der Ehe

29   *»Der Fluch seines Lebens«*: TB I, S. 30 (11. 1. 1869)

Bei der schon erwähnten Gondelfahrt: TB II, S. 1107 (Fußnote zum 5. 2. 1883)

30   *In der »Walküre« fordert Fricka*: Walküre S. 290 ff.

»Alberich und sein Ring konnten den Göttern«: Röckel-Briefe S. 35 (Nr. 4 vom 25. 1. 1854). »Wodan« ist noch die ursprüngliche Schreibweise.

31   *schmückt sie diese Forderung*: GSD VI, S. 35 (Walküre S. 339 f.)

Eines Abends wird im Freundeskreis: TB I, S. 206 (6. 3. 1870)

32   *»Ich schreibe ein neues Werk«*: TB I, 187 (10. 1. 1870)

»Röckel wollte in der Zukunft«: ML S. 387

33   *»Neulich aber erhielt ich«*: KB III, S. 203 (Nr. 569 vom 16. 3. 1881)

»Wir sprachen von seiner ersten Ehe«: TB I, S. 539 (24. 6. 1872)

3. Erotik und Sadismus

34   *In der vierten Szene des »Rheingold«*: Rheingold S. 592 ff. (GSD V, S. 256 ff.)

35   *Eigentum an Personen und an Sachen*: Wapnewskis lesenswertes erstes Buch über Wagner enthält in diesem Zusammenhang in dem Abschnitt »Liebe und Macht als reziproke Potenzen« hierzu einige interessante Überlegungen (Wapnewski S. 128 ff.).

37   *»Das nichtsnutzigste Volk«*: TB II, S. 845 (10. 12. 1881)

»ergeht sich R. über seinen Mangel«: TB II, S. 849 (16. 12. 1881)

»Daß 416 Israeliten«: TB II, S. 852 (17. 12. 1881)

»Er sagt im heftigen Scherz«: TB II, 852 (18. 12. 1881)

38   *An der Pariser Commune kritisiert er*: TB II, S. 447 (20. 11. 1879)

»er hoffe, daß Paris«: TB I, S. 272 (18. 8. 1870)

sadistische Lust an der Grausamkeit: vgl. auch TB I, S. 401 (17. 6. 1871) zum Plan der Kommunisten, Paris zu verbrennen, und Braunes Buch S. 102 (28. 1. 1866) mit der Schilderung eines Rache-Exzesses für den Tod des Sagenhelden Roland.

»Nach Tisch, indem er seine Cigarette«: TB II, S. 418 f. (1. 10. 1879)

»was er seine Sünden nennt«: TB II, S. 996 (31. 8. 1882)

39 *»Die Weltgeschichte beginnt von da an«*: TB II, S. 472 (8. 1. 1880)
Eines Abends zieht die ganze Familie: TB II, S. 192 (6. 10. 1878)
»Er lacht und geht in den Wald«: GSD VI, S. 108
Mimes folgender Schreckensvision: Siegfried S. 236 ff.
Sie brechen in ein Schreckens-Ensemble: Walküre S. 858 ff.

40 *Gutsbesitzer-Freund Gersdorff*: zitiert nach Ross S. 290
»Ist Wagner überhaupt ein Mensch?«: Nietzsche VI, S. 21/23
»Wie zwei Tiere«: TB II, S. 999 (5. 9. 1882)
Aber das Duett ist angefüllt: GSD VI, S. 166 ff. (Siegfried S. 1004 ff.)

4. Phallus-Phantasien

43 *»Der starren, nur durch äußeren Zwang«*: GSD III, S. 168 f.
»an dessen Organisation zu rütteln«: TB I, S. 961 (1. 1. 1876) (Hervorhebung von mir, wie auch bei den beiden nächsten Zitaten)

44 *»immer neue Gefahren«*: TB II, S. 408 (13. 9. 1879)
»Betrachtungen über dieses Militär-Wesen«: TB II, S. 421 (4. 10. 1879)
»Stabilität ist daher«: GSD VIII, S. 9 f.

45 *Wagners erster Entwurf*: Braunes Buch S. 53 ff. (27.–30. 8. 1865)
aus angeblich dramaturgischen Gründen: vgl. Braunes Buch S. 75 f. (2. 9. 1865)
Der Wagner gelegentlich etwas ausschweifend interpretierende Robert Gutman hat in diesem Zusammenhang darauf hingewiesen, daß sogar der heilige Gral selbst Eigenschaften des männlichen Glieds besitzt: er »leuchtet auf, wenn er erhoben wird. Wagners Machtsymbole haben ausgeprägte sexuelle Charakteristika.« (Gutman S. 539 f.)
»Jed' Wesen, das durch Zauber stark«: GSD II, S. 84

47 *»Laß mich das kleinste Glied«*: GSD II, S. 98
»Siehst du dort«: GSD VI, S. 130

48 *»dich zu verschlingen«*: GSD VI, S. 137

5. Wotan

50 *Ein deutscher Jurist*: Pidde. Dieser Autor ist eine Fiktion. Das Buch stammt in Wirklichkeit von einem bundesdeutschen Diplomaten. Es ist ganz außerordentlich amüsant zu lesen und kann, obwohl es parodistisch gemeint ist, auch Wagner-Kennern manchen Gewinn bringen.
»sieh ihn Dir recht an«: Röckel-Briefe S. 38 (Nr. 4 vom 25. 1. 1854)
Wotan ist der Normalfall: Cooke hat das überzeugend dargelegt (S. 266).
Das musikalische Motiv: zum ersten Mal Rheingold S. 197 in den Bässen.
schon Wotans erste Szene: GSD V, S. 214 ff.

51 *»daß die Sicht nach innen«*: Donington S. 42
»der der Instinkt ist«: Cooke S. 261 (Übersetzung von mir)
in den Bässen wieder das Vertragsmotiv: Rheingold S. 207 f.

52 *»Was du bist«*: GSD V, S. 219

den geliebten Sohn Siegmund opfern muß: Darin einen christlichen Mythos zu sehen (Gottvater-Christus), wie Donington (S. 116 f.) es tut, erscheint abwegig. Alle mythologisch-symbolisch getränkten Assoziationen zu Wagners Geschichten haben überhaupt etwas haltlos Spekulatives, weil sie seinen Realismus nicht wahrhaben wollen (vgl. als ein jüngstes und besonders intensives Beispiel Oberkogler).

»der durch Verträge ich Herr«: GSD VI, S. 40

»In langer Zeiten Lauf«: GSD VI, S. 178 f.

durch das Orchester huscht: Götterdämmerung S. 19 f.

53   *In der ersten Prosaskizze des »Rheingolds«*: Ring-Skizzen S. 203

ebenso im ersten »Walküren«-Akt: Ring-Skizzen S. 204

»Die ihr durch Schönheit herrscht«: GSD V, S. 220

»Als junger Liebe«: GSD VI, S. 37

54   *»Liebe bei wirklicher Macht«*: KB I, S. 13 (Nr. 4 vom 30. 5. 1864)

sein Festspielhaus sehe aus wie Walhall: TB II, S. 704 (3. 3. 1881)

»Zieh hin!«: GSD VI, S. 163

»beide sehnten sich nach Erlösung«: TB II, S. 108 (4. 6. 1878)

55   *von mindestens drei verschiedenen Müttern*: Es wird immer unterstellt, Erda sei die Mutter *aller* Walküren. Davon ist im »Ring« aber nirgendwo die Rede; einige Formulierungen legen dagegen zwingend nahe, daß aus Wotans Verbindung mit Erda nur Brünnhilde hervorgegangen ist. Die anderen Walküren sind aber ebenfalls Wotans Töchter, haben also mindestens eine gemeinsame andere Mutter, vielleicht auch jede eine verschiedene.

»mit Liebeszauber«: GSD VI, S. 38. Wala ist die Seherin der nordischen Mythologie, Berufsbezeichnung für Erda also sozusagen.

»lange Jahre« mit seinem illegitimen Sohn: vgl. Siegmunds Erzählung dieser Vorgänge, GSD VI, S. 7 f.

56   *»Der Augen leuchtendes Paar«*: Walküre S. 998 ff. (GSD VI, S. 83 f.)

»Nur wer der Minne«: Rheingold S. 140 ff. (GSD V, S. 211)

II. Kapitel: Irrwege zu Kraft und Schönheit

60   *»Das ›ewig Weibliche‹«*: TB II, S. 814 (24. 10. 1881)

»Männertaten umdämmern mir den Mut«: GSD VI, S. 154

In einem Gespräch über ein Märchen: TB II, S. 368 (19. 6. 1879)

61   *in den kurzen Dialogen Walthers und Evas*: GSD VII, S. 207 ff.

62   *»unsereiner muß immer erhaben sein«*: TB I, S. 676 (3. 5. 1873)

1. Die großen Herren

63   *»ich schäme mich, daß so viele«*: TB II, S. 202 (18. 10. 1878)

»es werde ihm förmlich Fr. d. Große«: TB II, S. 377 (Nachtrag zum 5. 7. 1879)

Wilhelm I. bleibt nicht verschont: TB II, S. 394 (7. 8. 1879)

64 »*Schlechtigkeit der deutschen Fürsten*«: TB I, S. 459 (14. 11. 1871)
    »*die Dummheit wäre hier getroffen worden*«: TB II, S. 710 (15. 3. 1881)
    »*leider erregt meine Äußerung*«: TB II, S. 716 (24. 3. 1881)
    »*wie seltsam das Schicksal*«: TB I, S. 129 (16. 7. 1869)
    »*Phantasten, Crétin*«: TB I, S. 167 (5. 11. 1869)
    offen sprechen sie davon: TB I, S. 140 (13. 8. 1869)
    »*Bei Gelegenheit des Königs*«: TB II, S. 189 (2. 10. 1878)
    »*man schämt sich, mit diesen Räubern*«: TB II, S. 1065 (9. 12. 1882)
65 »*Abends hatten wir eine andre Tisch-Ordnung*«: TB II, S. 698 (20. 2. 1881)
    »*Nicht eine von den Fürstlichkeiten*«: TB I, S. 1007 (9. 10. 1876)
    »*Er braucht die Menschen*«: Cornelius I, S. 698 (Tagebuch vom 3. 2. 1863)
    »*den rechten Gott der Arier*«: TB II, S. 999 (5. 9. 1882)
    ein Produkt der Aktivität einzelner Helden: vgl. etwa »*Rienzi*«:
        »Der Pöbel, pah!
        Rienzi ist's, der ihn zu Rittern macht; –
        Nimm ihm Rienzi, und er ist, was er war.« (GSD I, S. 52)
66 *Der Unterschied zwischen Wotan und Siegfried sei*: TB I, S. 495 (1. 3. 1872)
    »*Du wirst ein Doktor*«: TB I, S. 495 (28. 2. 1872)
    »*R. kommt häufig an mein Bett*«: TB I, S. 506 (1. 4. 1872)
    »*es fehlt diesen gräßlichen Katastrophen*«: TB I, S. 579 (2. 10. 1872)
    »*wie überhaupt im ganzen Sarastro*«: TB I, S. 843 (7. 8. 1874)

2. Männerkrankheiten

68 *So beginnt der erste Prosa-Entwurf*: Braunes Buch S. 53, noch mit der ursprüngli-
    chen Schreibweise des Namens, die später erst in »Amfortas« geändert wurde.
    »*Ohnmächtig, in sich selbst*«: GSD X, S. 332
    nie ist Wagner der Ausdruck der Qual: Parsifal S. 246ff. (GSD X, S. 341f.)
    »*Nur eine Waffe taugt*«: GSD X, S. 375
69 »*unter einem Fluch des Sexus litt*«: Gregor-Dellin S. 745
    »*hartnäckigen Hautausschlag*«: Gregor-Dellin S. 24
    »*Unterleibsbeschwerden*«: ML S. 272
    sein venezianischer Hausarzt: zitiert bei Perl S. VII
70 »*Hämorrhoidal-Leiden*«: SB II, S. 333 (Nr. 107 vom 22. 10. 1843)
    An Franz Liszt: SB IV, S. 192f. (Nr. 85 vom 20. 11. 1851)
    Mathilde Maier gegenüber: Maier-Briefe S. 114 (Nr. 57 vom 20. 7. 1863)
71 »*Zuvor aber bin ich entschlossen*«: SB IV, S. 105f. (Nr. 38 nach dem 8. 9. 1851).
    Ähnlich auch im Brief an Uhlig – SB IV, S. 101 (Nr. 36 vom 8. 9. 1851).
    »*viele und starke Arzneimittel*«: so der Arzt in Venedig, zitiert bei Perl S. VIII.
    »*Die Erregungen des Grausens*«: ML S. 19
    »*Nur an einem Schmuck dieser Räume*«: ML S. 15
72 »*Daß der Bräutigam beim Gewahrwerden*«: ML S. 85
    »*er sei der einzige Mann*«: TB I, S. 780 (14. 1. 1874)
    »*ob er meine, daß ein jeder Knabe*«: TB I, S. 134 (30. 7. 1869)

73 *In einem Brief an Theodor Uhlig*: SB IV, S. 329 (Nr. 141 vom 25. 3. 1852)
    »Für euch ist die Sehnsucht«: TB I, S. 1039 (22. 3. 1877)
    »allein er ist – Onanist«: SB IV, S. 383 (Nr. 173 vom 31. 5. 1852)
74 *»Ich trage mich«*: zitiert nach Gregor-Dellin S. 750, der den ganzen Vorgang
    ausführlich dargestellt hat und zum ersten Mal vollständig (S. 748 ff.).
    für Nietzsches haßvolle Abkehr von Wagner: Mir kommt das allerdings ziemlich
    unwahrscheinlich vor. Nietzsches Abneigung gegen Wagner äußert sich schon
    in seinen Fragmenten seit etwa 1875 und in heftiger Form lange vor 1882, wo
    er laut Gregor-Dellins überzeugender Argumentation von dem Brief-
    wechsel erfahren hat. Es ist jedoch nicht undenkbar, daß Wagner dem jungen
    Freund gesprächsweise verstörende Vorhaltungen zu dem Thema gemacht hat,
    lange bevor der Arzt ihn untersuchte. Das in der Tat könnte Nietzsche
    davongetrieben haben, auch ohne daß er von den peinlichen Indiskretionen
    wußte.
    Es beginnt mit Sachsens Anrede: GSD VII, S. 262 ff.
76 *fragt ihn Cosima eines Tages*: TB II, S. 73 f. (30. 3. 1878)

3. Die elternlose Gesellschaft

77 *Da sagt er zu Liszt*: TB II, S. 1076 (20. 12. 1882)
    Nietzsche wohl als erster: vgl. Nietzsche I, S. 436, und VII, S. 759
    »ständige Wechsel der Bezugspersonen«: Gregor-Dellin S. 71
78 *das menschliche Chaos dieser Kindheit*: Gregor-Dellin ist der erste, der sie
    einigermaßen ausführlich dargestellt und überdacht hat.
    einmal von Seiten einer Schwester: ML S. 28
    beim Tod des Stiefvaters: ML S. 13
    Es sei ihm nur darauf angekommen: ML S. 45
79 *»Leubald und Adelaide«*: eine Inhaltsangabe steht in ML S. 32 f.; der Text ist in
    der Sammlung Burrell erhalten (Nr. 23), aber bis heute nicht veröffentlicht.
    Siegfried hat eine männliche Amme: Gregor-Dellin 38 ist aufgefallen, daß diese
    »Amme« einen Namen trägt, der den Beruf von Wagners Stiefvater Geyer
    bezeichnet, der Schauspieler war: Mime.
    in der ersten Szene des dritten »Tristan«-Akts: Tristan und Isolde S. 816 ff.
    Monolog des zweiten Akts von »Siegfried«: Siegfried S. 561 ff.
    »So starb meine Mutter an mir?«: GSD VI, S. 96 (Siegfried S. 115)
    Im dritten Akt dann: GSD VI, S. 134 (Siegfried S. 563 ff.)
80 *die fehlende Zärtlichkeit gerade dieser Person*: Theweleit hat vielerlei Aufschlußrei-
    ches zu diesem Thema am Beispiel des »soldatischen Mannes« beigetragen. Er
    nennt den Typus sehr treffend den »nicht zu Ende geborenen Mann« (siehe vor
    allem Theweleit II, S. 244 ff.).
    Wagners häufige Klagen: so etwa Röckel-Briefe S. 20 (Nr. 3 vom 8. 6. 1853) und
    Liszt-Briefe II, S. 43 (Nr. 166 vom 16.[?]12. 1854).
81 *»begierig nach übermenschlicher Liebe«*: Donington S. 27
    »Seine Liebe bestand«: Gregor-Dellin S. 89
    »von den Männern, die früh heirateten«: TB II, S. 352 (19. 5. 1879)

»Zwei Jahre später besuchte ich«: ML S. 86

»Und dies eine weißt Du«: Wesendonk-Briefe S. 118 (18. 9. 1858)

82 *Brief an die Mutter von Mathilde Maier*: Maier-Briefe S. 164 ff. (Nr. 83 vom 25. 6. 1864)

»Wenn Du zum Frühjahr«: Maier-Briefe S. 190 (Nr. 100 vom 17. 12. 1864)

»Planeten, die umeinander kreisen«: TB II, S. 691 f. (15. 2. 1881)

»Aber ich liebe dich doch mehr«: Braunes Buch S. 72 (31. 8. 1865)

83 *»ausnahmslos sexuell gestörte Jünglinge«*: Gregor-Dellin S. 307

»Er lernt den Mann zu begreifen«: Nietzsche VII, S. 791

»Von sich sprechen«: Cornelius II, S. 26 (24. 1. 1865); vgl. auch Wagners eigene Begründung dafür in einem Brief an Mathilde Wesendonk vom 29. 10. 1859 (Wesendonk-Briefe S. 264).

»Leb wohl! Leb wohl!«: SB III, S. 287 f. (Nr. 71 vom 16. 4. 1850)

Als er eine Rede hält: ML S. 311 f.

84 *»Mir geht es immer tiefer auf«*: TB II, S. 720 (2. 4. 1881)

»Wagner denkt nicht einen Augenblick«: Cornelius I, S. 784 (4. 9. 1864)

»es ist viel schöner«: SB I, S. 291 (Nr. 74 vom 7. 6. 1836); siehe auch ebd. S. 297 f.

Natalie hat später berichtet: Burrell S. 107 (Nr. 99 undatiert)

»Bei Tisch kam das Gespräch«: TB II, S. 658 (5. 1. 1881)

85 *»Hier verurteilen sie«*: TB II, S. 459 (9. 12. 1879)

»ein Gemisch von Hamlet und Don Quixote«: TB II, S. 156 (Fußnote zum 7. 8. 1878)

»Ach! das ist meine Rettung«: TB II, S. 155 (6. 8. 1878)

»Ich habe keine Kinder«: SB III, S. 153 (Nr. 26 vom 19. 11. 1849)

86 *»den unfrohen Mann«*: GSD VI, S. 197

mit einem Monolog: Götterdämmerung S. 353 ff. (GSD VI, S. 198 f.)

4. Angst, Abwehr, Härte

87 *»der das Fürchten nicht gelernt«*: GSD VI, S. 108

»Fühltest du nie«: GSD VI, S. 111 f. (Siegfried S. 271 ff.)

88 *»Was jagt mir so jach«*: GSD VI, S. 150 (Siegfried S. 729)

»so daß nun Brünnhilde«: GSD VI, S. 165 (Siegfried S. 982 ff.)

90 *»die jeweiligen Götter«*: Theweleit I, S. 471

»daß man nie der Sache beikommen könne«: TB II, S. 562 (2. 7. 1880)

Urfassung des »Lohengrin«-Textes: zitiert nach Mayer, S. 205 (vgl. die endgültige Stelle GSD II, S. 110 f.)

91 *die Mühe, die ihm der Ausgang des »Lohengrin«*: ML S. 339 f.

»dieses mädchen ist Dir weit voraus«: SB III, S. 264 (Nr. 63 vom 26. 3. 1850)

So hat Wagner sein Verhältnis zu Minna gesehen: vgl. die Schilderung in ML S. 434 f.

an seine Frau Minna einen erklärenden Brief: SB III, S. 342 (Nr. 86 von Ende Juni 1850)

92 *Krach, der keinen unbeschädigt läßt*: vgl. etwa Minnas Schilderung ihres letzten

Streits (Burrell S. 539 f., Nr. 361 H vom 6. 3. 1862) und parallel dazu Wagners Darstellung (ML S. 693 f.), die aber wohl etwas weiter von der Wahrheit entfernt ist.

»für Siegfried ein Haus zu bauen«: TB I, S. 168 (8. 11. 1869)

einmal »sehr launisch« ist: TB I, S. 568 (28. 8. 1872)

»wie die kleinen Hunde«: TB I, S. 917 (15. 5. 1875)

»das Innere des Menschen in plastischen Abbildungen«: TB II, S. 429 f. (24. 10. 1879)

94   *wollte der sie vor Wagner verbergen*: ML S. 727

»so gut wie keine Augenbrauen«: TB II, S. 147 (27. 7. 1878)

Daß die Rokoko-Männer einen Zopf trugen: TB II, S. 140 (18. 7. 1878)

»die Geige als Soloinstrument«: TB I, S. 187 (11. 1. 1870)

Da verkehrte ein italienischer Kastrat: ML S. 35 f.

95   *die Tiere »besonders freundlich«*: ML S. 440

Deren Tod wird so schmerzlich beschrieben: siehe ML S. 472, S. 540, S. 663

er schäme sich früherer Beziehungen: TB II, S. 1090 (11. 1. 1883)

»Einer der Träume«: TB II, S. 1114

»Er hatte eine seltsame Neigung«: Gregor-Dellin S. 514

96   *die Schlußszene des ersten Akts*: GSD VI, S. 206 ff. (Götterdämmerung S. 501 ff.)

zum letzten Mal von Brünnhilde spricht: GSD VI, S. 246 (Götterdämmerung S. 1156 ff.)

5. Siegfried

97   *»Ich war mit der Konzeption«*: GSD IV, S. 328 f.

98   *nur als Gesunder zu komponieren*: SB IV, S. 101 (Nr. 36 vom 8. 9. 1851)

»der Mensch der Zukunft«: Röckel-Briefe S. 38 (Nr. 4 vom 25. 1. 1854)

»dem schönsten meiner Lebensträume«: Liszt-Briefe II, S. 43 (Nr. 166 vom 16. [?]12. 1854)

Sein erster Auftritt: GSD VI, S. 87

99   *den »schönen Unmenschen«*: Wapnewski S. 165

»Hier hilft kein Kluger«: GSD VI, S. 115

Siegfrieds Schmiedelieder: Siegfried S. 327 ff. (GSD VI, S. 116 ff.)

100   *Diese Nietzschesche Interpretation*: Nietzsche I, S. 508 f.

»ein völlig amoralisches Geschöpf«: Shaw S. 72

101   *»Hanswurst, Lichtgott«*: Mann Band MK 114, S. 154

»Eigentlich hätte Siegfried«: TB II, S. 339 (29. 4. 1879)

»um auf Raub zu gehen«: TB I, S. 759 (4. 12. 1873)

Siegfried »nicht tragisch« genannt: TB I, S. 703 (4. 7. 1873)

Seine ersten Worte an Gunther: GSD VI, S. 191

102   *»der zieren Frauen eine«*: GSD VI, S. 239

In einer rührenden Passage: GSD VI, S. 192 f.

und doch nichts davon begreift: vgl. hierzu auch Patrice Chéreaus eindrucksvolle Interpretation in Barth: Bayreuther Dramaturgie S. 420 f.

eine der eigenartigsten Stellen: Siegfried S. 971 f.

103 »unmännlichen und lächerlichen« Geige: TB I, S. 187 (11. 1. 1870)
     der Kritiker Peter Viereck: zitiert nach Metzger/Riehn: Musik-Konzepte 5, S. 16
     vor dem Wehrdienst bewahren: TB II, S. 594 (6. 9. 1880)
     Bernhard Diebold: zitiert nach Barth: Der Festspielhügel S. 135
104 »er möchte die Trauermusik«: TB I, S. 280 f. (4. 9. 1870)
     den sogenannten Trauermarsch: Götterdämmerung S. 1164 ff.
     vor allem im Dritten Reich: vgl. Gregor-Dellin S. 866 (Anmerkung zu S. 367)

III. Kapitel: Weiberphantasien

108 in ihr habe er den Gegensatz zu Lohengrin gesehen: GSD IV, S. 300 ff.
109 Schopenhauer ausdrücklich kritisiert: TB I, S. 498 (8. 3. 1872)

1. Die Frau in der Männergesellschaft

110 Liebe, so Nietzsche, sei: Nietzsche VI, S. 18
     »alle Femininismen«: Nietzsche VI, S. 43
     »raubt uns die Jünglinge«: Nietzsche VI, S. 45
     »Bei den eigentlichen ›Mänaden‹«: Nietzsche XI, S. 674 (1885)
     am Gegenbild Wagners: vgl. etwa auch in »Ecce homo« den Abschnitt 5 des
     Kapitels »Warum ich so gute Bücher schreibe« (Nietzsche VI, S. 305 ff.)
     Da rät er Cosima ab: TB I, S. 23 (2. 1. 1869)
111 hätten Frauen keine Nation: TB I, S. 784 (20. 1. 1874)
     schreiben gegen die Natur der Frau: TB II, S. 339 (29. 4. 1879)
     eine Frau mit eigenem Atelier: TB II, S. 762 (15. 7. 1881)
     »Frauen-Befreiung« verabscheuen beide: TB I, S. 138 (8. 8. 1869); siehe auch TB I,
     S. 224 (26. 4. 1870)
     Die Frauen seien »ganz passiv«: TB I, S. 113 (22. 6. 1869)
     »Wenn sie eine gewisse ängstliche Bescheidenheit verlieren«: TB I, S. 220 (16. 4.
     1870)
     »Stolzes Frauchen freue dich«: TB I, S. 660 (24. 3. 1873)
     »so ist das Weib«: NSch S. 86 f.
     am Schluß von »Oper und Drama«: GSD III, S. 314, 316 und 319
     daß Frauen »Männerrechte« fordern: TB I, S. 765 (19. 12. 1873)
     kritisiert, weil sie rauchen: TB II, S. 612 (16. 10. 1880)
112 »wie falsch die Stellung der Frau«: TB II, S. 673 (22. 1. 1881)
     »das Wesen des Weibes«: TB II, S. 816 (28. 10. 1881)
     Als Cosima einmal meint: TB II, S. 659 (6. 1. 1881)
     Das Leder-Bild 30 Jahre früher: SB III, S. 194 (Nr. 36 vom 27. 12. 1849). Zur
     größeren Wirkung seiner Kunst auf Frauen vgl. auch SB IV, S. 319 (Nr. 138
     vom 20. 3. 1852) und S. 326 (Nr. 141 vom 25. 3. 1852).
     dem »Weiblichen« vor dem »Männlichen«: TB II, S. 1050 (17. 11. 1882)
113 »Die Frauen sind besser als die Männer«: TB II, S. 440 f. (12. 11. 1879)

»Herrliche Weiber giebts hier«: SB IV, S. 409 (Nr. 185 vom 15. 7. 1852)

So bezeichnet er Ortrud: SB IV, S. 273 (Nr. 118 vom 30. 1. 1852)

»Das politische Weib ist ihnen«: Mayer S. 211

»Ich kann diese wütenden Weiber«: TB II, S. 343 (6. 5. 1879)

Patrice Chéreau hat sie charakterisiert: in Barth: Bayreuther Dramaturgie S. 382

114 *hat von Wagners »Heldinnen« gesagt*: Mann Band MK 114, S. 127

»Sie können's nicht«: Nietzsche VI, S. 34 f.

Adorno hat richtig bemerkt: Adorno S. 89

115 *»er habe Sehnsucht«*: TB II, S. 999 (6. 9. 1882)

»Weibchen« zu sagen: TB II, S. 414 (24. 9. 1879)

Frauen spielten Liebesszenen: Fricke S. 103

deren Motive eng miteinander verwandt: Hans Grunsky hat das gezeigt (in Barth: Bayreuther Dramaturgie S. 48 f.)

»das Gesetz ist die Lieblosigkeit«: NSch S. 90

116 *das Königtum aus dem Familien-Patriarchat*: GSD II, S. 116 f.

der »Typ der Weiblichkeit«: Donington S. 113

2. Die Rache der Frauen

117 *»Denn wenn die Frauen eintreten«*: TB I, S. 316 (25. 11. 1870)

»So stehen wir vor der bemerkenswerten Erscheinung«: Theweleit I, S. 212

»er würde gern einen begabten jungen Mann kennenlernen«: TB II, S. 840 (4. 12. 1881)

118 *Parsifal begegnet in Klingsors Garten*: GSD X, S. 350 ff.

»drin wachsen teuflisch holde Frauen«: GSD X, S. 333 (Parsifal S. 124 f.)

die nächste und noch größere Gefahr: GSD X, S. 355 ff.

In der ersten »Rheingold«-Szene: GSD V, S. 201 ff.

119 *Am Beginn des letzten Akts der »Götterdämmerung«*: GSD VI, S. 234 ff. (Götterdämmerung S. 968 ff.)

121 *»Seit Frauen ich singen hörte«*: GSD VI, S. 242

durch »Zauberspiel« ihn unverwundbar gemacht: GSD VI, S. 229

Auch die vorangehende Szene: GSD VI, S. 224 ff. (Götterdämmerung S. 785 ff.)

122 *der weibliche Körper kein Gegenstand*: TB II, S. 416 (29. 9. 1879)

»Ich lebe wie eine Art Tier«: TB II, S. 412 (21. 9. 1879)

123 *sie »sei die Tugend selbst«*: TB II, S. 1060 (30. 11. 1882)

ein »einsames Reh«: TB II, S. 92 (10. 5. 1878)

»Gewiß muß ich etwas verabsäumt haben«: TB I, S. 587 (30. 10. 1872)

»dem sinnlichen Ausdruck der Liebe«: TB I, S. 238 (1. 6. 1870)

schickt Felix Dahn Gedichte: TB I, S. 744 (27. 10. 1873)

»Es ist und bleibt auch ein gar zu verliebtes«: zitiert nach Dokumentarbiographie S. 197

3. Wagners Ehefrauen und Geliebten

124 *»Ich bin zu schrecklich ohne Nahrung«*: SB IV, S. 96 (Nr. 35 nach dem 24. 8. 1851)

»schilt mich nicht eitel«: SB IV, S. 320 f. (Nr. 138 vom 20. 3. 1852)

125 *Hauptquelle für die Beurteilung Minnas*: siehe vor allem ML S. 137 ff.
Minna gehörte »als Trophäe«: Gregor-Dellin S. 108
»Sieh, ich liebe Dich so«: SB I, S. 200 (Nr. 36 vom 10. 5. 1835)
»Oeffne Dein Herz«: SB I, S. 240 (Nr. 53 vom 7. 11. 1835)
»nicht entweder – oder«: SB I, S. 245 (Nr. 56 vom 10. 11. 1835)

127 *»Du bist mein Weib geworden«*: SB I, S. 330 (Nr. 83 vom 20. 6. 1837)
»Du sahst es auf ein gewaltsames Zertreten«: ebd. S. 332
»Du sprichst nur immer«: Burrell S. 338 (Nr. 182 A vom 18. 7. 1849)
»Das Gleichnis mit dem edlen Roß und Reuter«: Burrell S. 345 (Nr. 182 B vom 3. 8. 1849)

128 *»Nur darfst Du es mir nicht übel deuten«*: Burrell S. 348 f. (Nr. 182 C vom 11. 8. 1849)
»Musikalien und Manuskripte«: ML S. 441
Rechtfertigungsbrief an Julie Ritter: SB III, S. 315 ff. (Nr. 84 vom 26./27. 6. 1850)

129 *»Arme Frau«*: Wille S. 101
»Unter meiner Frau und mir«: Wille S. 102
»eine erträgliche Heiterkeit über unser häusliches Leben«: ML S. 463
»Alles, was ich ergreife«: SB IV, S. 373 (Nr. 169 vom 28. 5. 1852)
sie wieder zu sich zu ziehen: siehe etwa ML S. 604 f., 683, 687, 693, 718
»uns einzig gegenseitig anzugehören«: ML S. 746
»sie soll immer meine Frau bleiben«: Burrell S. 548 (Nr. 419 vom 20. 6. 1863)

130 *»ihr fehlt eben ein Kind«*: Ritter-Briefe S. 155 (Nr. 36 vom 8. 6. 1860)
Bericht ihrer Tochter Natalie: Burrell S. 119 f. (Nr. 95 B, undatiert)
Wagner erzählt den Vorgang: ML S. 170
»Vieles Ernste«: ML S. 580

131 *»hier eine ernste Beziehung«*: TB I, S. 353 (9. 2. 1871)
»sie ist und bleibt meine erste und einzige Liebe«: Wesendonk-Briefe S. 410 (5. 6. 1863)
»viel zu passiv und weiblich«: Gutman S. 291

132 *Blandine Wagner stärker beschäftigt hat*: vgl. Kapp S. 181 ff., der aber wohl etwas zu weitgehend spekuliert.
So steht es in Wagners Autobiographie: ML S. 584
Bericht an Mathilde: zitiert nach Eger IV, S. 16
zum ersten Mal das »Du«: siehe Eger IV, S. 109 f. (21. 9. 1862) und IV, S. 113 (2. 2. 1863)
»Unter Tränen und Schluchzen«: ML S. 746
Einladungsbrief an die Bülows: Eger V, S. 3 ff. (16. 6. 1864)
das Verhältnis als belanglos heruntergespielt: ML S. 719 f. und 737 f.
im Nachtrag zu Cosimas Tagebuch: TB II, S. 1114 (Fußnote)

134 *»die interessanteste unter seinen Frauen-Bekanntschaften«*: TB II, S. 607 (28. 9. 1880)
»unwandelbar lieb«: Maier-Briefe S. 140 (Nr. 72 vom 23. 1. 1864)
ausdrücklich um sie geworben: Maier-Briefe S. 48 ff. (Nr. 31 vom 4. 1. 1863)
um ihre Hand angehalten: Maier-Briefe S. 164 ff. (Nr. 83 vom 25. 6. 1864)
»Sie glauben in ihr selbstlos zu sein«: Nietzsche VI, S. 16
starkes sexuelles Bedürfnis: Gutman S. 245

136 *Sie hat ihm wirklich die Hand geküßt*: TB I, S. 187 (11. 1. 1870)
sogar die Füße: TB II, S. 356 (28. 5. 1879)
als Klostermagd dienen: TB II, S. 154 (4. 8. 1878)
»nur erkennbar in ihm«: TB I, S. 25 (4. 1. 1869)
»du göttlicher Mann«: TB II, S. 302 (3. 2. 1879)
ob er katholisch geworden wäre: TB I, S. 78 (29. 3. 1869)
»Gern lenke ich ihn«: TB I, S. 394 (6. 8. 1879)
»Das Leid, vor welchem ich bangte«: TB II, S. 45 (12. 2. 1878)
137 *Techtelmechteln seiner späten Tage*: etwa die sich um Carrie Pringle, eines der
»Parsifal«-Blumenmädchen, rankenden Vermutungen Gregor-Dellins (vgl.
dort die Stellen nach dem Personen-Register).
25. August 1845: Dieses Jahr gibt Schuh an (S. 123), basierend auf der Judith-
Gautier-Biographie von M. Dita Camacho (Paris 1939). Der Kommentar zu
den Tagebüchern (I, S. 1130 zum 20. 2. 1869) nennt 1846, aus Gregor-Dellin
läßt sich einmal ebenfalls 1846 erschließen (S. 466) und einmal 1848 (S. 614).
Wagners spätere Briefe: siehe vor allem Schuh S. 127 (28. 11. 1877)
»Nichts verrät seine sexuelle Bindung mehr«: Gregor-Dellin S. 734
Dann bricht Wagner die Korrespondenz ab: Gautier-Briefe S. 193 f. (10. 2. 1878)
»das Thema von Sieglinde und Brünnhilde«: TB I, S. 802 (15. 3. 1874)
»O hehrstes Wunder«: Walküre S. 799 f.

4. Die Große Mutter

139 *Das Seil reißt schließlich*: GSD VI, S. 182 (Götterdämmerung S. 61 ff.)
bei Wagner immer ein Spannungsfeld bestehe: Dettmering S. 161
140 *In der Autobiographie hat er sie beschrieben*: ML S. 17 f.
142 *Brief an seine Mutter*: SB I, S. 210 (Nr. 41 vom 25. 7. 1835)
»Dies alles geschah ihrerseits«: ML S. 98
»Auch fehlte mir das mütterliche Haus«: TB I, S. 807 (1. 4. 1874)
»Am deutlichsten drängte sich mir«: ML S. 109
143 *»Dein Grosser Fidi«*: Eger V, S. 117 (15. 12. 1871)
eine Krankheit beschreiben: Donington (S. 31 ff.) hat dazu einige kluge Überlegungen angestellt.
»Bedingung des ›Geschädigten Dritten‹«: Freud VIII, S. 67. Vgl. auch Rank S. 587.
146 *»Die Revolution«*: zitiert nach Dokumentarbiographie S. 169 ff.
»Ich weiß daß ich in Dir geborgen bin«: SB III, S. 358 (Nr. 92 etwa vom 20. 7.
1850)
einem anderen, späteren Freund gegenüber: Cornelius II, S. 764 (4. 3. 1862)
»mit hell erschloßnen Augen«: GSD VII, S. 62
147 *»Da verlor ich den leichten Mut«*: GSD VI, S. 38 (Walküre S. 365 f.)
148 *Leise ruft sie nach der Mutter*: GSD VI, S. 55 f. (Walküre S. 582 ff.)
in einem Brief an die Schwester Cäcilie: SB II, S. 154 ff. (Nr. 22 vom 11. 9. 1842)
Königin Victoria: TB II, S. 480 (18. 1. 1880)
Cosima sei wahnsinnig geworden: TB I, S. 955 (26. und 27. 12. 1875)
Duett Brünnhildes und Siegfrieds: GSD VI, S. 167 ff. (Siegfried S. 1028 ff.)

149 *stehen schon in der Urfassung*: Ring-Skizzen S. 93 und 184 f.
     Cosima »sei nur noch Mutter«: TB I, S. 99 (27. 5. 1869)

5. Brünnhilde

151 *im Zusammenhang mit der Senta*: GSD IV, S. 266
     eine Warnung nachgeschoben: GSD V, S. 167
     »nicht eher sind wir das«: SB IV, S. 95 (Nr. 34 vom 24. 8. 1851)
     schildert er Liszt: SB IV, S. 192 (Nr. 85 vom 20. 11. 1851)
152 *In Wotans langer Erzählung*: GSD VI, S. 37 ff.
153 *begegnet sie Siegmund*: GSD VI, S. 49 ff.
     »Beschlossen ist's«: GSD VI, S. 54 (Walküre S. 557 ff.)
154 *Seine Beschreibung ihres Vergehens*: GSD VI, S. 72 ff.
     da instrumentiert Wagner: Walküre S. 892 ff.
     während sie sich langsam aufrichtet: Siegfried S. 1004 ff. (GSD VI, S. 166 f.)
155 *»Du wirst dich wundern«*: TB II, S. 825 (14. 11. 1881)
     Zwar nennt er später einmal: TB I, S. 435 (6. 9. 1871)
156 *»Ewig war ich«*: GSD VI, S. 172 (Siegfried S. 1093 f.)
     Es steht in enger Verbindung: Gregor-Dellins (S. 530) auf Egon Voss sich
     stützende Skepsis kann ich nicht teilen. Warum sollte es sich nicht um die
     sogenannten Starnberger Themen handeln, die damals »scherzend zu Quartet-
     ten und Symphonien bestimmt« waren (TB I, S. 96, 19. 5. 1869)? Das Thema
     kann da jedenfalls nicht für »Siegfried« gedacht gewesen sein, dessen Fortset-
     zung ja noch in sehr weiter Ferne lag.
     Ihre Schlußworte: GSD VI, S. 176 (Siegfried S. 1160 ff.)
     aber die unruhigen Triolen: Götterdämmerung S. 69 ff. Die beiden erwähnten
     Takte sind die zwei ersten auf S. 71.
     Im Gespräch mit Waltraute: GSD VI, S. 199 ff.
157 *»So muß es wohl den Frauen sein«*: TB I, S. 834 (5. 7. 1874)
     »Was könntest du wehren«: GSD VI, S. 208
     »Dich verriet er«: GSD VI, S. 231
     Ihr Schlußgesang resümiert: GSD VI, S. 251 ff. (Götterdämmerung S. 1242 ff.)
158 *Variante von Brünnhildes Schlußworten*: GSD VI, S. 254 f. (als Fußnote)

IV. KAPITEL: LOVE STORY

162 *»Meist kann ich mich nicht erwehren«*: SB IV, S. 248 f. (Nr. 112 vom 12. 1. 1852)
     in einem Fragment von 1871: Nietzsche VII, S. 201
     »Eine Kapitulation«: GSD IX, S. 3 ff.
     »gar nicht verstanden worden«: TB II, S. 405 (8. 9. 1879)
163 *»zwei der originellsten Erscheinungen«*: GSD VII, S. 295
     »Bei der Vermischung der Racen«: Braunes Buch S. 243 (23. 10. 1881)
     »Über das Männliche u. Weibliche in Kultur u. Kunst«: Braunes Buch S. 245 f.
     »Über das Weibliche im Menschlichen«: NSch S. 174 ff.

1. Lieber eine Frau sein

164 *»denn Wagner war in alten Tagen«*: Nietzsche VI, S. 51
      So meint Donington: Donington S. 220f.
      »weiblichen Komponente seines Charakters«: Gutman S. 76
165 *»während ich mit Altersgenossen«*: ML S. 20
      »Andere Male entsinne ich mich«: ML S. 23
166 *»Ich bin gewiß keiner von den starren«*: SB I, S. 517 (Nr. 170 vom 12. 9. 1841)
      »Sein Verlangen nach Seide«: Gutman S. 445. Vgl. auch seine weitere ausführli-
      che Schilderung.
      »sehr blasses und zartes« Rosa: Gautier-Briefe S. 170 (Nr. 27 zwischen 16. und
      22. 12. 1877); vgl. auch S. 151 (Nr. 19 vom 9. 11. 1877) und S. 166 (Nr. 25
      zwischen 4. und 16. 12. 1877)
167 *Das Unbegreifliche, hier wird's getan«*: TB II, S. 766f. (20. 7. 1881)
      »Wagner mußte selbst Jesus«: Gutman S. 144
168 *die Lösung vieler seiner Probleme*: vgl. dazu Gutman S. 146f.
      »Im Ganzen bin ich«: Maier-Briefe S. 100 (Nr. 51 vom 25. 5. 1863)
      »Seine Fehler als Tugenden«: Nietzsche VIII, S. 513
      In den »Vermischten Meinungen und Sprüchen«: Nietzsche II, S. 434f.
169 *»Ich begann damit«*: Nietzsche II, S. 373
      »knochen- und muskellose Gestaltung«: zitiert nach Dokumentarbiographie
      S. 215.

2. Musik des menschlichen Körpers

171 *»Sie ist mir ewig«*: GSD VI, S. 176 (Siegfried S. 1146ff.)
      Nach Wagners eigener Mitteilung: Wesendonk-Briefe S. 222 (9. 7. 1859)
      »ein wenig aufdringlich«: Donington S. 174
      Marie Muchanoff: zitiert nach Gregor-Dellin S. 620
172 *»Willst du mir Minne schenken«*: GSD VI, S. 183 (Götterdämmerung S. 88ff.)
      »Wehe! Wehe!«: GSD VI, S. 216 (Götterdämmerung S. 630ff.)
      »daß gute Ehe sie gebe«: GSD VI, S. 218 (Götterdämmerung S. 672)
173 *»ersichtlich gewordene Taten der Musik«*: GSD IX, S. 306
      Da vergleicht er sich mit früheren Dichtern: Wesendonk-Briefe S. 164 (ca. 20. 12.
      1858)
      »tiefe Kunst des tönenden Schweigens«: Wesendonk-Briefe S. 138 (Tagebuch vom
      12. 10. 1858)
      »Dieser ›Tristan‹ wird was Furchtbares«: Wesendonk-Briefe S. 185 (zwischen 10.
      und 15. 4. 1859)
      ein Verbot weiterer Aufführungen: GSD VIII, S. 186f.
174 *»sich auszurasen musikalisch«*: TB II, S. 188 (1. 10. 1878)
      »Musik für die Aufhebung aller Schranken«: TB II, S. 751 (19. 6. 1881)
      Adorno es dargelegt hat: zitiert nach Barth: Bayreuther Dramaturgie S. 176
      »Diese Frau kennt die Liebe!«: ML S. 730 (im Original französisch)
      »mein Musik-Machen«: TB I, S. 461 (19. 11. 1871)

175 *»er wolle das Orchester«*: TB I, S. 478 (6. 1. 1872)
 »bevor das Kind sieht«: TB I, S. 237 (31. 5. 1870)
 hinderlich erscheinende deutsche Sprache: vgl. seine Ausführungen dazu im »Bericht über eine in München zu errichtende deutsche Musikschule« (1865): GSD VIII, S. 134 ff.

176 *»Tristan« als italienische Oper*: ML S. 561 f. und GSD VI, S. 268 f.
 zu Beethovens hundertstem Geburtstag: GSD IX, S. 102
 Wagner fühlte sich darin bestätigt: TB I, S. 653 (14. 3. 1873)

177 *»Rhythmische Befreiung durch Wagner«*: Nietzsche VII, S. 310
 »Entfesselung des Rhythmus«: Nietzsche VII, S. 317
 »Das Aufhören der grossen rhythmischen Perioden«: Nietzsche VII, S. 767
 »Das Wogende Wallende«: Nietzsche VIII, S. 545
 »Konkretheit des Unregelmäßigen«: zitiert nach Barth: Bayreuther Dramaturgie S. 180
 findet sich eine Stelle: Walküre S. 464

178 *»im tiefsten Grunde unwahr«*: zitiert nach Barth: Der Festspielhügel S. 66

3. Liebe als Zentrum

179 *hat Deryck Cooke nachgewiesen*: Cooke S. 49 ff. (Übersetzung der Zitate von mir)
 »nur die Liebe kann Alles«: SB III, S. 92 (Nr. 11 vom 10. 7. 1849)

180 *»eine aktive soziale Kraft«*: Cooke S. 275
 »Das eine Gebot Jesu«: Braunes Buch S. 242 (23. 10. 1881)
 »Daß man die Menschheit als solche«: TB II, S. 681 (2. 2. 1881)
 »Was man andren sein kann«: TB I, S. 777 (6. 1. 1874)
 »Die Liebe in vollster Wirklichkeit«: Röckel-Briefe S. 27 f. (Nr. 4 vom 25. 1. 1854)

181 *»Das Licht lösch' ich euch aus«*: GSD V, S. 213 (Rheingold S. 163 ff.)
 Damit, so meinte er: Wesendonk-Briefe S. 149 (Tagebuch vom 1. 12. 1858)
 Judith Gautier in Wahnfried: TB II, S. 799 (27. 9. 1881)

182 *»Liebe deinen Nächsten wie dich selbst«*: NSch S. 69
 »Negersklavenhalter«: Braunes Buch S. 239 (23. 10. 1881)
 Die unzähligen Träume: siehe die (nicht einmal vollständige) Zusammenstellung bei Gregor-Dellin S. 700 ff.
 »Wiederum ging ich fort«: TB II, S. 455 (1. 12. 1879)

183 *in einem rührenden Dialog*: GSD VI, S. 169 f. (Siegfried S. 1065 ff.)

184 *»Wo ist nun mein Wissen«*: GSD VI, S. 227 (Götterdämmerung S. 849 ff.)
 »Fluch und Schande«: SB I, S. 272 (Nr. 69 vom 27. 5. 1836)
 »Ich werde endlich den Freund«: Braunes Buch S. 75 (1. 9. 1865) ·

185 *»Ohne uns so zu lieben«*: SB III, S. 543 (Nr. 153 vom 18. 4. 1851)
 »Liebe, Glaube und Hoffnung«: GSD X, S. 259 f.
 Szene zwischen Kundry und Parsifal: GSD X, S. 355 ff.

4. Mitleid

187 *Gedanken über das Mitleid*: Wesendonk-Briefe S. 121 ff. (Tagebuch vom 1. 10. 1858)
schrieb er später in der Autobiographie: ML S. 523

188 *»Dankbarkeit ist keine Liebe«*: NSch S. 81

190 *»Ach Gott, sie sorgte wohl«*: TB II, S. 282 (2. 1. 1879)
»helfen, helfen«: TB I, S. 399 (13. 6. 1871)
»Menschen, ›der Mitleid hat‹«: TB II, S. 359 (2. 6. 1879)

191 *»Nicht das Licht«*: Braunes Buch S. 241 (23. 10. 1881)
Toten-Gedenkzeilen: z. B. TB II, S. 560 (1. 7. 1880)
Die Behauptungen sind so fragwürdig: Zelinsky in Metzger/Riehn: Musik-Konzepte 5, S. 80 und 93. Zelinsky hat in einem neueren Heft der Reihe seine Position noch verschärft (Musik-Konzepte 25, S. 74–115); in Form einer Rezension der Wagner-Biographie von Gregor-Dellin macht er Wagner von 1848 an zum zielstrebigen Begründer einer arisch-antisemitischen Religion. Die Argumentation, zum großen Teil beruhend auf falschen weil ahistorischen Interpretationen zerstückelter Zitate, gerät bisweilen ins Absurde. Zelinsky ist ein Opfer seiner profunden Kenntnisse der Wagner-*Rezeption*; nun tut er so, als sei Wagners Wirkung Wagner selbst. Gegen seinen permanenten Vorwurf, alle anderen verharmlosten Wagner, läßt sich allerdings kaum mehr argumentieren: Zelinskys Thesen sind selbst zum religiösen Bekenntnis geworden. *wie andere unhaltbar sind*: Metzger in Metzger/Riehn: Musik-Konzepte 5, S. 67

192 *»Das Judentum in der Musik«*: GSD V, S. 66 ff.
Alle Maßnahmen gegen die Juden: TB II, S. 644 (22. 12. 1880)
einen ungarischen Minister: TB II, S. 1031 (24. 10. 1882)
gern die Partie des Mime übernimmt: TB II, S. 702 (27. 2. 1881). Vgl. dazu auch Fricke S. 84, wo Wagners überragende Darstellung des Mime bei den »Ring«-Proben gerühmt wird.

194 *»Furchtbare Wildheit«*: Nietzsche VIII, S. 549
Das Spiel mit Hermann Levi: siehe TB II, S. 754 f. (29. 6.–1. 7. 1881) und die Anmerkungen dazu.

195 *wie ein Hund auf der Straße*: TB I, S. 487 f. (8. 2. 1872)

5. Heldentod und Liebestod

196 *»in verklärter Gestalt«*: GSD I, S. 291
»Heilige Elisabeth«: GSD II, S. 39
Im Liebesduett des zweiten Akts: GSD VII, S. 44 ff.

197 *»In dem wogenden Schwall«*: GSD VII, S. 81 (Tristan und Isolde S. 1016 ff.)

198 *»einen Ergänzungsakt«*: GSD VI, S. 267 f.
worüber sie sich heftig beklagt: GSD VII, S. 74 f.
Ausführungen zu »Jesus von Nazareth«: NSch S. 79 f.

199 *»Wagners Krypto-Theologie«*: Gregor-Dellin S. 865 (Anmerkung zu S. 340)
Kundry am Ende des Stücks: GSD X, S. 375

200 der »*Lohengrin«-Schluß darstellte*: GSD II, S. 114
201 »*Luise Bülow schreibt*«: TB I, S. 352 (6. 2. 1871)
  »*Diese Blechmusik*«: TB I, S. 402 (19. 6. 1871). Die Herausgeber der Tagebücher meinen in ihren Berichtigungen zum ersten Band (TB II, S. 1292), eher »weittragende« lesen zu sollen, was aber kaum Sinn gibt.
  »*höchstens noch über italienische Kirchenmusik*«: TB II, S. 1113
  »*wie einer sagt*«: TB II, S. 845 (10. 12. 1881)
  »*R. erinnert an Garibaldi*«: TB II, S. 442 (13. 11. 1879)
  daß das »*Nationale*« *in der Musik*: siehe etwa GSD III, S. 259 und S. 267.
202 *Für das Deutsche Reich nur Spott*: siehe z. B. TB II, S. 594 (6. 9. 1880) und S. 707 (8. 3. 1881)
  »*ich bin der deutscheste Mensch*«: Braunes Buch S. 86 (11. 9. 1865)
  »*dieses germanischen Unteroffizier-Dunstes*«: KB III, S. 179 (Nr. 554 vom 31. 5. 1880)
  »*Alles schön und gut*«: TB II, S. 450 (26. 11. 1879)
  haben mit Germanen weiter nichts gemein: Selbst Gerhart Hauptmann hat schon darauf hingewiesen (zitiert in Barth: Festspielhügel S. 111).
  Musik zu einem »*Germanen-Zug*«: TB I, S. 1098 (21. 12. 1877)
  Bundesinnenminister Maihofer: zitiert nach: Richard-Wagner-Museum Bayreuth o. S.
  »*Gehorsam und lange Beine*«: Nietzsche VI, S. 39
  »*So wie ich bin*«: Nietzsche VI, S. 288 f.
  »*Ich erkannte Nichts wieder*«: Nietzsche VI, S. 323
204 »*Jenen Richard Wagner*«: Nietzsche XI, S. 497
  »*Genau: vorsichtige Ausbeutung*«: Braunes Buch S. 246

6. Sieglinde

205 *ein veritables Liebesduett*: GSD I, S. 83 ff.
206 *Als die Handlung der* »*Walküre*« *einsetzt*: GSD VI, S. 2 ff. (Walküre S. 22 ff.)
211 *In der dritten Szene des zweiten Akts*: GSD VI, S. 47 (Walküre S. 469 ff.)
212 »*Haltet ein, ihr Männer!*«: GSD VI, S. 57 (Walküre S. 592 f.). Die Stelle erinnert an Rienzis Irene: »Ermorde mich – ich lass' dich nie!« (GSD I, S. 85).
  verlangt Sieglinde den Tod: GSD VI, S. 66 ff. (Walküre S. 765 ff.)
  »*Du hehrstes Wunder!*«: Die Partitur hat »O hehrstes Wunder!« – was, wenn es stimmt, eine leichte Sinnverschiebung bedeuten würde, weg von der Anrede an Brünnhilde; das »hehrste Wunder« wäre dann allgemeiner auf die Folgen ihrer Liebe zu beziehen.

V. Kapitel: Emanzipation

216 »*Über das Weibliche im Menschlichen*«: NSch S. 174 ff.
  »*Das Ewige im Weiblichen*«: TB II, S. 1100 (26. 1. 1883)

»*so stark gepfeffert*«: TB II, S. 1111 (11. 2. 1883). Wolzogen war der Redakteur von Wagners eigener programmatischer Zeitschrift »Bayreuther Blätter«.

217 *in dem Aufsatz »Oper und Drama«*: GSD III, S. 271

1. Der »Ring« als feministische Geschichte

218 *Sie sprechen in ihrer ersten Szene*: GSD V, S. 211. In der ersten Prosa-Skizze (Ring-Skizzen S. 203) wird Fricka ihre »Muhme« genannt, was Wagner aber schnell wieder fallen ließ; im Text schimpft die sie dann »Wassergezücht«, was kaum für verwandtschaftliche Nähe zur Chef-Göttin spricht.

219 *»bis zu halber Leibeshöhe«*: GSD V, S. 261
     »Männertaten umdämmern mir den Mut«: GSD VI, S. 154

220 *»So rate, wie?«*: GSD V, S. 228

221 *In einer hoch-ironischen Szene des »Siegfried«*: GSD VI, S. 109 ff. (Siegfried S. 257 ff.)

223 *Brünnhilde wirft den Brand*: GSD VI, S. 254
     Dettmering hat diesen Schluß so gedeutet: Dettmering besonders S. 194
     »Zu End' ewiges Wissen«: GSD VI, S. 182

224 *»Mährchen für Kinder und Weiber«*: Nietzsche VIII, S. 208
     »Wie Wagner der Musik erst die Zunge löst«: Nietzsche VIII, S. 188

2. Die Utopie des Zwitters

225 *er habe »in der körperlichen Liebe«*: Fuchs S. 124
     nicht mit dem »rein homosexuellen« Mann: Fuchs S. 137
     Wagner erörtert da: GSD III, S. 134 f.

226 *»Wieland der Schmied«*: GSD III, S. 178 ff.

227 *Bemerkung über Beethoven*: GSD III, S. 312

228 *»es ist gar nicht so dumm«*: TB II, S. 67 (23. 3. 1878)
     Er hört »sehr ergriffen«: TB II, S. 618 (7. 11. 1880)
     »Er träumte von einer Klarinette«: TB II, S. 184 (27. 9. 1878)

229 *»daß er Instrumente brauche«*: TB II, S. 637 (12. 12. 1880)
     Um »das Losgelöste von jeder Materie«: TB I, S. 1073 (26. 9. 1877)
     Es beginnt mit der alten Scherzfrage: Braunes Buch S. 245

3. Inzest und Homosexualität

231 *Er sieht die schlafende Brünnhilde*: GSD VI, S. 164 f. (Siegfried S. 974 ff.)

232 *Da erwarten die Walküren*: GSD VI, S. 62 (Walküre S. 726 f.)
     Markes Worten zu Tristan: GSD VII, S. 52 ff.
     Homophiles heraushören: so Fuchs S. 155 ff. und, differenzierter, Gutman S. 284 f.
     die Atmosphäre homosexuell nennen: Gutman S. 486

»*Erinnert Parsifal in dieser Szene*«: Fuchs S. 261

»*Lolotte*« genannt: vgl. Gutman S. 276

Die Sprache ist deutlich genug: siehe etwa dessen Brief in KB V, S. 32 f. (Nr. 52 vom 7. 8. 1866)

233 »*Der Hauptinhalt unseres Verkehrs*«: KB II, S. 142 Anmerkung 2 (19. 1. 1867)
süchtig nach Wagner und seiner Musik: siehe z. B. KB II, S. 20 f. (Nr. 231 vom 21. 4. 1866)

brieflich duzen: z. B. KB I, S. 41 (Nr. 25 vom 11. 12. 1864) und S. 54 (Nr. 39 vom 1. 2. 1865)

»*Unsere gestrige Zusammenkunft*«: Maier-Briefe S. 155 (Nr. 78 vom 5. 5. 1864)

»*Täglich schickt er wiederholt*«: Cornelius I, S. 766 (16. 5. 1864)

»*Ach! endlich ein Liebesverhältniß*«: Wille S. 127 f. (26. 5. 1864)

234 »*Ob ich dem ›Weiblichen*«: Wille S. 130 (nach dem 26. 5. 1864)

»*Von der Herrlichkeit dieses Verhältnisses*«: Wille S. 132 (30. 6. 1864)

»*Nun habe ich einen jungen König*«: Wille S. 133 f. (9. 9. 1864)

»*Du siehst, wie es mit uns Beiden steht*«: Maier-Briefe S. 190 (Nr. 100 vom 17. 12. 1864)

»*Dem Königlichen Freunde*«: GSD VIII, S. 1 f.

»*Du bist der Lenz*«: GSD VI, S. 18

235 »*Er ist göttlich*«: Maier-Briefe S. 158 (Nr. 79 vom 18. 5. 1864)

nennt Wagner sich Columbus: KB I, S. 28 (Nr. 17 vom 10. 10. 1864)

»*Hätte ich eine Geliebte*«: KB I, S. 38 (Nr. 21 vom 12. 11. 1864)

»*eine Wiener – Dame*«: KB I, S. 280 f. (Nr. 195 vom 8. 1. 1866). Zur Erklärung vgl. KB V, S. 131: es handelte sich um die österreichische Erzherzogin Maria Theresia.

Ludwig reagierte entsetzt: KB I, S. 284 (Nr. 198 vom 15. 1. 1866)

»*Ich verstehe es dann so*«: Cornelius I, S. 641 f. (9. 1. 1862)

»*Entweder Du nimmst jetzt*«: Cornelius I, S. 768 (31. 5. 1864)

236 *Kietz solle ganz zu ihm ziehen*: siehe die Briefe in der Sammlung Burrell S. 267 (Nr. 240 A vom 2. 4. 1853) und S. 275 (Nr. 303 E vom 8. 5. 1858).

erneuert Wagner das Angebot: Burrell S. 292 (Nr. 465 vom 29. 3. 1869)

zieht Cosima die Offerte kühl zurück: Burrell S. 294 (Nr. 474 vom 6. 9. 1870)

Ihre Streitigkeiten: siehe z. B. TB I, S. 587 (30. 10. 1872) und TB II, S. 1060 (30. 11. 1882).

weil Liszt gegen die Verbindung: vgl. dazu Bergfelds Kommentar im Braunen Buch S. 73 f.

237 »*O, meine Cosima!*«: Braunes Buch S. 98 (13. 11. 1865)

»*O Cosima! O Ludwig!*«: Braunes Buch S. 99 (18. 11. 1865)

Cosima sei seine Schwester: TB II, S. 105 (3. 6. 1878)

238 »*daß dem Inzestkomplex*«: Rank S. 587

beschrieben, was sie ihm war: ML S. 77 f.

239 *Mutter- und Schwesternrolle durcheinander gingen*: ML S. 464

gerade nämlich des Inzestwunschs: so Rank S. 588 f.

wie viel kultureller Sprengstoff: vgl. dazu den aufschlußreichen Überblick bei Donington S. 84 ff.

Hugbald: zitiert nach Rank S. 591

4. Menschen gegen Götter

241 »In der althergebrachten Rangordnung«: Shaw S. 54 f.

242 spricht Wagner vom Gegensatz: GSD III, S. 53 f.

die Menschen hätten nicht nötig: GSD III, S. 220 f.

243 als hätte er Marx studiert: Gregor-Dellin (S. 356 f.) glaubt – und seine Argumente wirken überzeugend –, Wagner habe Marx' Denken durch Gespräche mit Georg Herwegh kennengelernt.

»Der mensch ist die vervollkommnung gottes«: NSch S. 141

Gespräch mit seinem Gegenspieler Alberich: GSD VI, S. 128 f. (Siegfried S. 518 ff.)

244 das aus Wotans Abschied von Brünnhilde stammt: Walküre S. 1001 f. (letzter und erster Takt)

in Wotans erster Rätselfrage: GSD VI, S. 105 (Siegfried S. 208 f.)

245 Wolfgang Wagner: zitiert nach Barth: Bayreuther Dramaturgie S. 243

»Der Tod der Götter«: Glucksmann S. 274

Und während sie davon redet: GSD VI, S. 204 f. (Götterdämmerung S. 461 ff.)

247 In der »Mitteilung an meine Freunde«: GSD IV, S. 295 f.

5. Siegmund

249 »So grüße mir Walhall«: GSD VI, S. 51

»Muß ich denn fallen«: GSD VI, S. 52

250 Dieser Siegmund verweigert sich: Eine schöne Darstellung von Siegmunds Ausbruch aus dem »Wotan-Denken« gibt Cooke S. 335 ff.

Schon im Vorspiel: Walküre S. 150 ff.

gewinnt die Musik wieder dieses Melisma: Walküre S. 921 f.

251 Einmal nur noch erklingt das Motiv: Walküre S. 988 ff. (GSD VI, S. 83)

»Das ist der germanische Don Quixote«: TB II, S. 446 (18. 11. 1879)

»schmeichelndes Muttersöhnchen«: Adorno S. 15

den »ohne Hoffnung Sterbenden«: Adorno S. 142

252 daß Cosima »seine Schwester sei«: TB II, S. 105 (3. 6. 1878)

bei einer der Geburtstagsfeiern: TB I, S. 390 (22. 5. 1871)

»Fidi macht uns viele Freude«: TB I, S. 432 (1. 9. 1871)

253 verschwindet gar ganz: Pierre Boulez hat darauf aufmerksam gemacht (Der »Ring« S. 14).

254 im gleichen »halben« Inzest-Verhältnis: zur literarischen Vorliebe für Stiefschwestern vgl. Rank S. 590.

VI. Kapitel: Erlösung dem Erlöser

258 Parsifals erster Auftritt: GSD X, S. 334 ff.

förderte den religiösen Ästhetizismus: Cosima scheint dafür ein besonderes Organ gehabt zu haben; man lese ihren Bericht über ihren Übertritt zum Protestantis-

mus, gipfelnd in dem Satz: »wie schön ist doch die Religion«. (TB I, S. 587 f.,
31. 10. 1872)

259 »*An Richard Wagner*«: zitiert nach TB I, S. 1200 (Anmerkung zum 21. 2. 1873)
»*dort sind es schlaue*«: TB I, S. 198 (12. 2. 1870)

1. Symbolische Orte

261 *das Vorspiel zum* »*Rheingold*«: GSD V, S. 200 (Rheingold S. 1 ff.)
Die nun einsetzende Handlung: GSD V, S. 201 ff.

262 »*Ein Tand ist's*«: GSD V, S. 227
am Schluß von »*Rheingold*«: GSD V, S. 267 f.

263 *Auf die melancholische Klage*: Rheingold S. 734 ff.
»*Er geht an das Klavier*«: TB II, S. 1113 (12. 2. 1883)
»*Nur Innen, im Innern*«: Burrell S. 493 (Nr. 306 vom 7. 4. 1858)
»*Sein heutiger Eindruck von der Stadt*«: TB II, S. 578 (27. 7. 1880)

264 »*Furchtbare Grabungsarbeiten*«: TB I, S. 550 (19. 7. 1872)
verwandelt sich die Bühne: GSD V, S. 213
»*Nur schnell hinauf*«: GSD V, S. 248
bis zum Bauch im Boden stecken: GSD V, S. 261
blickt ihm »*in die Tiefe nach*«: so nur in der Partitur (Götterdämmerung S. 151),
nicht im Textbuch.
»*aus der Tiefe herauf*« *leuchtenden Flammen*: GSD VI, S. 206
»*Kommt herab!*«: GSD VI, S. 240
»*über die Höhe von dannen schreiten sieht*«: GSD VI, S. 246

265 »*Frau Sonne*«: GSD VI, S. 233 f.
als er seinen Zyklus so nannte: ursprünglich sollte er tatsächlich »Der Reif des
Nibelungen« oder gar »Das Gold des Nibelungen« heißen (siehe Ring-Skizzen
S. 257).
Wenn Waltraute: Götterdämmerung S. 440 ff.
Im »*Fliegenden Holländer*« *erzählt Erik*: GSD I, S. 276

266 *stürzt sich Senta am Schluß*: GSD I, S. 291
»*Hin zu den kalten Menschen flieh*«: GSD II, S. 9
»*wie schön das sei*«: TB II, S. 341 (2. 5. 1879)

2. Sünde, Erlösung, Sexualität

268 »*Während dem*« *habe er komponiert*: TB I, S. 1071 (22. 9. 1877)
Rossinis »*Barbier von Sevilla*«: TB I, S. 1074 (30. 9. 1877)
bei Kundry ein »*Ballett-Divertissement*«: TB II, S. 158 f. (14. 8. 1878)
»*Postillon von Lonjumeau*«: TB II, S. 182 (24. 9. 1878)
»*Jean de Paris*«: TB II, S. 184 (27. 9. 1878)
»*am liebsten Symphonien*«: TB II, S. 201 (17. 10. 1878)
»*Ich hasse das Pathos*«: TB II, S. 304 (4. 2. 1879)

»Abends schreibt er an der Partitur«: TB II, S. 685 (7. 2. 1881) und noch einmal mit fast gleicher Formulierung TB II, S. 714 (20. 3. 1881)

269 *»im Parsifal sei alles jäh«*: TB II, S. 496 (27. 2. 1880)
berichtet Levi: zitiert nach Dokumentarbiographie S. 244
Ludwig Strecker jr.: zitiert nach Gregor-Dellin S. 744
»Durch Mitleid wissend«: GSD X, S. 333

270 *»Gesegnet sei dein Leiden«*: GSD X, S. 375
identifiziert mit Amfortas: Wapnewski (S. 229) hat das dargelegt mit Bezug auf TB II, S. 156 (8. 8. 1878).

271 *den »rechten Bademarsch«*: TB I, S. 1100 (27. 12. 1877)
»Die Unschuld ist der vollkommene Egoismus«: NSch S. 87
»Liebe! Und von aller Schuld«: GSD III, S. 202
von einem Ausflug mit Minna: ML S. 111

272 *klagte Wagner über die »Katastrophe«*: Wesendonk-Briefe S. 102 ff. (6. 7. 1858)
Traum von ihrer Hinrichtung: TB I, S. 1009 (21. 10. 1876)
»Wagner hat über Nichts so tief«: Nietzsche VI, S. 16 f.

273 *Die inbrünstige Buß-Sucht*: GSD V, S. 154 f.

274 *daß der ursprüngliche Titel für »Tannhäuser«*: ML S. 313 f.
forderte den Darsteller des Mime auf: so berichtet Heinrich Porges, hier zitiert nach Gregor-Dellin S. 710; die Stelle bezieht sich auf Rheingold S. 417 f.

275 *»Nach dem Mittagessen«*: TB II, S. 515 (2. 4. 1880)
»die höchste, die erlösendste Kunst«: so 1857 in »Über Franz Liszts symphonische Dichtungen«, GSD V, S. 191.
über das Quartett aus »Don Giovanni«: TB II, S. 655 f. (1. 1. 1881)
im ersten großen Prosa-Entwurf des »Parsifal«: Braunes Buch S. 62 ff.

276 *so auch am »Lohengrin« erklärt*: TB I, S. 203 (1. 3. 1870)

3. Der Untergang der Moral

278 *»Ich bin begierig«*: SB IV, S. 291 (Nr. 123 vom 15. 2. 1852)

279 *die eigentliche Entäußerung des Egoismus*: NSch S. 89 f.
in der spielerischen Szene der Rheintöchter: GSD V, S. 200 (Rheingold, S. 32 ff.)

280 *die körperlichen Assoziationen des Fließens*: Theweleit I, S. 287 ff. (das Kapitel »Fluten, Körper, Geschichte«)
»Von dem Wassergezücht«: GSD V, S. 229
»gefaßt, ruhig und entschlossen«: Wesendonk-Briefe S. 113 f. (Tagebuch vom 7. 9. 1858)

281 *»Gott! Gott«*: Maier-Briefe S. 163 (Nr. 82 vom 22. 6. 1864)
Er sah darin vor allem: TB II, S. 938 (25. 4. 1882)
»Sehr gern will ich aus der Weltordnung scheiden«: TB II, S. 707 (8. 3. 1881)

282 *»Manche gerathen daher auch in Zweifel«*: Braunes Buch S. 58
daß Wagner die Marcioniten schätzte: TB I, S. 832 (1. 7. 1874)
»Wotan, wüthender Ekel«: Nietzsche VIII, S. 554
»Völlige Abwesenheit der Moral«: Nietzsche VIII, S. 541

283 *»Das Prächtige Berauschende Verwirrende«*: Nietzsche VII, S. 774
   Der Kritiker der Vossischen Zeitung: zitiert nach Dokumentarbiographie S. 237
   »Wilde Menschen«: TB I, S. 891 f. (29. 1. 1875)
   »wie eine Tizianische Venus«: TB II, S. 657 (4. 1. 1881)
   eine »Puritaner-Zeit«: TB I, S. 36 (18. 1. 1869)
284 *»die Religion nicht absurd genug«*: TB I, S. 891 (27. 1. 1875)
   »Ästhetisiren auf Grundlage«: Braunes Buch S. 240 (23. 10. 1881)
   Am »Hamlet« fiel ihm auf: TB I, S. 724 (9. 9. 1873)
   »Die Kraft der moralischen Anstrengung«: Braunes Buch S. 240 (23. 10. 1881)

4. Die emanzipatorische Revolution

285 *Briefe an Theodor Uhlig*: Im Anhang der Sammlung Burrell (S. 763 ff.) sind die
   Änderungen aufgeführt.
   Während bei den Griechen: GSD III, S. 28 ff.
286 *»Die Revolution«*: abgedruckt in Dokumentarbiographie S. 169 ff.
   »Hier ist ein Damm zu durchbrechen«: SB II, S. 578 (Nr. 248 vom 23. 11. 1847)
   »Die Dresdener Revolution«: SB II, S. 653 f. (Nr. 295 vom 14. 5. 1849)
287 *»ich weiß, daß meine letzten erlebnisse«*: SB III, S. 57 (Nr. 2 vom 29. 5. 1849)
   »ich habe einen opernentwurf im kopfe«: SB III, S. 201 (Nr. 37 vom 28. 12. 1849)
   »was nicht heute wahr werden kann«: SB III, S. 355 (Nr. 92 etwa vom 20. 7. 1850)
   Noch ein Vierteljahrhundert später: TB I, S. 814 (2. 5. 1874)
   »Die Oberklasse des Reichs«: Gregor-Dellin S. 727
288 *»der starke und schöne Mensch«*: GSD III, S. 32 ff.
   Nietzsche warf Wagner vor: Nietzsche VI, S. 20
289 *»meine sache ist«*: SB III, S. 196 f. (Nr. 36 vom 27. 12. 1849)
   »Ich verlange mit leidenschaft«: SB IV, S. 70 (Nr. 18 vom 2. 7. 1851)
   wie im Haus Wahnfried über die Attentate: TB II, S. 93 (12. 5. 1878) und S. 106
   (3. 6. 1878)
   Eine Tagebuchaufzeichnung: KB IV, S. 85 (Nr. 52 vom 11. 10. 1865)
   »Freiheit ist befriedigtes«: GSD III, S. 69
290 *»Es gibt keine höhere Kraft«*: GSD III, S. 218
   von einem Arbeiter-Aufstand in Wien: TB I, S. 540 (27. 6. 1872)
   die »Notwendigkeit des Unterganges«: TB II, S. 367 (17. 6. 1879)
   »einst die neue Religion«: TB II, S. 372 (27. 6. 1879)
291 *»Hervortreten der sozialen Frage«*: TB II, S. 382 (13. 7. 1879)
   Er lobt die Elektrizität: TB II, S. 605 (25. 9. 1880)
   der sozialen Ursachen der Trunksucht: TB II, S. 682 (3. 2. 1881)
   Amerika und Rußland: TB I, S. 956 (30. 12. 1875); siehe auch TB II, S. 1038 f.
   (4. 11. 1882): von Amerika erwartet Wagner »die einstige Beherrschung der
   Welt«.
   »Krieg zu einem humanen Zweck«: TB II, S. 382 (13. 7. 1879)
292 *zeigte er sich entsetzt darüber*: TB II, S. 385 f. (22. und 23. 7. 1879)
   er dürfe die Menschen nicht verachten: KB II, S. 185 ff. (Nr. 377 vom 18. 7. 1867)
   entwirft er einen Plan: KB III, S. 96 f. (Nr. 511 vom 21. 10. 1876)

Sie geraten in den venezianischen Karneval: TB II, S. 1096 f. (21. 1. 1883)
seine »Höflichkeit gegen Untergebene«: Perl S. 30 f.

293 *»Was für grössere intelektuelle Gleichheit«*: Braunes Buch S. 239 (23. 10. 1881)
daß es in seinen Opern keinen Unterschied gebe: GSD V, S. 128 f.

294 *»Alle marxistischen Interpretationen«*: Glucksmann S. 274
auf Weisung der Militärregierung: Mündliche Auskunft des Bayreuther städtischen Archivs.

5. Liebe am Ende der Welt

295 *»ein Evangelium der Liebe«*: Nietzsche VIII, S. 204
296 *»ob Tristan und Isolde auch so viel gelacht«*: TB I, S. 742 (22. 10. 1873)
»bis zum äußersten« dargestellt: TB I, S. 753 (18. 11. 1873)
297 *»segnet die Leichen«*: GSD VII, S. 81
Im Duett der beiden Liebenden: GSD I, S. 44 f.
299 *bei einem Frühstücks-Gespräch*: TB II, S. 1015 (4. 10. 1882)

6. Alberich

300 *Alberich teilt nun mit*: GSD V, S. 245 f.
das sogenannte Tarnhelm-Motiv: vgl. Rheingold S. 481 Takt 1–4 mit S. 184 Takt 1–2
301 *»denn dient ihr Männer«*: GSD V, S. 244
302 *»Die in linder Lüfte Wehn«*: GSD V, S. 243 (Rheingold S. 450 ff.)
»Habt acht!«: GSD V, S. 244
303 *»Schwarzalben« und »Lichtalben«*: Ring-Skizzen S. 74
In den frühesten Notizen zu »Siegfried«: Ring-Skizzen S. 67
»R. erzählt mir«: TB II, S. 52 (2. 3. 1878)
304 *mit einem Schiff auf der Themse*: TB I, S. 1052 (25. 5. 1877)
»Gelöset sei der Nibelungen Knechtschaft«: GSD II, S. 166
der Zwerg mythologisch betrachtet: Donington S. 23
305 *Richard Peduzzi*: In: Der Ring, S. 101
»Zittre und zage«: GSD V, S. 241 (Rheingold S. 433 ff.)
306 *erzählt Wotan in der »Walküre«*: GSD VI, S. 43
Hagen dagegen spricht: GSD VI, S. 209
Heinrich Porges: zitiert nach Dokumentarbiographie S. 232
»das edelste Wesen leidet«: TB I, S. 240 (4. 6. 1870)
Alberichs Überleben als Hoffnung: In »Lohengrin«, der den ersten »Ring«-Entwürfen unmittelbar vorausgeht, die ja schon Alberichs Überleben enthalten, hat Wagner sich offenbar diesem Gedanken bereits angenähert: da »überlebt« von den Protagonisten auch die »Böseste«, nämlich Ortrud. Erst in der Komplexität des »Rings« aber hat Wagner die gewissermaßen ideologische Bedeutung dieses Faktums darzustellen vermocht.
307 *sie könne »keinen mehr ausdrücken«*: Nietzsche VII, S. 760
Im Gegenüber der Alberich-Passagen: Götterdämmerung S. 556 ff.
»Kein Froher soll«: GSD V, S. 254 f.

Ein Schluss: »Du hehrstes wunder!«

313   *der erste Prosa-Entwurf*: GSD II, S. 165 f.
      Der zweite Entwurf: Ring-Skizzen S. 54 f.
      In der Dichtung: GSD II, S. 227 f.

314   *Alberich sagt jetzt nur noch*: Ring-Skizzen, Faksimile VI nach S. 54
      hat er noch mehr herumkorrigiert: zu allen Varianten vgl. Strobel S. 338 ff.
      durch die folgenden ersetzt: Strobel glaubt, das sei schon im Frühjahr 1849
      geschehen.

315   *eine ganz neue Schluß-Ansprache*: in GSD VI, S. 254 f., als Fußnote abgedruckt
      »Die Männer und Frauen«: GSD VI, S. 256

316   *wie manche Kommentatoren meinen*: so etwa Dettmering (S. 194), Mayer
      (S. 241) und wohl auch Boulez in »Der Ring« (S. 36) und in Barth: Bayreuther
      Dramaturgie (S. 404 f.).
      so Wolfgang Wagner: zitiert nach Barth: Bayreuther Dramaturgie S. 245
      Ernst Bloch: zitiert nach Barth: Bayreuther Dramaturgie S. 102
      Patrice Chéreau: zitiert nach Barth: Bayreuther Dramaturgie S. 380 und 423 f.
      Jacob Grimms »Deutsche Mythologie«: vgl. dazu Wapnewski S. 195 ff.
      »Rienzi« endet: GSD I, S. 89

317   *»Schluß z. Siegfr.«*: zitiert nach Strobel S. 340
      In einem um diese Zeit geschriebenen Brief: am 22. 6. 1856 an Franz Müller, zum
      ersten Mal veröffentlicht bei Strobel S. 340.
      mehrere übereinander geschriebene Fassungen: siehe das Faksimile in Dokumen-
      tarbiographie Nr. 103
      teilt Brünnhilde mit: ebenfalls als Fußnote abgedruckt in GSD VI, S. 255 f.
      »heiligsten Wahlland«: GSD hat »heiligstem«, was ein Lese- oder Druckfehler
      ist.

318   *»er wolle etwas von der neuen Strophe«*: TB I, S. 479 (10. 1. 1872)
      schon einmal 1858: siehe Wesendonk-Briefe S. 149 (Tagebuch vom 1. 12. 1858)
      »R. rügt es an Schopenhauer«: TB I, S. 498 (8. 3. 1872)
      »bei der Lektüre würde ich«: TB I, S. 507 (4. 4. 1872)
      doch noch komponiert: Faksimile in KB III, nach S. 88 (Nr. XI)

319   *Diese Musik ist mithin*: Götterdämmerung S. 1334 ff.
      Wagners letzten Worten: TB II, S. 1113 (12. 2. 1883)
      »keinerlei dramatische Logik«: Shaw S. 129
      »in Tönen dasselbe verkündet«: Mann Band MK 114, S. 250
      wie die Verwendung dieses Themas gemeint ist: Auch Dahlhaus (S. 138 f.) hat
      überzeugend dargelegt, wie sehr das Thema an diese Stelle »paßt«.
      »Du hehrstes Wunder!«: GSD VI, S. 69 (Walküre S. 799 f.)
      er hat vielmehr davon gesprochen: TB I, S. 552 (23. 7. 1872)

320   *»so etwas Kompliziertes«*: TB II, S. 625 (25. 11. 1880)
      »Es gibt keinen Schluß für die Musik«: TB I, S. 552 (23. 7. 1872)

321   *»Soll man am Ende der Götterdämmerung«*: zitiert nach Barth: Bayreuther
      Dramaturgie S. 405
      »›Es ist so frei‹«: TB II, S. 1014 (2. 10. 1882)

Literaturverzeichnis

(Aufgeführt sind nur die Titel, die im Text oder in den Anmerkungen zitiert werden.)

I. Quellen

Herbert Barth, Dietrich Mack, Egon Voss (Hrsg.): Wagner. Sein Leben, sein Werk und seine Welt in zeitgenössischen Bildern und Texten. Wien 1975.

Martin Gregor-Dellin: Wagner-Chronik. Daten zu Leben und Werk. München 1972.

König Ludwig II. und Richard Wagner: Briefwechsel. Mit vielen anderen Urkunden hrsg. vom Wittelsbacher Ausgleichs-Fonds und von Winifred Wagner. Bearbeitet von Otto Strobel. 5 Bände. Karlsruhe 1936–39.

Cosima Wagner: Die Tagebücher. Ediert und kommentiert von Martin Gregor-Dellin und Dietrich Mack. 2 Bände. München und Zürich 1976/77.

Richard Wagner: Gesammelte Schriften und Dichtungen in zehn Bänden. Hrsg. von Wolfgang Golther. Berlin o. J. (Bongs Goldene Klassiker-Bibliothek).
–: Nachgelassene Schriften und Dichtungen. 2. Auflage. Leipzig 1902.
–: Skizzen und Entwürfe zur Ring-Dichtung. Mit der Dichtung »Der junge Siegfried«. Hrsg. von Otto Strobel. München 1930.
–: Mein Leben. Vollständige, kommentierte Ausgabe. Hrsg. von Martin Gregor-Dellin. München 1976.
–: Das Braune Buch. Tagebuchaufzeichnungen 1865–1882. Vorgelegt und kommentiert von Joachim Bergfeld. Zürich und Freiburg 1975.
–: Sämtliche Briefe. Hrsg. von Gertrud Strobel und Werner Wolf. (Bisher erschienen:) 4 Bände (1830–1852). Leipzig 1967 ff.
–: Briefe. Die Sammlung Burrell. Hrsg. und kommentiert von John N. Burk. Frankfurt am Main 1953.
–: Die Briefe an Judith Gautier. Hrsg. von Willi Schuh. Erlenbach-Zürich und Leipzig 1936.
–: Briefwechsel zwischen Wagner und Liszt. Dritte erweiterte Auflage in volkstümlicher Gestalt. Hrsg. von Erich Kloss. 2 Teile in einem Bande. Leipzig 1910.

–: (Briefe) an Mathilde Maier (1862–1878). Hrsg. von Hans Scholz. Leipzig 1930.

–: Briefe an Frau Julie Ritter. München 1920.

–: Briefe an August Röckel. 2. Auflage. Leipzig 1903.

–: An Mathilde und Otto Wesendonk. Tagebuchblätter und Briefe. Hrsg. von Julius Kapp. Leipzig 1915.

Eliza Wille: Fünfzehn Briefe von Richard Wagner. Nebst Erinnerungen und Erläuterungen. Berlin 1894.

II. Literatur

Theodor W. Adorno: Versuch über Wagner. In: Gesammelte Schriften. Band 13. Frankfurt am Main 1971. S. 7–148.

Herbert Barth (Hrsg.): Der Festspielhügel. Richard Wagners Werk in Bayreuth 1876–1976. Überarbeitete Fassung. München 1976.

Herbert Barth (Hrsg.): Bayreuther Dramaturgie: Der Ring des Nibelungen. Stuttgart 1980.

Houston Stewart Chamberlain: Richard Wagner. 11. Auflage. München 1942.

Deryck Cooke: I Saw the World End. A Study of Wagner's »Ring«. London 1979.

Peter Cornelius: Ausgewählte Briefe nebst Tagebuchblättern und Gelegenheitsgedichten. Hrsg. von seinem Sohne Carl Maria Cornelius. 2 Bände. Leipzig 1904/1905.

Carl Dahlhaus: Richard Wagners Musikdramen. Velber 1971.

Peter Dettmering: Dichtung und Psychoanalyse. München 1969.

Robert Donington: Richard Wagners »Ring des Nibelungen« und seine Symbole. Musik und Mythos. 2. Auflage. Stuttgart 1978.

Manfred Eger: Der Briefwechsel Richard und Cosima Wagner. Geschichte und Relikte einer vernichteten Korrespondenz. In: Programmhefte der Bayreuther Festspiele 1979. Programmheft IV: Das Rheingold, S. 1–23 und 108–119, und Programmheft V: Die Walküre, S. 1–23 und 108–132.

Sigmund Freud: Über einen besonderen Typus der Objektwahl beim Manne. In: Gesammelte Werke. Band 8. London 1948. S. 66–77.

Richard Fricke: Bayreuth vor dreissig Jahren. Erinnerungen an Wahnfried und aus dem Festspielhause. Dresden 1906.

Hanns Fuchs: Richard Wagner und die Homosexualität. Unter besonderer Berücksichtigung der sexuellen Anomalien seiner Gestalten. Berlin 1903.

Carl Friedrich Glasenapp: Das Leben Richard Wagners. 6 Bände. 4., neubearbeitete Ausgabe. Leipzig 1905 ff.

André Glucksmann: Die Meisterdenker. Reinbek bei Hamburg 1978.

Martin Gregor-Dellin: Richard Wagner. Sein Leben, sein Werk, sein Jahrhundert. München und Zürich 1980.

Robert W. Gutman: Richard Wagner. Der Mensch, sein Werk, seine Zeit. München 1970.

Julius Kapp: Richard Wagner und die Frauen. Völlige Neuausgabe. 15. Auflage. Berlin 1929.

Thomas Mann: Das essayistische Werk. 8 Bände. Taschenbuchausgabe. Frankfurt am Main 1968.

Hans Mayer: Richard Wagner. Mitwelt und Nachwelt. Stuttgart 1978.

Heinz-Klaus Metzger und Rainer Riehn (Hrsg.): Musik-Konzepte Band 5: Richard Wagner. Wie antisemitisch darf ein Künstler sein? München 1978 (2. Auflage 1981).
–: Musik-Konzepte Band 25: Richard Wagner. Parsifal. München 1982.

Ernest Newman: The Life of Richard Wagner. 4 Bände. New York 1933 ff.

Friedrich Nietzsche: Sämtliche Werke. Kritische Studienausgabe. München und Berlin/New York 1980.

Friedrich Oberkogler: Richard Wagner. Vom Ring zum Gral. Wiedergewinnung seines Werkes aus Musik und Mythos. Stuttgart 1978.

Henry Perl: Richard Wagner in Venedig. Mosaikbilder aus seinen letzten Lebenstagen. Augsburg 1883.

Ernst von Pidde: Richard Wagners »Ring des Nibelungen« im Lichte des deutschen Strafrechts. 2., vermehrte und verbesserte Auflage. Hamburg 1979.

Otto Rank: Das Inzestmotiv in Dichtung und Sage. Grundzüge einer Psychologie des dichterischen Schaffens. 2. Auflage. Leipzig und Wien 1926.

Der »Ring«. Bayreuth 1976–1980. Berlin und Hamburg 1980.

Werner Ross: Der ängstliche Adler. Friedrich Nietzsches Leben. Stuttgart 1980.

Willi Schuh: Richard Wagner und Judith Gautier. Neue Dokumente. In: Schweizerische Musikzeitung. Jahrgang 103. 1963. S. 122–128.

Bernard Shaw: Ein Wagner-Brevier. Frankfurt am Main 1973.

Otto Strobel: Zur Entstehungsgeschichte der Götterdämmerung. In: Die Musik. Hrsg. von Bernhard Schuster. 25. Jahrgang. 1932/33. S. 336–341.

Klaus Theweleit: Männerphantasien. 2 Bände. Frankfurt am Main 1977.

Richard-Wagner-Museum Bayreuth. Hrsg.: Richard-Wagner-Stiftung Bayreuth. 2. ergänzte Auflage. Bayreuth o. J.

Peter Wapnewski: Der traurige Gott. Richard Wagner in seinen Helden. München 1978.

Hans von Wolzogen: Aus Richard Wagners Geisteswelt. Berlin und Leipzig 1908.
–: Erinnerungen an Richard Wagner. Leipzig 1892.

Hartmut Zelinsky: Richard Wagner – ein deutsches Thema. Eine Dokumentation zur Wirkungsgeschichte Richard Wagners 1876–1976. Frankfurt am Main 1976.

Nachweis der Abbildungen

Register

1. Personen

2. WERKE WAGNERS

Dietrich Fischer-Dieskau als Buchautor

Dietrich Fischer-Dieskau

WAGNER UND NIETZSCHE

Der Mystagoge und sein Abtrünniger
312 Seiten und 8 Seiten Abbildungen

Fischer-Dieskau zeichnet die Geschichte der
Freundschaft zwischen Nietzsche und Wagner nach,
die sich in eine öffentliche Gegnerschaft
verwandelte. »Eine originelle Version der Haßliebe
zwischen Wagner und Nietzsche.« (Der Spiegel)

Dietrich Fischer-Dieskau

ROBERT SCHUMANN
Wort und Musik

280 Seiten mit 92 Abbildungen,
91 Notenbeispielen und allen
Texten der von Schumann vertonten
Solo- und Chorlieder.

»Der bedeutendste Liedersänger der Welt« (Der Spiegel)
deutet das Schicksal Schumanns aus seinem Vokalwerk.
Er zeigt, wie sich aus der Wahl der Liedtexte und
aus der Stimmung seiner Kompositionen Rückschlüsse
auf seine Lebenssituationen ziehen lassen.

DVA